KB070476

| 개정 5판 |

사회복지실천론

나남
nanam

나남신서 1957

사회복지실천론 개정 5판

2000년 3월 15일 초판 발행	2001년 3월 15일 초판 3쇄
2001년 9월 10일 개정증보판 발행	2005년 3월 15일 개정증보판 8쇄
2005년 8월 25일 개정 3판 발행	2009년 9월 5일 개정 3판 8쇄
2010년 3월 5일 개정 4판 발행	2017년 3월 5일 개정 4판 11쇄
2018년 3월 5일 개정 5판 발행	2022년 8월 30일 개정 5판 4쇄

지은이　　양옥경 · 김정진 · 서미경 · 김미옥 · 김소희
발행자　　趙相浩
발행처　　(주) 나남
주소　　　10881 경기도 파주시 회동길 193
전화　　　(031) 955-4601 (代)
FAX　　　(031) 955-4555
등록　　　제 1-71호 (1979.5.12)
홈페이지　http://www.nanam.net
전자우편　post@nanam.net

ISBN 978-89-300-8957-9
ISBN 978-89-300-8001-9(세트)

| 개정 5판 |

사회복지실천론

양옥경 · 김정진 · 서미경 · 김미옥 · 김소희

나남
nanam

Social Work Practice

5th Edition

by

Ok-Kyung Yang
Jung-Jin Kim
Mi-Kyung Seo
Mi-Ok Kim
So-Hee Kim

Nanam Publishing House

2000년 3월 《사회복지실천론》을 처음 발간한 이후로 계속해서 새로운 내용으로 보완하고 발전시키면서 2001년에 개정증보판, 2005년에 개정 3판, 2010년에 개정 4판 등 꾸준히 개정판을 발간해왔다. 그리고 이번 2018년에는 개정 5판을 발간하게 되었다. 초판 발간 후 근 20년이 다 되어가는 시간 동안 사회복지실천의 현장은 계속 변화발전을 해오고 있었는데, 정작 교육은 그 속도를 따라가지 못하는 것 같아 안타까운 마음에 계속해서 교재 개정작업을 해왔던 것이다. 그 변화발전을 반영하면서도 사회복지실천의 기본을 지킨 내용을 담기 위한 노력이라고나 할까. 그러면서도 항상 획기적으로 개정하지 못한 것에 아쉬움이 많았다. 사실 이번 개정 5판 개정작업에서도 기획 시점에서는 혁신적 개정을 구상했다. 그러나 국가시험과목이라는 현실 앞에서 혁신은 우리 저자들이 누릴 수 있는 특권이 될 수 없었다.

그럼에도 불구하고 이번 개정 5판은 임파워먼트시각에 근거하여 전체 목차를 재구성하였다는 점에서 나름의 획기적 변화를 모색하였다고 할 수 있다. 지금까지의 《사회복지실천론》은 임파워먼트시각을 강조하면서도 전체 구성은 문제해결모델에 근거하고 있었으나, 이번 개정 5판에서는 임파워먼트시각을 전체 흐름의 가운데에 놓고 필요에 따라 문제해결모델을 활용하는 방향으로 기본틀을 설정하였다. 또한 임파워먼트시각을 구체적인 임파워먼트모델로도 활용하면서 기존 모델에 관한 내용을 과감하게 축소하였다. 기존 모델들은 필요에 따라 "다양한 수준의 실천" 부분에서 여러 가지 형태로 반영되었다. 한편 사회복지실천이 클라이언트를 상담하는 과정에서부터 시작한다는 기본을 강조하기 위해 기존의 "면담론"을 "사회복지실천의 상담"으로 명명하고 내용을 보완하였으며, 하나의 장에서 다루었던 사회복지실천의 다양한 수준을 개인, 가족, 집단, 지역사회 각각 별도의 장으로 구분하고 이를 묶어 독립된 부를 할애하였다.

이번 개정 5판은 총 4개 부, 13개의 장으로 이루어져 있다. 제 1부 총론은 사회복지실천의 개념과 가치, 사회복지실천의 윤리와 인권 그리고 사회복지실천의 역사, 이렇게 사회복지실천의 기본이 되는 내용으로 구성하였다. 제 1장은 사회복지에서 가장 중요하다고 할 수 있는 가치에 대해 강조하면서 실천현장에서 가치가 살아 반영되는 실천이 다시 활발히 실현되기를 기대하는 마음으로 집필하였다. 제 2장에서는 사회적 변화에 부응하여 사회복지실천에 있어서 인권이 가치 및 윤리와 어떻게 함께 실천될 수 있는지 부각시켰다. 제 3장에서는 사회복지실천의 역사를 설명하되 한국에서의 역사를 다룬 내용을 대폭 확대함으로써 한국 사회복지실천의 정체성을 찾는 데에 기여하고자 하였다.

제 2부는 통합적 실천에 관한 것으로 임파워먼트모델을 중심으로 하면서 사례관리와 통합적 관계론으로 내용을 재편하였다. 제 4장에서는 그동안 '권한부여모델'이라고 명명하여 소개하였던 것을 원어표기방식이 더 좋을 것 같다는 의견을 반영하여 '임파워먼트모델'로 이름 붙이고 충실하게 정리하였다. 제 5장은 사례관리에 있어서 읍면동의 복지허브 및 찾아가는 동주

민센터 서비스 등 오늘날 공공부분 사회복지실천 현장에서의 변화를 반영하고자 하였다. 제6장 통합적 관계론에서는 문제해결시각에 입각하여 전문가로서의 사회복지사와 클라이언트의 관계형성 방안을 논의하던 기존의 입장을 수정하여, 임파워먼트시각에서 설명하는 파트너로서의 사회복지사와 클라이언트의 관계설정 및 형성을 소개하며 논의하였다. 특히 비에스텍의 관계 7대 원칙만을 고수하던 한계에서 벗어나 임파워먼트 중심의 관계원칙을 새롭게 소개하였으며, 관계를 재정의하고 사회복지사의 자질을 기술하였다.

제3부는 사회복지실천의 과정에 관한 것으로 실천과정, 실천에서의 상담, 그리고 실천에서의 기록에 관해 정리하였다. 제7장은 사회복지실천의 과정 전반, 접수부터 종결까지 기본적인 문제해결과정을 그대로 정리하였다. 문제해결과정에 임파워먼트시각이 반영될 수 있도록 심혈을 기울였고, 사례를 제시함에 있어서도 사회복지기관들에 맞는 사례들로 교체하였다. 제8장은 사회복지실천에서의 상담을 정리한 장으로서 지금까지의 '면담'을 '상담'이라고 재명명하고 내용을 보완하였다. 제9장은 "사회복지실천의 기록"이다. 사회복지실천 현장에는 표준화된 공인양식이 없으나 사례관리가 공공부문의 공식적 업무로 설정되면서 사례관리기록이 공식화되고 있음에 따라 그 사례관리 양식에 준하는 기록에 관해 설명하였다.

제4부는 "다양한 수준의 실천"으로 사회복지의 실천을 강조하기 위하여 별도의 장을 할애하여 새롭게 정리하였다. 임파워먼트모델에 근거한 실천방법론을 구체화하고 실천현장 기반의 현실성을 살리는 사례들을 포함시켰다. 또한 치료중심의 모델들은 최소한으로 축소하고 정신역동적으로 보일 수 있는 사례들도 삭제하였으며 교육이나 지원을 중심으로 내용을 보완하였다. 이는 실천현장의 전문성을 고양시키는 방향을 제시하고자 하는 데

초점을 두고 개정작업을 한 결과이다. 제 10장은 개인수준의 실천을, 제 11장은 가족수준의 실천을, 제 12장은 집단수준의 실천을 그리고 제 13장은 지역사회수준의 실천을 정리하였다.

1997년 〈사회복지사업법〉이 개정됨으로써 사회복지실천론이 탄생하고 2003년부터 실시된 사회복지사 1급 국가시험의 시험과목으로 선정되어 지금까지 유지되는 동안 그 중요성이 강조되지 않은 적이 없었다. 지난 20년 동안 사회복지실천론을 집중적으로 고민하고 교육하며 연구해온 5명의 저자들은 이번 개정 5판을 통해 사회복지실천의 실체를 정리해보고자 노력하였다. 이는 그동안 이 책을 애용해주신 여러 선생님들과 학생들의 조언에 힘입어 가능한 일이었다. 그리고 저자들은 이 과정을 통해 사회복지실천의 학문적 발전을 이루는 데 기여하고자 하였다.

그동안 이 책을 애용해주신 모든 분들에게 다시 한 번 감사를 드리며 개정 5판에 대해서도 지속적인 관심과 애정어린 조언을 기대한다.

2018년 2월
저자 일동

2000년 3월 첫 발간 후 벌써 10년이라는 시간이 지났다. 지난 10년간 이 책을 교재, 또는 참고서로 애용해주신 여러 선생님들과 학생들에게 감사의 말씀을 드린다. 이번 개정판은 개정 4판으로, 초판 이래 벌써 세 번째 개정이다. 개정할 때마다 그랬듯이 저자들은 여러 조언을 수렴하였으며, 좀더 가르치고 배우기 쉬운 책이 될 수 있도록 심혈을 기울였다. 특히 실천과정과 모델 부분에서 대폭적 개정작업이 이뤄졌는데, 이는 좀더 교재로서 충실한 책을 만들고자 하는 의도를 반영한 것이다. 따라서 사회복지실천의 이념과 방향, 실천방법 등의 기본틀에는 변화가 없으나 빠르게 변화하는 실천현장의 내용을 담으면서도, 학생들이 더욱 쉽게 이해할 수 있는 교재로 거듭나자는 제안을 반영하고자 노력하였다.

이번 개정 4판의 전반적 개정방향은 다음과 같다. 제 1부에서는 사회복지실천의 역사와 실천현장의 이해에 있어 최근 자료를 중심으로 내용을 재구성하였다. 그중 제 2장 '사회복지실천의 가치와 윤리'에서는 윤리와 함께 새롭게 제기되고 있는 인권의 이슈를 다루었다. 너무 당연해서 지금까지 소홀히 다뤄진 이슈지만 점점 중요하게 대두되고 있는 사안들이라 포함하였으며, 개론의 수준에서 간략히 이해를 도모하는 차원으로 정리하였다. 제 3장 '사회복지실천의 역사'에서는 개정3판의 내용을 좀더 보완하였으며, 특히 한국의 역사 부분을 보완하려고 노력하였다. 제 4장 '사회복지실천 현장에 대한 이해'에서는 최근의 사회복지관련 법들의 개정내용과 정부의 직제 개편 내용을 토대로, 실천현장의 변동을 반영하여 자료를 수정하였다.

제 2부에서는 대폭적 개정작업이 있었다. 제 6장 '관계론'은 사회복지실천 중심으로 서술하였다. 특히 제 3부 실천모델로 설명되던 '클라이언트 중심모델'을 삭제하면서 사회복지실천의 관계의 기본방향과 일치한다는 의견을 받아들여 이를 '관계론'에서 재정리하였다.

또한 제 8장 '과정론'을 두 개의 장으로 나누어 전반적 개입과정을 정리하였고, 사회복지실천 과정을 '접수에서 자료수집 및 사정, 목표설정 및 계약, 평가 및 종결까지' 순차적으로 일목요연하게 정리 후 제시하였으며, 실천과정의 전체 흐름을 표를 통해 보여줬다.

제 9장 '다양한 수준에서의 개입'에서는 사회복지 개입의 수준에 따라 정리하였다. 이 장에서는 개입의 수준에 의해 이러한 실천과정이 어떻게 접목되는지 보여주고자 하였으며 개인, 집단, 가족, 지역사회의 각 수준별 개입으로 나누어 설명하면서 각각의 개입수준에 따른 실천과정의 차이를 제시하였다.

제 3부 '사회복지실천모델'에서는 사회복지실천 현장에서 빈번히 사용하는 실용적 모델을 중심으로 재편성하였다. 이 과정에서 클라이언트 중심모델은 앞서 설명한대로 제 6장 '관계론'에 통합하여 설명하였으며, 개정 3판의 '위기개입모델'은 활용 면에서 다른 모델들에 비해 그 비중이 작다는 의견을 반영하여 개정 4판에서는 제외하였다. 따라서 이를 보완하여 개정 4판의 제 12장에서는 '인지행동모델'의 내용을 새롭게 재정리하였으며, 제

13장에서는 '과제중심모델'의 내용을 보완 및 재수록하였고, 마지막 제14장에서는 '권한부여모델'을 재정리하여 설명하였다.

1997년에 사회복지사업법이 개정되면서 사회복지실천론에 관한 새롭게 생성된 개념에 대해 이 저술작업으로 말미암아 학자들과 현장 실무자들, 그리고 학생들과 함께 지난 10년 동안 연구하고 고민하였지만 사회복지실천이 무엇인가에 대한 의문은 계속 남아있다. 아직까지 학계에서 통일된 사회복지실천에 대한 정의조차 내리고 있지 못하는 것이 현실이다. 그러나 이러한 지속적 개정작업은 사회복지실천에 대한 개념정립을 통한 정의도출로 이어질 것이라고 확신한다. 10년 동안 이 한 권의 책에 동일한 저자들이 계속해서 작업을 이어오고 있음에 서로에게 감사하는 마음이다. 앞으로 10년, 그리고 그 이후까지도 지속될 개정작업을 통해 더욱 발전된 모습을 보일 것을 약속드린다. 그리고 이 과정을 통해 한국의 사회복지실천, 사회복지실천에 관한 학문의 발전에 기여하고 싶다는 작은 소망도 더불어 밝힌다.

그동안 이 책을 애용해주신 여러 선생님들과 학생들에게 다시 한 번 감사의 말씀을 전하며 개정 4판에도 지속적인 관심을 기대한다.

2010년 2월
이화동산에서
저자 일동

그동안 이 책을 교재와 참고서로 사용해주신 여러 선생님들께 감사의 말씀을 드린다. 2000년 3월 초판을 발행한 후, 2001년 9월 저자들은 초판에 대한 여러 선생님들의 조언을 바탕으로 가르치기 쉬우면서도 이해하기 쉽도록 대폭 수정하는 작업을 하였다. 개정증보판은 초판에서 제기된 개입의 다양한 측면(개인, 집단, 가족, 지역사회 수준), 적합한 사례, 구체적 모델 설명 등을 중심으로 보완하였다. 개정증보판이 발행된 이후 여러 선생님들의 칭찬과 조언이 있었다. 지면을 빌려 다시 한 번 감사드린다.

이 책을 다시 개정하게 된 것은 내외적 요인에 의한 것이다. 먼저 내적으로 저자들은 개정증보판이 발행된 후 직접 사회복지실천론을 가르치면서 단위별 설명이 부족하거나 학생들의 이해가 어려운 부분이 무엇인지에 대해 꾸준히 관심을 기울이고 있었다. 또한 이 책을 교재와 참고서로 사용하신 여러 선생님들의 칭찬과 조언을 점검하면서 더 나은 책을 만들기 위한 향후 개정방향을 적극적으로 검토하였다.

외적으로 최근 사회복지환경의 변화를 꼽을 수 있다. 사회복지사 자격을 취득하기 위한 국가시험제도가 시행 3회에 이르면서 사회복지학계에서는 사회복지실천론과 실천기술론의 교과과정 운영에 대한 다양한 논의와 수정 작업이 계속되었다. 이외에도, 2001년 사회복지사 윤리강령 개정 등 사회 복지환경의 크고 작은 변화를 이 책에 반영해야 하는 당위성이 제기되었 다. 이에 개정 3판을 발행하게 된 것이다.

이 책 개정 3판은 두 가지 원칙을 갖고 수정·보완하고자 하였다. 하나 는 독자들이 보다 쉽게 이해할 수 있도록 내용을 설명한 것이고, 다른 하나 는 '사회복지실천론이 어떠한 내용으로 구성되어야 하는가' 라는 근본적 질 문에 대한 저자들의 고민과 논의를 반영한 것이다. 즉, 학부과정에서 다뤄 야 하는 기본과정과 내용에 충실하면서도 가능한 한 깊이 있게 각 단위를 설명하고자 하였다. 이를 위해 저자들은 최근 사회복지학을 둘러싼 내외적 변화의 반영뿐 아니라 저자들의 교육 및 임상경험을 최대한 활용하여 내용 을 구성하였다.

이 책은 총 3부 15장으로 구성되었다. 개정증보판과 비교하여 사회복지 실천 현장 이해와 기록을 위한 2개의 장이 추가되었다. 제 1부에서는 2001 년 개정증보판 이후의 사회복지실천에서의 변화를 적극적으로 반영하여 제 시하고자 하였다. 그 일환으로 제 2장에서는 개정된 윤리강령을 소개하였 으며, 제 3장에서는 한국의 사회복지실천의 역사와 최근 동향 등을 설명하 였다. 제 4장에서는 학생들의 우리나라 사회복지실천 현장에 대한 이해를 증진시키고자 개정증보판에서 소개하지 않은 사회복지실천의 현장이해를 별도의 장으로 구성하였다. 제 5장에서는 통합적 방법론의 개념 및 특징을 설명하면서, 그 이론적 기반으로 생태체계이론을 추가하여 통합적 방법론 에 대한 포괄적 이해를 돕고자 하였다.

제 2부에서는 전반적으로 학생들의 이해를 돕기 위해 현장사례를 보완하 고, 사회복지사의 자기노출에 대한 내용을 보완하는 등 단위수준에서 설명

의 깊이를 갖고자 하였다. 또한 개정증보판에서 제6장의 일부로 제시되었던 기록부분을 대폭 보완하여 별도의 장으로 구성하였다.

제10장에서는 사례관리에 대한 학생들의 이해를 높이기 위해 종합사회복지관의 전형적인 사례로 바꾸어 그 과정을 자세히 소개하였다.

제3부에 제시된 주요 실천모델은 개정증보판에서 대폭 보완하였었기 때문에, 이번 개정작업에서는 제외하였다.

마지막으로 부록에서는 사회복지실천의 다양한 과정을 보다 잘 이해할 수 있도록 기존의 양식을 손질하거나 새로 첨가하는 등 대폭적 수정을 하였으며, 이를 '기록'을 설명하는 장에서 구체적으로 설명함으로써 학생들에게 현장에서의 과정에 대한 이해를 높일 뿐 아니라 수업시간에 직접 사례진행과 기록에 대한 실습을 할 수 있도록 하였다. 이는 개정증보판에서 제시했던 양식들을 양옥경 교수가 실천론 수업을 하면서 직접 보완한 자료로서 하나의 워크북처럼 사용해도 손색이 없을 것이다.

이번 개정 3판을 내면서 저자들은 '사회복지실천론'이라는 과목의 특성과 기본내용에 충실하면서도, 독자들이 쉽게 이해할 수 있도록 각 장을 구성하고 내용을 깊이 있게 설명하고자 노력하였다. 그럼에도 불구하고 여전히 미진한 감이 없지 않다. 따라서 이후 독자들의 질책과 관심 속에서 수정보완 작업을 계속할 것을 약속드린다. 그동안 이 책을 사용해주신 여러 선생님들께 다시 한 번 감사의 말씀을 전하며, 개정 3판에도 지속적인 관심을 기대한다.

2005년 8월
이화동산에서
저자 일동

2000년 3월 첫 발간 후 우리의 책을 교재로 사용해주신 여러 선생님들께서 칭찬과 조언을 주셨다. 우선 감사의 말씀부터 드린다. 이 개정판은 여러 선생님들의 조언을 참고로 하였으며, 또한 저자들의 교재사용 경험을 바탕으로 작업이 이뤄졌다.

초판의 경우 사회복지실천에 있어 학부과정에서 학습해야 할 내용들이 이해하기 쉽게 잘 정리되어 있지만 몇 가지 사항들에 대해서 수정과 보완이 필요하다는 조언이 있어 다음과 같이 수정하였다.

우선 개입과정이 너무 압축되어 개입의 다양한 측면을 제시하지 못하고 있다는 지적이 있었다. 따라서 개입과정을 개인, 집단, 가족, 지역사회 수준으로 나누어 정리하였다. 그러나 다양한 측면을 종합적 차원에서 제시하다 보니 아직도 각 단위수준에서의 깊이는 부족하다고 생각한다. 이는 계속해서 보완하고자 한다.

둘째, 실천모델에서 제시하고 있는 사례들을 이해하기가 어렵다는 지적이 있었다. 이에 모든 사례를 알기 쉽게 풀어서 정리하였으며, 더 많은 내용을 담고자 노력하였다. 그러나 우리의 실천현실상 모든 모델에 맞는 사례를 구하기 어려웠으며, 따라서 외국의 사례를 옮겨 놓은 경우 자료의 한계로 인해 원하는 수준까지 사례를 풀어놓지 못하였다. 계속해서 우리의 사례를 구하도록 노력하고자 한다.

셋째, 실천모델에서 제시하고 있는 모델들 중 몇 개 모델은 전통적인 사회복지실천의 모델이라고 하기에는 무리가 있지 않은가 하는 의문이 제기되었다. 이에 현실치료모델과 합리정서모델을 개입과정 중 개인수준에서의 개입에서 함께 소화시켜 설명하고 모델 소개부분에서 제외하였다. 대신에 비교적 최근의 사회복지실천모델이라고 할 수 있는 권한부여모델과 클라이언트중심모델을 추가하였다. 권한부여모델은 초판의 통합방법론에서 너무 간단히 설명되어 있었기 때문에 개정판의 모델부분에서 자세히 소개하였다. 실천모델 부분은 계속해서 보완될 것이다.

이외에도 저자들의 교재사용 경험을 바탕으로 기존의 내용들을 좀더 이해하기 쉽도록 풀어서 정리하고자 노력하였다. 이 개정판 이후에도 저자들은 지속적으로 수정 및 보완작업을 진행할 것이다. 따라서 교재로, 또는 참고서로 사용하시는 선생님들의 좋은 조언을 부탁드린다.

초판을 많이 애용해주신 선생님들께 감사의 말씀을 드리며, 개정판도 계속해서 관심을 가져주시기를 기대한다.

2001년 8월
이화동산에서
저자 일동

21세기의 사회복지는 복잡한 사회문제와 다양한 인간의 욕구에 대응해야
하는 시대적 요구에 직면하여 좀더 전문화되고 실천적인 학문으로 거듭나
야 할 과도기에 서 있다고 할 수 있다. 더욱이 1997년 사회복지사업법의 개
정에 따라 사회복지사의 자격이 강화되고 전문직으로서 확고한 위치를 가
지게 되면서 대학은 사회복지실천의 전문성을 교육해야 하는 막중한 책임
을 지게 되었다.

'사회복지실천론'은 사회복지사 자격을 취득하기 위한 국가시험 필수과
목이자 사회복지방법론 교육을 위한 가장 기본적인 과목으로, 사회복지학
과 및 관련학과의 학생들은 이 과목을 통해 사회복지실천의 실제적인 과정
을 학습하게 된다. 1980년대까지 사회복지방법론은 개별사회사업, 집단사
회사업, 지역사회조직으로 나누어져 있었으며 이러한 방법론들은 클라이
언트의 욕구를 이해하고 문제를 분석하는 것보다 치료와 해결방법에 더 많
은 초점을 두었다. 그러나 사회복지실천은 클라이언트의 욕구와 문제에서
출발한다. 즉, 클라이언트의 욕구를 만족시키고 클라이언트와 그를 둘러
싼 사회체계가 최적의 상태를 유지할 수 있도록 돕는 과정에 초점을 두고
있다. 사회복지실천의 이론적 배경과 개입방법의 상당부분이 기존의 3대

방법론과 겹치지만 그 출발과 초점은 매우 다르다. 이런 점을 중요하게 여겨 이 책에서는 사회복지실천의 이념과 철학, 가치, 윤리를 맨 앞부분에서 다루었다.

대학에서 실천론을 강의하다 보면 학생들은 실제 현장에서 직접 적용해 볼 수 있는 개입사례와 실례를 통해 이론과 실천방법을 이해하고자 하는 욕구가 많다는 것을 알 수 있다. 저자들은 학부 및 대학원생들의 이러한 욕구를 만족시키기 위해 다양한 사회복지실천 현장에서 쌓은 경험과 사례를 최대한 반영하였다. 따라서 이 책의 가장 큰 특징은 학생들의 이해를 돕기 위한 사례를 많이 제시했다는 점과, 특히 실천모델들은 각 모델을 적용한 개입사례를 제시하여 학생뿐 아니라 실천가들에게도 쉽게 적용 가능하도록 하였다는 점에 있다.

이 책은 크게 4부로 나누어져 있다. 제1부는 총론으로서 사회복지실천의 이념, 철학, 윤리를 비롯하여 발달과정과 개념을 양옥경 교수가 집필하였다. 제2부는 실천론으로서 사회복지실천과정에서 꼭 알아야 할 관계론, 면담론, 과정론을 중심으로 정리하였으며 서미경 교수와 김소희 선생이 수고하였다. 제3부는 통합방법론으로 사회복지실천의 이론적 배경이 되는 개념과 모델들을 정리하였고, 김미옥 선생이 수고하였다. 제4부는 사회복지실천에서 주로 사용하는 5개 모델을 정리하였으며, 김정진 선생이 수고하였다. 저자들은 이화여자대학교 대학원 박사과정 중 양옥경 교수로부터 사회복지실천론과 사회복지실천 모델개발 과목을 수강했던 동문들로서, 각자의 일로 바쁜 와중에도 실제적 책이 필요하다는 것에 의견을 같이하여 집필작업을 시작하게 되었다. 작업하는 동안 사제간, 선후배간의 격려와 지지를 통해 서로 우정을 다졌던 것이 이 책의 커다란 결실이라고 할 수 있겠다.

예상했던 시간에 비해 많이 지연됐음에도 불구하고 기다려 주시고 이 책의 가능성을 긍정적으로 평가해주신 나남출판의 조상호 사장님께 감사드리며 편집작업에 애써준 편집부 부원들께 감사의 마음을 전한다.

2000년 2월
이화동산에서
저자 일동

| 개정 5판 |

사회복지실천론

차례

서문 _ 개정 5판 서문 5

개정 4판 서문 9

개정 3판 서문 13

개정판 서문 17

초판 서문 19

제 1부 총론

제 1장
사회복지실천의
개념과 가치

사회복지실천의 개념 29

사회복지와 사회복지실천 40

이념과 가치 42

제 2장
사회복지실천의
윤리와 인권

사회복지의 윤리 57

사회복지와 인권 80

제 3장
사회복지실천의
역사

근대 사회복지실천의 시작 91

사회복지실천 전문직의 발전 100

한국 사회복지실천의 역사 108

제 2부 통합적 실천

제 4장
임파워먼트모델

등장배경 127

이론적 기반 129

주요개념 139

임파워먼트모델 실천 148

사례 155

제 5장
사례관리모델

등장배경 163

이론적 기반 168

주요개념 177

개입과정 및 기법 185

실천적 함의 194

사례 196

제 6장
통합적 관계론

사회복지실천에서의 관계 209

관계의 기본원칙 211

전문적 관계형성을 위한 자질 223

임파워먼트 시각에서의 협력적 관계 구축 229

제 3부 사회복지실천과정

제 7장
사회복지실천의
과정

접수 241

자료수집 및 사정 248

목표설정 및 계약 271

개입 282

평가 및 종결 283

제 8장
사회복지실천의
상담

상담의 조건 298

사회복지상담의 종류 300

사회복지실천 상담의 기술 302

제 9장
사회복지실천의
기록

사회복지실천 기록의 목적과 활용 318

사회복지실천 과정별 기록 321

기록의 종류와 특성 345

사회복지 기록의 쟁점 353

────────────── **제 4부 다양한 수준의 실천**

제 10장　　　개인의 변화 362
개인수준의 실천　　관계의 변화 373

환경의 변화 384

사례관리 387

제 11장　　　가족체계와 기능_기능적 가족과 역기능적 가족 393
가족수준의 실천　　가족교육 398

가족지원 404

제 12장　　　집단역동 410
집단수준의 실천　　집단개입의 방법 415

집단개입의 특성 424

제 13장　　　사회적 지지체계의 개발 427
지역수준의 실천　　서비스 조정 433

프로그램 개발 435

클라이언트 집단을 위한 옹호활동 438

참고문헌 443
부록_ 사회복지사업법 471

사회복지사선서 524

사회복지사 윤리강령 525

사회복지실천 양식 539
찾아보기 566
저자소개 572

제 1 부

총론

제 1장   사회복지실천의 개념과 가치
제 2장   사회복지실천의 윤리와 인권
제 3장   사회복지실천의 역사

제1장

사회복지실천의 개념과 가치

1. 사회복지실천의 개념

사회복지실천의 개념은 사회복지의 개념에서 비롯된다. 시대와 학자에
따라 다양하게 정의되는 사회복지의 개념은 근대 서구에서 시작되었다
고 보는 시각이 가장 보편적이다. 사회복지의 개념은 박애정신이나 인
도주의에 뿌리를 두고 있으면서도 공공선과 상부상조의 공동체정신을
함께 포괄한다. 한자로 '社會福祉'로 표기되는 사회복지는 영어로는
'social welfare', 중국어로는 '社會福利', 일본어로는 '社會福祉', 프랑
스어로는 'bien-être public', 독일어로는 'sozial Wohlfahrt'이다. 각
사회마다 사회라고 하는 공공의 개념과 좋음의 개념을 포함하고 있음을
알 수 있다. 즉, 이 사회에 '공공의 좋음' 상태를 실현하기 위해 다양한
활동을 전개하는 것이 사회복지실천이라고 하겠다.

   사회복지실천은 영어로 'social work practice'라고 번역되며, 사회
사업으로 번역되었던 'social work'의 대체개념이다. 이는 전통적 분류

인 개별사회사업(*case work*), 집단사회사업(*group work*), 지역사회조직
(*community organization*)의 사회사업방법론을 하나로 통합한 것으로서
지역사회가 강조된 거시적 시각의 실천방법론이다. 지역사회를 사회복
지실천의 장으로 삼으면서 개입의 초점을 개별적 개인(*private person*)의
문제에서 공공의 문제(*public problem*)로 되돌려 놓은 것이다.

　사회복지실천은 한 개인이 갖는 문제에 대한 개입의 시각을 미시적
측면에서 거시적 측면으로 돌려놓았다. 지역사회 자체도 사회복지실천
개입의 대상으로 설정하였을 뿐 아니라 개인이나 가족 그리고 소집단도
지역사회에 기반을 둔, 지역사회의 경계선 안에 존재하는 개체로 개념
화하였다. 개입대상에 대한 시각의 변화를 초래한 것이다. 이는 지금
까지 통합방법론(*integrated method*)이라고 불리던 개념과 상당히 비슷
한 것으로서 기본적으로 종합적 모형(*generic model*)을 채택한다.

　한국에서의 '사회복지실천'은 1998년 〈사회복지사업법〉 시행령 및
시행규칙 개정 당시 사회복지사 1급 국가시험을 위한 사회복지교육의
필수과목으로서 '사회복지실천론'이 채택되면서 공식적으로 생성된 단
어이다. 따라서 이에 대한 정의, 목적, 목표, 기능 등에 관한 공식적이
고 공개적인 논의와 합의가 있어야 할 것이다.

1) 사회복지실천의 정의

사회복지실천에 관한 공식적인 최초의 작업적 정의는 1958년 미국 사
회복지사협회(NASW: National Association of Social Workers)에 의해
내려졌다. 이 협회는 가치, 목적, 사회적 승인, 지식 그리고 방법론의

집합적 영역에서 사회복지실천의 작업적 정의를 내릴 수 있다고 하였다 (NASW, 1958). 1973년에는 개인, 집단, 지역사회의 사회기능 향상 및 회복을 돕는 역할을 강조하면서도 최초로 사회복지실천이 전문직이라는 것을 강조하는 더욱 발전된 정의를 내렸다. 즉, 사회복지실천을 "개인, 집단 또는 지역사회가 사회기능(*social functioning*)을 향상시킬 수 있는 자신들의 능력을 회복하거나 증진시키고, 자신들의 목표달성을 위한 사회조건을 창조하도록 돕는 전문적 활동"(NASW, 1974:4~5)이라고 정의한 것이다. 그러나 이 정의는 사회적 조건이나 사회적 요구의 한계를 벗어나지 못하였다. 개인의 기능향상에 초점이 맞추어진, 사회복지실천의 사회통제기능이 아직까지 강조된 정의라 할 수 있다.

그 이후로 1977년과 1981년 2차례에 걸쳐 미국 사회복지사협회는 사회복지실천의 정의, 목적, 승인, 지식, 가치 그리고 특성화에 대해 공식적 입장을 표명하는 글을 발표하면서 사회복지실천의 정의를 재정립하고자 하였다. 이 정의에 따르면, 사회복지실천은 "사람들의 삶의 질 향상이라는 목적을 위해 사람들 및 그들의 사회단위에서 심리사회기능(*psychosocial functioning*)이 증진되도록 활동들을 변화시키는 전문적으로 무장된 체계"이다(Alexander, 1977:413). 개인과 사회환경과의 상호작용에 초점을 두면서 삶의 질 향상을 목적으로 하는 1977년의 정의는 그 이전의 정의에 비해 상당히 발전된 것으로서 사회복지의 사회통제(*social control*), 사회개혁(*social reform*)의 기능이 보완된 것이라고 할 수 있다. 체계의 개념이 강조되었으며, 너무 광범위하다고 할 수 있는 사회기능에서 좀더 범위를 좁히면서도 초점화할 수 있는 심리사회기능으로 개인적 사회기능의 범위를 구체화하였다. 이 정의를 마지막으로

1980년대 이후부터 협회는 사회복지실천의 목적을 명료화하는 것으로 정의를 대신하였다.

사회복지사협회와 함께 미국 사회복지계의 양대 축을 이루는 미국 사회복지교육협의회(CSWE: Council of Social Work Education)도 여러 차례에 걸쳐 사회복지실천을 정의하려고 노력하였다. 최초의 노력은 1951년 협의회가 홀리스와 테일러(Hollis & Taylor)로 하여금 정의하게 한 것이었으며(Minahan, 1981:5), 1959년 보엠(Boehm)이 첫 공식적 정의를 내렸다(Brieland, 1977:346). 보엠에 의하면, 사회복지실천은 "개인 한 명 또는 개인들 집단의 사회기능(social functioning)을 향상시키는 것"이다. 이 기능은 개인과 그 환경의 상호작용을 이루는 사회관계 (social relationships)에 초점을 둔 활동으로 이뤄지며, 이 활동은 다시 세 기능으로 나누어진다. 즉, "손상된 능력의 수복, 개인적 또는 사회적 자원의 제공 그리고 사회 역기능의 예방"이다(Boehm, 1959:54). 이 정의에서 보엠은 최초로 사회집단(social group) 성원으로서 개인의 사회 기능 개념을 소개하였으며, 개인이 혼자서나 집단에서나 환경과 사회적 관계를 맺는 것에 초점을 두었고, 관계 속에서 사회기능 향상을 목적으로 문제해결뿐 아니라 문제예방을 사회복지실천의 목표로 삼았다. 그러나 이 정의 역시 개인을 중심에 두었으며 그 개인의 사회기능 회복 및 향상에 초점을 맞추었다.

1994년 사회복지교육협의회는 여러 학자와 몇 년에 걸쳐 심도 있게 토론한 결과로 새로운 정의를 발표하였다. 사회복지실천을 "인간복지 (human well-being)의 향상, 빈곤과 억압의 경감 그리고 최상의 삶의 질 향상을 위해 업무를 수행하는 전문직"이라고 규정한 것이었다(Dolgoff et al., 1997:318). 삶의 질 향상이 목적으로 대두되었으며, 전문성의 강조가 두드러지는 정의였다. 그러나 너무 포괄적이며 대상과 방법이 명시되어 있지 않아 방향성 없는, 실천하기 어려운 정의라는 평가를 받았다. 이후 미국 사회복지교육협의회는 사회복지사협회와 마찬가지로 목적, 기능, 미션, 가치, 역할 등을 구체화하는 것으로 정의를 대신해 왔다.

개별 연구자로는 핀커스(Pincus)와 미나한(Minahan)이 사회복지실천의 정의를 내렸다. 통합방법론 책의 저자로 잘 알려진 이들은 사회복지실천을 "사람과 자원체계 간의 연결(linkage)과 상호관계(interaction)"라고 정의했다(Pincus & Minahan, 1973:9). 또한 종합적 모델(generic model)만이 사람과 자원 간 상호의존적 관계의 기능에 개입할 수 있는 방법론이라고 주장하였다.

2014년 세계사회복지사연맹(IFSW: International Federation of Social Workers)과 세계사회복지대학협의회(IASSW: International Association of Schools of Social Work)는 사회복지실천(social work)을 다음과 같이 정의하고 총회에서 승인하였다. "사회복지실천은 사람(people)과 구조(structures)가 맞물려 관계를 맺은 상태에서 삶의 도전(life challenges)을 다루고 복지(wellbeing)를 함양"하는 것이다. 그러면서 사회정의(social justice), 인권(human rights), 공동책임(collective responsibility) 그리고 다양성(respect for diversity)에 대한 존중의 원칙들이 사회복지실천의 핵심이라고 강조하였다. 더불어 사회복지실천은 사회변화와 개발(social change and development), 사회적 결집(social cohesion) 그리고 인간해방(human liberation)과 임파워먼트(empowerment)를 증진시키는 전문직이

자 학문분야이며 실천이라고 하였다.

한국에서는 아직까지 사회복지실천에 대한 정의를 내리기 위한 다차원적이고 집중적인 공식 연구가 진행되지 못하였다. 따라서 이 책에서는 이상에서 제시한 다양한 정의의 기본개념을 바탕으로 하되, 사회기능과 사회정의를 포괄하는 임파워먼트 개념을 부각시켜 정의를 내리고자 한다.

즉, 사회복지실천(social work practice)은 사람의 삶의 질 향상을 위해 개인, 소집단, 가족 또는 지역사회의 문제 및 욕구와 도전에 임파워먼트적(empowering) 문제해결 접근방법(problem-solving method)으로 개입하는 종합적(generic) 전문활동(professional activity)이다.

2) 사회복지실천의 목적

사회복지실천의 목적은 모든 사람의 "삶의 질(quality of life) 향상"이다 (Alexander, 1977:412). 간단한 것 같지만 상당히 함축적이며, 사회의 변화와 무관한 궁극의 목적이다. 반면 세부목적 및 목표는 그 사회, 그 시대의 가치 및 요구와 기대를 반영하므로 사회변화에 따라 달라진다.

사회복지실천의 목적은 그 사회의 사람들이 모두 동의하는 내용을 담아야 한다. 과연 사회는 사회복지실천의 개입을 필요로 하는지, 그렇다면 어떤 목적을 갖고 어떤 방향으로 나아가야 하는지, 사회복지실천의 개입을 통해 사회가 달성하고자 하는 바는 무엇인지에 대해 그 사회에서 동의하는 내용이 있어야 하는 것이다. 사회경제가 변하고 인구구조가 변함에 따라 그 사회가 표출하는 문제도 달리 설정되기 때문에 그에 따른 개입도 달라져야 한다. 또한 사회의 변화에 따라 도덕성 및 윤리의 개념 또한 달라지므로(Siporin, 1992:81) 그 변화에 부응하는 개입방법의 변화도 있어야 한다.

미국에서 사회복지실천의 목적이 변화하는 과정을 통해 과연 사회복지실천의 세부목적이 무엇이 되어야 할지 정리하고자 한다. 미국 사회복지사협회가 1958년 최초로 발표한 공식적인 사회복지실천의 목적을 살펴보면 인간과 환경 사이의 균형에 초점을 맞추어 개인, 집단, 지역사회 모두를 대상으로 하고, 돕는 역할을 강조하고 있다(NASW, 1958). 그 내용을 요약해보면 첫째, 개인이나 집단과 환경 사이의 불균형에서 발생하는 문제를 발견하고, 해결 또는 축소하도록 돕는다. 둘째, 개인이나 집단과 환경 사이의 불균형을 예방하기 위해 잠재영역을 밝혀낸다. 셋째, 치료 및 예방의 목적을 위하여 개인, 집단 그리고 지역사회에서 최대한의 잠재성을 찾아 강화한다. 그러나 이와 같이 열거된 목적은 너무 간결하여 개입의 대상이 누구인지조차 불분명하며, 돕는 역할이 언급되긴 하나 전문성이 떨어져 보인다. 또한 진단 및 사정의 기능이 개입의 기능보다 두드러져 보이기도 한다. 가장 큰 단점은 궁극의 목적 없이 세부목표만 나열된 것이다.

이를 보완하기 위하여 이 협회는 1977년과 1981년 학술지 특집호를 내면서 "모든 개개인의 삶의 질을 향상시키기 위해 개인과 사회 간의 상호 유익한 관계를 증진시키거나 복귀"(Minahan, 1981:6)시키는 것에 사회복지실천의 목적을 두었다. 이는 개인과 사회 간의 상호성을 인정한 것이자, 개개인의 삶의 질 향상에 궁극적 초점을 맞춘 것이었다. 또한 개인과 환경 간의 관계증진 및 복귀를 위한 개입을 하겠다는 목적을 분명히 서술한 것이었다. 그러나 광범위한 대상군을 갖는 사회복지실천의 목적으로 삼기에는 너무 단순하였다.

공식단체가 아닌 개인으로서 사회복지실천의 목적을 장황하게 열거한 사람은 핀커스와 미나한이다. 이들은 사회복지실천을 개인의 정신분석치료에 치중하는 미시적 개입에서 끌어내어 지역사회 및 주변의 자원을 포함시키며 개인 하나만을 보지 않고 개인을 둘러싸고 있는 전체 체계를 보도록 하는 거시적 개입으로 이끌어냈다. 이들은 개인과 자원 체계의 연결 및 관계를 강조하면서 이를 다음과 같이 정의하였다. 즉, ① 개인의 문제해결 및 대처능력 향상, ② 개인을 사회자원과 서비스 및 기회를 제공해주는 체계와 연결, ③ 이 체계들을 효과적이고 인도적으로 운영하도록 장려 및 촉진 그리고 ④ 사회정책의 개발 및 발전에 이바지하는 것이다(Pincus & Minahan, 1973:9).

이들의 정의에서 처음으로 대처능력 향상이 거론된다. 문제의 소재를 파악하고 전문가의 입장에서 해결하는 것만이 목적이 아니라 지금껏 그 문제에 대응해오던 클라이언트들의 대처능력을 발견, 향상시킴으로써 문제해결의 주체를 전문가가 아닌 문제를 가진 자로 확정짓는 것이다. 또한 체계의 개념을 등장시키면서 자원과 기회 그리고 서비스의 개념을 소개한다. 효과성이 언급되면서 평가의 중요성이 강조되고, 최초로 사회복지실천이 사회정책과 접목된다. 이 정의는 공식적인 기구가 내린 정의나 목적이 아니면서도 20여 년간 가장 널리 활용된, 사회복지실천의 목적을 제시하는 인도자 역할을 해왔다. 이는 1994년 미국의 사회복지교육협의회가 공식적인 목적을 발표했을 때 상당부분 활용되기도 하였다.

미국 사회복지교육협의회는 1992년과 1994년 2회에 걸쳐 사회복지
실천의 목적을 정리하였다. 주로 일반사회복지실천(*generalist*) 모델에
맞추어 사회복지대학 학부생들을 교육시키기 위한 목적으로 사용되었
으며, 1994년 임파워먼트(*empowerment*)의 개념이 추가되면서 공식화
되었다(CSWE, 1994:97). 이 목적은 다음 4개 항목으로 정리되는데,
① 개인, 가족, 집단, 조직, 지역사회가 목적을 달성하고 고통을 완화
하며 자원을 활용할 수 있도록 도움으로써 이들의 사회기능을 촉진
(*promotion*), 회복(*restoration*), 유지(*maintenance*), 향상(*enhancement*)
시키는 것, ② 인간의 기본욕구를 충족시키고 인간이 가진 잠재력 및
가능성 개발을 돕기 위해 필요한 사회정책, 서비스, 자원 그리고 프로
그램을 계획(*planning*), 공식화(*formulate*), 시행(*implementation*) 하는
것, ③ 곤궁에 처한 집단에게 힘을 실어주고(*empower*), 사회적·경제
적 정의를 실현하기 위해 조직·행정적 옹호와 사회정치적 운동을 통해
정책, 서비스, 자원, 프로그램을 추구하는 것, ④ 이러한 목적과 관련
된 모든 전문적 지식과 기술을 개발하고 시험하는 것이다.

이 목적은 매우 포괄적이다. 너무 광범위하다는 느낌도 있으나 많은
내용과 다양한 분야를 포용하고자 한 노력이 보인다. 1959년 "사회기능
향상의 욕구가 개인적으로나 사회적으로 감지되었을 때 그 기능을 향상
시키는 것"이라고 정의했던 것에 비하면, 매우 발전적인 변화를 가져온
것이다. 문제가 있을 때 개입한다는 소극적 접근에서 사회정의를 위해
약자에게 변화를 초래할 권한을 부여하는 적극적 접근까지, 사회복지
실천의 장이 35년간 장족의 발전을 한 것이다.

사회복지사협회를 비롯하여 많은 학자들이 이 목적을 꽤 오랫동안

가장 많이 인용하였다(Dolgoff et al., 1997:318). 사회복지사협회가 편
찬한 가장 최근의 미국 《사회복지대사전》(*Encyclopedia*)에서도 사회복
지실천의 목적으로 협의회의 1994년의 목적을 인용하는 것으로 대신하
였다. 이는 또한 사회복지실천의 목적을 일반사회복지(*generalist*) 모델
에 맞추자는 의지의 표현이었다.

미국 사회복지교육협의회의 이 목적은 2008년에 대대적으로 개정되
었다. 사회복지학과를 인준하기 위해 각 대학의 교육과정이 담아야 할
기준(EPAS: Educational Policy and Accreditation Standard)을 제시하면
서 사회복지실천의 목적을 정의한 것이다. 미국 교육협의회는 "인간
(*human*)과 지역사회(*community*)의 복지(*wellbeing*)를 촉진"하는 것을
사회복지실천의 목적으로 삼았다(CSWE, 2008:1). 이 목적은 사회복
지실천이 사람과 환경의 구성개념, 글로벌 시각, 다양성 존중, 과학적
탐구에 기초한 지식 등에 의해 지도되면서 사회경제정의, 인권을 제한
하는 조건 방지, 빈곤퇴치 그리고 모든 사람의 삶의 질 향상을 통해 현
실화될 것이라고 강조하였다.

3) 사회복지실천의 기능과 역할

사회복지실천의 기능은 사회복지실천의 목적을 달성하기 위해 다양한
차원의 서비스를 제공하는 것이다. 지금까지는 이를 개인의 사회기능
증진과 사회정의 향상이라는 두 가지 기능으로 이분화하거나(Popple,
1992:141~142) 여섯 가지 기능(Minahan, 1981:6)으로 세분화해왔다.
그러나 최근에는 기능을 구분하는 것을 지양하거나 다양한 기능 및 역

할을 담아내려는 노력이 이루어진다(Hepworth et al., 2010:27).

사회복지실천은 물론 전국민을 대상으로 서비스를 전개하지만 기본적으로는 취약한 계층을 주 대상으로 하게 된다. 따라서 다음과 같은 실천이념을 염두에 두고 기능할 필요가 있다. 우선 사회복지사가 만나는 클라이언트는 자원, 지식, 기술 등이 부족한 경우가 많다는 것이다. 그래서 빈곤상태에 있거나 각종 차별 또는 인권침해를 당할 가능성이 높다. 그러다보니 자발적으로보다는 누군가에 의해 비자발적으로 사회복지사에게 오는 경우가 많다. 그러나 이런 클라이언트도 지식과 기술을 받아들일 능력과 스스로 결정할 수 있는 힘을 가진 사람들이다. 따라서 사회복지사는 클라이언트와 함께 자원을 찾고, 찾은 자원들을 연결하며, 필요하다면 클라이언트와 함께 자원을 새로이 창조하기도 하는 것이다. 이것이 바로 사회복지실천의 기능이다.

이와 같은 기능을 하는 사회복지사는 다양한 역할을 한다(Hepworth et al., 2010:26~31).

① 직접서비스 제공자의 역할이다. 클라이언트와 직접 만나서 클라이언트가 제기하는 문제, 욕구, 도전 등에 대해 개별상담, 집단상담, 부부 및 가족상담 등 상담서비스와 교육자, 훈련가, 코치 등의 교육훈련서비스를 제공한다.

② 시스템 연결자의 역할이다. 자원이 필요한 클라이언트에게 사례관리, 조정, 중개, 중재, 협상, 옹호 등의 역할을 통해 자원과 시스템을 연결해준다.

③ 시스템 유지자의 역할이다. 현재의 시스템이 적정한지, 유지가능한지, 더 나은 시스템으로 향상시키기 위해서는 무엇이 필요한지 등을

사정하기 위해 사정, 평가, 촉진, 컨설팅 등의 역할을 하게 된다.

④ 시스템 개발자의 역할이다. 현재의 시스템이 충족해주지 못하는 부족한 부분을 채우기 위해 기획, 개발, 옹호 등의 역할을 하면서 새로운 자원을 창조해낸다.

⑤ 연구자의 역할이다. 연구를 직접 수행하는 역할과 연구된 내용을 학습하고 연구의 결과를 반영하는 연구소비자의 역할이 모두 포함된다. 실천기반연구(*practice based research*)와 증거기반실천(*evidence based practice*)을 실행하면서 이 역할을 잘 발휘할 수 있다.

사회복지사의 다양한 역할에 대해서는 뒤에서 더 자세히 설명할 것이다.

2. 사회복지와 사회복지실천

사회복지실천은 사람에게 사회복지를 제공하는 것이므로 사회복지실천을 이해하기 위해서는 사회복지 자체에 대한 이해가 필요하다.

이념 측면에서 볼 때 사회복지란 "인간적인 삶을 영위할 기회와 일할 기회를 제공하는 공평한 사회, 결핍과 폭력에서 안전을 제공하는 사회, 개개인을 장점에 기초하여 평가하고 평등을 권장하는 사회, 경제적으로 생산적이고 안정된 사회의 구현"(NASW, 1995:203)을 위한 활동이다. 이러한 사회를 구현하기 위해 "사회기능을 유지 또는 증진시킬 의도로 사회적 개입을 하는 것"(Dolgoff et al., 1997:5)이 사회복지이며, 조금 더 구체적으로 설명하자면 "기본적인 사회적 욕구를 충족시키고 사회질서를 회복하며 급부를 확보하거나 강화하는 법률, 프로그램, 급여 그리고 서비스체계"이다(Friedlander et al., 1980:4~5).

제도적 개념으로서 사회복지는 산업화에 따른 사회문제를 해결하기 위한 장치이다. 가족기능 약화로 인한 사회적 책임의 필요성이 보편적으로 인식되면서 영유아보육, 노인부양, 장애인 및 만성질환자 보호 등의 서비스를 제공하게 되는데, 이것이 보편적 복지이다. 이는 사회문제란 어느 계층의 사람들에게만 특수하게 발생하는 것이 아니라는 라이언(Ryan)의 보편주의 이념에 근거한 것이다(Ryan, 1971:11). 반면 특수한 상황에서 일정한 기간 동안 또는 일정한 대상에게만 주어지는 보조적 복지서비스 또한 제공하게 된다. 이것은 보충적 사회복지이다 (잔여적 복지라고도 부르지만 이 명칭에 대해서는 고민이 필요하다). 보충적 사회복지는 특히 빈곤과 고난을 경감시킬 목적으로 사회가 공공 또는 민간형태로 비영리적 서비스 기능을 하는 것을 의미한다(Dolgoff et al., 1997:111).

제도 차원에서 사회복지를 설명하기 위해 사회복지실천이 역할을 하게 된다. 다양한 사회복지서비스를 국민에게 전달하는 것이 사회복지실천인데, 이때 사회복지서비스는 사회복지사업을 전달하기 위해 사회복지관련 기관들이 제공하는 다양한 내용의 모든 프로그램을 의미한다. 여기에는 이른바 대인서비스(*personal services*)와 제도적 서비스 (*institutional services*)가 모두 포함된다. 제도적 서비스로는 건강보험, 연금, 실업수당, 생계비보조, 장애인고용촉진 등을 들 수 있으며, 대인서비스는 아동을 학대한 부모나 우울한 노인을 위한 상담, 장애인의 사회복귀를 위한 상담, 정신장애인의 사회재활치료 등을 예로 생각해

볼 수 있다.

　비슷한 개념으로 사회복지사업이 있는데, 사회복지사업이란 〈사회복지사업법〉에 의거하여 "보호, 선도 또는 복지에 관한 사업과 사회복지상담, 직업지원, 무료숙박, 지역사회복지, 의료복지, 재가복지, 사회복지관운영, 정신질환자 및 한센병력자 사회복귀에 관한 사업 등 각종 복지사업과 이와 관련된 자원봉사활동 및 복지시설의 운영 또는 지원을 목적으로 하는 사업"을 의미한다. 또한 사회보장은 〈사회보장기본법〉에 의거하여 "모든 국민이 스스로 감당할 수 없는 사회적 위험에 대해 사회로부터 보호조치를 받으면서 사회참여 및 자아실현에 필요한 제반 여건을 제공받고 삶의 질을 보장받는 것"이다. 사회보장이라는 용어는 1935년 미국의 〈사회보장법〉(Social Security Act)의 제정으로 처음 등장하였고 1942년 영국의 〈베버리지보고서〉(Beveridge Report) 공표 이후 널리 사용되었다.

3. 이념과 가치

1) 사상과 이념

사회복지실천에서의 이념적 배경은 매우 다양하며 발달역사와 함께한다고 볼 수 있다. 표면상으로는 인도주의와 이타주의의 이념에서 시작한 것으로 보이는 사회복지실천은 근본적으로는 사회진화론의 영향을 많이 받았으며, 다른 한편으로는 그 영향에서 탈피하고자 하는 노력을 보였다. 사회통제와 사회변화를 목적으로 삼는 양대 축이 이의 표현이며, 이에 근거한 많은 서비스와 프로그램이 개발됐다. 여기서는 사회복지실천 역사의 흐름에서 보이는 다양한 이념 및 사상들을 간단히 살펴보겠다.

(1) 인도주의

최초의 이념 혹은 사상이라고 할 수 있는 것은 인도주의(humanitarianism)와 박애사상(philanthropy)일 것이다. 이는 자선조직협회(Charity Organization Society) 우애방문자(friendly visitor)들의 철학이었다. 기독사상을 실천하려는 중산층 이상의 사람들이 빈곤한 사람들을 대상으로 인도주의적 구호를 제공하였으며, 이 사상이 후에 사회복지실천의 기본사상이 되었다.

이는 '타인을 위하여 봉사하는' 정신으로 실천되었다. 영어로는 'care'라고 번역할 수 있는 봉사정신은 자기 자신보다는 클라이언트를 먼저 생각하는 정신을 낳았고, 이는 이타주의(altruism)로 불리는 사회복지실천의 기본정신으로 자리 잡게 되었다. 그러나 시대의 변화에 따라 클라이언트를 위한 무조건적 봉사(caring for)에서 '클라이언트에 대한' 봉사활동(caring about)으로 그 개념이 변화하였다(Morris, 1977). 즉, 자선조직단체의 우애방문자가 무조건적 봉사를 해주는 역할을 하였다면, 현대의 사회복지사는 클라이언트에 대한 선택적 봉사를 행한다고 할 수 있다.

(2) 사회진화론

사회진화론(*social Darwinism*)은 찰스 다윈(Charles Darwin)의 1895년 저서인 《종의 기원》에서 파급된 이념으로, 다윈의 자연과학적 개념이 사회과학적 요소에 가미되어 파생된 것이다. 자연법칙의 진화론을 사회법칙의 진화론에 적용시킨 것으로 철학자이자 사회학자인 허버트 스펜서(Herbert Spencer)가 처음 사용하였다. 사회에도 동식물 생태계와 마찬가지로 약육강식과 적자생존의 자연법칙이 적용된다고 보았는데, 이른바 '사회적합계층'(*best fit*)인 사회 주요인물은 살아남고 그렇지 못한 사람은 '사회부적합계층'(*unfit*)으로 자연소멸한다는 것이다. 사회복지의 측면에 적용해보면 부자는 자신이 우월해서 부유층으로 살아남는 반면, 빈곤한 이는 자신이 게으르고 비도덕적인 열등인간이기 때문에 가난하게 살 수밖에 없다고 이해할 수 있다(Dolgoff et al. , 1997:83). 결국 사회에 적합한 계층을 위해 사회부적합계층은 그 사회에서 사라져야 한다는 논리인 것이다.

사회복지에서 이 이념을 수용한 것은 사회복지실천의 사회통제 측면에서 나타난다. 사회통제를 주목적으로 한 실천은 자선조직협회의 봉사활동에서부터 두드러진다. 자선조직협회의 우애방문자는 그 당시 사회의 열등계층인 극빈자와 장애인들을 방문하여 자신이 신봉하는 중산층의 기독교적 도덕을 강요하고 그에 맞추어 생활하도록 하였다. 극빈자 등이 가진 나름의 가치관이나 도덕성을 완전히 무시하였으며, 지금까지의 생활신념이나 가치관을 버리고 새로운 도덕 및 윤리를 따르도록 강요하였다. 그러지 못할 경우 현 상태를 겨우 유지할 수 있을 정도의 도움만을 제공하는 것에 그쳤다. 따라서 그 당시 중간계급의 사상에 적합하지 못한 계층은 최소한의 도움으로 겨우 생존할 수 있는 수준만 유지하도록 함으로써 사회적합계층에게 방해가 되지 않도록 만들었던 것이다.

(3) 민주주의

민주주의(*democracy*)는 평등(*equality*)을 표방하는 이념이다. 사회진화론의 생존계층화와 달리 모든 인간의 평등함을 인정하면서 클라이언트도 평등한 대우를 받을 권리가 있음을 주장한다(Dean, 1977). 민주주의의 등장과 함께 클라이언트를 위한 무조건적 봉사정신이 약화되고 클라이언트에 대한 선택적 봉사의 철학이 강화되었다.

인도주의 및 사회진화론에 입각하여 이른바 우월한 자인 봉사제공자가 열등한 자인 클라이언트에게 봉사 및 시혜를 무조건 받도록 결정, 강요하던 것에서 벗어나야 한다는 운동이 전개되었다. 주는 자와 받는 자의 평등한 권리를 인정하여 받는 자인 클라이언트가 시혜여부를 결정하는 데 적극 참여하도록 하였던 것이다. 이러한 관점에서는 클라이언트에게도 사회복지사와 같은 동등한 권리를 주면서 모든 결정에 대한 선택권을 준다. 즉, 임파워먼트(*empowerment*) 사상인 것이다. 평등을 위한 사회변화를 추구하는 사회복지실천은 거주정착운동(*Settlement House Movement*)[1]의 활동에서 두드러지게 나타난다. 빈곤계층에게도

---

1) 이 책에서는 'Settlement House Movement'를 일반적으로 통용되는 '인보관운동' 대신 '거주정착운동'으로 번역하고자 한다. 이미 "현지거주운동"이라 지칭했던 선례도 있으나(김상균 외, 2011:192), 'Settlement House'의 사회복지사들은 현지로 이주하여 거주하는 것 외의 다양한 다른 목적을 갖고 있었으며 이민자를 비롯하여 유리걸

나름의 가치관이 있음을 동등하게 인정하는 것에서부터 시작하는 거주 정착운동 이념은 사회 전체가 이를 인정하도록 하는 사회개혁으로 이어졌다.

사회복지실천의 또 하나의 축인 사회변화의 노력도 민주주의에 그 이념적 기원을 갖는다. 예를 들어 사회진화론에 근거를 둔 사회통제의 측면에서는 빈곤이나 장애를 전적으로 클라이언트의 책임으로만 돌렸다면, 사회변화의 측면에서는 그 책임을 사회에게 돌린다. 즉, 모든 인간이 평등하듯 사회복지의 클라이언트들도 동등한 처우를 받을 권리, 빈곤에서 탈피할 동등한 기회를 제공받을 권리를 갖는다는 것이다. 따라서 빈곤에 대한 책임은 이러한 권리를 보장해주지 못한 사회에 있으며, 사회변화를 통해 권리의 보장이 가능하도록 해야 한다는 주장이다. 이는 민주적 사회주의(*democratic socialism*)가 채택되도록 하는 결과를 낳았다(남찬섭 역, 1994). 스웨덴, 덴마크, 영국 등이 이 이념을 수용한 국가들이다(Whitaker & Federico, 1997:138).

(4) 개인주의

개인주의(*individualism*)와 함께 자유방임주의가 등장하였다. 이는 작은 정부를 표방하는 형태로 나타났으며, 이와 함께 경제뿐 아니라 사회

식하는 빈민들을 지역사회에 정착(*settle down*)시키는 역할까지 하였으므로 클라이언트의 입장까지 반영한 '거주정착운동'으로 번역하려는 것이다. 이러한 번역어 선택은 일제강점기 때인 1930년에 일제가 조선사회사업연구회를 만들며 'Settlement House'의 번역어를 '인보관'으로 선택한 이후에 그 단어가 가진 의미를 학문적 통찰 없이 받아들였다는 반성에 기인하는 것이기도 하다(양옥경, 2017:20 참고).

복지마저도 자유시장에 맡기는 자유방임적 정책이 확산되었다. 이 사상은 사회복지실천에도 영향을 미쳐 사회복지실천의 사상적 줄기에 한 획을 그었다.

　개인주의 사상은 두 가지 형태로 나타나는데 하나는 개인권리의 존중이며, 다른 하나는 수혜자격의 축소이다. 개인의 권리와 의무가 강조되면서 빈곤의 문제도 다시 빈곤한 자의 책임으로 돌아갔다. 빈곤한 사회복지 수혜자는 빈곤하게 살 수밖에 없어야 한다는 '최소한의 수혜자격 원칙'이 등장하여(Whitaker & Federico, 1997:136) 수혜자들이 저임금 노동자보다 더 낮은 수준의 보조를 받도록 하는 정책이 도입되었다. 미국에서는 이러한 관점이 사회진화론과 맞물려 더욱 큰 힘을 발휘하였다.

　한편 사회복지실천에서는 클라이언트의 개인적 특성, 즉 개별화를 중시하는 것에 초점을 맞추었다. 물론 개별화는 사회복지실천의 역사에서 보자면 상당히 초기의 문헌에서도 찾아볼 수 있는 개념이었다. 하지만 그 실천적 측면에서 보았을 때 시기상 적용가능성이 훨씬 용이해졌으며 적용수준의 허용도 또한 높아졌다.

(5) 다양화

21세기를 맞이하면서 다양화(*diversitism*) 경향이 두드러졌다. 세계화(*globalization*)의 영향으로 전 지구가 하나가 되는 과정에서 지구촌은 국경을 막론하고 다양성에 대한 수용이 높아졌다. 몇몇 강국의 지배체제에서 이른바 열국들의 집합의 힘이 커지고, 백인종이 우세하던 구조에서 모든 인종 각각의 목소리가 높아지는 체제로 돌입하면서 다양화가 두드러졌다.

따라서 사회복지실천에서도 다양한 계층의 수용, 다양한 문제 및 접근방식에 대한 용납, 그러면서도 독특성을 인정하는 개별화를 동시에 추구하는 실천의 방식을 따라야 하는 상황이 전개되었다. 이에 따라 임파워먼트(empowerment ideology)에 대한 논의가 활발히 진행되고 있다. 사회진화론이 열등계층이라 부르던 소외계층(disadvantaged population)에게 스스로 발전할 수 있는 여건을 만들어줌으로써 자신이 가진 능력 또는 잠재적 능력에 힘을 실어주는 것이다. 또한 자기변화를 위한 권한을 이들 스스로에게 부여하게 하는 것으로서, 이들을 더 이상 열등계층이 아니라 잠재적 능력을 계발할 가치가 있는 계층으로 인식하게 하는 것이다. 이는 클라이언트에 대한 선택적 봉사(caring about)의 실천이며 개별화와 평등화의 복합적 실천모델이다.

사회복지실천의 모델로 소개된 임파워먼트모델(empowerment model)은 클라이언트와의 협력(partnership)을 통해서만 이뤄낼 수 있다. 이 모형은 기존 사회복지실천모델의 제공자 - 수혜자(beneficiary) 관계의 개념에서 제공자 - 소비자(consumer) 관계의 개념으로 기본철학의 변화를 초래하였다. 물론 기존 모델들도 수혜자의 자기결정권 가치를 존중해온 것은 사실이나, 임파워먼트모델에서는 실천과정상의 가치 및 윤리적 차원에서뿐 아니라 기본적 관계설정 자체에서 사회복지사와 클라이언트에게 동등한 관계를 부여한다. 즉, 모든 권한을 가진 사회복지사가 클라이언트의 인간적 권리를 존중해주던 차원을 넘어서서, 처음부터 클라이언트도 그만큼의 권한을 갖고 관계에 임한다고 인정하는 이념상의 변화인 것이다.

실제적 실천의 장에서 이는 클라이언트에 대한 무조건적 봉사가 아니라 클라이언트가 스스로의 자발적 선택으로 사회복지사를 찾아 도움을 요청하게 되는 형태로 나타난다. 제공자와 소비자의 관계를 형성하게 되는 임파워먼트모델은 새로이 적용되는 과정에서 여러 방향의 논의를 불러일으킬 수 있다.

우선 소비자 임파워먼트의 개념틀에 따라 사회복지실천 서비스에 자유시장경제 개념이 도입될 가능성이다. 자유시장경쟁 원리에 따라 소비자인 클라이언트가 제공자인 사회복지사를 선택하게 된다면 이는 서비스 제공 대가에 대한 논의를 초래한다. 또한 이와 같은 동등한 관계형성은 결국 대상의 한계성에 대한 논의에 봉착하게 되는데, 경제적 능력과 인지적 능력의 한계가 가장 두드러진다. 그러므로 스스로 결정을 내릴 능력이 없어 동등한 관계형성을 해낼 수 없는 클라이언트나, 서비스에 대한 대가를 치를 수 없는 빈곤계층의 클라이언트의 경우에는 딜레마에 봉착하게 될 것이다.

2) 가치

사회복지의 가치는 그 시대, 그 사회, 그 문화의 가치관에서 비롯된다. 그래서 전문직의 가치는 사회적 가치와 함께한다. 그러면서 그 전문직은 사회로부터 사회의 가치를 실천한다는 인정과 인가(sanction)를 받게 된다. 그러나 경우에 따라 전문직의 가치가 사회가치와 일치하지 않기도 하는데, 특히 소외계층이나 약자를 위해 옹호나 변호활동을 하게 될 상황에서 그러하다. 이는 기존 기득권층 중심의 사회가치에 반하는 가치

를 표방하게 되기 때문이다. 그런 의미에서 항상 소외계층의 대변을 핵심
기능으로 하는 사회복지사에게 가치는 매우 중요하다.

(1) 가치

가치(*value*)는 지식 및 기술과 함께 사회복지실천 3대 중심축의 하나이
다. 가치는 믿음과 같은 것으로, 좋고 바람직한 것에 대한 지침이며 적
합한 행동의 선택에 대한 지침이다(Lowenberg & Dolgoff, 1988:15).
이는 윤리와 구분되는 것으로, 가치가 믿음이라면 윤리는 판단이다.
가치가 좋은 것에 대한 개인의 선호에 기초한 것이라면 윤리는 옳고 그
른 것에 대한 사회적 판단에 기초한 것이다.

　사회복지사는 가치 중심 전문직이다(Levy, 1976:238). 프리드랜더
(Friedlander, 1976:2~6)는 ① 인간의 고유한 가치와 진실성 및 존엄
성, ② 인간의 자기결정권, ③ 기회의 균등성 그리고 ④ 사회적 책임성
에 대한 4대 신념이 사회복지사가 갖추어야 할 민주주의 가치관이라고
하였다. 이에 기초한 사회복지실천의 가치는 '개인의 가치와 존엄성',
'개인에 대한 존경', '개인의 변화가능성에 대한 가치', '클라이언트의
자기결정권', '비밀보장과 사생활보장', '적절한 자원과 서비스제공',
'클라이언트에게 권한부여', '동등한 기회보장', '비차별성' 그리고 '다양
성의 존중' 등이다(NASW, 1995:894).

　그러나 사회복지실천의 현장에서는 이러한 전문직 가치 외에도 개인
적 가치와 사회적 가치가 함께 존재하며, 각 형태의 가치기준에 따라
사회복지사들은 가치갈등을 경험하게 된다. 전문직 가치가 사회적 가
치에 근원을 두고 있으나 항상 동일하지는 않으며 개인적 가치도 전문

직 가치에 늘 동의하는 것은 아니기 때문이다. 이에 사회복지사들은 실천가치의 지침과 실천윤리의 강령을 준비하여 최소한의 갈등 속에서 그 해결책을 찾을 수 있도록 조처해놓고 있다.

(2) 전문직 가치의 범위

레비(Levy, 1973)는 사회복지전문직 자체의 가치를 3개 그룹으로 구분하여 설명한다. 사람, 결과, 수단에 대한 가치로서 사회복지전문직이 업무를 수행할 때 신봉해야 하는 믿음의 체계를 나열해놓은 것이다.

첫째, '사람우선 가치'이다. 이는 전문직 수행의 대상인 사람 자체에 대해 전문직이 갖춰야 할 기본적 가치관이다. 개인의 가치와 존엄성, 개인의 건설적 변화에 대한 능력과 욕구, 상호책임성, 소속의 욕구, 인간의 공통적 욕구 그리고 개개인의 독특성에 대한 가치 등이 거론된다. 클라이언트를 하나의 개별화된 인간으로 보고, 능력을 인정하며, 그에 따라 권한을 인정해주는 가치관이다. 이는 사회복지실천의 기본철학과 같은 것이다.

둘째, '결과우선 가치'이다. 사람에게 서비스를 제공했을 때 초래하는 결과에 대한 가치관이다. 이는 사회가 개인의 발전을 위해 사회참여에 대한 기회를 동등하게 제공해야 한다는 사회적 책임에 대한 믿음이다. 뿐만 아니라 빈곤, 질병, 차별대우, 부적절한 주거환경 및 불공평한 교육기회 등의 문제를 해결하거나 미연에 방지해야 할 사회적 책임에 대한 가치이며 동시에 이와 같은 욕구를 충족시킬 수 있는 자원을 제공해야 하는 사회적 책임에 대한 믿음이다.

셋째, '수단우선 가치'이다. 서비스를 수행하는 방법 및 수단과 도구에 대한 가치관이다. 이는 사람은 존경과 존엄으로 다뤄져야 하며, 자기결정의 권리를 가져야 하고, 사회변화에 참여하도록 북돋워져야 하며, 하나의 독특한 개인으로 인정되어야 한다는 믿음과 같은 것이다. 인간의 자율성으로 요약될 수 있는 수단우선 가치는 아마도 사회복지실천과정에서 매우 중요하게 실천되어야 할 가치체계일 것이다. 사회복지사에게 아무리 바람직해 보이는 결정도 클라이언트의 자율적 결정이 아닌 강요받은 결정이라면 이는 기본가치관에 어긋나는 것이다. 모든 결정과정에서 클라이언트의 자율성이 보장되어야 한다.

가치의 범위는 위계적 단계로도 설명된다(김정자, 2004:65~66). 다양한 가치를 종적으로 분류하여 도구적 가치(*instrumental values*), 근사적 가치(*proximate values*) 그리고 궁극적 가치(*ultimate values*)의 세 단계로 나눌 수 있다. 첫 번째인 도구적 가치는 바람직한 목적에 맞는 바람직한 수단을 구체화한 것으로서 매우 구체적인 가치들로 구성된다. 예를 들어 진실(*truth*)은 어떤 경우에라도 추구되어야 할 중요가치이며(Levy, 1973: 39), 비밀보장, 자기결정, 고지된 동의 등도 좋은 예이다. 두 번째인 근사적 가치는 중간수준의 가치들로서 단기목표를 위한 지침을 제시한다. 예를 들어 특정치료를 거부할 수 있는 환자의 거부권리, 치료접근권리, 주택마련권리 등이 있다. 세 번째인 궁극적 가치는 최고수준의 가치를 포함하며 장기목표에 대한 일반적 지침을 제공한다. 인권존중, 평등, 비차별 등이 여기에 속한다. 이 궁극의 가치들은 사회복지의 궁극의 목표와 정체성 확립에 기반이 되는 가치이다.

(3) 사회복지 가치의 발달

사회복지는 사회정의와 공정성에 뿌리를 둔 규범적(*normative*) 전문직이며(Reamer, 1999:5), 따라서 전문직 시작부터 가치중심적 실천을 해왔다. 이러한 가치실천의 역사는 자선조직협회의 활동으로 거슬러 올라가 여러 단계를 거쳐 발전해왔다(Reamer, 1999:5~9; 양옥경, 2017: 19~21).

1단계는 자선조직협회 중심의 단계이다. 19세기 말 사회복지실천이 하나의 전문직으로 선언하고 나섰던 때이다. 자선조직협회를 통해 우애방문자들이 빈곤한 사람에게 중산층의 도덕을 강요하던 시기로, 물론 클라이언트의 도덕에 중점을 두었다. 빈곤한 자들의 빈곤을 타파하기 위해 중산층의 도덕관을 심어주고, 이들이 그 도덕성을 갖추고 생활하게 되는 것에 최고의 가치를 둔 것이다. 우애방문자들은 자신들의 가치관이 최상의 가치관이며 빈곤계층 사람들이 빈곤에서 벗어나려면 자신들과 같은 가치관을 가져야 한다고 믿었다. 따라서 빈곤계층 클라이언트 나름의 권리에 대한 가치는 존재하지 않았다.

2단계는 거주정착운동(*Settlement House Movement*) 단계로서 자선조직협회의 가치관에 반기를 든 거주정착운동의 발전으로 시작되었다. 1885년 영국 화이트채플(Whitechapel)의 토인비홀(Toynbee Hall)을 비롯하여 1886년 이웃조합(Neighborhood Guild), 1889년 미국 시카고(Chicago)의 헐하우스(Hull House)가 활발히 운동을 전개하였다. 이 시기에 활동하던 사람들은 이 지역들로 주거지를 옮겨 클라이언트들과 함께 생활하면서 숙식은 물론 도덕과 가치도 서로 나누었는데, 1단계 때와 달리 이 단계에서는 클라이언트의 권리에 대한 가치가 존재하였으며 또한 존중받았다. 거주정착운동은 19세기 말~20세기 초 활발히 진행되던 진보주의에 발맞추어 발달하였으며 빈곤한 자의 도덕성보다는 사회문제에 초점을 두면서 전문직이 표방해야 할 가치에 의문을 제기하였다. 또한 빈곤한 자의 도덕성 결여보다 사회의 불공평함에 빈곤의 원인이 있음을 주장하면서 빈곤을 인식하는 사회가치가 변화해야 함을 주장하였다.

3단계는 전문가 중심 단계이다. 1940년대와 1950년대를 중심으로 전개되는데, 지금까지의 클라이언트 중심의 가치체계에서 전문직과 전문가의 가치체계로 그 중심이 옮겨졌다. 클라이언트를 대하는 전문가의 가치관에 의문을 제기하면서 전문직 가치체계에 입각한 실천을 하도록 하는 가치체계의 확립과 윤리적 지침의 마련이 시작된 시기인 것이다. 이로 인해 1947년 최초의 윤리강령이 준비되었다.

(4) 사회복지실천의 가치

사회복지전문직이 사회복지를 실천하기 위해 실천의 가치로 삼아야 하는 것에 대한 논의는 여러 차원에서 진행되고 있다. 윤리강령을 통해 사회복지실천의 핵심가치를 밝힌 미국 사회복지사협회는 그 실천의 가치를 6가지로 제시하였다. ① 서비스(*service*), ② 사회정의(*social justice*), ③ 인간존엄과 존중(*dignity and worth of the person*), ④ 인간관계의 중요성 (*importance of human relationships*), ⑤ 진실성(*integrity*) 그리고 ⑥ 능력 (*competence*)이 그것이다. 헵워스(Hepworth)와 라슨 등 동료들은 사회복지실천과정에서의 4가지 중심가치를 제시하였다. 즉, ① 모든 사람은 자신의 잠재성을 계발하고 문제를 해결하기 위해 자원에 공평하게 접근할 수 있어야 하며, ②사회복지사는 인간의 천부적인 존엄과 가치를 존중해야 하고, ③믿음이 가는 행동으로 진실성을 담보해야 하며, ④전문성을 발전시키는 전문가 역량이 있어야 한다는 것이다(Hepworth et al., 2010:53 ~59).

이에 기초하여 이 책에서는 사회복지실천에서 전문직으로서 갖추어야 할 핵심가치를 5가지로 정리하고자 한다(양옥경, 2017:29~31). 첫째, 인간존엄(*human dignity*) 이다. 인간이라면 천부적으로 갖고 태어난 인간존엄성과 인간에 대한 가치의 존중이다. 둘째, 자원접근의 평등(*equality*) 이다. 모든 인간은 생애주기 문제를 해결하기 위해 필요한 자원에 접근할 권한을 가져야 하며 이는 기회의 평등까지도 포함한다. 셋째, 진실성(*integrity*) 이다. 사회복지사는 항상 진실되게 행동해야 한다. 넷째, 인간관계(*relationship*) 의 중요성이다. 관계는 클라이언트의 변화를 초래하기 위해 사회복지사가 사용하는 가장 중요한 도구이다. 따라서 이 관계를 사용할 때는 인간존엄에 기초해서 사용해야 한다. 그리고 마지막으로 다섯째, 능력(*competence*) 이다. 사회복지사가 전문적 능력을 갖추는 것은 오늘날 사회복지사의 의무이자 기본가치가 되었다. 지식과 기술, 전문성의 범위 안에서 사회복지사는 자신의 최선을 다해 클라이언트에게 서비스를 제공해야 한다. 이것이 사회복지실천의 가치이다.

제 2 장
사회복지실천의 윤리와 인권

1. 사회복지의 윤리

1) 윤리의 의미

사회복지실천에서 전문직 가치는 실무현장에서 윤리적 원칙들을 정립하는 지침을 제시한다. 윤리란 어떤 행동의 옳고 그름에 대한 판단으로, 사회복지 가치기준에 맞는 실천을 하였는지에 대한 판단기준을 제시한다(양옥경 외, 1995:29). 이 판단기준을 위해 윤리강령을 만들어 놓으며, 해당 전문가로 하여금 그에 준하는 행동을 하도록 지침을 제시한다. 이와 같은 전문직 윤리는 비단 사회복지전문직뿐 아니라 다른 모든 전문직에도 적용된다.

윤리는 사전적 의미로 사람이 사회적 관계에 있어 "사람으로서 마땅히 행하거나 지켜야 할 도리"(《표준국어대사전》, 1999:4827)이다. 영어로는 에틱스(*ethics*)라고 하며 그리스어로 관습을 의미하는 'ethos'에서

유래하였다.

윤리는 도덕철학이다. 도덕적으로 좋고 나쁘고 옳고 그른 것에 관한 것으로, 가치와는 구분되는 개념이다. 가치란 신념이며 선택으로 인간을 위해 좋은 것과 바람직한 것에 대한 가정이다(Pincus & Minahan, 1973:38). 사실도 아니고 과학적 근거도 없으며, 따라서 규범적 가치기준이 절대적으로 필요하지 않을 수도 있다. 그에 반해 윤리란 실질적인 결정을 내릴 때 필수적인 것으로 옳고 그른 행동에 대한 사회적 태도를 가리킨다. 가치란 하나의 가정적 개념이어서 인간의 생각 속에서 그치지만, 윤리는 행동으로 나타나는 것으로 윤리적 판단에 따른 행동수행에 있어서는 규범적 기준이 필요하다. 따라서 윤리란 인간의 행동을 통제하거나 규제하는 기준이나 원칙까지 포함하는 개념으로 일반적으로 타인에 대한 책임감에서 우러나오는 인간에 대한 기대를 말한다(문인숙 외 역, 1985:117).

2) 실천윤리의 출현

사회복지실천의 윤리가 본격적으로 논의되기 시작한 것은 1970년대에 들어서였다. 그 이전에는 가치가 윤리의 자리를 대신하였으며, 실천윤리를 논해야 할 만큼 실천의 대상, 과정, 결과 등이 복잡하지 않았다. 이는 사회복지뿐 아니라 의학, 법, 간호, 언론 등 사람을 대하는 다른 전문직에서도 동일하게 적용되었는데, 사회가 점차 복잡해지기 시작하면서 사람에 대한 존엄성의 가치가 행동에서 지켜질 수 있는 어떤 원칙과 기준이 있어야 함이 절실히 느껴지기 시작하게 되었다.

사회복지사들은 1920년대부터 윤리의 필요성을 절감하고 전문직 윤리강령을 만들고자 하였으나 성공하지 못하였다. 20세기 중반까지 모든 힘 있는 사람은 힘 있는 사람의 편이었다(양옥경, 2017:20). 사회복지사 역시 그러한 체계에 편입해 있었기에(Hunt, 1978:10) 문제의 초점을 개인의 도덕적 가치관에 두었다. 그러다 20세기 중반부터 이 가치관에 의문이 제기되고 실천이 도덕적·윤리적이어야 한다는 생각이 등장하였던 것이다. 이는 기준과 지침의 필요성을 낳았고, 윤리강령이 제정되는 데 큰 역할을 하였다. 1960년에는 최초의 사회복지사 윤리강령이 사회복지사협회에 의해 채택되었다(Reamer, 1992).

1970년대 후반에 들어와 윤리가 각광을 받게 된 이유는 여러 가지 차원에서 찾아볼 수 있다. 첫째, 전문직 발전을 위한 가치 및 윤리에 대한 평가의 변화이다. 이전까지는 전문지식과 기술의 개발이 주로 강조되었다. 가치에 중점을 두면 사회복지전문직이 과학으로 보이지 않는다고 여겨진 탓에 전문직의 발전을 위한 가치 및 윤리에 대한 관심은 뒷전으로 밀려 활발히 진행되지 못했던 것이다. 둘째, 과학과 기술의 발전이다(Reamer, 1999:7). 의학과 공학의 발달로 생명연장이 가능해졌으며, 장기이식이나 유전공학의 실현 등이 우리가 쉽게 접할 수 있는 것으로 다가왔다. 이에 따라 클라이언트도 인공수태나 장기이식, 안락사를 원하거나 성감별을 통한 유산을 희망하는 등 다양한 형태의 윤리적 결정을 해야 하는 상황에 놓이게 되었으며 이러한 상황에 사회복지사들의 개입이 필요하게 되었다. 셋째, 사회가 성숙해짐에 따라 환자의 권리, 피의자의 권리, 죄수의 권리 등을 인정하는 경향이 자라난 것에 힘입어 사회복지실천의 클라이언트가 가진 권리 또한 인정하려는 사회적 분위기가 형성된 영향이다(Reamer, 1999:7). 사회복지 대상자의 권리를 인정하면서 다양한 형태의 윤리적 갈등이 발생함에 따라 이를 해결하기 위한 윤리적 토론이 진행되었으며, 결국 윤리적 지침의 필요성도 대두된 것이다.

3) 윤리강령

(1) 윤리강령의 역사

사회복지사의 윤리강령은 약 40년의 역사를 갖는다. 미국의 윤리강령은 1960년에 최초 공포되어 2008년에 현재의 모습으로 완성되었다. 한국에서는 1988년에 최초로 공포되어 2001년에 현재의 윤리강령이 채택되었다.

미국에서는 1951년 미국사회복지사협회(American Association of Social Workers)가 최초로 윤리강령을 채택하였다(Loewenberg et al., 2000). 그러나 이때는 아직도 사회복지사들이 각기 다른 전문조직을 갖고 있었기 때문에, 각 조직이 미국의 전국단위 사회복지사협회(NASW: National Association of Social Workers)로 통합된 후에야 비로소 최초의 전국단위 공식적 협회의 윤리강령이 마련되어서 1960년에 공포되었다 (Reamer, 1992:17).

1960년에 공포된 첫 번째 윤리강령은 사회복지사의 의무를 나열하였다. "나는"으로 시작하는 이 윤리강령은 윤리강령이라기보다는 사실상 선언문과 같은 것으로, 그 내용은 자신의 이익보다 클라이언트의 이익을 우선시하고, 클라이언트의 사생활을 보장하며, 공공의 응급시에는 봉사할 것이며, 지식과 기술을 후배에게 이양한다고 되어 있다. 7년 후인 1967년 1차 개정을 맞이하였으며, 이때 모든 클라이언트에 대한 비차별조항이 추가되었다.

현재와 같은 영역별 윤리강령의 형태가 만들어진 것은 2차 개정을 한 1979년으로, 이때 윤리강령은 6개의 영역으로 나누어졌다. 그러나 일반적 공공의 복지보다 개인의 복지에 초점을 맞춤으로써 극히 개인적 복지 중심이라는 비판을 받았다(Loewenberg et al., 2000). 이 윤리강령은 수정되어야 한다고 계속적으로 지적받다가 1984년과 1993년 두 차례에 걸쳐 3차, 4차 개정이 되었으나, 1979년의 기본틀을 유지하는 수준에서 이뤄졌다. 사회복지사의 일반적 행동에 관한 것과 클라이언트, 동료, 고용인, 고용기관, 사회복지전문직 그리고 사회 전반에 대한 윤리적 책임에 관한 것이 윤리강령 내용의 주를 이루었다.

이후 1996년에 기본틀을 대폭 수정하여 1997년부터 효력을 발생하기 시작한 현재 형태의 윤리강령이 등장하였다(NASW, 1996). 5차 개정을 맞이하여 세워진 새로운 윤리강령에서는 다양한 변화가 시도되었다. 첫째, 윤리강령의 목적을 구체화시켜 밝혔고, 둘째, 서비스(service), 사회정의(social justice), 인간존엄성 및 가치(dignity and worth of the person), 인간관계의 중요성(importance of human relationships), 성실성(integrity) 그리고 능력(competence)의 6대 핵심가치를 제시하였으며, 셋째, 윤리의 원칙과 기준을 나누었다. 기존의 윤리강령이 활동범위에 준하여 구분되었다면 새로 개정된 것은 기본가치인 핵심가치에 준하여 구분된 것이 특징이라고 할 수 있다. 이후 1999년과 2008년에 6차, 7차 개정이 이루어졌는데 기본틀은 유지한 채 자구수정의 수준으로만 개정되었다.

세계사회복지사연맹(IFSW)은 1994년 스리랑카의 수도 콜롬보에서 총회를 개최하고 "윤리적 논쟁과 성찰을 증진"시키기 위한 목적으로 윤리강령을 선포하였다(김상균 외, 2002:99). 현재 발효 중인 윤리강령은 국제사회복지대학협의회(IASSW)와 함께 2004년 호주 아들레이드에서 인권내용을 포함하여 선포한 것이다.

리머(Reamer, 1992:18~20)는 윤리강령의 내용에도 역사적 흐름이 있음을 역설하면서, 전문직 초기의 윤리강령은 도덕적이며 보호적이었으나 사회정의적 단계, 종교적 단계, 임상적 단계를 거쳐 현재는 가치중립적 성향을 보이고 있다고 주장하였다.

한국 사회복지분야에서 윤리강령의 역사는 이보다 약 20여 년 늦게 시작되었다. 한국사회복지사협회는 윤리강령의 필요성을 절감, 1982년 〈한국사회사업가 윤리강령〉1)을 제정하기에 이르렀다(부록 3-1 참조). 전문과 강령 총 10조로 이뤄진 이 윤리강령은 1982년 1월 15일 제정되었으며 클라이언트의 인간존엄성, 사회사업가의 전문성 그리고 사회사업의 공공성 및 사회성을 강조한 것이었다. 인도주의와 민주주의에 기반을 두면서 개인의 자아실현 목표를 개발하고 이용가능한 사회적

---

1) 한국사회복지사협회 홈페이지(www. welfare. net)에 따르면 첫 제정연도가 1982년이다. 현재 한국사회복지사협회에는 이 윤리강령의 초안만이 존재할 뿐, 이사회를 통과하고 대의원총회를 거쳐 제정, 공포하였을 것으로 추정되는 최종안은 찾을 수 없다. 한국사회복지사협회(1997)에 의하면 1982년에 제정된 사회사업가 윤리강령은 제정만 된 채 공포되지 못한 것으로 추정된다. 이에 이 글에서는 제정 초안을 중심으로 논의하였다.

자원과 과학적 지식을 통합하여 복지사회와 정의로운 사회건설에 헌신하도록 하는 것을 기본적 직업윤리로 삼도록 언급하였다.

1988년 3월 26일 이사회를 거쳐 〈사회사업가 윤리강령〉이 1차 개정[2] 되었고, 4월 14일 〈사회복지사 윤리강령〉이라는 이름으로 공포되었다. 1983년 〈사회복지사업법〉의 개정으로 사회복지사업종사자(사회사업가)를 '사회복지사'라는 이름으로 공식적으로 부르게 되면서 윤리강령에도 이 명칭이 반영된 것이다. 전문과 강령 8개 조항으로 이뤄져 있다(부록 3-2 참조). 인도주의와 민주주의 이념을 기반으로 하였고, 인간존엄성과 사회정의를 실천해야 함을 강조하였으며, 훌륭한 사회복지사가 되도록 쉼 없이 연구정진하며 자기품성을 도야할 것을 강조하였다. 사회복지사의 기본품성으로는 성실, 친절, 봉사, 사랑 그리고 진정한 이해를 들었으며, 기본적 활동으로는 정의, 공평, 평화를 수호하는 선도적 위치를 명하였다. 복지와 사회여건 개선을 위한 봉사적 사회운동 참여, 인종, 국적, 성별, 사상, 종교, 지위, 빈부 등의 차별에서 초월한 공평한 대우, 클라이언트의 자립정신 강조, 사회사업실천에서의 사회복지사 개인의 영리도모 금지, 사회복지사의 권익옹호 등을 언급하였다.

1992년 2차 개정[3] 이 있었으며 〈사회복지사 윤리강령〉의 이름으로

---

2) 3월 26일 대의원총회를 거쳐 개정안이 확정되었으며, 4월 14일 선포하였다. 현재 공포된 전문이 알려진 최초의 윤리강령이다. 이때 개정을 담당했던 전문가들에 대해서는 알려진 바 없다.

3) 당시 윤리개정을 위한 개정위원회는 문인숙(이화여대 교수)을 위원장으로, 학계의 최일섭(서울대 교수), 김융일(가톨릭대 교수), 김성이(이화여대 교수), 성규탁(연

동년 10월 22일 공포되었다. 전문과 10개 조항으로 이뤄졌으며, 조항별로 구분을 하였다(부록 3-3 참조). 1~3항은 전문가로서의 사회복지사의 태도 및 전문직에 대한 책임, 4~7항은 클라이언트에 대한 사회복지사의 의무, 8항은 동료와의 관계에 대한 사회복지사의 태도, 9항은 동료나 기관의 비윤리적 행위에 대한 사회복지사의 의무 그리고 10항은 사회와의 관계에 관한 역할규정에 대해 최소한의 행동지침을 제시하였다. 정의, 평등, 자유, 민주주의 가치를 바탕으로 하였으며, 클라이언트만이 아니라 사회구성원 간의 인간존엄성을 강조하였다. 클라이언트의 권익, 자기결정권, 사생활 존중 그리고 사상, 종교, 인종, 성별, 연령, 지위, 계층에 따른 차별금지 등이 주요골자였다. 전문직의 개발, 전문가로서의 품위와 자질 유지, 동료에 대한 존중 그리고 사회복지사의 권익옹호 등이 함께 언급되었으며, 비윤리적 행위에 대한 공식절차에 대해 언급한 것이 이전 강령과 다른 점이었다. 클라이언트를 복지대상자라고 칭하였는데, 이는 클라이언트라는 용어를 적절한 한글로 수정하는 것이 좋겠다는 많은 사회복지사들의 의견을 수렴한 결과였다. 또한 봉사정신, 사명감 등의 단어 역시 이 개정문에서는 찾아볼 수 없는데, 이 역시 시대변화에 따른 요청사항을 따른 것으로서 대부분 전문성으로 대치되었다.

2001년 3차 개정이 이뤄졌고 이것이 현재 사용되는 윤리강령이다.

세대 교수), 실무계의 우성세(영라보린원 원장), 정현모(순복음상담소), 박경수(태화샘솟는집), 민정애(한국뇌성마비복지회), 정부에서 이상룡(보건복지부 사무관) 그리고 협회의 최성균(사무국장), 김기선, 박창석 등 총 13명으로 구성되었다. 이사회를 거쳐 10월 22일 제6회 전국사회복지사대회 개회시 선포하였다.

1992년의 개정 과정에서 7년 후 다시 개정하자고 결의하였던 바에 따라 1999년 3차 개정작업[4]이 시작되었으며, 약 3년간의 작업을 거쳐 2001년 12월 15일 〈사회복지사 윤리강령〉을 선포하게 되었다(부록 3-4 참조). 새로운 천 년을 맞이하여 이루어진 개정작업에서는 변화하는 사회의 요구를 포괄하고 새천년을 앞서 나가는 의지를 담는 개정안을 만들고자 하였으며 윤리의식과 행동방향을 설정하는 형태로서의 윤리강령이 되도록 만들고자 하였다. 따라서 1992년의 10개 조항이던 것을 전문직 직무의 내용에 따라 세분화하여 전문, 윤리기준 6장(46개 조항)으로 구성하였다.

개정의 요지는 헌신성, 전문성 그리고 진보성이었으며 구체화하자면 윤리위원회의 구성, 차별대우의 조건 다양화, 슈퍼바이저와의 관계 강조, 사회복지사의 경제적 이익 취득 제한 그리고 재교육을 포함한 협회의 활동 강조 등이었다. 따라서 "가장 열악한 대상층에 대한 접근, 클라이언트의 최대이익 추구, 봉사, 솔선수범 등의 헌신성, 사회적 가치실현을 구체화하여 타 분야와의 차별성 및 독자성 확보 및 타 분야와의 상호연대에 대한 적극성 추구, 개인과 사회의 동시적 변화를 추구하는 독자적 기술확보 등의 전문성 그리고 개인의 존엄성 확보와 사회적 가치

---

4) 3차 개정을 위한 윤리강령 개정위원회에서는 백종만 전북대 교수가 위원장이었으며, 당시 한국사회복지사협회 윤리·법제위원회 위원이었던 양옥경 이화여대 교수와 운찬영 전주대 교수가 집중적 개정작업을 진행하였다. 초안을 전체 사회복지사협회 회원들에게 회람하여 의견을 수합하였으며, 다시 조정한 후 위원장을 포함한 회장단의 검토·수정을 거쳤고, 국어학자의 어구수정을 거쳐 이사회 통과 후 제10회 전국사회복지사대회에서 선포하였다.

실현을 위한 사회제도 및 여건의 변화를 추구하는 조직적 역량확보의 진보성"(한국사회복지사협회 내부자료, 1999) 등이 윤리강령의 변화된 핵심요지였다.

이와 같은 개정요지를 바탕으로 하는 2001년 윤리강령의 주요내용[5]은 사회복지사의 기본적 윤리기준(전문가로서의 자세, 전문성 개발을 위한 노력, 경제적 이득에 대한 태도), 사회복지사의 클라이언트에 대한 윤리기준(클라이언트와의 관계, 동료의 클라이언트와의 관계), 사회복지사의 동료에 대한 윤리기준(동료, 슈퍼바이저), 사회복지사의 사회에 대한 윤리기준, 사회복지사의 기관에 대한 윤리기준 그리고 사회복지윤리위원회의 구성과 운영이다.

그러나 이러한 기준의 열거는 실무현장에서 발생하는 윤리적 갈등을 예방할 수도 없고 해결하기에도 역부족이다. 다양한 문제상황에서 다양한 유형의 클라이언트를 대하다보면 사회복지실천의 가치전제가 서로 상호배타적인 경우가 발생하는데, 이와 같은 상황을 모두 윤리강령에 열거할 수 없기 때문이다. 이러한 때에는 사회복지의 가치전제와 다양한 윤리적 측면을 고려하여 사회복지사 개인이 가장 적합한 결정을 내리게 된다. 따라서 사회복지사 개인의 가치를 명료히 하는 것이 매우 중요하다.

특히 이때의 개정작업에서는 〈사회복지사 선서〉를 함께 제정하고 공포함으로써 "사회복지사 자격증을 취득하고 사회복지사로서 일하게 되

---

5) 〈사회복지사 윤리강령〉의 주요내용에 대한 설명 및 분석은 양옥경(2004:93~112)을 참조.

는 사람은 일을 시작하기 전에 사회복지사로서의 의무와 책임을 다하고 윤리강령을 준수할 것을 맹세하는 선서"를 마련하게 되었다. 이 선서는 윤리강령의 일부는 아니지만 윤리강령의 내용을 집약한 것으로서, 사회복지사가 자격의 취득과 함께 선서내용을 마음에 새겨 윤리에 입각한 사회복지실천을 실행하도록 한 것이었다.

(2) 윤리강령의 기능

윤리강령은 전문가가 지켜야 할 전문적 행동기준과 원칙을 기술해놓은 것으로 전문가들이 공통으로 합의한 내용을 담았다. 따라서 법적인 제재력을 갖지는 못하지만 사회윤리적 제재력은 갖는다. 이와 같은 윤리강령은 전문가들이 자신의 전문직 가치기준에 맞게 실천할 수 있는 판단기준을 제시하며, 해당 전문직 실천 대상자들에게 그 전문직이 지켜야 할 기본윤리행위를 알리고 전문직의 비윤리적 행위에 대해 판단할 수 있는 기준을 제시하는 기능이 있다.

지금까지 논의한 윤리강령의 기능을 정리하면 다음과 같다(양옥경 외, 2004:92~93).

첫째, 사회복지실천 현장에서 윤리적 갈등이 생겼을 때 지침과 원칙을 제공한다.

둘째, 자기규제를 통해 클라이언트를 보호한다.

셋째, 스스로 자기규제를 가짐으로써 사회복지전문직의 전문성을 확보하고 외부통제로부터 전문직을 보호한다.

넷째, 일반 대중에게 전문가로서의 사회복지 기본업무 및 자세를 알리는 일차적 수단으로 기능한다.

다섯째, 선언적 선서를 통해 사회복지 전문가들의 윤리적 민감화를 고양하고 윤리적으로 무장시킨다.

(3) 윤리강령의 목적

윤리강령의 목적은 좋은 행동과 좋은 결정을 위한 지침을 제공하는 것이다(양옥경, 2017:66). 세계사회복지사연맹과 세계사회복지대학협의회는 2012년 "윤리적 논쟁과 성찰을 증진시키는 것"을 윤리강령의 목적으로 밝혔다(http://ifsw.org). 미국 사회복지사협회가 제시하는 윤리강령의 목적은 6가지로, 핵심가치 확인, 윤리원칙 요약, 윤리적 결정지원, 윤리적 기준 제공, 전문직의 사회화 그리고 평가기준 제공이다(Reamer, 2013:56). 한국에서는 윤리강령의 목적을 전문에서 밝혔는데, "클라이언트, 동료, 기관 그리고 지역사회 및 전체사회와 관련된 사회복지사의 행위와 행동을 판단, 평가하며 인도하는 것"이다.

양옥경(2017:68)은 사회복지 윤리강령의 목적을 ① 사회복지실천의 기본 사상 및 핵심가치 표방, ② 사회복지실천의 방향 제시, ③ 사회복지실천의 활동범위 제시, ④ 사회복지실천을 인도하는 윤리적 원칙 및 기준 제시, ⑤ 사회복지전문직에 대한 대중의 신뢰 확보, ⑥ 사회복지사의 윤리적 행위에 대한 안내 그리고 ⑦ 사회복지사의 윤리적 민감성 고양이라고 하였다.

(4) 윤리강령의 내용

미국 〈사회복지사 윤리강령〉은 전문과 총 6가지 영역에서의 윤리적 책임을 제시한다. 클라이언트, 동료, 실천현장, 전문가로서, 전문직에 대한 그리고 사회전반에 대한 윤리적 책임이다.

한국의 〈사회복지사 윤리강령〉은 전문, 윤리기준 그리고 윤리위원회 관련사항으로 나뉜다. 전문에서는 사회복지사의 기본행위와 사명을 담았는데, 인본주의와 평등주의를 기초로 인간존엄성, 자유권, 생존권 등을 강조하였다. 정의, 평등, 자유, 민주주의 실현과 함께 클라이언트와 함께 일할 것과 사회복지사들이 주도적으로 참여할 것을 강조하였다. 또한 사회복지윤리위원회를 한국사회복지사협회에 설치하는 것을 의무화하였다. 윤리위원회는 윤리강령 위배행위에 공식적 절차를 통해 대처하여야 하며, 사회복지사는 윤리위원회를 거쳐 내려진 사회복지사협회의 결정이나 권고를 존중해야 한다고 강조하였다.

한국의 윤리강령은 윤리기준을 5가지로 정리한다. ① 사회복지사의 기본적인 윤리기준으로, 전문가로서의 자세와 전문성 개발을 위한 노력 그리고 경제적 이득에 대한 태도에 관한 사회복지사의 의무를 나열한다. 전문가로서의 품위와 자질을 유지하며 어떤 이유로도 클라이언트를 차별하지 못하도록 하는 한편, 부당한 압력에 타협하지 말 것을 당부하면서 사회정의 실현과 복지증진에의 헌신을 강조하고 있다. 전문성 개발을 위해 부단히 노력해야 하지만 이를 위해 클라이언트에게 서비스 제공하는 것을 소홀히 해서는 안 된다. ② 사회복지사의 클라이언트에 대한 윤리기준으로, 자신의 또는 동료의 클라이언트와의 관계에 관해 정리한다. 인간존엄성, 자기결정권, 비밀보장, 알 권리 등에 관해 사회복지사가 취해야 할 태도를 규명한다. 클라이언트의 권익옹호를 최우선의 가치로 삼고 행동해야 한다는 제 1항이나 클라이언트를 동반자로 인정하고 함께 일해야 한다는 제 9항 조문은 클라이언트에 대한 인권과 임파워먼트 시각이 반영된 것이다. ③ 동료에 대한 윤리기준에서는 동료와 슈퍼바이저에 대한 윤리기준으로 나누어 설명한다. 동료에 대한 존중과 신뢰를 강조하며 서로 협력할 것과 동료의 비윤리적인 행위를 접했을 때의 지침도 제시한다. 또한 실습과 수련이 강화되면서 이들에 대한 인격적 대우를 윤리적 기준으로 삼고 있다. ④ 사회에 대한 윤리기준에서는 인권존중과 인간평등을 위한 사회복지사의 헌신을 강조하며 약자에 대한 옹호자와 대변자의 역할을 강조한다. 사회정의 증진을 위한 노력과 지역사회 문제의 해결에 적극 참여하는 것이 윤리적인 행위라고 밝히고 있다. ⑤ 기관에 대한 윤리기준에서는 목표달성, 효율성과 효과성 증진을 위한 사회복지사의 노력을 강조한다.

4) 윤리적 결정의 철학적 관점

(1) 윤리적 상대주의

윤리적 상대주의(ethical relativism)는 어떤 종류의 정해진 도덕률도 부인하는 것으로, 선과 악이나 옳고 그름도 주관적이고 상대적인 것일 뿐, 절대적 가치란 없다는 전제를 갖고 있다(Dolgoff et al., 2012:52). 고대 그리스 철학자인 프로타고라스와 같은 궤변론자들로부터 시작되어 근대에는 스펜서와 콩트 같은 실증주의자들로 이어져 정리되었다.

프로타고라스는 "인간은 만물의 척도이다"라고 하면서 가치판단에 대한 일방적 상대주의를 표방하였다. 즉, 어떤 것이든 그 진위와 시비는 인간에게 상대적으로만 논해진다고 생각했으며, 사물은 인간 주체가 본대로 존재한다고 주장하였다. 또한 스펜서는 이성이 단지 상대적인 것을 인식할 수 있을 뿐이라고 선언하면서 과학이 발전함에 따라 도덕철학도 과학철학의 영향을 받게 된다고 주장하였으며, 사물의 본질이나 절대적인 것은 인식되지 않는다고 하였다.

콩트는 과학은 경험적인 사실이나 현상에 대한 묘사이며 그것만이 확실한 것이라고 생각하였다. 경험적 사실이나 사물은 인간의 주관적 감각으로 해석되므로 과학은 단지 '사물이나 현상이 어떻게 존재하는지'에 관하여만 질문할 수 있을 뿐 '그와 같은 현상이 왜 존재하는가'라는 질문은 할 수 없다는 것이 그의 주장이다. 결국 사물이나 현상의 본질은 불문에 붙여져야 하며 산출된 결과와 상황만이 분석대상으로 고려된다. 이와 같은 논리를 도덕철학에 적용시키면 원인은 추후의 관심사이며 단지 결과의 옳고 그름에 의해 행동여부가 판단된다고 할 수 있다.

이처럼 모든 고정불변의 도덕률을 부인하면서 행동을 하게 된 동기보다 행동이 초래한 결과를 중시하게 되는 근본적 이유는 가치변화의 지속성이다. 모든 가치는 계속 변한다. 어제의 가치기준을 오늘에 적용할 수 없을 뿐 아니라 한순간 전의 가치기준을 그 다음 순간에 적용할 수도 없다. 결과적으로 가치문제에 있어 상대주의가 불가피해지는 것이다. 이러한 관점에서 절대적 기준을 가진 보편적이면서 불변하는 기본가치는 존재하지 않으며, 단지 어떤 행위의 결과가 얼마나 옳고 얼마나 선한가의 정도에 따라 판단 및 결과의 기준이 정해진다.

한 사회를 지배하는 윤리관이나 도덕관은 그 사회의 문화적 특수성에 의해 결정된다고 해도 무리가 없다. 그 시대, 그 사회 내에서의 사회문화적 보편성이 전제되어야 윤리적 보편성이 기대되고 인정된다. 그러나 오늘날과 같이 문화적 특수성과 다원화를 바람직한 가치체계로 받아들이고 있을 때에는 비록 동시대에 같은 문화권에 있다 하더라도 윤리적 보편화를 기대한다는 것은 시대에 뒤떨어지는 일이다. 따라서 윤리적 상대주의가 바람직한 것이라고 할 수 있다.

비록 윤리적 상대주의를 인정하는 것이 바람직하다 하더라도, 이 이론은 그 윤리관의 적용대상 범위를 어떻게 정하는가 하는 제한점을 가진다. 문화적 특수성과 다원화를 인정할 때에는 그 고유한 문화권의 경계를 어떻게 규정할 것인가 하는 방법이 중요하다. 문화권의 경계는 크게 나누면 한 인종, 한 종족 혹은 한 국가로부터, 작게는 한 지방, 한 가족 혹은 한 개인에 이르기까지 문화권 및 하위문화권의 폭이 다양하며 그에 따라 가치체계 및 윤리관 적용의 폭도 다양하다. 이와 같이 하위문화권의 단위를 극단까지 좁힌다면 윤리적 상대주의는 실질적으로 어디에도 적용할 수 없는 단지 이론에 불과한 것이 될 수 있다는 한계를 가진 것이다.

(2) 윤리적 절대주의

윤리적 절대주의(*ethical absolutism*)는 칸트, 셸링, 헤겔을 거치면서 그 논리적 주장이 관철된다. 윤리학의 저서인 《실천이성비판》에서 칸트는 무제약적 '선으로의 의지'에 절대권을 부여하였으며, 헤겔은 인류출현 이전에 이미 존재하고 있는 자연적이고 사회적인 세계의 어떤 현상을 '절대정신'이라고 부르면서 인간의 사유적 현상을 절대정신의 표현이며 또 절대정신에서의 파생이라고 하였다. 이 학자들의 공통적 주장은 신격화된 신학에서의 절대가 아닌 인간, 즉 인간의 의식과 사유에 그 절대권을 주려 한다는 점이다. 따라서 윤리적 절대론을 윤리적 상대론에 반대되는 개념이라고 혼돈해서는 안 된다(양옥경 외, 1995:33).

윤리적 절대론은 이미 정해진 고정불변의 도덕률을 강조하는 것으로 선과 악이나 옳고 그름도 그 행위의 결과와는 별개로 판단하는 것을 말한다(Dolgoff et al., 2012:53~54). 따라서 이 이론이 주장하는 도덕률은 모든 상황에서 절대적으로 적용된다는 것을 전제로 한다. 이와 같이 적용되는 도덕규범의 절대성은 두 가지 특성을 갖는다. 하나는 윤리적 보편주의로서의 윤리적 절대성이다(남경희, 2004:40). 도덕규범은 범문화적 추리방법에 의해 확립될 수 있는 근거 위에서만 정당화될 수 있으므로 이런 규범은 모든 인간의 행위에 올바르게 적용된다. 윤리적 보편주의가 윤리적 상대주의와 비슷해 보이면서도 다른 점은 비록 행동의 옳고 그름이 환경이나 상황의 차이에 따라 달라질 수는 있어도 각기 다른 사회가 채택한 규범의 차이에 따라서는 변하지 않는다는 것이다.

다른 하나는 도덕규범 이외의 어떠한 예외도 갖지 않으며 개별적 도덕규칙이 적용되지 않는다는 도덕적 의무론으로서의 윤리적 절대성이다. 그러나 이 이론의 제한점은 이러한 개념이 관념론적 관점으로만 흘러 형식주의적일 수 있다는 것이며, 선악의 표준이 사회에 따라 변할 뿐 아니라 헌법이 지배하는 사회에서 합법적이고 위법적인 판단결정에서도 관념설에 그칠 수 있다는 성질을 완전히 부인한다는 점이다. 즉, 도덕의 사회성과 역사성을 부인한다는 제한점을 갖는다.

(3) 도덕적 의무론

의무론(*deontology*)은 윤리적 딜레마 상황에서 선택과 결정을 위해 고려해야 하는 기준을 제안하는 원리 중 하나이다(남경희, 2004:34). '의무적인'이라는 뜻을 가진 고대 그리스어 '데온토스'(*deontos*)에서 나온 이름이다(Reamer, 2013:71). 의무론은 우리의 행위 중 절대적으로 옳거나 그른 행위가 있다는 입장을 취한다(남경희, 2004:34). 그리고 절대적으로 옳은 도덕적 가치를 지닌 고유한 행위가 바로 도덕적 의무이다.

칸트(Kant)는 인간의 감정이나 욕망이 아닌 오직 이성의 의지에 근거한 절대적이고 보편적인 도덕원칙을 정립하고자 하였다(김기덕, 2002: 80). 바로 '정언명령'(*Categorical Imperative*)이다. 칸트는 정언적 행위를 조건이나 단서에 관계없이 절대적으로, 또한 본질적으로 옳은 행위라고 보았고 이는 무조건 수행해야 하는 것으로 여겼다(남경희, 2004:34; 문성학, 2005:225). 바로 인간 이성의 명령이기 때문이다. 따라서 인간은 수단으로 여겨져서는 안 되고 궁극의 목적으로 여겨져야 한다(김기덕, 2002:184).

이 의무론을 사회복지실천에 적용하면, 사회복지사는 자신의 클라이언트에게 절대 거짓을 말해서는 안 된다. 심지어 거짓을 말하는 것이 클라이언트에게 더 좋은 결과를 초래한다고 하더라도 마찬가지이다(Reamer, 2013:70).

(4) 목적론

목적론은 윤리적 딜레마 상황에서 선택과 결정을 위해 고려해야 하는 기준을 제안하는 원리 중 하나이다(남경희, 2004:35). 고대 그리스어 '텔레이오스'(*teleios*)에서 왔으며, '목적이나 결과를 초래하는'이라는 뜻을 갖고 있다(Reamer, 2013:70). 목적론은 행위에 대한 시비기준을 행위 자체에서가 아닌 삶의 목적에 비추어 찾는 입장을 취한다(남경희,

2004:35). 그리고 이 삶의 목적을 추구하는 것이 최선의 것이다.

아리스토텔레스(Aristoteles)는 삶의 목적을 인간이 인간으로서 기능하면서 탁월성을 발휘하는 것이라고 하였다. 인간을 다양한 기능을 지닌 생명체로 인식하면서, 이 기능을 실현할 때에 인간은 복지상태에 이르게 된다는 것이다. 이와 같은 행복의 상태 또는 복지상태를 유대모니아(eudaimonia), 즉 좋은(eu, good) 정신(daimon, spirit)이라고 불렀으며, 이는 인간적인 기능을 가장 탁월하게 발휘함으로써 성취된다고 믿었다(남경희, 2004:35).

목적론에 의하면 목적에는 위계가 있는데(김상균 외, 2002:45), 궁극의 목적은 최고선이고, 최고선은 행복이다. 아리스토텔레스는 최고선을 얻는 방법으로 덕을 발휘하는 것을 꼽았으며, 최고의 덕을 정의와 사랑이라고 생각하였다.

(5) 공리주의

공리주의는 목적론 학파의 한줄기이며(Reamer, 2013:71) 최대행복원리라고도 불린다. 최대 다수의 최대 행복을 모든 상황에 적용되는 주요 원리로 삼는다(Dolgoff et al., 2012:52). 18세기 말 벤담에 의해 창설되었고 19세기 밀에 의해 발전되었다(남경희, 2004:45).

공리주의는 사람이 대부분 행복, 쾌락, 안락함, 복지 등을 추구한다는 인간심리에 대한 통찰에서 출발한다. 따라서 모든 사람의 복지를 최대화하는 행위를 옳은 행위로 여긴다고 전제한다. 그러나 실제로 하나의 행위방식으로 모든 사람에게 만족스러운 결과, 최대한의 행복을 준다는 것은 불가능하다. 그럼에도 불구하고 공리주의는 호소력이 있다

(남경희, 2004:46). 왜냐하면 대체로 모든 사람이 지닌 행복이나 복지
에 대한 욕구를 기반으로 윤리원칙이 정해질 뿐 아니라 현실적으로 최
대 다수를 목표로 하기 때문이다.

따라서 사회복지에서 공리주의에 많은 관심을 보이지만, 이 윤리적
원리가 내포하는 문제점을 간과해서는 안 된다. 즉, 공리주의는 그 의
도와는 상관없이 소수의 희생을 요구하는데, 특히 사회복지에서는 단
순히 시장경제 차원에서 할 수 있는 계산의 대상이 되지 않는 절대적인
영역이 있음을 간과해서는 안 될 것이다(양옥경, 2017:49~50).

5) 사회복지실천의 윤리적 쟁점들

사회복지를 실천하는 과정에서는 다양한 윤리적 쟁점을 접하게 되고 또
다양한 윤리적 갈등을 경험하게 된다. 여기서는 실천과정에서 빈번히
접하게 되는 몇 가지 상황만 살펴보기로 하겠다.

(1) 클라이언트의 자기결정권

어떤 특정 문제에 대해 전문적 도움을 요청하는 클라이언트에게 자기결
정권을 부여한다는 것은 기본적 인권존중 원칙에 의거한 것으로 인간
모두에게 있는 자율권과 자유권의 보장을 의미한다. 이것은 어떤 문제
를 위해 어떠한 서비스를 어떤 방법으로 받겠다는 것을 결정할 때, 문
제를 갖고 도움을 요청해온 클라이언트의 의사를 존중해주는 것을 의미
한다.

따라서 사회복지사는 자신의 전문적 지식 및 경험과 기술에 근거하

여 그의 이념이나 생각을 클라이언트에게 강요할 수 없고, 클라이언트 본인만이 자신에게 가장 좋다고 생각되는 최선의 것을 선택할 수 있다. 이것은 클라이언트의 당연한 권리이다.

단, 클라이언트가 너무 어리거나 정신적 연령이 낮아서 스스로 결정할 능력이 없거나, 클라이언트의 결정이 다른 사람이나 기관 및 사회에 불이익을 가져올 위험성이 높다고 판단될 때에는 자기결정권의 제한이 발생한다. 이때, 사회복지사는 클라이언트의 자기결정권의 행사를 어느 범위까지 한정시켜야 할지 윤리적 갈등상황에 빠지게 된다.

(2) 비밀보장

클라이언트와의 전문적 관계에서 비밀보장은 기본적인 윤리원칙이다. 이 원칙하에 클라이언트는 사회복지사에게 자신의 문제뿐 아니라 그와 관련된 사실들에 관하여 이야기하게 된다. 따라서 클라이언트가 말한 내용은 원칙적으로는 다른 사람에게 공개되어서는 안 된다. 또한 다른 사람이 제공한 클라이언트에 관한 내용도 공개되어서는 안 된다.

그러나 예외는 있다. 우선 법 앞에서의 예외이다. 사회복지사는 클라이언트의 비밀보장을 지켜줄 법적 의무를 갖고 있지 못하기 때문에 클라이언트가 범법행위를 하여 법의 심판을 받게 될 경우에는 법이 원하는 범위 내에서 클라이언트와의 대화내용을 공개해야 한다.

그 외 교육의 목적이나 슈퍼비전을 위한 전문가회의 등 전문적인 이유에서도 클라이언트의 대화내용이 공개될 수 있다. 이러한 경우에는 클라이언트의 사적 권리를 최대한 보장해주도록 노력해야 한다.

(3) 진실성 고수와 알 권리

진실성 고수와 알 권리는 비밀보장과 함께 클라이언트에 관한 정보에 대한 클라이언트의 권리를 말한다. 어떤 사람이 클라이언트를 대상으로 한 말이나 행동을 비밀로 하고 있을 때 그 사실을 클라이언트에게 알려주어야 하는지, 만약 알려준다면 그 사람의 비밀보장에 관한 권리는 어떻게 되는 것인지 관건이 될 수 있다. 클라이언트의 알 권리와 사회복지사의 진실성 고수라는 측면에서 볼 때 사회복지사는 당연히 클라이언트에게 진실을 알려주어야 할 것이다. 그러나 모든 사실을 클라이언트에게 사실대로 알려준다고 해서 그것이 항상 바람직한 것만은 아니라는 것도 고려해야 한다.

(4) 제한된 자원의 공정한 분배

클라이언트의 문제를 해결하기 위해 사회복지사가 활용할 수 있는 공적 자원은 매우 제한적이어서 모든 클라이언트에게 똑같이 제공할 수는 없으면서도 공평하게 분배하여야 한다는 원칙은 상호모순적이다. 따라서 클라이언트에게 자원을 제공할 때에는 형평성의 원리에 입각해야 하는데 이 형평성의 기준을 찾는 것이 어려운 과제이다.

(5) 상충되는 의무와 기대

사회복지사에게는 여러 방면에서 다양한 역할이 기대된다. 클라이언트, 동료, 상사, 기관, 사회 등이 서로 상충되는 기대를 갖게 될 때 사회복지사는 누구를 대상으로 어떤 기대에 맞는 의무를 행사해야 하는지 갈등상황에 놓이게 된다.

(6) 전문적 관계 유지

전문적 도움의 관계란 특별한 문제를 갖고 도움을 요청하는 클라이언트와 그 문제에 초점을 두고 관계를 형성, 유지하는 것을 말한다. 일반적으로 전문적 관계라고 하면 매우 권위적이고 딱딱한 관계를 생각하게 되는데 전문적 관계와 권위적 관계를 혼돈해서는 안 된다. 친근감 있고 자연스럽게 대하는 지지적이고 허용적인 관계도 전문적인 도움을 효과적으로 하기 위해 필수적인 것이기 때문이다. 그러나 자칫 잘못하여 클라이언트가 그와 같은 관계를 사적인 관계로 오인하고 전문적 도움 이상의 것을 요구하게 되는 경우도 종종 있다.

(7) 클라이언트의 이익과 사회복지사의 이익

클라이언트에게 도움을 주는 과정에서 사회복지사는 자신의 이익을 위하여 행동해서는 안 된다. 그러나 클라이언트를 돕다가 자신의 생명이 위태로워지거나 자신의 직업 또는 가족 등의 희생이 요구될 때에 사회복지사는 클라이언트의 이익과 사회복지사 자신의 이익을 추구하는 것 사이에서 갈등을 경험하게 된다.

(8) 전문적 동료관계

사회복지사는 혼자 일하는 것이 아니기 때문에 같이 일하는 동료사회복지사 및 다른 전문가들을 존중해야 한다. 반면에 동료 사회복지사가 전문가로서의 권위를 남용하여 클라이언트나 전문직에 해를 끼치는 행동을 했을 때, 사회복지사는 동료의 존중과 클라이언트 및 전문직의 보호 사이에서 갈등적 상황에 놓이게 될 것이다.

사회복지사는 고용된 기관의 정책이나 규칙을 준수하는 행동을 해야 한다. 그러나 클라이언트의 문제해결을 위해 내린 결정사항이 기관의 정책에 벗어날 때 사회복지사는 갈등상황에 놓이게 된다.

2. 사회복지와 인권

1) 인권의 이해

인권은 "일반적으로 우리의 타고난 천성에 내재된 것으로, 이것 없이는 인간으로 살 수 없는 권리"(UN Center for Human Rights, 2005:25) 라고 정의된다. 그 외의 개념들을 통해 유엔은 인권의 개념과 성격(*character-istics*) 을 다음과 같이 정리하였다.

첫째, 천부성(*inherency*)이다. 천부성은 인간존엄성을 기본으로 하며, 인간은 이 세상에 태어나면서부터 존엄성을 가지고 태어났기 때문에 인간의 권리란 인간의 탄생에서 당연시된다는 의미를 담고 있는 개념이다. 즉, 인권은 이미 인간의 존재와 함께 탄생했다는 뜻이다.

둘째, 불가양성・불가분성(*inalienability・indivisibility*)이다. 불가양성이란 인권이 인간의 탄생에서 한 개인에게 주어지는 것이기 때문에 자기의 인권은 자기만이 소유할 수 있다는 의미이며, 어느 누구에게도 양보할 수 없으며 탈취할 수 없다는 뜻을 담고 있는 개념이다. 이는 불가분성으로도 설명되는데, 인권은 한 개인 고유의 것이기 때문에 어느 누구라도 나눌 수 없음을 의미하기도 한다.

셋째, 보편성(*universality*)이다. 보편성의 개념에서 인권은 누구에게
나 동일한 잣대로 적용된다는 '차별 없는 만인공유의 인권향유'를 강조
한다. 사람은 누구나 개인이 처해 있는 신분이나 상황에 상관없이 똑같
이 동일한 권리를 갖는다는 것이다.

2) 인권의 발전단계

인권의 발달과정을 이해하는 데 있어서는 인권의 세대(*generation*)를 이
해하는 것을 기본으로 한다. 세대 이외에 범주(*set*), 흐름(*wave*), 분야
(*area*) 등으로도 설명되는데(Ife, 2001:25; Reichert, 2003:19), 여기서
는 가장 많이 적용되는 세대의 개념을 채택하여 인권의 3세대를 설명하
기로 하겠다.

(1) 1세대: 자유권

첫 번째 세대는 자유권 세대로, 자유권은 정치적·시민적 권리를 의미
한다. 개인을 중심으로 하며 시민권 세대라고 불리기도 한다. 〈세계인
권선언〉 제3~21조에 해당된다. 여기에서 1966년 시민적·정치적 권
리에 관한 국제규약(B규약)이 채택되었고, 1976년에야 발효되었다.

이 1세대 인권은 소극적 권리이다. 이 권리는 사람이라면 당연히 소
유한 권리로서 빼앗기지 않도록 국가가 반드시 보호해주어야 하는 것으
로 이해된다. 자유, 자기결정, 평등, 구속 및 인신매매로부터의 보호,
구금 및 고문에서의 보호 등이 1세대 인권의 대표적인 유형이다. 이 인

권을 지키기 위한 인권적 처리 및 인권보호는 법적 조치를 통해 이뤄지며 차별과 비차별, 인권유린 등이 비교적 명확하게 드러나는 분야이다. 이 규약(B규약)을 비준한 당사국은 법적 책임이 가능하도록 자국의 사법제도를 정립해야 한다.

대한민국은 1990년 4월에 4개 조항을 유보한 채 가입하였다. 2017년 현재 2개 조항은 철회하고 2개 조항만 유보된 상태로 남아 있다.

(2) 2세대: 평등권

두 번째 세대는 평등권 세대로 경제·사회·문화적 권리를 의미하며, 사회권 세대라고 불리기도 한다. 개인이 인간으로서의 잠재력을 최대한 실현하기 위한 각종 서비스를 사회로부터 받기 때문이다(양옥경, 2017: 148). 〈세계인권선언〉 제22~27조에 해당된다. 1966년에 경제·사회·문화적 권리에 관한 국제규약(A규약)이 채택되었으며, 1976년에 발효됐다.

이 2세대 인권은 적극적 권리이다. 단순한 권리의 보호를 넘어서서 국가가 다양한 형태의 사회보장을 실시하여야 시민들의 사회권, 평등권이 지켜지기 때문이다. 경제·사회·문화적 권리에서의 인권은 모든 사람에게 동일하게 보건, 복지, 교육, 노동, 문화 등 사회보장을 제공할 때에야 이루어진다. 따라서 인권보호를 위한 비차별적인 사회보장제도 및 정책 확립으로 명쾌하게 인권보장을 이뤄내기 어려운 분야이기도 하다.

대한민국은 1990년 4월에 해당 규약(A규약)에 가입하였다.

(3) 3세대: 평화권

세 번째 세대는 평화권 세대이다. 이 세대의 권리는 발전권·환경권·평화권을 포함하며, 국가들 간의 연대·집단의 권리로써 연대권으로도 이해된다. 그러나 이 내용은 아직 〈세계인권선언〉에 포함되지 못한 것으로 여겨진다. 따라서 해당하는 국제규약도 채택되지 못하고 있다.

그러나 〈세계인권선언〉을 자세히 살펴보면 제28조에 이 연대권이 제기되고 있음을 알 수 있다(양옥경, 2017:150). "모든 사람은 이 선언에 제시된 권리와 자유가 완전히 실현될 수 있는 사회적이고 국제적인 질서에 대한 권리를 갖는다"는 문언이 바로 그것이다. 이것은 전 세계가 함께 공통으로 풀어가야 할 이슈로 삼을 때에야 실현 가능해진다. 이를 위해 국가 간의 연대와 결속이 중요한데, 이 공동의 연대적 권리는 유엔의 주장처럼 인간의 의무이기도 하다.

발전권은 현재 개발진행국들에서 심각하게 제기되는 것으로, 특히 선진국의 개발기술을 그대로 전수할 때 발생하는 인권문제가 핵심적이다. 오늘날 국제개발협력이 붐처럼 일고 있으나 개발협력이라는 명목을 앞세워 당사국을 무시한 채 지원국의 입장에서만 원조와 지원을 제공하는 사례가 자주 보고되어 당사국의 인권을 고려해야 한다는 문제제기가 일어나고 있다. 한편 환경권은 20세기 경제성장 일변의 발전모델로 인한 지구환경의 파괴에 따른 인권유린, 즉, 경제발전을 위한 무차별적 개발로 인한 파손과 국가안보를 위한 인권유린 등이 문제시되면서 제기된다. 이에 지속가능한 발전으로의 사고전환이 인권보장과 함께 일어나고 있다. 평화권은 전쟁 없는 지구를 생각하는 유엔이 1984년에 권고한 것이다.

3) 인권의 역사

(1) 인권의 시초

현대적 의미의 인권은 1948년 〈세계인권선언〉(Universal Declaration of Human Rights)에서 비롯하지만, 인권의 역사적 발달의 시작은 고대부터라고 할 수 있다. 주로 고대 서양을 인권의 시작이라고 말하지만 고대 동양의 사상도 인권적 사상이었다고 주장하는 논리(이샤이, 2008) 역시 꽤 설득력 있다(양옥경, 2017:156). 약 2000년 전의 고대로부터 시작된 인권은 소크라테스, 플라톤, 아리스토텔레스 등을 거쳐 함무라비 법전, 유대 계명 등으로 이어진다. 동양의 경우에도 약 2000년 이전 공자의 유교 이념으로부터 그 뿌리를 찾는다(Donnelly, 2013:76; 이샤이, 2008:62~64). "하늘은 백성이 보는 것으로 보며, 백성이 듣는 것으로 듣는다"는 중국의 격언, 한국 단군신화에 나오는 "널리 인간세계를 이롭게 한다"는 홍익인간의 인간존엄 사상 역시 인간의 존엄을 인정하는 천부권과 맥이 통한다고 본다(양옥경, 2017:157).

(2) 1215년 영국의 대헌장

근대 인권의 토대로 평가되는 영국의 대헌장 〈마그나 카르타〉(Margna Carta)가 만들어진 1215년은 인권의 역사에서 매우 중요하게 여기는 해이다(Glendon, 2001:173). 〈마그나 카르타〉는 국민들에 의해 만들어진 것을 존(John) 왕이 승인한 칙허이며 불법구금, 학대 등 백성을 혹사하는 행동을 금하는 내용을 담았다. 앞서 살펴본 세대별 인권 중 자유권에 해당된다.

물론 〈마그나 카르타〉가 제시한 인권은 현대적인 인권과는 여러 부분에서 다르다. 특히 일부 국민에게는 적용되지 않는다는 한계가 있었으므로 보편적 인권보장을 하였다고 할 수는 없을 것이다(임재홍, 2006: 17). 그러나 개인의 소유를 보호한 것과 정당한 법적 판단의 과정 없이 백성을 구금할 수 없게 한 것은 시민권의 등장이자 자유권 보장의 시작이라고 할 수 있다.

(3) 1789년 프랑스혁명과 인권선언

1789년 프랑스혁명은 인권혁명(조효제, 2007:73)으로도 평가된다. 이 혁명을 통하여 '인권선언'에 해당되는 〈사람(남성)과 시민의 권리의 선언〉(Declaration of the Rights of Man and Citizen)이 탄생하였다. "제 1조, 인간은 권리에 있어 자유롭고 평등하게 태어나 생존한다. 사회적 차별은 공동이익을 근거로만 있을 수 있다"로 시작하는 프랑스 인권선언은 과다한 처벌로부터의 자유, 사상과 종교의 자유 그리고 말하고 쓰고 인쇄하는 자유 등 소극적 권리를 담은, 18세기를 통틀어 지속되어온 계몽주의의 결실이었다. 그 내용에서는 자유권이 중심이 되었다.

이 선언은 매우 혁신적인 내용을 담고 있었으나 비판의 대상이 되기도 하였다. 가장 큰 비판점은 재산을 하나의 권리로 보았다는 것(이샤이, 2008:181)이었다. 반면 제목에서도 볼 수 있듯이 기본 대상이 남성으로 한정되었던 것으로 비판을 받기도 하였는데, 여성의 권리는 한참 이후에야 인정되었던 것이다.

(4) 19세기 《공산당선언》

19세기 산업발달로 인해 노동자계급이 형성되었다. 1848년에는 고용
주에 의해 착취당하는 노동자들의 인간으로서의 권리를 보장해야 한다
는 차원에서 《공산당선언》이 발표되었다. 자유주의자들이 '자유'에 몰
두하고 있을 때, 사회주의자들은 경제적 불평등이 지배하는 사회에서
는 진정한 자유가 있을 수 없음을 인식하였다(이샤이, 2008:214).

1848년의 혁명 자체는 실패하였지만 인권담론을 생성하는 데는 성과
가 나타났다. 노예제의 폐지, 아동노동의 제한, 참정권 도입 등 인권이
조금씩 진보하는 계기가 되었던 것이다.

(5) 1948년과 〈세계인권선언〉

세계대전을 두 차례나 치르면서 세계는 어떻게 해서라도 새로운 세계질
서를 구축하고자 하였고 국제연합, 즉 유엔이 출범하였다. 유엔은 기
존의 국제연맹을 계승하였는데, 이 과정에서 유엔이 강대국의 기구가
되었다는 지적과 함께 강대국의 권한으로 소수민족과 원주민들의 인권
이 경시받게 되었다는 비판도 제기되었다(이샤이, 2008:360). 그래서
유엔은 창설과 동시에 인권선언을 한다. 이것이 1948년 12월 10일 유
엔총회에서 선포된 〈세계인권선언〉이다.

〈세계인권선언〉은 전쟁으로 인해 심각한 인권침해를 경험한 국제사
회가 인간이 태어날 때부터 지닌 천부적 권리를 함께 보장하자고 약속
한 최초의 국제적 공식문서이다. 1946년 유엔에 인권위원회(Commis-
sion on Human Rights)가 창설되었으며 위원장으로는 엘리너 루스벨트
(Eleanor Roosevelt)가 임명되었다. 유엔은 인권위원회에 〈국제권리장

전〉의 초안작업을 요청하였다. 여러 국가의 전문가들이 모여 수많은 논의를 거쳤으며 지구촌 전체의 의견을 수렴할 기회도 가졌다. 권리장전을 선언적 의미의 선서로 하자는 의견과 법적 구속력을 갖는 조약이나 규약으로 만들어야 한다는 의견이 팽팽하게 맞서기도 하였다. 1947년 3가지 유형의 보고서를 놓고 검토한 끝에, 결국 1948년 선언문 형태의 〈세계인권선언〉이 전체 58개국 중 8개국의 기권, 2개국의 의사표명 없음, 48개국 찬성으로 총회를 통과하여 채택되었다. 6) 〈세계인권선언〉은 전문과 총 30개 조문으로 이루어져 있다.

4) 사회복지실천과 인권

사회복지실천(*social work*)은 곧 인권전문직(*human rights profession*)이다(IFSW, 1988, UN Center for Human Rights, 2005:20에서 재인용; Ife, 2001:76). 유엔인권센터에서도 이미 1988년 세계사회복지사연맹에서 인권전문직으로서의 사회복지실천을 인정한 것을 그대로 받아들이고 있다. 사회복지는 가치 중심 학문이며, 사회복지실천은 가치 중심 전문활동이다. 그리고 사회복지에서 가장 중요시되고 가장 기본이라고 여기는 가치는 '인간존엄성'이다. 인간은 어떤 경우라도 오로지 인간이며, 인간이기 때문에 아무런 다른 조건 없이 존엄하다는 것이다. 그리고 이것이 바로 인권이다. 이 기본가치관에 입각해서 실천하는 사회복지실천은 결국 인권에 기반한 인권적 실천이며, 인권의 실천인 것이다.

---

6) 세계인권선언의 탄생 배경은 양옥경(2017:168~173) 참조.

참된 인권은 자신의 욕구를 스스로 정의할 수 있는 권리이다(양옥경, 2017:213). 인권적 실천은 강점관점으로 클라이언트를 보아야 한다는 것이며, 임파워먼트 접근으로 클라이언트와 함께 실천의 과정을 진행해야 한다는 것이다. 클라이언트를 수혜대상이 아니라 파트너로 보는 것이다. 클라이언트의 인간존엄에 기초하여 차별 없이 대하며, 클라이언트의 자기결정권을 존중하고 실현되게 하며, 클라이언트의 사생활을 보호하고 비밀을 보장하고, 클라이언트에게 알아야 할 정보를 가감 없이 전달하여 알 권리를 보장하는 것이다.

이 같은 인권적 실천은 윤리적 실천과 상당히 닮아 있으며 상당 부분에서 동일하다고 할 수 있다. 그러다보니 사회복지실천에서 인권과 윤리는 동전의 양면(Ife, 2012:164)처럼 서로 뗄 수 없는 불가분의 관계에 놓여 있다고 할 수 있다. 인권이 실천의 방향을 만든다면, 윤리는 주어진 상황에서의 실천의 방향과 지혜를 제시한다. 즉, 인권을 지키고 보장하기 위한 실천이 윤리이다. 사회복지실천에서의 윤리적 활동은 곧 인권으로 직결된다.

한국의 〈사회복지사 윤리강령〉을 보면 인권과 윤리의 관계를 잘 알 수 있다. 윤리강령은 인권실천을 이미 사회복지실천에서 실무자의 역할에 포함시켰는데 인간평등, 권익옹호, 인간존엄성, 차별금지, 사회정의, 도덕성, 책임성 등을 기본으로 하면서 인권존중과 인권지킴을 최우선의 가치로, 실천강령으로 제시하고 있는 것이다.

윤리강령 제Ⅳ장, 사회에 대한 윤리기준에서는 "① 인권존중과 인간평등을 위해 헌신해야 하며, 사회적 약자를 옹호하고 대변하는 일을 주도해야 한다"고 명시한다. 제Ⅱ장, 클라이언트에 대한 윤리기준에서는

"① 클라이언트의 권익옹호를 최우선의 가치로 삼고 행동하며, ② 클라이언트에 대하여 인간으로서의 존엄성을 존중해야 한다"고 한다. 제Ⅰ장, 기본적 윤리기준에서는 "② 클라이언트의 종교·인종·성·연령·국적·결혼상태·성취향·경제적 지위·정치적 신념·정신 및 신체적 장애·기타 개인적 선호, 특징, 조건, 지위를 이유로 차별대우하지 않도록" 하였다. 모두 인권과 직결되는 기준이다. 윤리에서 늘 주장하는 사회복지의 기본가치인 '인간으로서의 존엄성 존중'이며 '인간평등'과 '인권존중'이고 이것을 윤리강령에서 명확히 밝혀놓은 것이다. 그러므로 윤리강령에 따르자면 윤리적 실천은 곧 인권적 실천을 인도하는 것이 되며, 인권적 실천은 곧 윤리적 실천의 기준을 맞춘 것이다.

이는 〈사회복지사 선서〉에서도 잘 나타난다. 한국의 〈사회복지사 선서〉에서는 "인간존엄성과 사회정의의 신념을 바탕으로 (중략) 인권과 권익을 지키고 (중략) 도덕성과 책임성을 갖춘 사회복지사로서 헌신"하도록 하였다. 사회복지사 선서에 직접적으로 인권을 지킬 의무를 명시한 것이다.

제 3 장

사회복지실천의 역사

1. 근대 사회복지실천의 시작

1) 근대 이전

영국을 비롯한 유럽에서는 1300년까지는 봉건영주들이 소속 영토의 주민들을 돌보는 제도가 있었다. 특히 빈곤한 자, 고아, 환자, 장애인, 노인 등이 주 대상이었다. 그러다 산업화와 함께 찾아온 봉건주의의 몰락은 국가로 하여금 빈민통제를 위한 복지제공에 깊숙이 관여하게 하였다(김태성, 2000:62~63). 국가는 구빈원과 자선원 등을 설립하여 이들을 수용하고 돌보기 시작하였다.

영국은 1348년 흑사병으로 인해 인구의 1/3가량이 사망하자 1349년 〈노동자칙령〉을 제정하여 노동력의 이동을 철저히 제재하였다. 일할 능력이 있는 빈민의 구걸을 방지하는 강력한 법을 1531년 제정하여 실행하였으며, 노동자가 노동하지 않는 일을 막기 위해 철저히 관리하였다. 이와 함께 노동력이 없는 사람들을 불능의 빈민이라 부르고 별도로 관리하기 시작하였다(Kirst-Ashman, 2009:161~162).

2) 영국 〈구빈법〉의 등장

근대적 개념의 사회복지실천은 1601년 영국 엘리자베스 여왕의 〈구빈법〉(Elizabethan Poor Law)에 그 기원을 둔다. 이 법의 영향으로 우애방문자들이 빈곤한 자를 위해 자선을 베풀기 시작하였으며, 자선조직협회와 거주정착운동의 발달이 일어났고, 그 후 통합의 형태로 현재의 사회복지실천에 이르게 되었다.

영국의 〈구빈법〉은 지방정부(local government)로 하여금 빈곤한 자를 원조하도록 하였고, 시설 중심의 구호(indoor relief)에서 지역사회 중심의 구호(outdoor relief)로 원조의 형태를 바꾸었다. 이에 따라 빈곤한 자들은 자신의 출생지역으로 돌아갔다. 〈구빈법〉은 대상을 '의존적 아동'과 '무력한 빈민'으로 구분하여 각각에게 적합한 원조를 제공하였다. '의존적 아동'에게는 도제 등의 제도를 통해 지역사회에서 보호를 제공하도록 하고 국가가 그 비용을 보상하는 방식으로 지원하였다. 신체적으로 노동이 불가한 '무력한 빈민'은 구빈원에 수용되거나 자신의 집으로 돌아가 거주하도록 하였는데 수용보다 자가거주의 경우에 더 많은 지원을 제공하였으며, 집에서 생활할 수 있는 생필품을 지원하였다(양옥경, 2017a:20). 시설 중심의 구호가 비용이 많이 소요됨에도 효과는 적게 나타나자, 정부가 지역사회 중심의 구호로 원조의 형태를 바꾼 것이었다. 지역사회 중심의 구호는 빈곤하거나 장애가 있는 자들을 자신의 집에 살도록 하면서 집으로 원조를 보내주는 형식을 취하였다. 반면 일할 수 있는 능력을 가진 '일할 수 있는 빈민'으로 구분된 이들에게는 노동을 강제하였다(양옥경, 2017a:21).

지역사회 중심의 구호는 가능한 한 가장 적은 숫자의 빈곤자에게 최소의 액수를 최단의 기간 동안 원조한다는 원칙으로 운영되었다. 1662년 영국은 〈정주법〉(Settlement Act)을 제정하고 지원을 받기 위해 등록한 빈민은 등록된 해당 지역의 해당 주거지에서 거주하도록 하였다. 그러나 빵값이 오르며 노동자들이 끼니조차 해결할 수 없게 되자, 스핀햄랜드 지역에서는 일하는 빈민에게 최소한의 보조금을 지급하여 일용할 빵을 먹을 수 있게 하자는 취지에서 〈스핀햄랜드법〉(Speenhamland Act)이라는 임금보조제도를 제정하여 시행하였다. 최소한의 생존을 보장하는 최저임금의 개념이 처음 등장하게 된 것으로, 사회복지분야에서 특별한 의미가 있는 사건이었다(양옥경, 2017a:21). 그러나 스핀햄랜드의 임금보조제도는 완전히 실패하였고, 1834년에는 〈구빈법〉이 전면 개정되면서 구빈비용의 절감을 위해 빈민을 더욱 통제하는 '빈민통제법'으로 변모하였다. 이를 통해 영국은 균일처우원칙, 열등처우원칙 등 구빈행정체제의 원칙적 기틀을 다졌다(박병현, 2005:51). 수혜자격 검사(eligibility test)를 통해 최소한의 빈곤자를 가려냈으며, 봉급생활자의 최하 봉급액수를 넘지 않는 원조만을 제공하였다. 현재 공공부조의 자산조사(means test) 원칙이 여기서 비롯된 것이다.

그러나 이 〈개정구빈법〉(Poor Laws Reform)에서처럼 빈곤을 빈곤한 자 스스로의 게으름 탓으로 돌리는 데에는 한계가 있음이 곧 인식되었다. 사회경제체계의 모순이 드러났으며 노동계급의 권리신장운동이 나타났고, 이에 더하여 인도주의적 시각이 관심을 받기 시작하였다. 그 결과 중산층 이상 계층의 중년 여성들과 젊고 똑똑한 학생들이 빈민구제와 옹호를 위한 활동을 활발히 펼치기 시작하였다(Dolgoff et al., 1997:325~326).

3) 우애방문자들과 자선조직협회

중산층 이상 계급의 부유한 중년 부인들이 빈곤자를 돕고자 하는 의지로 가난하게 사는 사람들의 집을 찾아다니면서 상담 및 교육, 교화를 전달하는 역할을 담당하였다. 이들은 스스로를 '우애방문자'(friendly visitors)라고 불렀다. 우애방문자들은 빈곤한 이들이 게으름에 젖은 가치관 때문에 가난하게 살 수밖에 없음을 강조하면서 중산층 기독교인의 도덕 및 가치관에 입각한 근면성을 배워 빈곤과 의존성에서 벗어나도록 교화시키는 것을 중요한 역할로 삼았다. 이들은 인도주의적 기능과 사회통제적 기능을 동시에 담당하였는데, 이 과정에서 빈곤을 가난한 자의 탓으로 돌리거나 빈곤한 자를 차별하는 태도를 취하여 빈곤자들의 반감을 사기도 하였다. 따라서 이들은 이름과는 달리 빈곤계층에게는 전혀 우애적이지 않은 사람들로 비쳐졌다.

자선조직협회(COS: Charity Organization Society)는 우애방문자들을 중심으로 조직되었다. 1840년대에 빈곤자들의 상태를 향상시키기 위해 세워진 여러 단체들(Associations for Improving the Condition of the Poor)을 통합하여 협회를 만든 것이었다. 최초로 세워진 협회는 1869년 영국 런던에 세워진 자선조직협회였으며, 미국에서는 1877년 뉴욕

버팔로(Buffalo, New York)에서 최초의 자선조직협회가 조직되었다. 이 자선조직협회는 주변의 군소 자선단체 800여 개가 연합한 것이었다. 1877년부터 1892년까지 15년간 미국 내에 92개의 자선조직협회가 설립되었다. 자선조직협회는 자선적 원조를 직접 제공하지 않고 각 자선단체의 활동을 과학적으로 통합, 조정하는 역할을 하였다.

자선조직협회는 또한 환자의 치료 및 사후관리를 담당하는 기관으로도 기능을 하였다. 특히 치료 후에도 지속적 관리가 필요한 장애인이나 정신질환자의 경우에는 퇴원시에 자선조직협회에 환자의 사후관리를 의뢰하였다(양옥경, 2006:23~24). 이때 자선조직협회는 환자뿐 아니라 환자의 가족까지도 보호하고 서비스를 제공하였다. 우애방문자들이 주로 원조를 담당하였는데, 이들은 문제의 근본을 빈곤자나 걸인 자신의 도덕성에 두었고 따라서 접근의 내용에서도 그 도덕성을 고치는 것에 초점을 두었다. 인도주의원칙에 기반을 두었으나 사회진화론에 근거한 1:1의 교육상담을 제공하였으며 부모자녀 간의 위계질서를 이념적 근간으로 삼았다. 수혜대상자를 점검하는 역할을 담당하면서 어떤 종류의 원조도 중복하여 받지 못하도록 조사와 등급제를 통해 빈민을 통제하였다(Dolgoff et al., 1997:326).

초기에는 자원봉사자가 우애방문자들의 주를 이루었으나, 이들의 봉사기간이 짧아 오래 지속되지 못하자 1900년대에 들어서면서 유급 우애방문자를 고용하게 되었다. 개인이나 가족이 이들의 개입대상이었다. 이는 후에 발전된 형태의 개별사회사업(*social casework*)을 탄생시켰으며, 우애방문자는 현대 개별사회사업가(*caseworker*)의 시조가 되었다.

4) 혁신적인 대학생들과 거주정착운동

1889년 아담스(Jane Addams)와 스타(Ellen Gates Starr)가 시카고에 세운 헐하우스(Hull-House)는 가장 유명한 거주정착운동(SHM: *Settlement House Movement*) 기관이다. 이는 1885년 바네트 부부가 헌신적으로 활동하다 일찍 세상을 떠난 혁명가 아놀드 토인비를 기리며 영국 화이트채플(Whitechapel)에 세운 토인비홀(Toynbee Hall)을 모델로 한 것이었다. 헐하우스의 특징은 이곳에서 일하는 모든 사람이 기관에서 숙식을 함께하며 생활한다는 것이었다.

이로 인해 이러한 기관의 명칭도 세틀먼트 하우스(*Settlement House*)가 되었는데, 한 지역사회 내에서 함께 살면서 그 지역사회 주민들과 하나가 된다는 것이 이 운동의 표방하는 바였다. 이곳에서 일하는 사람들은 모두 젊고 학식 있는 사람들이었으며 높은 이상을 가진 영국과 미국의 우수한 대학생들이었다. 대부분 자유주의자로, 주택문제, 공공위생문제 그리고 고용주로부터의 고용착취문제 등에 관심을 갖고 사회개혁을 시도한 사람들이다. 이들은 빈곤의 원인을 무직이라고 생각하였으며 실직으로 무직이 되는 것은 개인의 무지나 게으름과 같은 도덕의 문제가 아닌 산업화의 착취로 인한 결과라고 주장하였다. 이들은 현대 지역사회 사회복지사들의 전신이다.

거주정착운동은 자선조직협회와 다른 면을 상당히 많이 드러내었다. 거주정착운동은 문제지역을 자신의 이웃으로 생각했다. 따라서 고등교육을 받은 부유층 출신 대학생들이 자신과는 성장배경이 다른 지역민들을 제대로 이해하고 돕기 위하여 이들의 생활환경에 직접 뛰어들어 이웃을 만들고 함께 호흡한다는 것이 큰 특징이었다. 또한 숙식을 함께하면서 집단교육 및 토론을 통해 사회변화를 꾀하려고 하였다. 형제자매간 우애의 질서가 이념적 근간이 됐다.

또한 거주정착운동은 도덕의 여러 갈래를 인정하였다. 중산층의 도덕관념과 중산층 이외의 다른 계층의 도덕관념이 충분히 다를 수 있다는 인식하에 계층별 도덕성을 강조하였다. 극빈자도 나름의 도덕성이 있어서 자선조직협회의 주장과는 달리 중산층 기독교 여성들의 도덕성을 굳이 배우지 않아도 된다는 것이다. 사회진화론의 영향력 상실이다.

이러한 거주정착운동은 3R로 요약할 수 있다. Residence(거주), Research(연구조사) 그리고 Reform(개혁)이 그것이다. '연구와 조사'를 통해 사회제도를 '개혁'해야 한다는 기본개념을 가지는 한편, '함께 살면서' 생활을 같이하지 않으면 빈민을 이해할 수 없다는 것이다.

뿐만 아니라 거주정착운동의 청년들은 빈곤하거나 장애를 가진 소외계층(disadvantaged)에 대한 임파워먼트(empowerment)를 주장하였다. 이들은 소외계층에게도 자신의 문제를 해결할 수 있는 능력이 있음을 인정하고 그 능력을 발휘할 수 있도록 힘을 북돋워주는 역할을 하였다. 이는 사회복지실천방법론으로서 최근에 다시 대두되는 임파워먼트(empowerment) 모델의 이념적 근원이 된다.

한편 거주정착운동 역시 자선조직협회처럼 사후관리가 필요한 환자들을 위한 지역사회에서의 보호를 담당하였다. 시카고의 헐하우스에서는 1893년 의료시혜원을 별도로 개원하고 의사까지 고용하면서 퇴원한 환자를 돌보도록 하였다(양옥경, 2006:24). 퇴원한 환자의 가정을 방문하면서 병으로 인한 사회적·개인적 문제와 욕구를 조사하여 이에 근거한 도움을 제공하였으며 환자의 사회재적응에 초점을 두면서 환자를 보호함과 동시에 가족에게도 서비스를 제공하였다.

5) 2궤도 접근

자선조직협회와 거주정착운동의 두 줄기는 사회복지실천의 역사 이래 200년 이상 계속되었으며 현재까지도 사회복지실천의 궤도를 점령하고 있다. 동일한 문제상황에 대한 이 두 개의 다른 접근방법은 1800년대부터 시작되어 지금까지도 그 거리를 좁히지 못한 것이다. 자선조직협회는 문제의 근원을 개인의 특성에 둔 반면 거주정착운동은 문제발생의 원인을 사회환경 탓으로 돌리기 때문에 아마도 영원히 이 간격은 좁혀지지 않을 것이다.

이 두 접근을 '기능주의 궤도'(function track)와 '원인론적 궤도'(cause track)라 부른다(Dolgoff et al., 1997:325; NASW, 1995:2271). 문제의 근원을 개인에게 두는 기능주의의 대표는 《사회진단》(Social Diagnosis)의 저자로 유명한 빌트모어 자선조직협회의 리치몬드(Mary Richmond)이며, 각 개별사례에 맞추어 서비스를 제공하는 방법론을 채택한다. 따라서 사례론적 궤도(case track)라고도 불린다. 개별접근의 이론과 기법이 이 궤도에서 개발되었으며, 개별사회사업(social casework)의 방법론이 창출되었다. 개별사회사업의 기법과 방법론은 지금까지도 사회복지실천에서 클라이언트를 대하는 기본적 필수기법으로 교육된다.

반면 사회환경에서 문제의 원인을 찾는 원인론의 대표는 시카고 헐하우스를 설립한 아담스(Jane Addams)이며 사회개혁과 법률제정을 위한 사회운동의 방법으로 이 궤도를 발전시켰다. 집단사회사업(*group work*)과 지역사회조직(*community organization*)은 이 궤도에서 개발된 방법론들이다. 근대에 들어오면서 집단사회사업이 집단역동을 이용한 개인문제의 해결에 좀더 치중하는 형태로 발전해나가는 반면, 지역사회조직은 지속적으로 사회운동 및 사회계획의 방법론을 강화하는 형태로 발전하였다.

이 2궤도 접근(*2track approach*)은 사회복지실천이 존재하는 한 앞으로도 계속될 것이다. 기능주의 궤도는 개인의 복지를, 원인론적 궤도는 일반대중의 복지를 중시한다는 커다란 차이가 있지만 중복되는 부분도 많고(Lee, 1937:26) 상호의존적 관계를 맺고 있으므로 함께 발전시킬 필요가 있다. 사실 사례론이든 원인론이든 궁극의 목적을 복지 및 안녕의 추구에 둔다는 공통점이 있기 때문에 함께 통합 발전할 가능성이 존재하는 것이다.

물론 이 두 접근을 통합하고자 노력한 사람도 많았으며, 아직까지도 이 노력은 계속되고 있다. 슈와츠(Schwartz), 레인(Rein), 핀커스와 미나한 등이 대표적 인물로, 개인적 문제와 사회적 이슈를 결합시켜 문제를 인지하며(Schwartz, 1974) 진보적 개별사회사업(*radical casework*)의 방법을 활용하여(Rein, 1970) 개인의 문제를 체계 내에서 이해하고 개인과 사회체계에 동시접근하자는 것이 이들의 기본주장이다(Minahan & Pincus, 1977:348). 그러나 아직 통합방법론은 완전히 받아들여지지 못하였다. 이에 대해 선리(Sunley, 1970)는 사회옹호(*advocacy*)를 기능주의 사례론적 궤도와 원인론적 궤도의 거리를 좁힐 수 있는 가장 좋은 방법으로 꼽았다.

이미 언급했듯이 이 두 접근 간의 거리는 완전히 좁혀지지 못할 것이다. 뿐만 아니라 이 두 궤도를 꼭 합일시킬 필요도 없다. 두 궤도의 장점을 잘 활용하여 각각의 특성에 맞으면서도 통합되기도 하는 사회복지실천을 이뤄내는 것이 우리의 과제이기 때문이다.

2. 사회복지실천 전문직의 발전

1) 전문직으로의 발돋움

사회복지실천이 봉사의 형태에서 전문직으로 발돋움하게 되는 계기는 두 가지 측면에서 살펴볼 수 있다. 하나는 보수체계의 정립이며 또 하나는 교육 및 훈련제도의 채택이다(Dolgoff et al., 1997).

보수체계의 정립은 우애방문자의 봉사활동에 대가를 지불하면서 이루어졌다. 자선조직협회는 우애방문자들이 무보수 봉사로 활동함에 따라 지속성과 책임성이 떨어지자, 이들에게 적은 액수지만 보수를 제공하기 시작하였다. 자선으로 봉사를 하던 입장에서 봉사의 대가를 받는 입장으로 역할이 바뀌면서 책임감이 높아진 것과 동시에 그 기능과 활동영역 역시 넓어졌다. 즉, 보수를 받으면서 전문적으로 우애방문의 역할을 담당하는 전문가로서 발돋움할 기회가 생기게 되었다. 단순한 봉사활동을 넘어선 전문적 활동임이 인정된 것이다. 전문가의 창출은 여기서 그치지 않았으며, 이들을 지도 및 감독하는 역할을 담당하는 관리자를 고용하면서 또 다른 형태의 전문가가 나타나게 되었다. 우애방문자 관리를 전문적으로 담당하는 전담 관리자 역할도 생기게 된 것이다. 이들은 현대의 슈퍼바이저에 해당한다고 할 수 있다.

사회복지사의 교육 및 훈련제도 채택 역시 사회복지실천이 전문직이 되는 과정을 견고히 하는 계기를 만들었다. 자선조직협회는 당시 도제제도로 훈련을 해오던 것에서 탈피하여 정식교육을 통해 우애방문자를 양성해야 할 필요성을 느끼고 교육 프로그램을 마련하였다. 현재 컬럼비아대학의 전신인 뉴욕자선학교(New York School of Philanthropy)가 미국 최초로 6주 동안 여름학교를 열고 이들을 교육하였다. 그 후 1904년부터 1년의 정규과정이 진행되다가, 1910년에는 2년 과정의 정규교육 프로그램이 채택되었다. 이것은 사회복지실천을 위한 최초의 정규교육과정이었으며 오늘날 2년제 전문대학원 교육제도의 전신이라고 할 수 있다. 교육을 통한 전문직으로의 발돋움은 1905년 의사인 카보트(Richard C. Cabot)가 매사추세츠병원에서 의료사회복지사를 정식으로 채용함으로써 공고화되었다(Dolgoff et al. , 1997 : 302).

그 후 아동상담소, 학교, 법정 등에 교육 및 훈련을 받은 사회복지사가 채용되면서 자선조직협회의 우애방문자적 형태에서 벗어난 전문가로서 공공의 역할을 다지는 계기가 되었다. 거주정착운동 사회운동가의 경우에도 전문가적 역할을 담당하였는데, 켈리(Florence Kelley)와 같은 학자는 이들의 중개자(*broker*)나 옹호자(*advocate*)와 같은 역할 및 기능을 전문성을 가진 역할로 규정하고자 하였다(Dolgoff et al. , 1997). 각 분야에서의 전문가로서의 두드러진 역할은 사회복지실천 전문직의 발전에 확실한 박차를 가하였다.

2) 전문직 성장의 위기

의료 및 정신의료영역의 소개는 사회복지실천에 진단(*diagnosis*) 이라는 개념을 적용시키는 기회를 제공하였으며, 심리학 및 사회학과 같은 사회과학의 소개는 이론적 측면에서 사회복지사들의 실천의 지평을 열어 주었다. 개인에 대한 깊이 있는 이해뿐 아니라 개인과 사회환경 간의 역동적인 상호관계에 대해서도 이론을 적용시킨, 더욱 발전된 형태의 이해를 갖게 된 것이다. 사회복지사 자신(*self*) 만을 도움(*helping*) 의 도구로 삼던 것에서 과학적인 원조과정(*helping process*) 을 생각하게 되었으며, 전문직은 날로 번창하였다.

그러나 1915년 의학교육 비평가인 플렉스너(Abraham Flexner) 가 사회복지실천은 전문직이 아니며, 따라서 사회복지사도 전문가가 아니라고 선언한 것을 계기로(Flexner, 1915, NASW, 1995에서 재인용) 사회복지전문직 성장에 위기가 닥쳐왔다. 플렉스너는 병원에서 다른 의료진들과 함께 일하는 사회복지사들을 보면서 이들이 어떤 특수한 전문가적 기능을 담당하기에는 구체적 기술(*specific skills*) 이 부족하기에 아직까지 전문직이라고 부를 수 없다고 주장하였다. 의료계의 이러한 비판은 사회복지계에 지대한 영향을 미쳤다. 이는 사회복지실천의 전문직 여부, 전문직으로서의 근본에 관한 논란에 도화선을 당긴 것이었으며, 불행하게도 이 논란은 아직까지 지속되고 있다.

그 당시 플렉스너의 비판에 대해 사회복지계는 두 가지 형태의 반응을 보였다. 하나는 전문직의 기본틀에 맞는 환경을 조성하는 것이었고, 다른 하나는 전문직으로 인정받을 수 있는 기술을 갖추는 것이었다. 우선 전문직의 기본환경 조성을 위한 활동으로 교육 및 훈련을 담당하는 학교를 세우고, 공식적 책자를 발간하며, 전문가협회를 구성한 것을 들 수 있다. 이미 존재하던 뉴욕자선학교 이외에 2년 과정의 정규교육을 위해 1919년까지 17개의 전문사회복지학교가 설립되었고, 그중 12개가 유수 대학 내에 설립되면서 위상을 높였다. 또한 이들이 중심이 되어 1921년에는 미국사회복지사협회(American Association of Social Workers)를 설립하였다. 다음으로, 전문적 기술을 갖추기 위한 활동으로는 저술 발간 및 원조과정 개발을 들 수 있다. 사회복지실천과정의 이론을 최초로 정리한 《사회진단》(Social Diagnosis)이 1917년 리치몬드(Mary Richmond)에 의해 출간되었다. 《사회진단》은 성격(personality)과 상황(situation)을 종합해 사례를 분석하는 최초의 과학적 사고방법을 제시했다. 그러나 이론서라기보다는 각 사례를 개별화하여 면접하고 접근하는 방법론을 제시한 사례중심적 저서라는 비판을 받았다. 그럼에도 불구하고 이 책은 사회과학적, 의학적 그리고 합리적인 사고체계에 입각하여 사실을 수집함으로써 사례를 이해하고자 했으며 사회개량주의에 입각한 환경개선방법으로서의 사회진단을 소개함으로써 사회복지분야의 최초의 과학적 전문 저술이라는 긍정적인 평을 받았다. 이렇듯 사회복지계는 전문성 여부에 관해 타 전문직에게서 받은 치명적인 비판에 대응하며 5∼6년에 걸친 짧은 기간 동안 상당히 빠른 속도로 약점을 개선해갔다. 실제로 이 과정을 통해 사회복지실천은 많은 발전을 이뤄냈다.

다른 한편으로 사회복지사들은 병원 내 실무현장에서 정신의료계 의사들이 활용하는 프로이트의 정신분석이론과 기술을 답습했으며, 자신들의 역할을 사회복지사에서 치료자(*therapist*)로 바꾸면서 위상을 높이고자 하였다. 정신의료계의 치료자로서의 역할은 일반의료사회복지, 학교사회사업, 가족치료의 영역에도 지대한 영향을 미치게 되었다. 그러나 이 같은 움직임은 사회복지계 내부에서 또 하나의 위기를 불러왔다. 그 결과, 정신의료적 치료자가 아닌 사회복지전문인으로서의 정체성을 찾고 사회복지전문인으로 정착을 해야 한다는 자성의 목소리가 강력하게 대두되었다.

3) 전문직으로 정착

병원에서뿐 아니라 학교, 법정 등 많은 영역으로 사회복지사의 역할이 넓어짐에 따라 공통의 지식기반을 갖추자는 움직임이 사회복지계 내부에서 일어났다. 각 영역별로 특수화된 전문지식과 기술도 필요하지만, 각 영역별 발전이 앞서게 되면 사회복지전문직이 채 발전하기 전에 주체성을 상실할 수 있다는 두려움이 있었던 것이다. 이에 몇몇 전문가에 의해 사회복지실천의 공통요소를 정리하는 작업이 진행되었다. 이는 1929년 밀포드(Milford) 회의에서 개별사회사업(*casework*) 방법론을 기본으로 하는 다음의 8개 영역을 공통요소로서 정리하여 발표하는 것으로 열매를 맺었다(NASW, 1974).

이에 따르면, 사회복지실천을 전문직으로 하는 사회복지사가 갖추어야 할 기본적인 지식 및 방법론에 대한 공통의 요소는 다음과 같다.

① 사회에서 수용하는 규범적 행동에서 벗어난 행동에 관한 지식

② 인간관계 규범의 활용도

③ 클라이언트 사회력(social study)의 중요성

④ 클라이언트 치료를 위한 방법론

⑤ 사회치료(social treatment)에 지역사회자원 활용

⑥ 개별사회사업(social casework)이 요하는 과학적 지식과 경험적용

⑦ 개별사회사업의 목적, 윤리, 의무를 결정하는 철학적 배경이해

⑧ 이상 모든 것을 사회치료에 융합

이와 같이 사회복지실천의 정착은 개별사회사업을 바탕으로 하는 일반사회복지 접근(generalistic approach)으로 시작되었다. 사회치료를 기본기능으로 간주하였고, 사회규범적 행동범위를 중시하였으며, 지역사회자원의 활용을 강조하였음을 알 수 있다. 이와 같은 지식과 방법론을 기본으로 갖춘 사회복지사들의 정착지는 병원과 아동상담소 및 가족치료세팅 등 사적이고 개인적인 문제를 중점적으로 다루는 기관이었다. 따라서 전문직의 정착은 개인적이고 사적인 영역(private sector)에서 시작되었다.

그러나 밀포드 선언 직후, 1930년 대공황이 닥쳐오자 미국정부는 뉴딜정책(New Deal)을 펼쳤고 사업의 일환으로 공공의 영역(public sector)에서 사회복지사를 대거 고용하기 시작하였다. 미국의 대공황은 사회복지문제의 근원이 개인에게 있는지 또는 사회에 있는지에 대한 논쟁을 어느 정도 일단락지었다. 즉, 대공황으로 인해 지극히 정상적이고 성실한 사람들이 직업을 잃고 우울증에 걸리는 등의 문제를 겪게 되자 개인문제의 근원을 사회에 두는 것에 대한 수용적 자세가 확대된 것이

다. 따라서 많은 사회복지사가 정부기관뿐 아니라 기타 공공시설에 고용되어 공공의 역할을 담당하게 되었다.

이러한 커다란 사회적인 변화로 인해 개별사회사업의 접근에서도 또 다른 움직임이 나타나게 되는데, 진단주의학파(diagnostic school)와 기능주의학파(functional school) 간의 분리이다. 개인의 문제에 지대한 영향을 미치는 사회변화의 중요성에도 불구하고 개별사회사업이 프로이트 이론에 근거한 과거중심적 접근을 계속함에 따라, 현재의 사회환경 관련 문제들이 더 시급하다고 판단한 학자들이 이러한 접근법에 반대하고 나선 것이다. 이에 기존의 개인 및 과거경험 중심적 접근을 주장하는 사람들은 '진단주의학파'라고 명명되었으며, 인간의 성장가능성을 중시하고 '지금 - 이곳', 즉 현재에 초점을 두면서 인간과 인간, 인간과 환경의 관계를 중점적으로 분석하고자 하는 사람들은 '기능주의학파'라고 불리게 되었다. 기능주의학파는 대공황에 의한 다양한 문제상황이 프로이트가 설명하는 과거 성장과정상의 문제에서 비롯했다고 규정짓기에는 너무 현실감이 떨어진다고 주장하였다. 따라서 현시점에서 더 나은 기능을 회복하게 하는 것이 이 학파들의 사회치료 목적으로 대두되었다.

이와 같은 갈등 역시 문제의 초점을 개인 내면의 세계에 두던 것에서 개인과 상호작용하는 주위 환경으로 이해의 폭을 넓혀가는 과정에서 비롯된 것이다. 이는 다분히 대공황의 영향이었다. 두 학파의 두드러진 갈등은 미국 내에서는 그리 오래 지속되지 못하였으나(Dolgoff et al., 1997:307) 사회복지실천의 내용상 자주 나타나는 부분이다.

대공황에서 벗어난 후로도 제2차 세계대전 및 각종 전쟁의 소용돌이 속에서 사회복지실천은 몇 차례의 변화를 겪게 된다. 우선 치료적 접근 방법의 회생이다. 전쟁으로 인해 많은 사람들이 개인별로 다양한 경험을 하게 됨에 따라 그에 반응하기 위한 치료적 접근이 다시 주류를 이루게 되었다. 전쟁으로 인한 여러 형태의 상실, 가족의 붕괴, 산업화 및 도시화로 인한 가족의 분리 등이 두드러지고 가족의 끈이 약해지면서 청소년들의 문제가 심각해졌다. 또한 하나의 문제뿐 아니라 다양한 문제를 동시에 갖는 경우가 늘어났으며, 한 가족 내에 여러 형태의 문제를 함께 가진 사례가 빈번히 발생하였다. 이는 가족치료분야의 발전에 꽃을 피우는 계기가 되었으며(Waring, 1983) 복합적 문제를 가진 클라이언트를 대하기 위한 새로운 형태의 방법론도 개발되게 하였다(Germain, 1983). 또한 개업사회복지사(*private practice*)를 탄생시키기도 하였다(Neale, 1983; NASW, 1995:2291).

가장 두드러진 형태의 새로운 방법으로는 상담실에서 클라이언트를 기다리기보다 클라이언트가 있는 곳으로 접근하는 아웃리치(*outreach*)의 방법을 시도한 것이었는데, 이는 1960~1970년대에 붐을 이뤘다. 또한 지역사회를 접근대상의 단위로 보고자 하는 노력이 한층 가미됐다. 따라서 문제영역별로는 빈곤뿐 아니라 비행, 장애, 보건, 정신건강 등 다양한 문제를 두루 섭렵하게 되었고(Compton, 1983; NASW, 1995:2275), 방법론으로는 개별사회사업, 집단사회사업, 지역사회조직 그리고 통합방법론이라는 전통적 방법론을 정착시켰다. 이로 인해 전문직의 영역은 점점 넓어졌고, 전문가인 사회복지사의 수도 늘어나 개인문제와 사회문제를 모두 섭렵하는 전문직으로 자리 잡게 됐다.

그린우드(Greenwood, 1957)는 다음의 5개 기본요소가 전문직을 평가하는 데 중요한 역할을 한다고 했다. 즉, ① 체계적 이론 (*systematic body of theory*), ② 전문적 권위체계 (*professional authority*), ③ 사회적 승인 (*community sanction*), ④ 전문가 윤리강령 (*code of ethics*) 그리고 ⑤ 전문 직 문화 (*professional culture*) 이다. 이를 사회복지실천에 맞춰 볼 때 사회 복지실천은 이미 전문직이라고 그린우드는 주장한다.

3. 한국 사회복지실천의 역사

1) 근대 이전 한국의 사회복지

근대 이전에도 가난한 백성을 구제하려는 노력은 어느 왕조에서나 찾아 볼 수 있었다. 불교가 성행하였던 삼국시대와 통일신라시대에는 보 (寶) 라는 일종의 기금제도를 통해 구휼의 기능을 행하였다 (감정기 외, 2002:342). 고구려는 춘궁기에 가난한 백성에게 관곡을 빌려주고 추수 기에 납입하게 하는 진대법을 운영하였다 (윤석범, 1991:639~640). 조 선시대에는 유교정신에 입각하여 민생구휼을 국가의 주요 시책으로 삼 았다. 빈궁하고 의지할 친속도 없어 스스로 생존할 수 없는 자는 소재 지의 관청에서 당연히 거두어 부양하도록 하였고, 이를 시행하지 않을 시에는 곤장 60대의 형벌에 처했다 (최창무, 1992:99). 구제의 정책으로 는 창제도, 환곡제도, 사궁보호, 시식제도 등이 있었으며, 구황청, 혜 민국, 활인서, 기로소, 진휼청유접소 등을 설치하여 구제를 시행하였 다 (한국사회복지협의회·이화여대산학협력단, 2009:116). 구빈활동으로는 구황, 비황, 사궁보호 및 노유보호 그리고 의료구제가 있었다(오세근, 2003:71).

사궁(四窮) 보호란 '환과고독'(鰥寡孤獨)의 네 가지 어려움에 처한 사람에게 도움을 제공한 것이다(최창무, 1992:101~103; 오세근, 2003: 72). 이들에게는 현물급여인 진궁이 제공되었고 노역도 부과하지 않았으며 이웃의 보호를 받으며 생활할 수 있도록 배려하였는데, 이는 관의 의무사항이었다. 노유보호사업의 하나인 기로소(耆老所)는 노관에 대한 공경예우 차원에서 태조 때 설치되었다(오세근, 2003:74~75). 70세 이상의 노인들을 기로사(耆老司)에 가입하게 하였으며, 기로사에 등록된 80세 이상 노인을 1품계를 더하여 우대하고 매년 가을연회를 베풀어 위로함으로써 노인을 공경하는 분위기도 만들어갔다. 90세 이상 노인에게는 매년 술과 고기를 지급하고 일정한 직위를 수여하는 사직을 하였으며, 100세 이상 노인에게는 연중 쌀을 배급하고 매년 고기와 술을 지급하였다(최창무, 1992:99; 김종찬, 1994:125~126). 세종시대에는 70세 이상 노인 중 자식이나 친척이 없어 무연고자의 집에 기식하게 된 이들에게 의복과 식량과 의약품을 지급하였다. 그 외 진휼청유접소는 경성에 세워져 유기아나 부랑아를 겨울 동안 수용하였다가 봄에는 다시 내보내던 곳이었다. 정조 때는 〈자휼전칙〉이라는 구휼법을 반포하여 10세 이하의 유기아와 부랑걸식아를 법으로 보호하였다(곽효문, 2001: 57~59).

의료보호도 제공되었다. 고려시대에는 빈민과 병약자를 위한 제위보와 동서대비원, 혜민국 등이 설치되어 서민을 구료하였다. 그 외 민간에서도 활인당 등이 자선구료사업을 행하였다는 기록이 있다. 조선시대에는 혜민서, 활인서, 제생원, 광제원 등이 설치되어 병자 이외에도 일반 빈민이나 죄인, 특히 가난하고 의지할 곳 없는 노인이나 고아를 특별보호대상으로 하여 치료와 보호를 제공하였다.

근대 이전의 민간의 사회복지는 근본적으로 상부상조의 형태였다(양옥경, 2017a). 계, 두레, 향약 등(감정기 외, 2002:344)이 대표적으로 거론되는 민간차원의 상부상조 유형이다. 계와 두레 등은 구휼사업을 하는 민간조직의 활동이며, 향약은 덕목을 실천하는 것에 목적을 둔 향촌의 민간단체 활동이다. 구빈사업과 관련이 있는 계의 경우도 7개 유형이나 되며(김종찬, 1994:113), 두레는 공동방위, 공동제사, 상호부조 등의 기능을 수행한 마을자치조직으로써(감정기 외, 2002:347) 경제적인 공동체의 성격이 강했다(한영우, 2014:133).

2) 근대적 개념의 사회복지실천 도입

근대적 개념의 사회복지가 소개되기 시작하는 1870년대 개항기 당시, 국가는 조선후기의 구휼제도를 그대로 수용, 계승함과 동시에 새로운 변화를 위해 노력하는 모습을 보여주었다(양옥경, 2017a:45). 유길준이 1895년 저술한 《서유견문》에서 "국민의 굶주림과 추위, 질병과 괴로움을 구제하는 것"이 문명화된 국가의 역할이라고 정의(유길준 저, 2004:180)한 것이 대표적인 예이다. 그러나 계, 향약, 두레 등 전통사회의 상부상조정신에 입각한 프로그램들은 새롭게 들어오는 사회복지사업과 접목되는 형태로 발전하지는 못했다.

민간차원에서는 1898년 스스로 진휼할 수 없는 빈곤한 자와 환과고독 및 장애가 있는 자를 구휼하기 위한 시설인 진민소라는 민간구빈원이 설치되었다(양옥경, 2014:261~268). 걸인들에게 의식주를 제공하면서 병이 있으면 치료해주고 사망하면 장례를 치러주었다. 매일 아침 저녁으로 식사를 배급하였으며 계절에 맞는 옷과 거처를 제공하였다. 임금의 노력에도 불구하고 빈곤문제가 사라지지 않아 옛 관리들이 십시일반하여 문제해결에 나섰다고 설립의 취지를 밝히고 있다.

이 당시에는 종교계의 역할도 활발하였는데, 전통적인 선행기관으로 존속해온 지역사찰들은 빈곤아동이나 노인을 받아들여 생활보호기관의 역할을 자처하였다. 또한 기독교는 1884년 세브란스병원을 시작으로 각 지역에 빈민구료를 위한 시료부를 설치하여 빈민을 구제하였다(홍금자, 2000:238). 1887년 개설한 보구여관은 한국 최초의 여성전문병원이었으며 놀스(Mary Knowles)는 1909년에 지역복지관 활동을 시작하였다(강만길, 1986:182; 남경현, 1976:3~14). 천주교는 명도회라는 신자단체를 통해 고아, 과부, 노인 등에게 도움을 주었고, 메스트르 신부는 1885년에 고아원을 설립하였다.

1910년 일제의 강제합병에 의해 식민지로 전락한 한국은 개항 이후 유입되어 들어오던 서구의 근대자본주의와 근대적 개념의 자선사업을 새로운 개념으로 정립하기 시작하였다. 사회사업이라는 새로운 용어가 등장하여 사회사업이 하나의 학문으로 태동하기 시작하였고, 사회복지는 절대권력기관인 조선총독부에 의하여 일괄적으로 전달되는 체제를 갖추게 되었다(홍금자, 2000:231~247). 1919년 조선사회사업연구회를 시작으로 민간조직 및 단체가 활발히 결성되어 근대 사회복지사업을 발전시키려 하였으나, 1929년 조선사회사업연구회가 '조선사회사업협회'

로 개칭하면서 사회사업단체들을 통제하며 민족문화를 말살하려고 하였다. 사회복지사업에 있어서도 절대권력기관인 조선총독부에 의해 일괄 전달되는 체계가 갖추어지자(이방원, 2009:18) 근대 사회복지사업의 형태에 많은 왜곡이 초래된 것이었다.

일제는 구휼사업의 일환으로 인보사업(隣保事業)[1]을 전개하기 위해 경성부의 사회관(1928)과 동화인보관(1929) 등을 설립하였다. 인보사업의 대표적인 것으로는 의료사업, 교화운동, 사회조사, 근린단체조직, 교육, 건강 상담, 직업소개, 생업자금대여 등이 있다. 1930년 공장노동자를 위한 탁아소를 설치하였고, 1944년 일본의 〈구호법〉을 기본으로 하는 〈조선구호령〉이 공포되었는데(김상균 외, 2011:204) 주 내용은 65세 이상 노약자, 13세 이하 유아, 임산부, 불구, 폐질, 질병 및 기타 정신·신체상의 장애에 의하여 노동을 할 수 없는 이들에게 생활부조와 의료부조를 제공하는 것이었다.

이 시기에는 민간의 움직임이 활발했으며 종교계도 활발히 활동하였다(양옥경, 2017a:104). 당시의 활동에서는 단체뿐만 아니라 개인의 참여가 많이 이루어진 것이 특징이었는데, 대표적으로는 경성고아구제회, 궁민구조시설인 청주박인회, 평양고아구제회, 경성양로원 등이 있

---

1) 일제는 인보관사업(隣保館事業)이라는 이름으로 ① 생활의 개량 향상: 수산(授産)사업[편물(編物), 재봉(裁縫)], 직업소개, 저축 장려, 생산자금 대여, 이발소(理髮所) 설치, ② 상담: 인사(人事), 법률, 건강 상담, ③ 교육: 빈민가정의 아동을 중심으로 하는 보조교육, 간이도서관열람실의 설치, ④ 근린단체(近隣團體)의 결성: 자녀의 모집, 아동의 부모를 모집 등 결성, ⑤ 교화사업: 강연회를 이용하여 보건위생, 사상보급 및 정보제공, ⑥ 사회조사: 사회적 병리진단(社會的 病理診斷), 욕구(欲求)조사, ⑦ 구료사업: 경비(輕費) 진료 등을 시행하였다.

었다. 기독교 개신교계는 나병원, 태화여자관(1921), 여자맹인학교, 중앙영아관 등을 설립하며 여성과 아동을 중심으로 활동을 전개하였다. 특히 태화여자관(현 태화기독교사회복지관)은 1906년 원산 인보관운동의 영향을 받아 1921년 서울에 설립된 기관으로 현대적 의미의 사회복지실천을 최초로 시작한 기관으로 평가된다(이덕주, 1993). 기독교감리교 여선교회에 의해 운영되었으며, 사회계몽, 사회개혁과 같은 사회운동적 성격으로 시작되어 주민들과 함께 지역에서 생활하면서 무지, 빈곤, 비위생, 차별, 착취 등에서의 해방을 목표로 삼았다. 또한 이름에서 알 수 있듯이 여성들이 특히 억압받던 조선시대의 여성에게 초점을 맞춘 사회복지활동이었다. 구세군의 자선냄비(1928년)도 이때 시작되었다. 천주교계는 대구에 인애회를 설립하면서 노인복지사업을 시작하였으며 경성에는 애긍회를 설립하였다. 의료사업을 위해 함경도 청진에 성심의원을 설립하며 집중적으로 구료사업을 펼치게 되었는데, 서울에서는 성모병원(1936년, 현 가톨릭의대 부속 성모병원) 등을 설립하여 가난한 이들에게 한층 체계적이고 수준 높은 의료서비스를 제공하였다. 불교계는 지역민을 위한 교육사업에 역점을 두었다. 일본불교의 사회사업활동을 경험하였거나 신학문을 접한 스님들이 불교계에 산중의 은둔수행에서 벗어나 현실에서 실천하기를 촉구하면서, 불교의 사회복지사업이 활기를 띠기 시작하였다. 경성 불교자제회(1917년), 평양 불교광제회(1917년), 대전 불교자제회(1918년), 인천 불교자전원(1918년) 등이 설립되어 구제활동을 하였다.

3) 현대 한국의 사회복지실천

(1) 사회복지실천의 시작

현대적 의미의 사회복지실천은 해방 이후 미국이나 캐나다 등 해외원조 기관들을 통해 소개된 것에서 비롯하였다. 한국의 사회복지실천은 미국을 비롯한 외국에서 들여온 지원금과 사업을 그대로 전수받아 전개하는 것으로 시작되었다고 해도 과언이 아니다. 한국에는 전통적인 상부상조의 정신 및 프로그램들이 있었지만 일제의 식민통치와 미국의 군정을 거치고 동족상잔의 전쟁까지 치른 까닭에 이를 근대적 개념의 사회복지사업과 연계할 수 있는 정신적인 여유가 없었다. 그러다보니 현대적 의미의 사회복지사업은 종교계나 외국자원이 설립한 시설중심의 프로그램이 대부분이었다.

태화여자관으로 시작한 사회복지관사업은 한국사회에 사회계몽 및 사회개혁 등과 같은 원인론적 궤도상의 실천을 주로 소개하였다. 지역사회주민들과 호흡을 함께하며 무지, 빈곤, 비위생, 차별, 착취 등에서의 해방을 목표로 하였다. 이러한 지역사회중심의 사회복지실천 정착운동으로 1985년부터 각 시·도 단위로 종합사회복지관이 활발히 설립되어 2017년에는 전국에 464개 복지관이 운영되는 결과를 낳았다(www.kaswc.or.kr 참고). 그러나 짧은 기간 동안 양적 팽창을 이룬 복지관모델은 설립이념 및 목표와 실천사업이 계속 변하고 있으므로 정확한 평가과정을 거친 후 그 정체성을 확립해야 할 것으로 보인다.

개인적인 문제를 가진 사람들을 대상으로 한 접근은 미군병원과 미국 기독교 선교사들이 설립한 병원 그리고 아동상담소 등을 통해 소개되었다. 이들의 실천과정은 미국의 1940년대 이후의 실천과정을 답습한 형태로 나타났으며 심리치료와 가족치료가 붐을 이루었다. 계속하여 병원 및 지역사회복지관을 통한 상담형태의 개입이 진행되었다. 1997년 〈정신보건법〉의 시행으로 법에 공식적으로 명기된 정신보건사회복지사가 탄생하면서 개인을 대상으로 한 치료적 개입영역의 장에 한 획을 긋는 결과를 낳았다. 이에 정신보건 및 의료사회복지 영역에서는 다양한 형태의 워크숍 및 보수교육을 통해 빠른 속도로 전문화 강화추세가 나타나고 있다. 공공영역에서는 1987년부터 사회복지전문요원(1999년 이후부터 전담공무원)이 탄생하였으며 지속적으로 성장하여 정부의 복지정책을 최일선에서 실행하는 법적이고 공식적인 영역으로 자리매김하였다.

(2) 사회복지실천의 교육

최초의 정식교육기관은 1947년 설립된 이화여자대학교의 사회사업학과이다. 1953년에는 YMCA 후원으로 현재의 강남대학교 사회복지대학의 전신인 중앙신학교가 최초의 사회복지사 양성을 위한 훈련기관으로 설립되었다. 전문직업교육보다는 학문을 중시하는 한국의 유교적 풍토로 인하여 전문직업학교를 통한 교육보다는 정규대학을 통한 학문적 교육으로 전환되었다. 이는 1958년 서울대학교 대학원과 그리스도신학교(현 그리스도신학대학교)에 사회사업학과가 설치되는 등 계속해서 사회사업학과가 증가하는 결과를 낳았다(김융일 · 양옥경, 2002). [2]

---

2) 1958년 서울대학교 대학원을 시작으로 1959년 서울대학교 학부, 1961년 한국사회사

특히 사회복지학교가 고등학교 졸업자를 교육시키는 기관으로서 미국의 경우에서와 같이 전문대학원 수준의 전문인 교육기관으로 성장하지 않자, 사회복지계는 4년제 대학에서 사회사업학과를 설립하면서 학문적 기초를 둔 전문직으로 거듭나고자 노력하였다. 따라서 인문과학이나 사회과학의 학문적 테두리 내에서 이론과 방법론을 함께 교육하는 형태로 발전의 틀을 잡았다. 이러한 발전의 방향은 사회복지실천의 전문화에 긍정적인 영향을 미쳤다.

대학이 늘어나던 초기인 1965년 한국사회사업교육연합회(현 한국사회복지교육협의회)가 태동하였다. 2017년 기준 전국 86개 대학의 사회복지학과가 회원교로서 활약 중이다(한국사회복지교육협의회 내부자료, 2017).

그러나 학부교육이 중심인 대한민국에는 아직까지 미국의 대학들에서 볼 수 있는 사회복지전문대학원 형태의 전문직 훈련학교(*professional training school*)를 가진 대학이 없다. 1958년 이화여자대학교 대학원을 필두로 많은 대학에서 대학원 교육을 통해 고급전문가 양성을 위한 노력을 기울이고 있으나, 이 또한 고급전문직업인 양성보다는 고급학문을 통한 전문인 양성의 형태를 띠고 있다. 이에 대해 1995년 이화여자대학교가 사회복지대학원이라는 특수대학원을 설립한 것을 시작으로 몇몇 대학에서 특수대학원 교육을 통해 더욱 발전된 형태의 전문가 양성을 시도하고 있다. 또한 특수대학원과 일반대학원의 중간형태의 수

업대학(현 대구대학교), 1963년 중앙대학교, 1964년 성심여자대학교(현 가톨릭대학교)가 사회사업학과를 설립하였다.

준으로 유지되는 사회복지 전문대학원도 있다. 2001년 연세대학교에 최초로 전문대학원으로서의 사회복지대학원을 설립하여 학생을 교육 중이며, 뒤이어 광주대학교와 강남대학교에서 사회복지대학원을 설립 하였다. 이화여자대학교도 2006년 사회복지전문대학원을 설립하였으 나 2013년에 폐쇄하였다.

사회복지사들의 공식적인 모임인 한국사회복지사협회가 1967년 탄 생하였으며, 1997년 〈사회복지사업법〉에 의해 공식적인 법정단체로 등록되면서 사회복지사들은 명실 공히 사회가 인정하는 전문가로서 사 회적 위치를 확보하게 되었다. 특히 2000년 법의 개정을 통해 매년 9월 7일을 '사회복지의 날'로 정한 것은 주목할 만한 일이라고 하겠다. 이후 2007년에는 매년 4월 22일을 사회복지사의 날로 지정하여 사회복지사 들의 사회에의 헌신과 공헌을 기렸다.

(3) 자격제도의 확립

한국에서 사회복지사의 자격은 보건복지부장관으로부터 주어지는 법 적 자격으로서 〈사회복지사업법〉에서 규정된다. 몇 차례의 개정을 거 치면서 사회복지사 자격제도는 확고한 자리를 잡아왔다. 1970년 〈사 회복지사업법〉이 처음 제정될 때는 법조문에서 사회복지사를 "사회복 지사업종사자"라는 명칭으로 규정하였으며 보건사회부장관이 자격증 을 교부하는 것으로 정하였다. 이후 사회복지사에 관한 자격은 3차례 의 개정을 거치면서 변화·발전해왔다.

첫 번째는 1983년의 대대적인 개정이었다. 사회복지사업종사자에 관한 제5조를 전면개정하여 사회복지사업종사자를 "사회복지사"로 개칭하였다. 뿐만 아니라 사회복지사는 그냥 사회복지사업에 종사하는 사람이 아닌, "전문적 지식과 기술을 가진 자"로 인정되었다. 자격, 등급, 교부절차는 대통령령으로 정하기로 하였다. 사회복지사가 법적 명칭으로 공식화되었을 뿐 아니라 전문성이 법적으로 보장된 이 1983년 개정법령은 사회복지계에 매우 큰 파장을 일으켰다. 먼저 사회사업가라고 통칭되던 이들을 사회복지사라고 부르게 된 것부터가 사회복지계의 큰 이슈가 되었는데, 'social worker'는 '사회사업가'로 번역되어야 한다는 주장이 제기되었다. 또한 사회복지사의 등급을 대통령령으로 정하기로 하고 개정법의 시행령(1984년 시행)에서 이를 1급, 2급, 3급으로 나눈 것에서도 논란이 일어났다. 전문가에게 등급을 허용해서는 안 된다는 논리가 작용한 것이다. 이렇듯 이 법령은 시행부터 문제점과 한계를 가지고 시작되었다.

두 번째 전면개정은 1997년의 〈사회복지사업법〉 개정(1998년 시행)으로, 이때 사회복지사를 대상으로 한 국가시험제도가 도입되었다. 사회복지사에 관한 조항을 제11조로 옮겼으나 정의는 이전과 동일하게 "전문지식과 기술을 가진 자"로 하였다. 국가시험을 모든 사회복지사에게 적용하기에는 무리가 있다고 판단하였는지 사회복지사 1급에게만 국가시험을 시행하는 것으로 정하였다. 이로 인하여 그때까지는 시행령에서만 규정하였던 사회복지사의 1, 2, 3 등급을 모법에서 규정하게 되었다. 법조문은 사회복지사 1급이 "국가시험에 합격하여야 한다"라고 규정하며, 새로 신설된 제12조는 시험과목 및 응시자격 등 시험에 관한 사항을 대통령령이 정하도록 하였다. 개정된 〈사회복지사업법〉에 따라 1999년 입학생부터 새로운 사회복지사 자격제도의 적용대상이 되었고, 이들이 졸업하는 2003년부터 국가자격시험이 부과되기 시작하였다. 모든 예비사회복지사와 2급, 3급의 사회복지사는 이 국가자격시험에 합격해야 공인된 1급 사회복지사의 자격을 가질 수 있게 되었다. 특히 국가시험에 응시할 자격을 특정학과의 졸업이 아닌 필수지정 과목 이수로 규정한 것은 획기적인 일이었다. 이렇게 사회복지사가 국가시험을 통해 부여된 자격으로서 지위가 상승되자 사회복지분야가 아닌 유사분야에서도 '사회복지사'라는 명칭을 사용하여 민간자격증을 남발하는 현상이 나타났다. 이에 따라 2016년 2월 〈사회복지사업법〉은 제11조의 4를 신설하고, "이 법에 따른 사회복지사가 아니면 사회복지사 또는 이와 유사한 명칭을 사용하지 못한다"라는 조문을 넣어 유사명칭의 사용을 금지하였다.

세 번째 전면개정은 2017년 9월에 이루어졌으며, 2018년 4월 시행을 앞두고 있다. 다시 한 번 획기적인 변화를 가져온 개정으로, 사회복지사의 세 등급 중 3급을 폐지하고 1급과 2급만 유지하기로 한 것이다. 새로 개정된 법에 의하면, 사회복지사는 2등급으로 나뉜다. 1급 사회복지사는 국가자격시험을 통해 인정을 받은 자들이다. 4년제 정규대학 및 대학원 졸업생으로 〈사회복지사업법〉에서 규정한 이수교과목을 포함한 사회복지학 교육을 받고 졸업과 함께 국가자격시험을 치러 합격한 이들인 것이다. 2급은 〈사회복지사업법〉이 정하는 사회복지사 2급 자격을 위한 이수교과목을 모두 이수완료하고 한국사회복지사협회를 통해 자격을 신청하여 보건복지부장관으로부터 2급 자격증을 교부받은 이들이다.

이에 앞서 국가는 사회복지전담 공무원과 정신보건사회복지사의 자격을 인정하는 자격제도를 시행하였다. 사회복지전담 공무원은 국가가 직접 관할하고, 정신보건사회복지사는 한국정신보건사회사업학회로 하여금 그 시험 및 자격관리를 대행하도록 하고 있다. 사회복지전문요원의 자격제도는 1987년 시행되었으며, 정신보건사회복지사 자격증은 1997년에 1차 자격증이 배부되기 시작하였다. 정신보건사회복지사는 2017년 5월부터 시행되기 시작한 〈정신건강증진 및 정신질환자 복지서비스 지원에 관한 법률〉에 의거하여 "정신건강사회복지사"로 명칭이 변경되었다.

이와는 별도로 한국사회복지사협회는 사회복지사들의 자격을 강화하고 그 질을 통제하고자 하는 목적으로 1996년부터 전문사회복지사 자격증 제도를 시행하고 있다. 시험을 통해 1996년 235명에게 임상사회복지사 1차 자격증을 배부하였다. 1997년까지 2차에 걸쳐 시행하였으며, 총 344명의 자격자를 배출하였다. 1998년부터는 시험과목에 공공복지 및 지역복지 등을 첨가하고 전문사회복지사 자격증을 발부함으로써 임상뿐 아니라 행정 및 정책영역까지 적용범위를 확대하였다. 지금까지 344명의 임상사회복지사와 247명의 전문사회복지사를 배출하였다(한국사회복지사협회 내부자료, 2005). 그러나 현재 임상사회복지사와 전문사회복지사 자격증 업무는 중단된 상태이다.

이렇게 전문자격증이 발부되기 시작하면서 기존의 전문성 확대에 대한 논의가 다시 활발해졌고, 1, 2, 3급의 사회복지사가 거의 100만 명에 이르며 수적 증가가 문제시되면서 오늘날 다시 관련 논의가 대두되고 있다. 개정된 〈사회복지사업법〉에 의해 등급이 1급과 2급으로 축소개편되는 지금이 전문사회복지사의 자격을 논의할 가장 적기라는 것이 중론이다. 다양한 분야에서 각자의 전문성을 인정하는 자격증 발부가 가능할 것으로 사료되는데, 의료, 학교, 군, 법 및 교정, 장애 등의 분야에서 이미 자체적인 교부를 시행 중이거나 시행에 관해 논의 중이다.

(4) 사회복지실천 현장

사회복지사들의 실천현장은 〈사회복지사업법〉에서 규정한 '사회복지사업'과 '사회복지서비스'이다. 사회복지사업은 〈사회복지사업법〉 제 2조에서 규정한바 "다음 각 목의 법률에 따른 보호·선도(善導) 또는 복지에 관한 사업과 사회복지상담, 직업지원, 무료 숙박, 지역사회복지, 의료복지, 재가복지(在家福祉), 사회복지관 운영, 정신질환자 및 한센병력자의 사회복귀에 관한 사업 등 각종 복지사업과 이와 관련된 자원봉사활동 및 복지시설의 운영 또는 지원을 목적으로 하는 사업"이다. 각 목에서 제시하고 있는 법은 〈국민기초생활보장법〉을 위시하여, 아동, 노인, 장애인, 한부모가족, 영유아보육, 성매매방지 및 피해자보호, 정신건강증진 및 정신질환자 복지서비스지원, 성폭력방지 및 피해자보호, 입양, 일제하 일본군위안부 피해자에 대한 생활안정지원 및 기념사업, 사회복지공동모금회, 장애인 등의 편의증진보장, 가정폭력방지 및 피해자보호, 농어촌주민의 보건복지증진, 식품 등 기부활성화, 의료급여, 기초연금, 긴급복지지원, 다문화가족지원, 장애인연금, 장애인활동지원, 노숙인 등의 복지 및 자립지원, 보호관찰, 발달장애인 권리보장 및 지원, 청소년복지 지원 등에 관한 법률들과 그밖에 대통령령으로 정하는 법률 등이다. 따라서 이 법률들과 연관된 사회복지사업은 모두 사회복지사의 활동범위 안에 있다는 뜻이다. 또한 제2

조는 사회복지서비스에 대해서도 "국가·지방자치단체 및 민간부문의 도움을 필요로 하는 모든 국민에게 〈사회보장기본법〉 제3조 제4호에 따른 사회서비스 중 사회복지사업을 통한 서비스를 제공하여 삶의 질이 향상되도록 제도적으로 지원하는 것"이라고 정의한다.

이러한 법적 근거에 따라 사회복지사들은 주로 지역사회중심의 사회복지관에서 활동을 전개해왔다. 1987년부터 사회복지전문요원이 구청 및 동사무소에 배치됨에 따라 국가의 직·간접적인 매개체로서의 역할도 맡고 있다. 이들은 사회복지현장 최일선에서 생활보호대상자 조사, 선정 등의 공공부조와 노인, 장애인, 소년소녀가장, 편모, 부자가정 등에 대한 각종 사회복지서비스를 담당한다.

의료 및 정신의료분야에서의 사회복지실천은 사회복지분야에서도 전문성과 특수성을 띤 영역으로 부각되면서 병원을 중심으로 이루어져 왔다. 1997년부터는 〈정신보건법〉의 시행으로 정신보건사회복지사라는 공식적인 명칭이 만들어졌고, 지역사회중심의 정신보건센터와 사회복귀시설에서 많은 정신보건사회복지사가 전문성을 발휘해왔다. 2017년에는 〈정신보건법〉이 전면적으로 개정되면서 정신보건이 정신건강으로 거듭났다. 이에 따라서 정신건강사회복지사들이 지역사회에서 제공해야 하는 정신건강복지서비스 업무도 더 크게 확장될 전망이다. 이들은 그 외에도 아동, 노인, 장애인, 학교를 대상으로 전문성을 발휘하고 있다.

사회복지사는 이와 같은 영역 및 분야중심의 기관뿐 아니라 중앙정부 및 지방정부 등 정부기관에서도 전문적 능력을 발휘한다. 민간기관에서도 일하는데, 오늘날에는 대부분의 기업체에서 사회공헌팀을 구성하거나 사회공헌을 위한 별도의 법인을 설립하여 사회복지사를 채용하면서 사회복지사업을 지원하기 때문이다.

〈표 3-1〉은 각 분야별로 사회복지서비스를 제공하기 위한 시설과 관련법령을 정리해놓은 것이다. 이 표를 통해 전반적인 사회복지분야, 사회복지기관 및 시설, 사회복지서비스와 사회복지사업에 대한 전체적인 조망이 이루어질 수 있을 것이다.

〈표 3-1〉 분야별 사회복지서비스시설 및 관련법

분야	사회복지서비스시설	관련법
아동복지	아동양육시설, 아동일시보호시설, 아동보호치료시설, 공동생활가정, 자립지원시설, 아동상담소, 아동전용시설, 지역아동센터, 아동보호전문기관, 가정위탁지원센터, 학대피해아동쉼터	아동복지법
	어린이집	영유아보육법
	중앙입양원, 입양기관	입양특례법
청소년복지	청소년수련시설	청소년활동진흥법
	청소년쉼터, 청소년자립지원관, 청소년치료재활센터, 청소년회복지원센터, 청소년상담복지센터, 이주배경청소년지원센터	청소년복지지원법
	청소년보호 · 재활센터	청소년보호법
노인복지	· 노인주거복지시설(양로시설 / 노인공동생활가정 / 노인복지주택) · 노인의료복지시설(노인요양시설 / 노인요양공동생활가정) · 노인여가복지시설(노인복지관 / 경로당 / 노인교실) · 재가노인복지시설(방문요양시설 / 주야간보호시설 / 단기보호시설 / 방문목욕시설) · 노인보호전문기관 · 학대피해노인전용쉼터	노인복지법
	치매센터, 치매상담센터, 치매상담전화센터	치매관리법
장애인복지	· 장애인거주시설(장애유형별 거주시설 / 중증장애인거주시설 / 장애영유아거주시설 / 장애인단기거주시설 / 장애인공동생활가정)	장애인복지법

〈표 3-1〉 분야별 사회복지서비스시설 및 관련법 (계속)

장애인복지	· 장애인지역사회재활시설(장애인복지관 / 장애인주간보호시설 / 장애인체육시설 / 장애인수련시설 / 장애인생활이동지원센터 / 수화통역센터 / 점자도서관 / 장애인재활치료시설) · 장애인직업재활시설(장애인보호작업장 / 장애인근로작업장 / 직업적응훈련시설) · 장애인의료재활시설 · 피해장애인쉼터	장애인복지법
	특수교육지원센터, 특수교육기관, 장애학생지원센터	장애인 등에 대한 특수교육법
	지역장애아동지원센터	장애아동 복지지원법
	지역발달장애인지원센터	발달장애인 권리보장 및 지원에 관한 법률
여성 · 가족복지	모자가족복지시설, 부자가족복지시설, 미혼모가족복지시설, 일시지원복지시설, 한부모가족복지상담소	한부모가족 지원법
	다문화가족지원센터, 다문화가족 종합정보 전화센터	다문화가족 지원법
	성매매피해자를 위한 지원시설, 자활지원센터, 성매매피해상담소	성매매방지 및 피해자보호 등에 관한 법률
	성폭력피해상담소, 성폭력피해자 보호시설, 성폭력피해자통합지원센터	성폭력방지 및 피해자보호 등에 관한 법률
	긴급전화센터(여성1366), 가정폭력피해상담소, 가정폭력피해자 보호시설	가정폭력방지 및 피해자보호 등에 관한 법률
지역복지	사회복지관, 지역사회복지협의체, 사회복지전담공무원	사회복지사업법
	사회복지공동모금회	사회복지 공동모금회법
의료사회복지	종합병원, 병 · 의원, 보건소, 요양병원, 재활원 내 사회사업과(실)	의료법
정신보건 사회복지	정신건강복지센터, 정신건강증진시설(정신의료기관 / 국공립정신병원 / 정신요양시설 / 정신재활시설)	정신건강증진 및 정신질환자복지서비스 지원에 관한 법률
학교사회복지	초 · 중 · 고등학교, 사회복지관 연계	-
교정사회복지	(소년원 등 법무부산하)교정시설, 사회복지관 연계	-
기타	사회적 기업	사회적기업 육성법

제 2 부

통합적 실천

제 4장 임파워먼트모델
제 5장 사례관리모델
제 6장 통합적 관계론

제4장
임파워먼트모델

1. 등장배경

임파워먼트(*empowerment*)라는 용어는 사회적 환경에 관한 클라이언트의 통제력을 증가시키고자 하는 사회복지실천의 과정, 개입, 기술을 의미한다(Browne, 1995). 이 용어가 비교적 새로운 것이긴 하지만, 사실 클라이언트에게 권한을 부여하고자 하는 것은 사회복지의 오랜 전통이었다. 자선조직협회와 거주정착운동의 2궤도 접근을 통해 발전을 거듭한 사회복지는 전문사회복지(*specialist*) 접근과 일반사회복지(*generalist*) 접근의 양대축으로 발전해왔다. 특히 일반사회복지 발달의 근간이 된 거주정착운동은 임파워먼트모델의 토대가 됐다. 그러나 1차 대전 이후 문제해결 중심적이고 의료적인 모델이 주를 이루는 개별사회사업이 활성화되고 거주정착운동이 쇠퇴하며 임파워먼트접근은 점점 약화됐다.

1957년 펄만(Perlman)이 사회복지실천을 위한 모델로서 '문제해결과정'(*problem solving process*)을 제시해 일반사회복지모델(*generic practice model*)을 최초로 개념화함으로써 문제해결모델이 사회복지실천의 주류가 되었다. 문제해결모델은 사회복지사와 클라이언트에게 '문제해결을 위한 협상, 계획, 행동전략'을 제시함으로써 사회복지실천에서 오랫동안 많은 사회복지사들의 논리적, 실제적인 개입 준거틀로 활용되었다(Miley, et al., , 1995).

1970년대에는 일반체계이론과 생태학이론이 사회복지의 주요이론틀로 활용되면서 생태체계관점에 근거한 강점(*strength*) 지향 혹은 해결중심 접근(*solution-focused approach*)의 중요성이 대두되었고, 이는 체스탕(Chestang), 솔로몬(Solomon), 핀더허그(Pinderhughes) 등의 학자들에 의해 1970년대 중반에 임파워먼트모델로서 새롭게 나타나게 되었다(김동배·권중돈, 1998). 따라서 이 모델은 완전히 새로운 것이 아니라 일반사회복지에 오랫동안 내재되어 있던 강점중심 개입의 재부상이라고 할 수 있다.

임파워먼트모델은 클라이언트를 문제중심으로 보는 것이 아니라 강점중심으로 봄으로써 클라이언트의 잠재 역량(*potential competence*) 및 자원을 인정하고 클라이언트 내·외에 탄력성(*resiliency*)이 있음을 전제하여, 클라이언트가 자신의 삶을 통제할 수 있도록 권한 혹은 힘을 부여하고자 하는 것이다(Sheafor et al., 1988; Solomon, 1976). 이 모델에서 클라이언트와 사회복지사는 협력적 파트너십(*collaborative partnership*)을 기반으로 문제해결과정에 함께 참여한다.

임파워먼트접근은 다양한 인구집단에 효과적인 것으로 나타나고 있는데(Browne, 1995), 특히 에이즈 집단, 거주시설 이용자, 청소년 집단 등에 효과적인 것으로 나타난다(Haney, 1988; McDermott, 1989).

이 접근은 또한 여성들에게 매우 효과적인 전략으로 제시되기도 하며 재취업 여성, 인종차별 당하는 여성, 이혼 여성, 학대받는 여성 집단에 매우 유용한 것으로 나타났다(Browne, 1995, 재인용). 최근에는 노인, 장애인, 노숙자 등 다양한 인구층으로 그 적용의 범위를 더욱 확장하는 추세여서 사회복지실천에 매우 유용한 접근방법으로 활용되고 있다.

2. 이론적 기반

1) 생태체계관점

생태체계관점은 인간과 물리적・사회적 환경 사이의 상호교환을 개념적 기반으로 하는 여러 이론에서 공유되는 관점으로서(Germain, 1983; Germain & Gitterman, 1980) 인간행동에 대한 다양한 이론을 통합하고 있으며, 특히 생태학과 일반체계이론의 개념들을 통합하고 있다.

이 관점에서 인간과 환경은 서로 분리되어 있는 것이 아니라 지속적으로 상호교류(transaction)하는 하나의 체계다. 시포린(Siporin, 1980)은 이 관계를 인간과 물리적・사회적・문화적 환경의 상호작용(mutual reciprocity) 과정, 자원의 상호 보충적인 교환과정으로 이해해야 한다고 주장한다. 따라서 생태체계관점은 인간과 환경이 어떻게 서로 영향을 주고받는지를 보는 준거틀을 제공해준다(김동배・권중돈, 1998). 또한 이 관점은 상황적・환경적 맥락에서 클라이언트체계를 봄으로써 사정과 계획단계에 매우 유용하다.

(1) 인간관

생태체계관점에서 인간은 매우 복잡한 존재이다. 이 관점은 인간에 대한 낙관론적 시각을 가지고 있으며, 인간과 환경은 지속적인 상호작용과 상호교환을 통하여 서로에게 영향을 미치고 서로를 형성하며 상호적응하는 호혜적 관계를 유지한다고 본다(김동배·권중돈, 1998). 따라서 생태학적 관점은 '환경속의 인간'(person-in-environment)이라는 전체적 인간관을 가진다.

(2) 행동 및 부적응에 대한 관점

생태체계관점에서 현재의 행동은 인간과 환경 모두의 상호이익(mutual benefits)을 추구하는 과정에서 나타나는 것으로 본다. 즉, 모든 개인과 사회체계는 자원과 욕구 간 상호이익을 달성할 수 있는 균형점에서 동기가 유발되어 행동이라는 실체로 구체화된다. 저메인(Germain, 1979)은 인간이 환경과의 적응적인 조화를 이루고자 하는 활동적인 노력을 'goodness-of-fit'이라고 부른다. 즉, 모든 인간행동은 내적 욕구와 환경적 욕구 사이의 조화를 찾기 위한 적응과정이므로 어떤 행동도 부적응적 행동으로 규정되지 않는다. 따라서 생태체계관점에서 부적응이란 존재하지 않는다. 부적응적 결과 혹은 수용되기 어려운 행동이 나타난다고 하더라도, 적어도 그 환경 안에서는 적응적인 것이다. 모든 행동은 그 상황 안에서는 의미가 있는 것이다.

생태학적 관점에서는 '문제'를 환경적 자원의 유무와 관련된 것으로 보기 때문에 부적응적 행동은 환경 안에서의 체계와 자원 조정을 통하여 변화될 수 있다. 이에 이 관점에서는 클라이언트의 부적응에 대해 낙인을 찍거나 비난하지 않으며, 문제행동은 물리적 · 사회적 환경과 클라이언트간의 상호작용의 산물이기 때문에 변화 가능한 것으로 간주한다(Miley et al. , 1995).

(3) 변화에 대한 관점

생태체계관점은 변화에 매우 개방적이다. 클라이언트의 문제행동이 환경과의 상호작용, 특히 클라이언트의 내적 욕구와 환경적 자원 간의 불일치에서 비롯되므로 변화를 위한 다양한 가능성이 존재하는 것으로 본다. 따라서 클라이언트가 가진 어떠한 문제도 클라이언트 개인만의 책임이 아니라 클라이언트를 둘러싼 환경과의 상호작용 산물이다.

예를 들어 중증의 장애아동에 대한 보호부담으로 소진(burn-out)과 우울증을 호소하는 클라이언트(장애아동의 어머니)가 있다고 하자. 이 경우 생태체계관점은 클라이언트 개인의 정신건강 등을 위한 상담서비스 이외에도 클라이언트를 둘러싼 환경 안에서 아동의 보호부담을 경감할 수 있는 다양한 자원체계, 즉 탁아서비스, 활동지원인 등과 연결을 시도할 수 있다. 그러나 사회복지사는 모든 체계에 동시에 개입할 필요는 없으며 인간체계 혹은 환경의 어느 일부분에 대한 개입이나 변화의 시작이 다른 부분의 상호교류에 영향을 미쳐 전체 체계의 변화를 초래할 수 있다. 이 경우, 관련된 모든 체계는 변화의 객체 혹은 주체로서 기능한다.

이는 사회복지사가 클라이언트 개인의 체계에 국한하여 문제를 보지 않고 더 큰 체계와의 역동적 상호작용에 관한 충분한 이해를 통해 거시적 맥락에서 문제를 사정하고 개입틀을 제시해야 함을 의미한다. 따라서 생태체계관점을 가진 사회복지사에게는 모든 수준의 사회적 체계가 클라이언트일 수 있고, 이들 체계수준은 클라이언트체계의 변화라는 목표달성을 위해 모두 선택될 수 있다. 그러므로 생태체계관점을 가진 사회복지사는 클라이언트의 병리보다는 강점에 초점을 두고 클라이언트와 파트너십을 형성해 개인과 환경 간의 상호작용에 개입함으로써 변화를 위한 가능성을 확대하고자 한다.

(4) 사회체계에 대한 이해

생태체계관점에서는 다양한 체계수준에서 이뤄지는 개인들과의 관련성을 강조한다. 이를 브론펜브레너(Bronfenbrenner, 1979)는 생태학적 환경이라고 규정하고, 이러한 체계들 사이에는 위계질서가 존재한다고 보았다. 이때 각각의 체계는 경계가 있으며, 자율성을 가지고 다른 체계와 긴밀한 상호작용을 한다. 사회체계는 다음의 4체계로 구성된다.

미시체계(*microsystem*)는 가족과 같은 직접적인 환경 내에서의 활동, 역할 그리고 대인관계유형을 말한다. 중간체계(*mesosystem*)는 학교 및 가족, 이웃, 종교단체처럼 개인과 긴밀하게 직접 상호작용하는 두 가지 이상의 환경 사이에서 일어나는 과정과 관련성을 의미한다. 외적 체계(*exosystem*)는 외부환경이 영향을 미치는 과정 및 관련성으로, 예를 들어 '부모의 직장'과 같이 개인과 직접 상호작용을 하지는 않지만 개인의 생활에 간접적 영향을 미치는 체계이다. 거시체계(*macrosystem*)는 사회제도, 문화, 환경과 같은 더욱 광범위한 사회적 맥락을 의미한다.

생태체계관점에서는 클라이언트 개인을 도울 경우라도 위에서 제시된 4체계 내부 및 체계들 간의 관계의 질을 고려하지 않고는 클라이언

〈그림 4-1〉 사회복지사와 클라이언트 관계의 생태체계

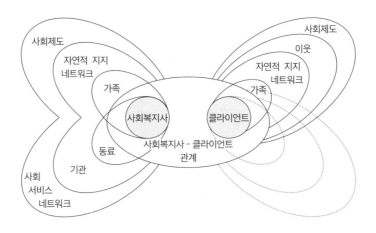

출처: Miley et al.(1995), *Generalist Social Work Practice: An Empowering Approach.*

트를 완전히 이해할 수 없다고 본다. 따라서 개인의 생활공간에서 사회적 관계망을 중요한 변인으로 보고, 클라이언트의 모든 행동을 개인, 가족, 집단, 조직, 지역사회, 문화체계 등의 다차원에서 이해하여야 한다(김동배·권중돈, 1998, 재인용).

구체적으로 사회복지사와 클라이언트는 〈그림 4-1〉과 같이 지역사회의 다양한 체계와 상호작용한다. 이때 사회복지사는 클라이언트를 둘러싼 생태체계의 특성을 이해하고 클라이언트와 사회복지사 간의 관계를 활용함으로써 클라이언트와 함께 생태체계 재구성 작업을 해야 한다. 〈그림 4-1〉을 보면 사회복지사는 클라이언트에 비해 동료, 기관, 사회서비스망 등 더 많은 생태체계를 가지고 있다. 클라이언트에게 부족하거나 아직 미완인 생태체계를 완성해가도록 돕는 작업이 필요한 것이다. 이를 통해 클라이언트가 지역사회의 다양한 체계와 연결되도록 하는 것이 중요하다.

(5) 생태체계: 사회복지실천을 위한 준거틀

생태체계관점은 인간의 다양성과 환경 사이의 관계를 이해하는 개념적 준거틀을 제시할 뿐 아니라 구체적 방법을 제공한다. 이 관점은 사회복지실천에서 사회복지사가 임파워먼트적(*empowering*) 관계를 형성하고 클라이언트체계의 자원을 발견하며, 클라이언트체계의 역량을 강화하는 개념적 도구로 활용된다. 특히 〈표 4-1〉에서 제시하는 준거틀은 임파워먼트모델의 제2단계인 발견단계에서 자원을 탐색하고 조정하는 데 유용한 틀을 제공해준다.

생태체계관점은 사회복지실천과정에서 개입의 중요한 준거틀이 될 뿐 아니라 클라이언트의 현재 상황을 체계적, 전체적 시각에서 사정하는 효율적인 사정도구의 역할을 한다. 이러한 체계의 사정은 주로 사회적 관계망 분석, 가계도, 생태체계도 등을 활용하여 이뤄진다.

〈표 4-1〉 생태체계 개입틀

질문	정의
초점체계 확인하기	생태체계 분석이 초점을 두는 체계 확인하기. 이때 체계는 클라이언트체계 자체 혹은 클라이언트의 내·외적인 체계 모두 가능하다.
체계내부 확인하기	초점체계 내의 구조, 상호작용, 생심리사회적(bio-psychosocial) 차원, 문화적 특징 탐색하기.
체계외부 확인하기	초점체계의 환경적 맥락 안에서 자원 파악하기.
체계내외부의 연계 확인하기	초점체계와 환경적 자원체계 간의 관계 검토하기.
시간에 따른 체계의 이동 확인하기	초점체계의 발달과정변화 관찰하기.

출처: O'Melia(1991), *Generalist Perspective in Case Coordination*.

2) 강점관점

(1) 정의

강점관점(*Strength perspective*)은 클라이언트의 강점을 강화시키는 과정이 클라이언트의 역량을 향상시켜 가장 신속하게 클라이언트에게 권한을 부여할 수 있는 전략이라고 본다. 이 관점에서는 문제에 대한 관심보다는 해결점을 발견하고 강점을 강화시키는 데 주요초점이 있다. 따라서 강점관점이란 클라이언트를 독특한 존재로 인정하고 다양성을 존중하면서 클라이언트의 결점보다는 강점에 초점을 두고 가능한 모든 자원을 활용하여 클라이언트의 역량을 실현해 가도록 돕는 것이다.

윅(Weick, 1992)은 모든 사람에게는 자연적 힘이 있어서 사회복지사가 이 잠재력을 지지하면 긍정적 성장을 위한 가능성이 강화된다고 보았다. 말루치오(Maluccio, 1981)도 윅의 견해와 맥을 같이하여 인간을 잠재력과 자기실현을 지향하는 존재로서 본다. 이러한 인본주의적 관점은 사회복지사가 인간이 가진 잠재적 자원, 강점, 창조성과 같은 다중 잠재력(*multipotentiality*)을 인정하도록 한다(Miley et al., 1995:11; Thrasher & Mowbray, 1995:99).

강점관점은 인간의 존엄성과 사회정의(*social justice*)라는 사회복지의 기본가치와 맥을 같이하는데, 이러한 맥락에서 샐리비(Saleebey, 1992)는 강점관점이 사회복지의 전문적 가치를 실천하는 데 필수적이라고 보았다. 이는 인간의 존엄성, 가치, 자기결정을 증진시키고자 하는 사회복지의 가치가 클라이언트의 내재된 잠재력, 능력, 강점을 인지하여 이를 실현할 수 있도록 하고자 하는 강점관점의 가치와 일치하기 때문이다. 이러한 관점을 지향하는 사회복지사는 다음과 같은 가정을 갖는 다(Miley et al., 1995:63).

① 인간은 성장과 변화를 위한 잠재능력을 가지고 있다.
② 클라이언트체계는 변화를 이끌어내는 자원과 역량을 이미 가지고 있다고 인정한다.
③ 새로운 자원을 구축하기 위해서는 현재의 강점을 기반으로 상호작용과 협력을 해야 한다.
④ 긍정적 변화는 미래에 대한 희망과 가능성을 기반으로 한다.
⑤ 클라이언트체계는 자신의 상황을 가장 잘 알고, 선택이 주어진다면 자신의 상황을 해결하는 데 가장 적절한 해결을 할 수 있다고 확신한다.
⑥ 체계의 결점보다는 체계 사이의 상호교류 안에서 관심이 되는 이슈와 도전을 중시한다.

(2) 강점관점 대 병리관점

병리(*pathology*) 관점에서 강점(*strength*) 관점으로의 변화는 몇 가지 핵심적인 변화양상으로 나타난다. 즉, 문제로부터 도전으로, 병리로부터 강점으로, 과거로부터 미래를 지향하는 것으로 변화한다. 병리관점에서 문제는 강점관점에서는 변화를 위한 하나의 도전(*challenge*)으로 간주되며, 병리관점이 과거지향이라고 한다면, 강점관점은 현재(*here & now*)를 기반으로 한 미래지향이다. 이러한 변화양상을 구체적으로 살펴보면 다음과 같다.

① 문제에서 도전으로의 변화

사회복지실천과정에서 '문제'는 펄만 이후 오랫동안 중요한 위치를 차지하여, 사회복지 개입의 초점은 제시된 문제를 정확히 사정하고 해결하는 것이었다. 그러나 문제는 인간으로 하여금 수치, 비난, 죄의식과 같은 부정적 감정을 갖게 한다. 따라서 문제를 강조하는 것은 문제를 더욱 심화시키는 결과를 초래하여 클라이언트에게 권한을 부여하지 못하는 한계를 갖는다.

이러한 맥락에서 샐리비(Saleebey, 1992)는 강점을 지향하는 사회복지사는 손상모델(*damage model*)로부터 도전모델(*challenge model*)로 관점을 전환해야 함을 제시한다. 즉, 사회복지사가 클라이언트의 문제를 도전, 전환점, 성장을 위한 기회로 간주할 때 클라이언트의 문제를 바라보는 시각도 의미 있게 된다는 것이다. 문제를 하나의 도전으로 재개념화하는 것은 사회복지개입의 새로운 방법을 제시하는 중요한 사고의 전환이다.

② 병리관점에서 강점관점으로의 변화

강점에 초점을 둔다는 것은 클라이언트가 가져오는 어려움을 무시한다는 것이 아니다. 여기에서의 초점은 문제가 돕는 과정의 일부인가 아닌가가 아니다. 단지 사회복지사가 병리적인 부분에 초점을 두다 보면 문제 중심의 부정적인 준거틀을 갖게 되어 사회복지사와 클라이언트 모두의 강점을 발견하지 못할 것이라고 보는 것이다. 이러한 부정적인 준거틀은 결국 '병리적인 요소를 가진 사람' 혹은 '클라이언트'로부터 '병리적인 사람' 혹은 '환자'로 개념을 이동시킨다. 또한 병리관점은 클라이

〈표 4-2〉 병리중심 관점과 강점중심 관점의 비교

병리(pathology)중심	강점(strength)중심
개인을 '사례', 즉 진단에 따른 증상을 가진 자로 규정한다.	개인을 독특한 존재, 즉 강점 및 기질, 재능, 자원을 가진 자로 규정한다.
치료의 초점이 문제에 있다.	치료의 초점이 가능성에 있다.
클라이언트의 진술은 전문가에 의하여 재해석되어 진단에 활용된다.	클라이언트의 진술은 그 사람을 알아가고 평가하는 중요한 방법 중 하나이다.
사회복지사는 클라이언트의 진술에 대하여 회의적이다.	사회복지사는 클라이언트의 진술을 인정한다.
어린 시절 상처는 성인기의 병리를 예측할 수 있는 전조이다.	어린 시절의 상처는 개인을 약하게 할 수도 있고 강하게 할 수도 있다.
치료의 핵심은 실무자에 의해 고안된 치료 계획이다.	치료의 핵심은 개인, 가족, 지역사회의 참여이다.
사회복지사는 클라이언트 삶의 전문가이다.	개인, 가족, 지역사회가 클라이언트 삶의 전문가이다.
개인적 발전은 병리에 의해 제한된다.	개인적 발전은 항상 개방되어 있다.
변화를 위한 자원은 전문가의 지식과 기술이다.	변화를 위한 자원은 개인, 가족, 지역사회의 장점, 능력, 적응기술이다.
돕는 목적은 행동, 감정, 사고, 관계의 부정적인 개인적·사회적 결과와 증상의 영향을 감소하는 것이다.	돕는 목적은 그 사람의 삶에 함께하며 가치를 확고히 하는 것이다.

출처: Saleebey(1996), pp.296~306.

언트체계를 비도덕적인 존재로 낙인하며 희생자로 본다. 따라서 사회복지사가 강점관점을 지향하면 병리학에 초점을 둔 접근에 내포된 함정을 피할 수 있다.

③ 과거로부터 미래지향으로의 변화

병리관점에서 강점관점으로의 변화는 과거로부터 미래에 대한 방향으로 사회복지실천의 시각을 변화시킨다. 병리관점의 의료적 모델은 왜, 언제, 어떻게 클라이언트체계가 잘못되었는지 조사하기 위해서 과거에 대한 탐색을 필요로 한다. 그러나 강점 중심의 접근은 현재 시점에서 클라이언트체계가 가지고 있는 자원을 발견하고자 한다. '과거에 무엇이 있었는가'에서 '이제부터 무엇을 할 수 있는가' 혹은 '어떠한 대안이 가능한가'로 사고가 전환된다는 것은 사회복지실천 전 과정이 변화함을 의미한다.

과거만을 들여다보는 사회복지사는 현재 일어나고 있는 것들을 놓치기 쉽다. 그러나 미래를 바라보게 되면 현재 사회복지사와 클라이언트가 가지고 있는 것, 배워 온 것과 함께, 도전을 극복하기 위한 다른 대안이 더 있는지, 현재 가지고 있는 강점은 무엇이며 부족한 자원은 무엇인지에 관해 검토하여 통합하는 기회를 갖게 된다. 샐리비(1996)는 이러한 병리중심 대 강점중심 관점의 차이를 〈표 4-2〉와 같이 구체적으로 제시하고 있다.

3. 주요개념

임파워먼트모델을 이해하기 위해서는 강점관점, 임파워먼트과정, 역량강화가 서로 분리된 것이 아니라 연속적인 일련의 과정으로서 상호 밀접한 연관성을 갖고 있음을 알아야 한다.

이들의 역동적 상호작용 관계 안에서 세 차원을 살펴볼 때, 강점관점은 임파워먼트과정을 활용하여 클라이언트의 역량을 강화시키고자 하는 사회복지사에게 중요한 준거틀이 된다. 이들의 관계를 도식화하면 〈그림 4-2〉과 같다.

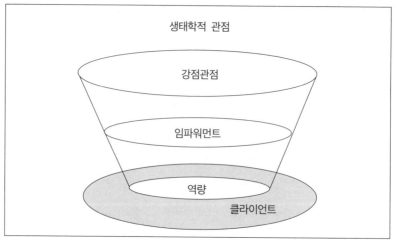

출처: 양옥경 · 김미옥(1999), "사회복지실천에서의 권한부여모델에 대한 고찰", 《사회복지》, 겨울호, p.160.

1) 임파워먼트

마크(Mark)는 강점관점을 실천하는 하나의 방법으로서 임파워먼트의 개념이 필요하다고 본다. 임파워먼트는 클라이언트의 상황을 환경 안에서 이해하며 자원과 강점을 찾고자 하는 것이다. 또한 클라이언트의 욕구를 고착된 문제보다는 하나의 도전으로 보며, 병리학적 진단기준에 의해서가 아니라 전인적인 관점에서 클라이언트를 바라보고자 한다. 따라서 클라이언트는 변화과정의 파트너이자 함께 계획하는 자이고, 사회복지사는 다양한 사회체계수준의 해결해야 할 이슈들을 가진 일반사회복지사(*generalist*)이다. 또한 임파워먼트에 기초한 실천에서는 결점에 대한 진단보다는 강점을 강조하며, 취약성(*vulnerability*)을 파악하기보다는 임파워먼트를 기반으로 탄력성(*resiliency*)을 높이며, 문제를 없애려고 하기보다는 해결책을 찾아내는 데 역점을 둔다(Miley et al, 1995).

(1) 정의

임파워먼트는 전통적인 힘(*power*) ― '통제력 소유 혹은 다른 사람에 대한 영향력', '법적 혹은 행정적 권위 및 능력', '물리적 힘' ― 에 대한 개념을 통해 정의될 수 있다(Webster's Ninth New Collegiate Dictionary, 1991:922, Browne, 1995에서 재인용). 전통적 모델에서 힘은 권리 및 자원기회의 분배를 결정하는 데에 있어서 통제력을 가지는 것을 의미한다. 따라서 임파워먼트는 다른 사람들에 대한 통제력, 권위, 영향력의 소유일 뿐만 아니라 스스로의 삶에 대한 통제력을 가지는 것이기도 하다(Browne, 1995). 현대사회에서 임파워먼트는 일반적인 용어로 사용되는데, 특히 개인의 자기확신(*self-assertion*), 변화가능성(*mobility*) 향상, 개인의 진전(*personal advancement*)과 같은 심리학적 경험 등을 강조한다(Bookman & Morgen, 1988). 이상의 정의들을 살펴볼 때 임파워먼트에 대한 전통적인 정의는 지배와 통제, 개인의 획득, 변화가능성 향상 등에 초점을 두고 있음을 알 수 있다.

한편, 사회복지실천에서의 임파워먼트는 전통적 관점과는 다소 차이가 있다. 사회복지실천에서는 기본적으로 세 가지 측면으로 임파워먼트를 정의한다. 즉, 개입 및 산출(*intervention & product*), 기술(*skill*), 과정(*process*)이 그것이다. 임파워먼트라는 용어는 1970년대에 대중화되어 하나의 사회복지실천 개입 및 전략으로 정의되기 시작하였다

(Solomon, 1976). 이러한 정의는 헤가와 훈즈커(Hegar & Hunzeker, 1988), 맥더모트(McDermott, 1989)에 의해 지지되어, 임파워먼트는 억압당한 인구집단에 효율적이고 전통적일 뿐 아니라 창조적인 하나의 사회복지개입 및 전략으로서 간주되었다. 한편 임파워먼트는 사회복지 사에게 중요한 기술 중 하나로 정의되기도 한다(Mandell & Schram, 1985). 또 다른 정의는 임파워먼트를 산출이나 기술이 아니라 클라이언 트를 돕는 하나의 과정으로 보는 것이다(Gutierrez, 1990). 이러한 정의 는 임파워먼트를 하나의 과정으로 보기 때문에 개인의 임파워먼트를 통 해 집단의 권한이 강화된다고 본다. 이러한 다양한 정의를 종합해보면 임파워먼트는 클라이언트를 돕기 위한 하나의 개입전략, 기술, 과정으 로 정의할 수 있다.

(2) 차원

임파워먼트는 개인, 대인관계, 구조적 차원 등 모든 사회체계수준에 적용 가능하다. 이러한 세 차원은 서로 복잡하게 얽혀 있어서 한 영역 에서 자원이 발견되면, 다른 영역의 자원개발에도 영향을 준다(Miley et al., 1995).

클라이언트에게 권한을 부여(*empowering*)하고자 하는 사회복지사는 개인, 대인관계, 정치·사회적 자원들을 고려하고 접근할 수 있어야 한다. 이는 클라이언트의 기능수준이 낮은 것이 아니라 단지 클라이언 트체계에 자원이 없을 뿐이라고 보는 입장이다. 따라서 클라이언트의 낮은 기능수준은 자원 부족, 자원에 대한 정보의 부족, 사회구조의 문 제에 불과하다고 인식한다.

① 개인차원

개인차원의 임파워먼트는 개인의 역량, 지배감, 강점, 변화능력을 포함한다. 개인차원의 임파워먼트는 인성, 인지, 동기에서의 자신의 삶에 대한 통제감이며 그 자체가 자기가치에 대한 생각이나 느낌의 수준, 자신을 둘러싼 외부세계와 차별화할 수 있는 수준, 더욱 영적인 것을 추구하게 하는 수준까지도 나타난다(Rappaport, 1985).

② 대인관계차원

대인관계차원의 임파워먼트란 한마디로 다른 사람에 관한 영향력이다. 즉, 대인관계에서 어느 일방에 의해 주거나 혹은 받기만 하는 것이 아니라 상호교환하는 평형관계의 형성을 의미한다. 따라서 대인관계차원에서 임파워먼트를 하는 것은 다른 사람과의 관계에서 효율적인 상호작용을 한다는 것이다.

③ 구조적 차원

구조적 차원에서의 임파워먼트는 사회구조와의 관계를 의미하는데, 사람들은 자기자신을 변화시킴으로써 힘을 얻기도 하지만 정치적·사회적 상황과 같은 사회구조를 바꿈으로써 더욱 힘을 얻고 새로운 기회를 창출할 수 있다. 사회적 수준에서 자원의 창출은 그 사회의 모든 개인에게 힘을 부여한다.

2) 협력과 파트너십

사회복지사와 클라이언트 사이의 협력 관계 확립은 임파워먼트과정의 가장 중요한 특징이다. 클라이언트와 힘(*power*)을 공유하는 사회복지사는 클라이언트가 스스로 자신의 힘에 접근할 수 있도록 도와준다. 전문적 관계 안에서 협력은 그 자체가 힘의 새로운 자원이다(O'Melia, 2014).

임파워먼트모델의 전문적 관계에서 사회복지사는 클라이언트를 존중하고 잠재력을 믿어주며, 클라이언트는 강점, 힘, 역량의 감정을 갖게 된다. 이 과정에서 사회복지사와 클라이언트는 힘(*power*)과 특권(*privilege*)을 공유하게 되며, 환경적 자원과 긴밀한 상호교류를 할 수 있다.

(1) 전문적 관계에 대한 시각: 협력과 파트너십

전통적으로 전문적 관계란 예측, 통찰, 지식, 활동계획을 가진 우월한 사회복지사가 통찰, 지식, 행동계획이 부족한 의존적인 클라이언트를 돕는 것이었다. 따라서 사회복지사는 치료자이고 클라이언트는 서비스의 수동적 수혜자로서 기능하였다. 이러한 불평등한 전문적 관계는 임파워먼트와는 다르다.

임파워먼트모델에서 클라이언트는 경험과 역량을 가진 원조과정의 파트너이다. 클라이언트를 돕는 과정의 파트너로 보는 관점은 클라이언트를 특징과 잠재력을 가진 인간 및 자원으로 인식하여 클라이언트의 참여를 중시하고 변화노력의 전 과정에서 클라이언트의 자기결정권을

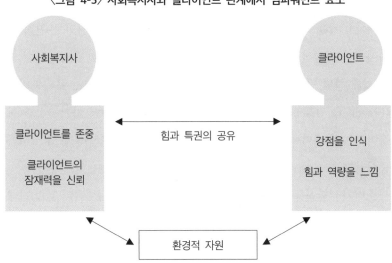

〈그림 4-3〉 사회복지사와 클라이언트 관계에서 임파워먼트 요소

출처: O'Melia(2014:93), *Generalist Social work practice: An empowering Approach*(7ed.).

강조한다. 즉, 클라이언트는 전문가적인 파트너로서 변화과정에 능동적으로 참여하며, 자신이 처한 환경과 자신의 능력을 가장 잘 아는 사람으로 간주된다. 이는 사회복지사와 클라이언트 간의 상호협력적인 파트너십을 갖게 한다. 이러한 협력의 장점은 클라이언트와 전문가가 서로의 자원을 상호협력하여 활용하기 때문에 문제해결을 위한 자원의 범위가 넓어진다는 것이다. 또한 파트너십을 근거로 한 상호책임에 바탕을 두기 때문에 변화책임에 대한 전문가의 부담을 약화시킨다.

(2) 클라이언트에 대한 시각: 소비자

클라이언트와 사회복지사의 전문적 관계를 위계적 관계로 규정하지 않고 파트너로서 상호협력적 관계로 규정하는 것은 사회복지의 오랜 가치인 자기결정권에 대한 신념의 실천이기도 하다(Sullivan, 1992; Tower, 1994:191; NASW, 1993:1). 자기결정권 보장은 사회복지의 본질적 가치이지만 현실적으로 시간, 예산, 인력, 업무량 등의 한계로 인하여 가장 쉽게 침범 당할 수 있는 영역이기도 하다(Tower, 1994). 프리드버그(Freedberg, 1989)는 사회복지사가 매일의 일상 속에서 자기결정권 보장이라는 딜레마에 부딪힌다고 한다. 이에 대한 해결책이 바로 소비자중심접근(consumer-centered approach)이다(Tower, 1994, 재인용).

소비자권리운동은 새로운 현상이 아니다. 이 운동은 이미 1960년대와 1970년대에 시작되었고, 케네디 대통령은 1962년에 모든 소비자들이 가져야 하는 네 가지 권리를 제시하였다. 즉, 안전의 권리, 알 권리, 선택의 권리, 경청의 권리가 그것이다. 이러한 기본적인 원칙들이 1980년대에 와서 재강조되고, 1990년대에는 전문가의 우월한 지위에 대한 새로운 하나의 도전으로서 부각되기 시작하였다. 이러한 도전은 자기결정권을 강조하는 서비스 전달의 새로운 소비자 모델(consumer-based model)을 낳는 계기가 되었다(Tower, 1994:191~196).

클라이언트를 소비자로 보는 개념을 가장 잘 반영하는 것이 바로 임파워먼트 접근이다. 이는 임파워먼트접근이 클라이언트와 사회복지사의 관계를 협력과 파트너십을 강조한 수평적 파트너로 보기 때문이다. 즉, 클라이언트를 개입의 객체가 아니라 주체로 보기 때문에 자기결정권을 가장 잘 보호하고 반영할 수 있는 것이다.

결과적으로 임파워먼트모델은 클라이언트에 대한 시각을 변화시킨다. 즉, 클라이언트는 기존의 수혜자, 환자, 도움을 받는 사람이라는 낙인을 벗고 소비자라는 개념으로 전환된다(Miley et al., 1995). '소비자'란 용어는 사회복지사와 클라이언트체계의 파트너십에서 클라이언트의 자기결정권 보호와 활동적인 역할을 강조하는 것이다(Gummer, 1983). 클라이언트를 소비자로 보는 것은 이들이 시민의 권리로서 혹은 구매자로서 혹은 공적, 사적 조직으로부터 그들이 필요로 하는 것에 대한 정보를 구하고, 선택을 하고 계약을 하는 사람으로 기대되어지는 것이다. 구머(Gummer)는 소비자주의(consumerism)란 서비스의 수혜자와 제공자 사이에 힘과 통제의 균형을 유지하는 전략으로서 사회복지제도를 법제화하고 활성화시키는 방법을 제공한다고 본다. 따라서 소비자라는 개념은 서비스를 구하는 개인이나 사회체계가 권리와 책임을 동시에 가진다는 의미를 반영한다. 이러한 맥락에서 본다면, 오늘날 클라이언트라는 용어는 전문적 관계를 반영하는 것으로서, 적극적인 참여와 권리를 가진 사회적 서비스의 소비자로서 개인차원을 넘어서 다중체계를 가진 사람을 의미하는 것으로 볼 수 있다(Miley et al., 1995).

인간서비스체계에서 소비자주의의 기본원리는 특정한 생활경험(예를 들어 노인, 장애, 정신장애 등)으로 인해 특별한 욕구를 가진 개인이 전문가보다 자신의 욕구와 관심에 대해 더 잘 알고 있다는 가정에 근거한다. 개인이 자신을 환자, 서비스 수혜자, 도움을 받는 사람에서 소비자로 재규정할 때에 자신의 삶에 대한 통제력은 증가하게 된다.

(3) 역량

역량(competence)이란 인간체계의 구성원을 돌보는 기능을 수행할 수 있으며, 다른 체계와 효율적으로 상호작용하고, 사회적·물리적 환경의 자원체계에 기여할 수 있는 능력을 말한다. 즉, 역량은 주위환경과 상호작용하기 위해 체계가 소유하고 있는 지식과 기술의 질(*quality*)로서 정의할 수 있다. 역량은 개인 특성, 대인상호관계, 사회적, 물리적 환경에서 비롯되는데, 이러한 세 차원이 잘 기능할수록 각 개인의 환경에 대처할 수 있는 역량은 향상된다(Miley et al., 1995).

임파워먼트모델에 기초한 사회복지사는 개인의 문제를 클라이언트 체계의 결점으로 보기보다는 개인적 역량과 환경적 요구 사이의 불일치로 인하여 발생한다고 본다. 즉, 자원에 대한 정확한 사정과 활용이 매우 중요하며, 자원과 기회로의 접근 증가, 강점 확장, 역량 강조 자체가 임파워먼트가 된다. 따라서 임파워먼트는 우리의 삶 속에서 역동적으로 발생하는 것이다. 이러한 모든 과정은 사회복지사와 클라이언트 간의 파트너십을 형성하여 협력을 통해 이뤄져야 하며, 클라이언트의 역량이 강화되어 일상생활에서의 대처기술 향상으로 연결되어야 한다.

4. 임파워먼트모델 실천[1]

1) 임파워먼트모델의 목적과 개입원칙

임파워먼트접근은 문제해결과정에서 강점을 부각한 것이다. 문제해결 과정처럼 임파워먼트접근도 현재 상황에 대한 포괄적 이해, 개입활동

---

1) 다음에 제시된 개입과정에 대한 부분은 마일리 등(Miley et al., 1995)의 책을 주로 참고·요약한 것이다.

〈표 4-3〉 문제해결과정과 임파워먼트과정의 비교

문제해결과정	임파워먼트과정		설명
-	대화 단계	함께 작업하기 위한 준비	돕는 과정에 영향을 주는 클라이언트와 실천가의 준거틀 가정하기.
관여		파트너십 형성	사회복지사와 클라이언트체계 사이의 파트너십 형성하기.
문제의 구체화		도전 탐색	클라이언트 관점에서 도전 탐색하기.
		강점 구체화	변화에 영향을 주는 강점 구별하기.
		방향설정	초기목적의 명확화 및 즉각적인 행동이 필요한 위기상황 설정하기.
사정	발견 단계	자원체계 탐색	개인, 가족, 집단, 조직, 지역사회, 사회, 정치체계 등 잠재적 자원사정하기.
분석		자원능력 분석	수집된 정보의 의미를 분석하고 자원체계의 잠재력 분석하기.
목표설정 및 계획		해결점 형성	결과목적 확인과 해결을 위한 가능한 계획 형성하기.
실행	발달 단계	자원활성화	개인, 대인관계, 가족, 이웃, 지역사회에 근거한 제도적 자원체계 이동시키기.
-		기회확대	기회구조 확장을 위하여 새로운 자원 만들기.
평가		성공인정	결과목적의 성공 측정하기 및 과정의 효과성 평가하기.
종결		달성통합	과정 종결하기.

출처: Miley et al.(1995), *Generalist Social Work Practice: An Empowering Approach*, p.89, 재인용.

을 안내하는 실제적 행동계획, 변화전략에 대한 지속적 평가의 중요성을 인정한다. 또한 문제해결과정과 같이 임파워먼트실천에서 사회복지사는 관계확립, 목적정의, 상황사정, 계획 및 변화를 위해 지원한다. 그러나 임파워먼트접근은 사회복지과정의 초점을 문제로부터 이동시켜 클라이언트의 강점, 환경의 자원, 기대되는 해결방안으로 대체시킨다. 즉, 전통적 문제해결과정과는 달리 임파워먼트접근은 문제에 초점이 있는 것이 아니라 클라이언트의 강점과 환경적 자원에 초점을 두고 클라이언트의 역량을 향상시키기 위한 해결중심의 접근을 하는 것이다. 따라서 이러한 접근을 하는 실천가는 클라이언트의 약점보다는 강점을 강조하게 되며, 전문가적 전문성보다는 협력적인 파트너십과 해결지향적 접근을 하게 된다. 변화과정의 협력적인 파트너로서 클라이언트와 함께 일하게 되는 것이다. 임파워먼트과정을 전통적인 문제해결과정과 비교하면 〈표 4-3〉과 같다.

2) 개입과정

임파워먼트접근은 임상실제에서 세 단계 — 대화, 발견, 발달 — 로 구성된다. 첫 번째 단계인 대화단계에서 사회복지사는 대화를 통해 클라이언트의 현재 상황, 주요욕구, 강점을 파악해야 한다. 이 단계에서 사회복지사는 클라이언트와 협력적 파트너십 관계를 형성해야 하며 관계의 목적을 명확화해야 한다. 두 번째 단계인 발견단계에서는 클라이언트가 보유하고 있는 자원에 대한 정확한 사정을 통하여 바람직한 결과를 위한 계획을 수립해야 한다. 이 단계에서 강점과 해결방안이 구체화되어야 세 번째 단계인 발달단계에서의 구체적 개입활동이 나타날 수 있다. 임파워먼트과정에서 각 단계의 활동, 전략, 과업을 간단히 살펴보면 〈표 4-4〉와 같다.

(1) 대화단계: 임파워먼트 관계 발전시키기

대화단계(*The Dialogue Phase*)를 통해 사회복지사와 클라이언트는 상호협력적 관계를 시작하고 유지할 수 있다. 사회복지사와의 대화를 통해

〈표 4-4〉 임파워먼트과정의 단계

단계	활동	전략	과업
관여(engagement)로서의 대화(dialogue)	공유하기 (sharing)	클라이언트가 기존에 가지고 있는 역량 및 자원 구체화	1. 상호협력적인 관계 확립 2. 기존지식 명확화 　- 클라이언트의 인지(도전과 강점) 　- 사회복지사의 인지 3. 클라이언트가 이미 가지고 있는 것 4. 초기방향 설정 5. 관계를 위한 계약하기 및 사정에 동의하기
사정(assessment)으로서의 발견(discovery)	찾기 (searching)	클라이언트가 모르고 있는 자원 탐색	1. 쉽게 드러나지 않지만 클라이언트가 이미 가지고 있는 것 확인하기 2. 부가적인 정보와 사실에 대한 경험과 사고 연결하기 3. 감정을 사정, 확인, 표현하기 4. 대인 상호적인 정보 연결하기 　- 클라이언트체계로부터 　- 다른 사람으로부터 5. 자원체계 탐색하기 6. 그밖에 클라이언트체계의 욕구 결정하기 (목표설정) 7. 해결로 이끌어주는 계획개발하기 8. 변화를 위한 계약하기
개입(intervention)과 평가(evaluation)로서의 발달(development)	강화하기 (strengthening)	클라이언트의 체계가 아직 활용하지 않은 부가적 자원, 역량사정 및 확립	1. 클라이언트 욕구 구체화하기 2. 클라이언트가 사용하지 않으나 존재하는 자원 사정하기 　- 개인적 　- 대인상호관계적 　- 조직적 　- 지역사회 · 사회적 3. 새로운 자원과 기회 만들기 4. 결론을 위한 계약으로 이끌어가기

출처: Miley et al.(1995), *Generalist Social Work Practice: An Empowering Approach*, p.88, 재인용.

클라이언트는 자신이 처한 상황에 대해 스스로 어떻게 생각하고 있는지를 보여주며, 이를 통해 사회복지사는 클라이언트의 강점을 파악한다. 이러한 정보의 공유는 초기의 방향 및 관계가 지향해야 하는 목적을 정해준다. 대화단계에서 실천가와 클라이언트는 상호 협력하여 다음과 같은 과업을 달성해야 한다.

① 수용, 존중, 신뢰에 근거한 파트너십 형성하기
② 각자의 역할 정하기
③ 클라이언트 스스로 상황에 대한 인지(perception) 명확히 하기
④ 쉽게 활용할 수 있는 자원 확보하기
⑤ 클라이언트의 경험 구체적으로 묘사하기
⑥ 클라이언트 감정 구체화하기
⑦ 함께 작업하기 위한 목적 정하기

대화단계에서 사회복지사와 클라이언트는 어떠한 일이 일어났는지와 클라이언트가 바라는 상태에 대한 상호이해를 도모하기 위해 서로 이야기해야 한다. 이를 위한 구체적인 과정은 다음과 같다.

첫 번째, 함께 작업하기 위한 준비하기. 이 과정은 임파워먼트 분위기를 활성화하기 위한 생산적 준거틀을 만드는 과정이다.

두 번째, 파트너십 형성하기. 사회복지사와 클라이언트가 상호협력적 관계를 정의하고 개발한다.

세 번째, 도전 탐색하기. 여기에서의 도전이란 전통적 접근에서의 문제를 의미한다. 또한 도전을 탐색한다는 것은 클라이언트의 상황에 대하

여 클라이언트의 시각에서 이야기하는 과정이다.

네 번째, **강점 구체화하기**. 사회복지사는 바람직한 변화를 할 수 있는 클라이언트의 능력을 강조한다.

다섯 번째, **방향 정하기**. 클라이언트와 사회복지사는 초기목적을 설정하고 다음 단계를 준비한다.

(2) 발견단계: 사정, 분석, 계획하기

발견단계(*The Discovery Phase*)에서 클라이언트와 사회복지사는 해결점을 찾고자 자원이 있는 곳을 체계적으로 탐색한다. 이러한 자원들은 클라이언트의 생태체계 내에서 클라이언트체계의 내부 혹은 외부에서 발견할 수 있다. 상호 협력적으로 일하기 때문에 사회복지사와 클라이언트는 함께 수집한 정보를 분석하고 변화를 위한 전략을 개발한다.

구체적으로 이 단계에서는 다음과 같은 활동이 요구된다.

① 클라이언트의 사회적, 물리적 환경을 검토함으로써 그들의 도전에 대한 상호교류적 관점 확인하기
② 클라이언트와 관련된 정보 및 관련 자원 연결하기
③ 이용 가능한 자원체계의 능력 분석하기
④ 목적 설정 및 목표 구체화하기
⑤ 행동계획 구성하기
⑥ 변화를 위한 계약 협상하기

이 단계에서 사회복지사와 클라이언트는 '함께' 목표를 설정하고 변

화를 위한 개인적, 제도적 자원체계를 탐색한다. 과정은 다음과 같다.

첫 번째, 자원체계 탐색하기. 개인, 가족, 집단, 조직, 지역사회, 사회적, 정치적 체계 내에서 잠재적 자원을 사정한다.

두 번째, 자원능력 분석하기. 변화를 위한 표적과 자원을 구체화하기 위해서 수집된 정보를 조직하고 합성한다.

세 번째, 해결점 형성하기. 사회복지사와 클라이언트는 구체적인 목적에 동의하고 바람직한 결과를 달성하기 위한 계획을 개발한다.

(3) 발달단계: 실행 및 변화 안정화하기

발달단계(*The Development Phase*)에서 사회복지사와 클라이언트는 기존의 자원을 활성화하고 클라이언트의 목적을 달성하기 위해 새로운 대안을 형성한다. 발달단계의 모든 활동들은 클라이언트체계와 사회적·물리적 환경의 변화를 시작하게 하며 강화하고 안정시킨다.

사회복지사와 클라이언트는 '함께' 다음과 같은 활동을 해야 한다.

① 행동계획 작성하기
② 목표달성에 필수적인 자원사정하기
③ 부가적인 자원을 만들기 위하여 기회와 선택 강화하기
④ 지속적인 진전과 결과 평가하기
⑤ 목표 달성된 것을 구체화하고 일반화시키기
⑥ 전문적 관계를 종결하기

이 단계는 자원을 조직하고 확장하며 결과목적을 달성하고자 일하며

공식적인 개입과정을 종결한다. 이 단계에서의 과정은 다음과 같다.

첫 번째, 자원 활성화하기. 이미 가지고 있거나 접근 가능한 자원을 활용할 수 있는 방향을 모색한다.

두 번째, 기회 확대하기. 사회복지사와 클라이언트는 환경 내에서 현재는 없으나 꼭 필요한 새로운 자원을 형성한다.

세 번째, 성공 인정하기. 목적 달성의 측정, 과정의 효과성 평가, 함께 일한 것 등에 대해 서로 파트너로서 인정한다.

네 번째, 달성한 것 통합하기. 개입을 종결하며 지속적으로 클라이언트가 독립성을 유지할 수 있도록 클라이언트체계를 임파워먼트한다.

5. 사례

이 사례는 임파워먼트의 과정을 보여주고자 마일리 등(Miley et al., 1995)의 책에서 발췌, 요약하여 우리나라의 실정에 맞게 일부 수정한 것이다. 이해를 돕기 위해 클라이언트의 이름을 한국이름으로 바꿨다.

1) 사례개요

인순 씨는 인테이크 당시 매우 절망적인 상태로 무력감을 호소하였다. 인순 씨의 남편 민수 씨는 6개월 전에 발생한 산재로 뇌손상을 입었고 현재 회복중이다. 그러나 남편의 회복이 너무 느려서 인순 씨는 모든 것이 엉망이라고 생각하며 상황에 압도당하고 있다. 최근 남편이 장애를 갖게 될 수 있다는 의사의 말에 완전히 소진하여 모든 희망이 사라진 상태이다. 이 부부에게는 두 명의 자녀가 있으며, 민수 씨는 은퇴를 3년 앞두고 있는 상태에서 사고를 당하였다. 인순 씨는 시간제 교사로 일해 왔으나, 현재는 부부가 모두 실직한 상태이다(이 사례는 인순 씨 부부를 클라이언트체계로 접근하였다).

2) 개입과정

(1) 1단계: 대화 단계 — 대화를 통한 관계 형성

사회복지사는 현재 인순 씨의 상황이 매우 스트레스를 받을 수 있는 환경임을 인정하고, 일단 인순 씨를 지지하며 정서적으로 감정이입하였다. 그러나 사회복지사는 이러한 상황이 역설적으로 클라이언트가 이전에 가지고 있다고 생각하지 못했던 잠재능력을 드러낼 수 있는 하나의 도전이 될 수 있다고 보았다(임파워먼트접근에서 문제는 하나의 도전으로 인식된다). 인순 씨는 당면한, 매우 힘든 이 상황을 6개월 동안 별 도움 없이 잘 견뎌왔다. 이것은 인순 씨의 강점이다. 또한 민수 씨에게 장애가 남을 가능성이 있으나, 아직 장애로 확정된 것은 아니므로 무엇인가 민수 씨가 할 수 있는 것이 남아 있음에 희망을 걸었다(모든 클라이언트는 강점을 가지고 있다!).

사회복지사가 인순 씨의 집에 도착했을 때, 인순 씨는 문밖에서 사회복지사를 기다리고 있었다. 이는 인순 씨가 변화에 대한 강한 동기를 가지고 있음을 보여주는 것이다. 일단 인순 씨와 편안한 자리가 마련되자 사회복지사는 인순 씨가 자신의 상황에 대해 충분히, 자유롭게 이야기하도록 했다. 이러한 과정을 통하여 사회복지사는 인순 씨와 민수 씨가 어떠한 상황에 있는지를 잘 알 수 있었다.

6개월 전만 해도 그들은 여유 있는 삶을 살고 있었다. 2명의 자녀와 안정된 직장이 있었다. 민수 씨는 퇴직을 3년 앞두고 여행과 퇴직 이후의 삶을 계획하고 있었고, 인순 씨는 시간제교사로 일하고 있었다. 그러다가 예기치 않은 일이 발생하였다. 민수 씨가 사고를 당했고, 뇌손상으로 인하여 치료 후에도 많은 문제가 남게 되었다. 민수 씨는 일상생활의 많은 문제들에서 인순 씨의 지속적 보호가 필요하게 되었고, 이동에 제한을 받았으며 기억력도 일부 손상되었다.

이러한 대화과정을 통하여, 사회복지사는 인순 씨가 얼마나 스트레스 상황에 있었는지 알 수 있었다. 인순 씨는 남편을 사랑으로 돌보았지만 남편은 계속 불평하였고, 무력감을 호소하였으며, 모든 상황과 자신에 대해 분노하기만 하였다. 인순 씨는 일자리로 복귀할 수 없었고, 수입은 감소하였으며, 민수 씨는 점점 우울증과 무력감을 호소하였다. 이런 상황이 지속되자 예전의 관계를 회복하지 못할 것 같은 불길한 예감이 이들을 더욱 불안하게 했다.

인순 씨와 민수 씨가 이야기를 다 마치자, 사회복지사는 "정말 놀라운 탄력성(resiliency)을 가지고 있군요. 어떻게 그 상황에서 그렇게 잘 이겨낼 수 있었지요?"라고 반응하였다. 처음에 사회복지사의 이러한 반응에 인순 씨와 민수 씨는 매우 머뭇거리는 어색한 태도를 보여주었다. 그러다가 이들은 각자 지난 몇 달 동안 그들이 얻고 혹은 새롭게 알게 된 가족애 등을 이야기하기 시작하였다. 자녀들로부터의 정서적 지지, 교회 친구들의 도움, 민수 씨의 인순 씨에 대한 신뢰 등과 더불어 그들은 때때로 좋은 일에 대해서도 이야기했다.

그런 후 사회복지사가 "제가 어떠한 것을 도와드릴까요?"라고 물었을 때, 인순 씨는 이전과는 이미 다른 태도를 가지고 있었다. 인순 씨는 가능한 한 이전상태로 복귀하길 원했다. 사회복지사가 더 구체적으로 설명하길 원하자 인순 씨는 "다시 자신만의 무엇인가를 하고 싶다", "좀더 재정적 안정을 위한 지원을 받고 싶다", "가능하면 일을 하고 싶다"고 하였다. 민수 씨는 인순 씨가 일을 할 수 있게 되고, 자신은 스스로를 좀더 잘 돌볼 수 있길 기대했다.

사회복지사는 이를 개입의 목적으로 설정하기로 하고, 클라이언트와 협의하여 '함께' 해나가기로 하였다.

(2) 2단계: 발견단계 — 가능성 발견

목적이 설정된 후 사회복지사는 이 부부가 가지고 있는 자원을 탐색하기 시작했다. 처음에는 '초점체계를 구체화'해야 하는데, 사회복지사는 인순 씨와 민수 씨를 함께 초점체계로 선정하고, '부부 내부체계에서 어떠한 일이 발생하는가'를 보기 위하여 부가적인 정보를 수집하기 시작하였다.

이전에 이들은 함께 시간을 즐기기도 하였고, 또한 개별적인 관심사를 가지고 혼자만의 시간을 갖기도 하였다. 그러나 지금, 이들은 민수 씨의 건강보호라는 명분으로 24시간 같이 있어야만 했다. 이러한 상황은 독특한 개별적 인간으로서 그들의 경계를 혼란스럽게 했다. 결국 이들 부부는 각자 정체성 독립의 손상으로 인하여 고통을 당한 것이다. 그 결과 이전에 이들 부부의 결혼 특징이었던 평등과 파트너십이 손상되었다. 민수 씨는 인순 씨에게 의존적이라고 느꼈고, 인순 씨는 민수 씨 때문에 아무것도 할 수 없다고 느꼈다.

사회복지사는 이들 부부의 우울과 갈등이 무기력감에서 비롯된다고 보았고, 이러한 어려움에도 불구하고 이들은 서로에 대해 진정한 관심과 보호를 해왔음을 인정하였다.

'체계외부에서는 어떠한 일이 일어났는가'는 또한 이 부부의 경험에 영향을 준다. 처음에는 이 부부의 가족과 친구들이 지지를 보여주었다. 그러나 시간이 지남에 따라 그들의 관심은 시들해졌다. 자녀들은 여전히 관심을 가지고 있었으나 멀리 떨어져 살고 있는 상태였고, 친구들의 관심은 중단되었다. 지금은 단지 한 명의 친구만이 도움을 주고 있었다. 사회복지사는 자연적 지지체계의 잠재력이 존재하지만 현재에는 완전히 활성화되어 있지 못하다고 지적했다. 따라서 사회복지사는 지지프로그램, 즉 건강보호 서비스, 재활서비스와 연계해주었다. 또한 재정적인 무능력에 대한 부분도 민수 씨의 회사와 연결하여 보험을 처리하는 등을 지원하였다.

'내외부의 체계를 어떻게 연결시킬 것인가?', 사회복지사는 민수 씨의 사고로 인해 이 부부가 외부 환경으로부터 고립되었다고 보았다. 민수 씨의 부상은 외부세계와의 단절을 가져왔지만, 아직 민수 씨 부부에게는 외부와의 재연결을 시도할 수 있는 잠재적 힘이 있다고 보았다. 민수 씨로부터 수집한 정보에 의하면, 과거에 이 부부는 삶의 예기된 변화에 잘 협상하고 적응해왔다. 사회복지사는 이러한 적응능력을 아직 발견되지 않은 이 부부의 중요한 강점으로 보았다.

사회복지사와 김 씨 부부는 '함께' 수집한 정보를 분석했다. 그들은 민수 씨의 건강이 부부에게 매우 중요한 요소임을 인정했다. 또한 인순 씨가 일할 기회가 부족하여 재정적 어려움을 겪고 있으며, 그로 인해 해결되지 않는 보험의 문제, 가족과 친구의 지지가 그들 관계에 미치는 영향, 사회적 서비스에의 접근 부족에 부딪힐 수밖에 없음을 인정했다. 이러한 모든 동의된 사항은 변화를 위한 전략으로서 초점이 맞춰졌다.

이러한 분석에 따라 사회복지사는 인순 씨와 민수 씨가 함께 일할 수 있도록 안내하는 구체적 목표를 세울 수 있도록 도왔다. 또한 인순 씨가 일에 복귀하고 보험문제를 해결함으로써 재정문제를 안정시키도록 했다. 그리고 인순 씨가 스스로에 대한 시간을 더 갖고 친구들과 사귈 수 있도록 인순 씨의 책임감을 경감시키는 지역사회서비스와 연결시켰다. 마침내 그들은 민수 씨의 심리적 기능을 향상시킬 수 있는 건강관련 서비스 네트워크에 연계하기로 하였다. 이러한 전 과정에서 사회복지사는 민수 씨, 인순 씨와 함께 일함으로써 목적달성을 위한 활동을 하고 구체적인 목표를 만들어 나갔다.

(3) 3단계: 개발단계 — 자원과 기회 개발

사회복지사와 김 씨 부부는 상호협력하는 파트너로서 함께 행동했다. 우선 사회복지사는 이용 가능한 자원에 대한 정보를 제공하였고, 이 부부는 그들이 선택한 서비스를 접촉하고 조직화할 책임을 가졌다. 그들은 가정원조서비스를 받았고, 1주일에 2번 물리치료사가 민수 씨의 자기관리능력의 향상을 위하여 방문했다. 단기보호 사회복지사는 인순 씨가 하루 정도는 자신의 시간을 가질 수 있도록 1주일에 하루를 민수 씨와 함께 지냈다. 인순 씨는 이 시간에 뇌손상 환자 보호를 위한 병원의 교육에 참여하였다. 그녀는 다른 사람들과 유사한 경험을 나누었고, 사람들이 뇌손상에서 회복될 수 있는 것을 배웠다. 또한 인순 씨는 친구들과 시간을 함께 보냈다. 이는 인순 씨의 에너지를 새롭게 하였으며 민수 씨에 대한 인내심을 향상시켰다. 인순 씨가 점점 더 나아졌다고 느끼자 민수 씨도 기분이 좋아졌다. 민수 씨도 더 이상 고착되어 있지 않았다. 그는 재활활동에 참여하였고 뇌손상 환자 지지집단에 참여하였다. 그는 통제력을 회복하여 자기관리를 잘할 수 있는 새로운 기술을 개발함으로써 인순 씨의 보호의무를 감소시켰다.

사회복지사는 또한 재정적인 안정의 목적을 달성하기 위하여 클라이언트의 법적 문제, 권익을 옹호하는 지역사회의 다른 조직과 연결하였다. 그 과정에서 사회복지사가 가장 어려움을 느낀 부분은 인순 씨의 직업으로의 복귀였는데, 민수 씨의 단기보호 서비스가 1주일에 하루뿐이었기 때문에 더욱 어려웠다. 따라서 사회복지사는 지역사회의 사회복지관에 인순 씨의 이러한 상황을 의뢰하여 인순 씨를 위하여 단기보호 서비스를 확대할 수 있도록 하였다.

계획이 진행되는 동안 사회복지사와 김 씨 부부는 그들이 함께 만들어낸 '진전'을 점검했다. 그들의 지속적인 평가는 무엇이 일어났으며, 지속되어야만 하는지 그리고 변화되지 않은 것은 무엇인지를 알 수 있도록 했다. 이러한 평가를 통하여 사회복지사는 김 씨 부부가 경험한 성공을 인정했다. 그들은 다시 평화를 찾았고, 사회복지사와의 만남에서 원조를 요청하기보다는 진전사항을 보고했다. 사회복지사는 김 씨 부부가 과거에 잃어버렸던 것을 찾기보다는 미래를 계획하고 있음을 발견했다. 그들의 삶이 변화되는 과정을 겪는 동안 그들은 많은 장애물을 극복하였고, 그들 자신을 유지할 수 있는 힘을 갖게 되었다. 이제 사회복지사가 떠날 시간이었다. 인순 씨, 민수 씨가 함께 긍정적 변화를 보여 종결하게 되었고 서로 '함께' 해낸 성취를 축하했다.

제 5 장

사례관리모델

1. 등장배경

사례관리(*case management*)는 1980년대 이후 미국, 영국, 캐나다 등에서 정신장애인을 비롯하여 노인, 아동, 장애인과 같은 다양한 대인서비스 영역에서 주목받아 왔다(Rothman, 1991:520). 사례관리라는 용어는 'care management', 'managed care', 'care coordination', 'case coordination', 'continuing care coordination', 'continuity coordination', 'service coordination', 'service integration' 등 여러 형태로 사용되고 있다(Netting, 1992).

1990년 《사회사업백과사전》(*Encyclopedia of social work*)의 제 18판(보충판)에는 종래의 '케이스워크'(*case work*)라는 항목이 사라지고 '사례관리' 항목이 새롭게 등장하였다. 이는 사례관리가 단순히 조정기능을 중심으로 한 간접서비스가 아니라 클라이언트에 대한 대면서비스 등 직접서비스 모두를 포괄하는 통합적 모델임을 제시해준다. 이러한 변화는 미국 사회복지계의 변화를 상징적으로 보여주는 것으로서 실천현장에서 사례관리의 중요성이 커지고 있음을 보여준다.

사실 사례관리는 완전히 새로운 개념으로 사회복지실천에 등장한 것은 아니다(Moore, 1992; Kirst-Ashman & Hull, 1993:505; Ashley, 1988). 사례관리는 1863년에 설립된 매사추세츠의 자선위원회에서 이미 시작되었으며, 이는 지금의 일반사회복지사(*generalist social workers*)의 실천형태이다. 사례관리는 리치몬드(Richimond) 시대 이래로 사회복지의 전통적인 분야로 자리 잡았고(Jonson & Rubin, 1983; O'Connor, 1988), 거주정착운동과 자선조직협회에서 이미 그 기원을 찾아볼 수 있다(Rubin, 1987; Vourlekis & Green, 1992).

따라서 사례관리가 1980년대에 와서 케이스워크보다 진보된 하나의 새로운 방법론으로 활용되기 시작한 것은 다음과 같은 역사적 배경을 통하여 이해하여야 한다(Ashley, 1988; Moxley, 1989; Rothman, 1991; 양옥경, 1996).

1) 탈시설화로 인한 지역사회서비스 강조

미국은 1960년대 초 지적장애인과 정신장애인을 대단위 수용시설에서 퇴소시켜 지역사회로 돌려보내는 탈시설화 정책을 실시하였다. 시설 수용에서는 거의 모든 서비스들이 지리적·행정적으로 집중되어 있어서 각 클라이언트에 대한 별도의 서비스관리가 필요하지 않았다. 그러나 이들이 지역사회에 거주하게 되자 지역사회 전체에 분산되어 있는 서비스를 통합적으로 제공하는 서비스관리체계의 필요성이 나타났다. 또한 각 기관들마다 보유한 자원이나 수혜 자격요건(*eligibility*)이 달라서 이들을 총 관리하는 전문직의 필요성이 대두되었다.

2) 복잡하고 분산된 서비스체계

클라이언트의 사회복귀를 위해서는 생활 전반에 대하여 서비스가 제공되어야 한다. 그러나 기존 서비스는 특정 서비스를 매우 한정된 범위에서 특정인구에게 제공하는 형태로 이뤄져서 서비스의 단편성과 분산화가 문제점으로 제시되었다. 특히 서비스 전달체계가 공공부문에서 민간부문으로 이양됨에 따라 서비스 사이의 조정 기능이 부재하는 상태가 되었다. 여기에 서비스망이 점차 고도로 복잡해지고 분산됨으로써 서비스 중복뿐 아니라 필요한 서비스의 연계성이 부족하게 되었다. 이러한 서비스의 정글화 현상은 클라이언트가 여러 기관을 방문해야 하는 문제를 야기하였으며, 심지어는 정보의 부족 등으로 접근 기회마저 차단하는 경우가 생겨났다. 따라서 이러한 복잡하고 분산된 서비스체계에서 서비스의 연계성을 확보할 수 있는 기능이 요청되었다.

3) 클라이언트와 그 가족의 과도한 책임

클라이언트와 그 가족들은 지역사회 내에서 서비스에 대한 정보를 스스로 탐색하여, 각 기관의 특성을 파악하고, 필요한 서비스인지를 판단하여 신청하는 등의 복잡한 과정을 개별적으로 거쳐야 하며, 이에 따른 과도한 책임을 안게 되었다. 즉, 서비스를 발굴하는 데에서부터 접수하고 연계하는 등 사회서비스 과정 전반에서 과도한 책임을 떠안게 된 것이다. 이로 인해 때로는 정보의 제한성으로 인하여 필요한 서비스를 받지 못하거나 서비스를 포기하는 등 그 과정에서 많은 스트레스가 발생하게 되었다. 따라서 클라이언트와 그 가족들이 좀더 효과적으로 지역사회 환경자원을 개발하고 연결할 수 있도록 돕는 서비스 기능이 필요하게 되었다.

4) 다양한 문제와 욕구를 가진 클라이언트의 증가

탈시설화 정책으로 점차 지역사회에 거주하는 정신 및 신체장애인이 증가하게 되었고, 이들이 지역사회에 적응하는 데 따른 다양한 문제가 발생하였다. 따라서 지역사회에서 사는 데 필요한 서비스를 조직하고 그 욕구를 충족시킬 수 있는 지원 활동이 필요하였다.

5) 서비스 비용 억제

서비스 제공의 효과 향상은 자원이 한정된 상황에서 매우 중요한 관심사이다. 즉, 서비스의 효과를 극대화하면서도 서비스들 간의 중복을 피하여 비용을 최소화할 필요성이 강조되는 것이다. 사례관리는 이러한 상황에서 보호의 총 계획을 관리하고 비용을 억제하는 수단으로 적합한 것으로 평가받게 되었다. 또한 적절한 시점에 정확한 서비스 제공은 효과를 산출하는 시간을 단축하고 이차적인 장애 등을 예방함으로써 서비스 비용을 억제하는 결과로 나타나게 되었다. 이러한 역사적 배경

안에서 등장한 사례관리는 전통적인 사회복지의 맥을 잇는 클라이언트 중심의 통합적 실천양식이라고 할 수 있다.

6) 한국에서의 사례관리

우리나라에서도 사례관리는 공공과 민간영역에서 크게 확산되고 있다. 민간영역에서는 1980년대 후반부터 노인, 장애인, 정신장애인을 위한 전문 사례관리를 시작으로 현재는 전국 종합사회복지관의 3대 기능 중 하나로 사례관리가 포함되어 있다. 공공영역에서는 2005년에 개정된 〈사회복지사업법〉 제33조의 5에서 "시장·군수·구청장은 보호대상 자별 보호계획을 작성하고 변경할 수 있다"라고 규정하여 사례관리의 실천기반이 마련되었다. 이후 사례관리가 공식적으로 등장한 것은 2006년에 시작된 주민생활지원 가능강화를 위한 전달체계 개편이었다. 2008년부터는 시군구 단위 서비스 연계팀에서 위기가구 사례관리사업 이 도입되었으나, 예산지원의 결여와 법적 근거의 모호성으로 실효성 을 갖지는 못하였다. 이후 2009년 전국 10개 시군구에서 시행된 시범사 업을 거쳐 2010년부터 본격적으로 전국에 걸쳐 위기가구 사례관리가 수행되었다. 2012년부터는 사회복지공무원의 확충으로 사례관리 업무 를 강화하는 희망복지지원단이 탄생하였다(민소영, 2015:213~216). 2014년에는 읍면동 복지기능강화를 위한 시범사업, 2017년에는 읍면 동 복지허브화를 위한 읍면동 맞춤형 복지사업을 통해 복지사각지대 발 굴 및 찾아가는 복지상담을 통한 읍면동 통합사례관리를 하고 있다(보 건복지부, 2017).

2. 이론적 기반

사례관리는 전통적인 사회복지방법론과 전혀 다른 새로운 실천 형태가
아니라 클라이언트에게 통합적 방법을 활용하고자 하는 모델이다. 즉,
특정대상을 위한 직접적 서비스 및 지역사회실천에서의 서비스를 합한
것으로, 클라이언트에게 좀더 포괄적이고 지속적인 서비스를 제공하는
측면에 그 의의가 있다.

전통적인 사회복지가 기관의 서비스와 프로그램에 기초한 서비스인
반면, 사례관리는 클라이언트의 욕구에 더욱 초점을 두고 기관의 범위
를 넘어 지역사회 차원에서 더욱 적극적인 서비스 제공과 점검을 강조
한다. 따라서 사례관리는 클라이언트 중심의 철학을 기초로 적극적인
지역사회 보호를 지향한다는 점에서 전통적인 사회복지와 구별된다.
클라이언트 중심 철학은 클라이언트를 기존의 프로그램에 맞추는 것이
아니라 클라이언트의 욕구에 기초해서 새로운 서비스를 개발하여 제공
할 수도 있음을 의미한다. 또한 적극적인 지역사회 보호라 함은 단편적
이고, 분산된 지역사회 서비스를 조정하고 통합하는 것이다. 이런 의
미에서 사례관리자는 지역사회에 존재하는 자원에 관한 충분한 지식과
정보를 가지고 이를 클라이언트의 복지를 위해 활용할 수 있어야 한다
(황성철, 1995:277~281). 이를 위해 사례관리는 자원관리와 조정 등의
간접적 서비스를 직접적 서비스와 함께 실천해야 함을 강조한다. 따라
서 사례관리는 인간을 둘러싼 환경체계에 관한 종합적인 사정이 가능한
체계이론, 생태체계이론 등이 주요 이론적 기반으로 활용한다. 이는
한 명의 클라이언트를 둘러싸고 있는 환경체계에 대한 정확한 사정이

이뤄져야 클라이언트의 다양한 욕구에 대응할 수 있는 서비스와 연계 혹은 직접적 서비스 제공이 가능하기 때문이다. 따라서 사례관리를 효율적으로 하기 위해서는 사회체계이론, 생태학이론, 생태체계이론에 대한 충분한 지식이 필요하며 생태도 등 다양한 사정도구를 활용하여 종합적인 사정을 해야 한다. 이 장에서는 사례관리모델의 이론적 기반으로 통합적 방법의 개념 및 특징과 생태체계이론에 대해 살펴보고자 한다.

1) 통합적 방법

역사적으로 사회복지는 모든 사회문제에 대하여 다양한 접근방법으로 도움을 제공하였다. 이러한 접근방법들은 상이한 개념, 기술, 과업 및 활동을 포괄한 기술론적이고 구체적인 방법들로 전환되었는데, 1920~1930년대에는 개별사회사업과 집단지도, 1930년대에는 지역사회조직사업, 1950년대에는 사회복지행정과 사회복지조사가 발달하였다. 이러한 방법론을 흔히 전통적 방법론(*separate methods approach*)이라 부른다(전재일, 1981). 이후 개인, 가족, 집단에 대한 사회치료를 한 범주로 묶어 명명한 임상사회사업 혹은 직접적 실천방법이라는 용어와 계획, 행정, 지역사회조직을 한 범주로 묶은 간접적 실천 혹은 거시적 실천이라는 용어가 등장하였다(조휘일·이윤로, 1999).

사회복지실천의 발달과정에서 개별사회사업의 이론과 실천이 발달하면서 사회복지전문직을 정립하는 계기가 되었으나, 개인의 심리문제에 지나치게 집착함으로써 결과적으로 사회복지 내에 과도하게 분화된 전문화를 야기하였다. 또한 하나의 기술이나 실천영역을 강조하는 사회복지전문직 내의 동향은 다양한 요인이 복합적으로 작용하는 실천영역에 대해서 효과적으로 대처하지 못하는 한계를 낳았다. 이에 대해 스텀프(Stumpf, 1970)는 전통적 방법이 문제를 전체로 보지 않고 단편화하는 등 사회복지사의 입장에서 적절히 처리할 수 있는 문제만을 부분적으로 돕는 형식을 취해왔다고 주장한다(전재일, 1981:161, 재인용).

이러한 전통적 방법의 한계를 보완하고자 분화 및 전문화된 사회복지실천방법을 통합하려는 시도가 나타나기 시작하였는데, 1958년 미국사회복지사협회(NASW)가 제출한 〈사회사업실천의 작업 정의〉라는 보고서가 그것이다. 그 이후 사회복지실천에서 통합적 방법에 관한 논의로서 바틀렛(Bartlett)은 그의 저서 《사회사업실천의 공통기반》(*The Common Base of Social Work Practice*)에서 사회복지방법의 지식과 가치가 다양한 방법을 규정함을 강조하면서 그 공통된 기초를 묶어내었다. 뒤이어 골드스타인(Goldstein), 핀커스와 미나한, 플랜저(Flanzer), 시포린(Siporin), 콤튼과 갤러웨이(Compton & Galaway), 메이어(Meyer), 무릴로(Murillo) 등에 의해 통합적 방법에 관한 이론구축을 위한 노력이 전개되었다(전재일, 1981). 이 학자들이 전통적 방법에 대응하며 통합적 방법을 구축할 때에 전제한 기본가정은 사회복지실천에서 행해지는 여러 형태의 전문화·분화된 방법과 관계없이, 사회복지실천의 기본적 개념, 기술, 과업 및 활동에는 공통적인 핵심이 있다는 것이다(Pincus & Minahan, 1973:15; Cohen, 1958:12).

한편, 이러한 사회복지전문직 내의 노력과 함께 사회복지 외부의 환경으로부터도 체계이론, 일반체계이론, 생태체계이론 등의 다양한 이론을 사회복지의 주요이론틀로 가져와 활용하면서 복잡한 문제에 접근할 수 있는 기틀을 마련하였다. 이러한 이론적 기반은 실천을 위한 개입틀로서 더 포괄적이고 체계적인 방법론을 요구하는 사회복지전문직 내의 욕구와 맞물려 통합적 방법의 정립을 가속화했다. 따라서 통합적 방법은 사회복지의 내·외적 환경의 요구에 의하여 자연스럽게 사회복지전문직의 중요한 방법론으로서 등장하였다. 이러한 배경하에 등장한 통합적 방법은 클라이언트가 가진 문제의 성격에 따라 효과적인 접근법을 절충적으로 활용하는 방법을 강조함으로써 심리내적인 면을 강조하는 정신역동이론에서부터 사회와 문화, 즉 상황 속의 인간(*person in situation*)을 이해하는 데에 유용한 체계이론이나 생태체계이론에 이르기까지 다양한 이론과 지식을 활용하고 있다(김성천, 1997).

(1) 통합적 방법의 개념

사회복지실천에서 통합적 방법(*integrated or unitary, generalist approach*)이란 사회복지사가 개인, 집단, 지역사회에서 제기되는 사회문제에 활용할 수 있는 공통된 하나의 원리나 개념을 제공하는 '방법의 통합화'를 의미한다(김융일 외, 1995:122). 즉, 통합적 방법이란 전통적 방법의 전부 또는 일부(적어도 2종류 이상)를 조합해서 교육함으로써 한 명의 사회복지사가 복수의 방법을 통합적으로 사용하여 클라이언트에게 개입할수 있도록 하는 것이다(전재일, 1981).

이에 대해 플랜저(Flanzer, 1973)는 개인, 집단, 가족치료의 동시통합(*concurrent integration*)을 완전통합(*conintegration*)이라고 명명하며, 이를 한 명의 클라이언트가 동일한 사회복지사 혹은 협력관계에 있는 사회복지사들이 사용하는 적어도 2가지 이상의 다른 치료방법에 의하여 지속적·동시적으로 받는 치료라고 설명하기도 한다.

(2) 통합적 방법의 특징

통합적 방법은 다음과 같은 특징을 갖는다(김융일 외, 1995). 첫째, 통합적 방법은 사회복지실천의 본질적인 개념, 활동, 기술, 과업 등에 공통적인 기반이 있음을 전제한다. 둘째, 통합적 방법의 가치는 클라이언트의 잠재성을 인정하며, 이들 잠재성이 개발될 수 있다고 보고, 미래지향적인 접근을 강조한다. 셋째, 사회복지의 지식은 과거의 심리내적인 정신역동적 측면에서 상황 속의 인간을 이해하고자 하는 일반체계이론까지 확대된 개념을 사용한다. 넷째, 과거 사회복지의 개입은 주로 인간에게 초점을 두거나 환경에 초점을 두는 2궤도 접근으로 이뤄져 왔으나, 통합적 방법은 이 양면의 상호작용에 초점을 둠으로써 인간과 환경의 공유영역, 즉 사회적 기능수행 영역에 사회복지사가 개입해야 함을 강조한다. 마지막으로, 클라이언트의 존엄성을 인정하고 클라이언트의 참여와 자기결정 및 개별화를 극대화할 것을 강조하며 사회복지실천과정의 계속적인 평가를 주장한다.

2) PIE 관점

이른바 환경 속의 인간(PIE: *Person-In-Environment*)을 강조하는 가장 대표적인 이론은 체계이론과 생태학이론이다. 이들은 일반체계이론, 사회체계론적 관점, 사회체계이론, 체계이론, 체계론적 시각, 생태체계이론, 생태학적 관점, 생태학이론 등 다양한 용어로 규정된다. 두 이론은 공통적으로 환경이 인간행동에 미치는 영향을 강조한다. 또한 개인 혹은 환경 중 어느 하나에 초점을 두는 것이 아니라 인간과 환경을 하나의 체계로 보고 인간 및 환경이라는 각 체계뿐 아니라 이들의 상호작용에 함께 관심을 가진다는 공통점이 있다.

그러나 체계이론, 특히 체계의 개념을 개인, 집단 등의 사회체계에 적용하는 사회체계이론이 인간을 둘러싼 다양한 사회체계를 규명하고 개인과의 상호관련성 및 의존성에 관심을 가진다면, 생태학이론은 더 나아가 인간 - 환경을 하나의 단일체계로 보고 개인과 환경체계에 대한 개입뿐 아니라 인간과 환경과의 상호교류(transaction)에 대해 각 체계와 유사한 수준에서 개입해야 함을 제시한다. 따라서 체계이론은 환경의 중요성을 이해하고 이를 사회복지실천의 사정 및 개입의 중요한 영역으로 포함하는 기능을 했다면, 생태학이론은 체계이론의 PIE 관점을 공고히 하며 인간과 환경의 상호교류에 대한 이론적 틀 및 실천적 함의를 제시한다는 특성이 있다. 이에 대해 시포린(Siporin, 1980)은 체계이론이 그 인기를 잃어가고 있으며 생태학적 이론에 의해 대치되는 중이라는 비판적 견해를 제시하기도 하였다. 그러나 컴프턴과 갈러웨이(Compton & Galaway, 1994)는 환경 속의 클라이언트를 이해하기 위해서는 체계이론의 개념에 대한 이해가 중요함을 언급하면서, 생태학이론과 함께 여전히 체계이론이 통합적 방법론의 중요한 이론적 기반이 됨을 제시하고 있다(김동배 외, 2005).

최근에는 두 이론이 환경 속의 인간을 강조한다는 공통점으로 말미암아 두 이론을 혼용하거나 혹은 통합하여 생태체계적 관점으로 명명하기도 한다. 생태체계적 관점은 개인을 하나의 체계로서, 사회환경을 또 다른 하나의 체계로서 이해하고 생태학적으로 인간과 사회환경 간의 적응과 상호작용을 바라봄으로써 사회체계적 관점과 생태학적 관점을 통합한 것이다. 이 관점은 다양한 부분들 사이에서 그리고 인간과 환경의 공유영역에서 일어나는 상호작용과 상호관계를 강조함으로써 환경 속의 인간을 강조한다(이인정 외, 1998). [1]

사회체계이론은 버틀란피(Bertalanffy)에 의해 1940년대에 처음으로 제시되었으나, 1960년에 와서야 주목받기 시작하였다. 이 이론에서 체계(*system*)란 상호의존적이고 상호작용하는 부분들로 구성된 전체, 즉 "부분들 간에 관계를 맺고 있는 일련의 단위"로 정의된다(Bertalanffy, 1981). 이 중에서 사회체계(*social system*)란 우리가 살고 있는 사회적 환경 안에 존재하는 다양한 형태의 인간공동체에 적용할 수 있는 사회조직의 모형이라고 할 수 있다(장인협, 1999). 사회체계는 그것의 구성부분들을 초월하여 하나의 특수한 단위를 이루는 집합체로서 가족, 조직, 지역사회, 문화 등이 포함된다.

사회체계이론에서의 개념은 크게 세 가지로 구분된다. 첫째로 체계의 구조적 및 조직적 특성이란 체계들 사이의 에너지 교환과정이 비교적 느리고 오랜 기간에 걸쳐 일어나서 관찰자에게 정태적으로 보이는 특성을 말하며, 개방체계와 폐쇄체계, 체계의 경계와 공유영역 등의 개념이 있다. 둘째, 체계의 진화적 특성은 일정 기간 동안 느리게 변화

---

[1] 생태체계관점은 제 4장의 임파워먼트모델에서 자세히 설명하고 있으므로 이 장에서는 설명을 생략한다.

하지만 정태적이지는 않은 과정(즉, 구조적 변화보다는 빠르지만 행동적 변화보다는 느린 속성)으로, 균형, 항상성, 안정상태 등의 개념이 여기에 포함된다. 셋째, 체계의 과정적 특성이란 에너지 교환이 비교적 빠르고 짧은 기간 동안에 이뤄지는 측면을 의미하며, 체계의 투입-전환-산출의 과정을 뜻한다. 한편 이 이론에서 체계의 구분이라 함은 일반적으로 개인, 가족, 집단, 조직, 지역사회, 문화 등을 말한다. 또한 사회체계이론은 인간을 통합된 하나의 전체로 간주하는 전체적 인간관을 가지고 있으며, 인간행동은 환경과의 역동적 상호작용의 산물로서 이해한다.

생태학이론은 브론펜브레너(Bronfenbrenner, 1979)가 제시한 것으로, 유기체와 환경은 분리할 수 없으며 상호작용하는 단일체계라고 본다. 생태학이란 용어는 개인의 적응능력과 환경의 양육적 특질에 동시에 관심을 갖는다는 의미이다. 생태학이론의 주요개념은 세 가지로 구분된다. 첫째로 인간의 속성과 관련된 것으로 유능성, 관계성, 역할 등의 개념이 있으며, 둘째로는 환경의 특성과 관련된 것으로 인간의 성장과 발달을 촉진하는 물리적 및 사회적 환경, 셋째로 인간과 환경 간의 상호교류와 관련된 것으로 인간과 환경의 적합성과 적응, 스트레스와 대처의 개념이 있다.

이 이론에서는 체계를 미시(micro)·중간(meso)·외적(exo)·거시(macro) 체계로 구분한다. 미시체계는 가장 인접한 수준의 환경을 말하며, 예컨대 가족과 같은 직접적 환경 내에서 이뤄지는 활동, 역할 그리고 대면적인 대인관계의 유형이다. 중간체계는 여러 미시체계의 상호작용을 의미하며 가정과 학교, 학교와 직장 간의 관계와 같이 두 가지 이상의 환경에서 일어나는 과정과 연결성을 말한다. 외적 체계는 개인이 직접 참여하고 있지 않지만 그 개인의 발달에 영향을 주는 환경체계를 말한다. 이는 두 가지 이상의 환경 사이에서 일어나는 과정과 연결성인데 이 중 최소한 한 가지 환경은 (자녀가 그 부모의 직장과 맺는 관계처럼) 해당 개인을 직접 둘러싸고 있지는 않은 체계이다. 거시체계는 일반적 문화, 사회, 법, 종교, 경제, 정책과 같은 광범위한 사회적 맥락을 의미한다. 거시체계는 개인에게 직접 영향을 미치지는 않지만 사회구조적 맥락 안에서 간접적 영향을 미친다(최옥채 외, 2004; 권중돈 외, 2005). 생태학이론은 환경 속의 인간이라는 총체적 인간관과 함께 인간을 사회문화적 존재로서 환경의 각 요소와 지속적 상호교환을 하는 존재로 보는 적응적·진화적인 관점을 가지고 있다.

이 두 이론은 사회복지실천에 매우 큰 영향을 미쳤으며, 현재까지도 임파워먼트모델의 중요한 이론적 기반이 된다. 먼저 사회체계이론이 사회복지실천에 영향을 미친 가장 대표적 예로는 의료적 모형에서의 사정 및 개입의 틀을 직선적 원인론에서 순환적 원인론으로 변화시켰음을 들 수 있다. 이렇듯 사회복지는 개인뿐 아니라 다양한 환경을 사정의 영역에 포함시키게 되었고, 이를 통해 개인 및 환경이라는 다차원적 개입의 근거가 마련되었다.

한편 생태학이론은 폭넓은 통합적·실천적 지식을 제공함으로써 사회복지실천이 개인에 대한 환경의 영향에 관심을 갖도록 하는 것에서 더 나아가 개인-환경 간의 적합성, 개인과 환경 간의 상호적 교환 그리고 교환을 지지 혹은 방해하는 힘 등에도 주의를 기울이도록 해주었다. 또한 환경 속에 있는 개인에게 긍정적 영향을 미치는 복잡한 힘의 관계에 관심을 갖게 하는 한편, 억압과 빈곤, 실업, 환경오염처럼 성장, 건강 그리고 사회적 기능을 방해하는 부정적 생활환경 축소에도 초점을 맞추도록 하였다. 이외에도 생태학이론은 클라이언트의 정신 내적 생활과 환경적 조건을 개선하는 데에 목적을 두는 직·간접적 서비스를 통합하여 통합적 방법론의 중요한 이론적 기반을 제공하였다 (Gitterman, 1996; 권중돈 외, 2005). 따라서 사회체계이론이 문제나 증상의 원인을 제거하기보다는 체계 내부 부분들 간의 상호작용이나 체계와 환경 사이의 관계를 변화시켜 증상을 소거하고자 한다면, 생태학이론은 클라이언트의 대처능력을 강화하고 환경을 개선하는 데에 목표를 둔다. 이를 통해 생태학이론은 클라이언트와 환경 간에 더 높은 수준의 적합성을 확보하도록 지원하고자 하는 것이다.

3. 주요개념

1) 사례관리의 개념

사례관리는 합의된 한 가지의 개념으로 단정을 짓기가 매우 어렵다. 사회복지실천의 역사에서 사례관리는 대상자의 욕구, 서비스의 목적 및 서비스 제공자의 역할에 따라 다양하고도 포괄적으로 적용되어 왔기 때문이다. 여기에서는 사례관리를 정의함에 있어 많이 논의되는 서비스 속성 차원의 정의와 서비스 과정 차원의 정의를 소개할 것이다. 이 두 정의는 사례관리의 기능 중 어느 것을 강조하느냐로 구분된다.

(1) 사례관리서비스 속성 차원

사례관리의 개념을 정의하는 데 있어서 주요쟁점은 서비스의 속성을 간접적 서비스로 한정할 것인지 혹은 직접적 서비스로서 치료적 기능을 포함시킬 것인지의 여부이다. 즉, 서비스체계 중심 또는 클라이언트체계 중심의 개념 구분이 이슈가 되어 왔으며, 사회복지실천에서는 '상황 속의 인간'이라는 이론적 맥락 안에서 두 입장을 포용하는 통합적 관점을 주로 취하였다. 여기에서는 이들 각각의 관점을 살펴보기로 하겠다.

① 서비스체계 중심의 개념

대부분의 실천가들은 사례관리를 서비스 전달체계의 문제해결 방법으로 정의한다. 특히 랩과 챔버레인(Rapp & Chamberain, 1985)은 사례관리를 '탈시설화의 영향으로 인해 서비스 전달체계에서 나타난 서비스의 단편성, 분산성, 불연속성, 비접근성, 중복성 등의 문제를 극복하기 위한 해결책'으로 정의하였다. 같은 맥락에서 라우버(Lauber, 1992)도 사례관리를 단편적인 서비스의 연결, 서비스의 분산과 중복 방지, 지속적인 서비스 촉진, 비용효과의 증대를 위한 서비스 전달체계의 한 방법이라고 정의하였다.

또한 루빈(Rubin, 1987)은 사례관리를 지역사회의 복합적인 서비스 욕구를 가진 클라이언트를 보호하기 위해 복잡한 서비스 전달체계와 연계하고 적절한 시기에 필요한 서비스를 제공받도록 보장하는 것으로 정의하였다. 또한 네팅과 프랭크(Netting & Frank, 1990)도 사례관리를 클라이언트에 대한 서비스 전달체계의 복잡한 서비스를 조정하는 방법으로 보고, 보호의 지속성을 보장하고 한정된 자원을 가진 클라이언트를 위해 비공식적인 지지서비스를 발전시키며 조정하는 것이라고 정의하였다. 이와 같은 정의들은 사례관리의 간접적 서비스 제공기능을 강조한 것이다.

② 클라이언트체계 중심의 개념
클라이언트체계 중심의 개념에서 사례관리는 질병 혹은 기능상실로 인한 클라이언트의 정서적인 문제를 다루는 매우 중요한 개입방법으로 정의된다. 여기에서 사례관리란 클라이언트와 사례관리자와의 치료적 관계를 바탕으로 클라이언트의 정신 내적, 대인관계적, 환경적 개입이 상호 간에 연합하는 것을 의미한다.

　이러한 관점을 취하는 대표적 학자인 램(Lamb, 1987)은 '치료자 - 사례관리자'(therapist-case manager) 개념을 사용하여 고도의 전문적, 치료적 개입을 통하여 클라이언트의 욕구를 정확히 사정, 평가하고 클라이언트가 사례관리과정에 참여할 수 있도록 촉진해야 한다고 주장하며 사례관리에서 치료적·직접적 서비스 부분을 강조했다. 따라서 이러한 정의에서 서비스 연계, 조정과 같은 사례관리 기능은 분리된 기능이 아니라 치료자로서 지니는 기본적 의무에 속하는 하위기능으로 본다.

　램(Lamb)과 같은 맥락에서 윌세와 레미(Wiltse & Remy)도 사례관리자의 역할을 서비스 중계로만 제한하여 직접적 서비스를 사례관리의 기능으로 포함하지 않는 것은 잘못된 견해라고 주장하며 사례관리의 직접적·치료적 서비스 부분을 강조하였다. 특히 캔터(Kanter)는 사례관리유형 중 단순한 서비스 조정이 아닌 클라이언트가 자존감을 높이고 신뢰감을 발달시키며 새로운 대처기술을 획득할 수 있도록 정신 내적 변화를 돕는 클라이언트 중심의 사례관리를 임상사례관리(*clinical case management*)라는 용어를 사용하여 구분하였다. 클라이언트 중심의 임상사례관리는 서비스 계획, 실천, 조정에 이르기까지 모든 과정이 기본적으로 클라이언트와 사례관리자 사이의 의도적인 치료적 관계 안에서 수행되어야 한다고 보는 것이다(배민진, 1995, 재인용). 따라서 클라이언트체계 중심의 사례관리는 클라이언트에 대한 대면서비스에 초점을 두고 직접적 서비스 기능을 강조하는 개념이다.

③ '상황 속의 인간'을 강조하는 개념
이 개념은 체계적 관점의 개념틀을 기반으로, 개인과 환경의 상호작용이라는 입장에서 클라이언트 차원의 개념과 서비스체계 차원의 개념을 포괄적으로 수용하는 견해이다.

무어(Moore, 1992)는 단순한 서비스 중개(*brokering services*)부터 클라이언트에 대한 직접적·치료적 기능을 강조한 임상사례관리에 이르기까지 그 개념의 변화과정을 지적하면서, 사례관리의 기본영역을 가능케 하는 영역(*enabling*)과 촉진시키는 영역(*facilitating*)으로 구분하고, 이를 사회복지실천으로 규정하였다. 즉, 가능케 하는 영역은 클라이언트와 가족에 대한 사례관리의 직접적인 서비스 영역으로서 관계를 중시하는 치료적 기능을 의미하며, 촉진시키는 영역은 서비스 차원의 개입으로서 서비스 연계의 기능을 의미한다(Netting, 1992:160).

사례관리는 전통적인 사회복지실천방법인 개별사회사업, 집단사회사업 및 지역사회조직을 통합한 사회복지실천의 핵심기술로서 특정 클라이언트 집단을 위한 최선의 직접적 서비스와 지역사회 차원의 서비스를 통합하여 실천하는 것이라고 정의되기도 한다(DeGennaro, 1987).
여기서 직접적인 서비스란 클라이언트 차원의 치료적인 관계를 중시한
개념이며 지역사회 차원의 서비스는 서비스 연계, 조정을 중시한 개념
이다. 이러한 정의를 통하여 사례관리가 사회복지실천의 핵심기술임을
보여주고 있다.

(2) 사례관리서비스 과정 차원

사례관리개념을 정의하는 데 있어서 비교적 합의된 개념유형은 서비스
과정을 중심으로 한 사례관리기능이다. 이는 클라이언트와의 초기 접
촉에서부터 종결에 이르기까지 일련의 과정을 구성하는 기능적인 요소
들을 구분하여 개념적 정의를 하는 것이다.

사례관리의 과정은 서비스 대상 집단의 특성, 가용자원, 사례관리자
를 고용하는 기관의 종류, 사례관리 대상자의 규모(caseload) 및 서비스
전달체계의 특성에 따라 다소간에 차이가 있을 수 있으나 대체로 다음
에서 제시하는 5가지 기본적인 기능들로 구성된다(김만두 역, 1993).

① 사정

사정(assessment)은 클라이언트의 심리적·사회적 기능뿐만 아니라 사
회적 지지망과 지역사회 내의 제공 가능한 자원들까지 포함하는 다차원
적인 접근을 의미한다. 이는 클라이언트와 환경이 가지는 장·단점 모
두를 사정 대상으로 한다.

② 계획

계획(*planning*)이란 사정에서 얻어진 자료를 기반으로 포괄적이고 구체적인 서비스 계획을 하는 것이다. 사례관리에서는 클라이언트의 능력 향상을 위한 목표, 필요한 서비스들의 활용 및 사회망에 대한 개입목표 달성을 위해 구체적인 개입계획들을 세워야 한다.

③ 연결

연결(*linking*)이란 필요한 모든 서비스를 제공하기 위해서 클라이언트에게 공식적·비공식적 모든 자원들을 연결하는 것으로, 주로 필요한 서비스를 보유하고 있는 타기관에 의뢰하는 방법을 사용한다.

④ 점검

점검(*monitoring*)은 서비스 전달을 지속적으로 감시 또는 감독하는 기능으로서, 클라이언트와 서비스 제공자들이 직접 접촉함으로서 이뤄진다. 여기에는 클라이언트의 향상 정도를 평가하는 기능이 포함되어야 한다.

⑤ 권익옹호

서비스 기관이 클라이언트의 욕구에 부응하지 않는 경우, 클라이언트에 대한 개입을 종종 간과하기 쉽다. 그러나 사례관리자는 상대적으로 힘이 약한 클라이언트의 이익을 옹호(*advocacy*)하는 입장에서 기관 및 다양한 환경체계에 대항할 수 있어야 한다.

이러한 사례관리의 기능을 살펴볼 때 사례관리자는 직접적 서비스의 실천가인 동시에 권익옹호가, 조력자 등의 간접적 서비스를 수행한다. 다시 말해 사례관리는 현장접근(outreach), 사정, 계획, 단순 의뢰와 같은 최소한의 서비스를 제공하는 것에서부터 클라이언트와 직접 접촉함으로써 권익옹호, 직접적인 개별상담, 기술훈련, 공공교육, 위기개입, 약물관리 등을 포함하는 더 포괄적인 프로그램을 제공하는 것에 이르기까지 다양한 범주의 서비스 연속체로서 기능한다.

2) 사례관리의 목적 및 개입원칙

사례관리란 복합적인 욕구를 가진 사람들의 기능화와 복지를 위해 공식적·비공식적 지원을 하고 활동 네트워크를 조직, 조정, 유지하는 것으로서 사례관리자는 다음과 같은 목적을 달성하고자 한다(Moxley, 1989:21).

첫째, 서비스와 자원들을 활용하여 가능한 한 클라이언트 자신의 생활기술을 증진시킨다. 둘째, 클라이언트의 복지와 기능을 향상시키기 위해 사회적 망과 관련된 대인복지 서비스 제공자들의 능력을 향상시킨다. 셋째, 가능한 한 가장 효율적인 방법으로 서비스 및 지원을 전달하며, 서비스의 효과성을 향상시킨다.

이러한 사례관리 목적에 기초하여, 그 개입의 원칙은 다음과 같다(Gerhart, 1990:216).

(1) 서비스의 개별화

이 원칙은 클라이언트의 독특한 신체적, 정서적, 사회적 상황에 따라 각 클라이언트의 욕구에 맞게 서비스를 제공하는 것이다.

(2) 서비스 제공의 포괄성

이 원칙은 지역사회에서 클라이언트의 다양한 욕구를 충족시키기 위해 필요한 광범위한 지지를 연결하고 조정, 점검하는 것이다. 이때 필요한 도움의 유형과 범위는 매우 다양하기 때문에, 사례관리자들은 지역사회에 존재하는 잠재적 지역사회자원에 대한 철저한 지식을 가지고 이를 활용할 수 있어야 한다.

(3) 클라이언트의 자율성 극대화

이 원칙은 클라이언트의 선택에 대한 자유를 최대화하고 지나친 보호를 하지 않는 것을 의미한다. 이는 클라이언트의 자기결정권을 가능한 보장하고자 하는 것이다.

(4) 서비스의 지속성

서비스의 지속성은 사례관리자가 클라이언트의 욕구를 점검하여 서비스를 지속적으로 제공한다는 것이다. 즉 1회성의 단편적인 서비스 제공이 아니라 클라이언트가 자신의 생활현장에서 잘 적응할 수 있도록 지속적으로 원조해야 한다는 것이다.

이 원칙은 복잡하고 분리되어 있는 서비스 전달체계를 연결하는 것을 의미한다. 예컨대 클라이언트에게 필요한 서비스가 여러 기관에 분산되어 있을 때, 적절한 서비스를 받을 수 있도록 타 기관에 클라이언트를 의뢰함으로써 서비스가 연계되도록 하는 것이다. 이때 사례관리자는 다른 서비스 전달체계 간의 중개자 혹은 권익옹호자의 역할을 한다.

4. 개입과정 및 기법

사례관리는 서비스기관의 목적, 서비스 대상자의 욕구, 사례관리자의 역할과 주요기술에 따라 다양하게 적용되어 왔다(Lauber, 1992:3). 이러한 사례관리의 다양성에도 불구하고 사례관리는 모든 사회복지실천 영역에 공통적이고 보편적인 주요특성들이 있다. 이를 살펴보면 아래와 같다(배민진, 1997, 재인용).

- 클라이언트와 사회복지사의 관계형성과 신뢰를 바탕으로 한다.
- 위기에 놓인 클라이언트와 함께 일할 때, '상황 속의 인간'이라는 관점을 적용한다.
- 복합적이고 다양한 문제와 장애를 가진 클라이언트를 보호하기 위해 서비스 연속성의 목적을 갖는다.
- 질병과 기능 상실에 동반되는 정서적인 문제들을 개선시키는 임상적인 개입을 시도한다.

〈표 5-1〉 사례관리과정

Steinberg & Cater(1983)	사례발굴 → 사정 → 목표설정과 서비스 계획 → 보호계획 실행 → 점검
Weil (1985)	클라이언트 확인과 접근 → 사정과 진단 → 서비스 계획과 발굴 → 서비스와 클라이언트 연결 → 서비스 실행과 조정 → 서비스 전달체계 점검 → 옹호 → 평가
Moxley (1989)	사정 → 계획 → 개입 → 점검 → 평가
Doll (1991)	홍보 → 사정의 결정수준(사전심사) → 욕구사정 → 보호계획 → 보호계획 실행 → 점검 → 재평가

· 서비스 전달체계에 대한 개입시에 중개와 옹호의 사회복지기술을 사용한다.

· 표적대상인 클라이언트는 경제, 의료, 사회 및 개인적 보호욕구 등의 지역사회를 기반으로 하는 장기적인 보호서비스를 필요로 한다.

· 최소한으로 규제된 환경에서의 서비스 제공을 원칙으로 한다.

· 클라이언트의 기능과 보호수준을 결정하는 지지망사정이 필요하다.

· 자기결정, 인간의 가치와 존엄 및 의사결정시 상호책임 개념 등의 전통적인 사회복지적 가치에 기반을 두고 있다.

1) 개입과정

사례관리의 과정은 클라이언트나 기관의 성격, 사례관리자의 역할에 따라 다르게 나타날 수 있다. 몇몇 학자들이 제시한 사례관리과정을 제시하면 〈표 5-1〉과 같다(최성연, 1997, 재인용). 여기에서는 사례관리 과정에서 가장 일반적으로 활용하는 단계를 중심으로 살펴보고자 한다 (권진숙·전석균 역, 1999; 김만두 역, 1993).

(1) 사정

사례관리에서의 사정은 클라이언트의 주위환경을 포함한 그의 상황을 이해하는 집중적이고도 체계적인 과정이다. 사정은 세 가지 측면에서 매우 유용하다. 즉, 서비스의 적격성 여부 결정, 클라이언트의 욕구, 능력 및 잠재적인 자원의 확인, 클라이언트의 진행과정을 평가하는 방법을 구체화하기 등이다.

사정은 다음과 같은 분야에서 구체적으로 이뤄져야 하며, 세 분야에서 상호역동적으로 이뤄지되 각 분야가 반드시 시간적 순서에 따라 이뤄지는 것은 아니다.

① 욕구 및 문제사정: 클라이언트의 욕구 및 해결해야 하는 문제들.
② 자원사정: 클라이언트가 문제를 해결하는 데 있어서 유용하게 활용할 수 있는 자원들.
③ 장애물사정: 클라이언트가 자원을 활용하는 데 있어서의 장애물들.

① 욕구 및 문제사정

문제에 대한 정확한 사정은 사례관리의 목적 달성에 매우 중요하다. 사례관리자는 클라이언트와 함께 욕구 및 문제 목록을 만들고 이 중 우선순위를 정해야 한다. 욕구 및 문제에 관한 정확한 사정은 사례관리의 출발점이 되며 개입의 근거를 제시하는 것이다.

② 자원사정

중요한 문제들을 구체화한 이후에는 그 문제를 해결하는 데 도움이 되는 공식적·비공식적인 자원을 클라이언트와 함께 사정해야 한다. 이때 자원을 구체화하는 것은 매우 중요한데, 자원목록의 활용이 효율적이다. 자원목록은 지역사회에 흩어져 있는 다양한 서비스들을 항목별로 분류하여 목록을 만든 것으로, 이 목록은 이용성(*Availability*), 적정성(*Adequacy*), 적절성(*Appropriateness*), 수용성(*Acceptability*), 접근성(*Accessibility*) 등을 고려하여 만들어져야 한다. 해머와 윈들(Hammer & Windle, 1979)은 이러한 5가지 요소를 5A라고 규정하고 자원목록의 중요한 원칙으로 보고 있다(양옥경, 1996, 재인용). 여기에서 자원이란 우리가 삶을 지탱하고 성장과 발달을 계속하기 위해 필요한 재화와 서비스를 제공하는 사람들 혹은 사회기관들을 말한다. 이때 자원은 내부자원과 외부자원으로 구분할 수 있다. 자원의 사정은 생태도 등을 활용하여 체계적으로 접근해야 하며, 이때 전체적이고 포괄적인 시각을 가지고 생태학적 관점에 기초를 두는 것이 바람직하다.

③ 장애물사정

이 단계에서 우리는 '클라이언트가 문제가 있고, 이를 해결하기 위한 자원도 존재하지만, 왜 클라이언트들은 이를 적극적으로 활용하지 못하는가?'라는 질문을 갖게 된다. 이는 세 형태의 장애물이 있기 때문인데, 즉 외부장애물, 선천적인 무능력, 내부장애물이 그것이다.

　가. 외부장애물: 클라이언트가 처한 환경에서 다음 사항 중 적어도 한 가지 이상이 부족한 상황이 발생할 수 있다.
　　㉠ 자원이 없거나 욕구를 충족시키기에는 부적합하다.

ⓒ 일반적으로 유용한 자원이지만, 어떤 클라이언트에게는 유용하지 않다.

ⓒ 유용한 자원이 있으나 정보, 교통수단, 아동보호 등의 부족으로 접근하기 어렵다.

나. 선천적인 무능력: 클라이언트의 통제 밖의 것으로 사회복지실천과정에서 클라이언트와의 효과적인 의사소통과 적극적인 참여를 제한시키는 것이다. 예컨대 신체적·정신적 장애나 약물중독 등의 문제를 고려할 수 있다.

다. 내부장애물: 클라이언트가 가지고 있는 신념, 태도, 가치 등은 필요한 도움을 찾거나 받아들이는 방식인 행동패턴을 결정짓는다. 예컨대 잘못된 신념 혹은 행동패턴에는 비관주의, 비판주의, 운명주의, 냉소주의가 있다.

(2) 계획

계획은 사정에서 수집한 정보를 클라이언트에게 도움이 되는 일련의 활동으로 전환하는 과정이다. 계획은 사정을 자세히 할 수 있도록 도와주며 사례관리 활동을 위한 합리적인 기초가 된다. 이때 계획은 가설적인 것이므로 사례관리과정에서 변화할 수 있으며, 사례관리자는 정기적 검토를 통해 필요한 계획의 변화를 시도할 수 있다.

공식적이고 구조화된 계획은 다음의 4단계로 이뤄진다.

① 1단계: 상호간의 목적 수립하기

사례관리자는 클라이언트와 함께 목적을 수립한다. 이때의 전제조건은 첫째, 사례관리자와 클라이언트 사이의 신뢰관계를 형성해야 하며, 둘째, 욕구, 요구사항, 능력 및 자원에 대한 충분한 사정을 통하여 클라이언트의 현재 상황에 관해 잘 파악하고 있어야 한다.

② 2단계: 우선순위 정하기
클라이언트의 중요한 욕구를 명확히 하고 문제를 파악하여 목적들 중에서 우선순위를 정한다. 우선순위를 정하는 데 있어서 기준이 되는 사항은 다음과 같다.

　가. 클라이언트가 가장 중요하다고 인식하는 것
　나. 클라이언트의 삶에 즉각적 위험을 미칠 가능성이 있는 것
　다. 달성하기 쉬운 것

이외에 실행가능성, 자원의 유용성 및 적합성 등을 고려하여 우선순위를 결정해야 한다.

③ 3단계: 전략 수립하기
목적달성을 위한 방법을 선택하는 것으로 기법, 전략, 개입이라고도 한다. 전략 수립은 클라이언트와 함께 이뤄져야 하며, 이때 브레인스토밍 등의 방법을 활용할 수 있다.

④ 4단계: 최선의 전략 선택하기
클라이언트의 참여를 기초로 여러 전략이 만들어지면, 이 중에서 클라

이언트의 현재 상황, 즉 능력 및 보유자원 등을 기초로 최선의 전략을 선택한다. 이때 현실과 실행가능성을 고려한 선택이 매우 중요하다.

⑤ 5단계: 전략 실행하기

선택된 전략을 실행하기 위해 시간과 절차 등을 구체화한다. 전략의 실행 및 전략의 성공여부에 대한 평가를 통해 미달성 목적은 계획과정으로 다시 환류한다.

(3) 개입

계획이 세워지고 개입의 목적과 전략이 결정되면, 사례관리자는 개입을 하게 된다. 이때의 개입은 크게 내부자원의 획득을 위한 직접적 서비스 제공과 외부자원 획득을 위한 간접적 서비스 제공으로 나뉜다.

직접적 서비스 제공의 경우 사례관리자는 이행자, 안내자, 교육자, 정보제공자, 지원자로서 기능한다. 반면, 간접적 서비스 제공의 경우에는 중개자, 연결자 및 옹호자로서의 역할을 한다. 이외에 사회적 망에 대한 개입을 통해 클라이언트의 사회적 지원체계의 확장을 도모하거나 공식적 대인서비스 제공, 사회적 망 구성원과의 기술적 조력 및 협력 등의 기능을 한다(김만두 역, 1993).

(4) 점검

'서비스와 지원이 잘 이뤄지고 있는가'에 대해 점검하는 것은 사례관리의 여러 가지 기능 중에서 매우 중요하다. 점검이란 '클라이언트의 완성된 계획에서 정해진 서비스와 지원의 전달과정을 추적하는 방법으로 사례관리자에 의해 행해지는 활동적이고 유동적인 과정'을 의미한다. 이러한 점검은 다음과 같은 목적을 갖는다.

① 서비스 계획이 적절하게 이뤄지는지 그 정도를 검토
② 클라이언트에 관한 서비스와 지원계획의 목표에 대한 성취를 검토
③ 서비스와 사회적 지지의 산출을 검토
④ 클라이언트의 욕구 변화를 점검하여 서비스 계획의 변화 여부를 검토

(5) 평가

평가란 '사례관리자에 의해 형성·조정되는 서비스 계획, 구성요소, 활동 등이 과연 시간을 투자할 만한 가치가 있는지 측정하는 과정'이다(권진숙·전석균 역, 1999). 평가와 점검은 개념상 구별된다. 점검이 '활동이 계획대로 잘 이뤄지고 있는지' 살펴보는 것이라면, 평가는 '사례관리자의 활동이 클라이언트의 삶에 어떤 차이점을 만드는지' 보는 것이다.

사례관리 평가에 관한 접근을 살펴보면, 다음과 같다.

① 클라이언트에 관한 서비스와 개입계획에 관한 평가
② 목적 달성에 관한 평가
③ 사례관리서비스의 전반적인 효과성에 관한 평가
④ 클라이언트의 만족도에 관한 평가

이러한 평가의 4접근은 사례관리에서 매우 중요한 것으로 사회복지실천에서 역동적으로 이뤄져야 한다.

2) 사례관리자의 역할

사례관리의 기능은 크게 임상(치료)적 기능과 자원연결의 조정 기능의 양대 축으로 나뉘며, 여기에 평가가 포함된다. 사례관리의 임상적 기능으로는 지역사회에 있는 클라이언트에게 개별화된 조언, 상담, 치료를 제공하는 것이며 자원연결의 조정기능은 지역사회에 있는 클라이언트에게 지역사회 공적 기관과 비공식적인 원조 네트워크 안에서 필요로 하는 서비스와 자원을 연결하는 것을 의미한다(Roman, 1991).

홀로웨이(Holloway, 1991)는 이러한 서비스를 제공하는 사례관리자의 역할을 일반사례관리자(*general case manager*)와 임상사례관리자(*clinical case manager*)로 구분하여 정의하였다. 일반사례관리자란 체계 안에서 정책을 수립하고 자원배치를 지도하는 촉진자, 체계조정자 및 서비스 중개자이며 임상사례관리자는 위의 역할에 더하여 정신치료, 생활기술훈련, 심리치료, 가족치료 및 위기개입 등 치료자로서의 역할을 한다(Holloway, 1991:2~13; Kanter, 1989:361~368; 양옥경, 1996:165~184).

한편, 목슬레이(Moxley)는 사례관리 기능을 간접적 서비스와 직접적 서비스로 구분하고 각각의 서비스에서 사례관리자의 역할을 구분하고 있다. 간접적 서비스에서 사례관리자는 중개자, 연결자, 조정자, 옹호자, 사회적 망 수립자, 조정자 및 협상제공자 등의 역할을 하며 직접적 서비스에서는 이행자, 교육자, 안내자, 협조자, 진행자, 정보전문가, 지원자로 기능한다(김만두 역, 1993, 재인용).

사례관리자에게는 다양한 역할이 요구되며, '어떤 역할을 할 것인가'는 '클라이언트의 욕구가 무엇인가'와 가장 관련이 있다. 사례관리자는 클라이언트의 포괄적 욕구를 알고, 이를 적절한 서비스와 연결해 이러한 서비스가 효율적으로 제공될 수 있도록 해야 한다. 이때 사례관리자는 중개자를 포함한 다양한 역할을 한다. 중개자란 하나 혹은 그 이상의 서비스와 클라이언트를 연결하는 것을 의미하며, 사례관리자란 더 넓은 의미로서 클라이언트 욕구의 연속선상에서 이를 효율적·효과적으로 충족시키고자 하는 것으로 서로 다른 의미를 가지고 있다. 중개자와 사례관리자 모두 지역사회 자원 발굴 및 관련지식을 갖춰야 하지만, 궁극적으로 클라이언트에게 제공될 서비스를 조정, 점검, 평가하는 책임은 사례관리자에게 있다(Kirst-Ashman & Hull, 1993:507~508). 따라서 사례관리자는 클라이언트의 욕구에 따라 필요한 직·간접서비스는 제공하는 다양한 역할을 해야 하며, 서비스과정 초기부터 종결에 이르기까지 지속적인 지원을 해야 한다.

5. 실천적 함의

사례관리가 치료적 기능을 갖는지, 자원 연결 및 제공의 기능만을 갖는지(Johnson & Rubin, 1983), 어떤 전문직이 사례관리에 가장 적합한가는 여전히 논란이 있다. 그러나 사례관리가 사회적 서비스의 다양한 문제를 다루며(Rapp & Chamberlan, 1985) 장기보호를 필요로 하는 집단(Rothman, 1991)과 다양한 욕구를 가진 클라이언트에게 적합하다는 인식은 일반적이다. 따라서 사례관리는 정신보건, 장애인, 노인, 여성 등 다양한 분야에서 활발히 활용되고 있다.

최근 우리나라에서도 공공과 민간의 실천현장에서 사례관리가 지속적으로 확대되는 것은 주목할 만하다. 이는 미래에도 사례관리의 실천적 유용성이 더욱 커질 가능성을 보여준다. 특히 다음과 같은 측면에서 사례관리의 중요성은 확대될 수 있다.

첫째, 최근 사회복지는 생산, 전달, 소비가 지역사회중심으로 점점 더 확장된다. 이전의 제한된 공간(시설 등)에서 제공된 서비스로부터 지역사회로 삶의 공간이 넓어지면서 찾아가는 서비스 등 새로운 서비스 내용 및 형태 등이 부각되는 것이다. 이러한 측면에서 사례관리는 복잡한 서비스를 연계하는 작동기제로서 민간뿐만 아니라 공공영역에서도 중요한 실천방법으로서 향후에도 강조될 것이다.

둘째, 클라이언트 욕구의 다양화와 공공 책임성 증가이다. 과거의 전통적 빈곤이라는 사회문제를 넘어 인구구성 및 가족구조의 변화, 경제위기와 고용불안, 인공지능 등 신사회위험에 노출되면서 소득수준과 상관없이 개인과 가족 내에서 해결하기 어려운 다양한 복지욕구가 등장하고 있다. 한편으로는 이러한 클라이언트의 욕구가 개인의 책임이 아닌 사회문제라는 인식이 확산되면서 공공의 책임에 대한 목소리도 높아진다. 이에 따라 공공 및 민간영역의 사회서비스는 급격히 증가하는 한편, 욕구와 자원의 대응성이 낮다는 지적도 계속된다. 이러한 비판에 대한 인식에서 서비스 전달의 책임성을 향상시키려는 정부의 의지가 공공사례관리 확대로 발현되고 있는 것이다(민소영, 2015:213~214).

이러한 경향은 미래사회에도 중요한 하나의 작동기제로서 사례관리의 필요성을 강조하게 할 것으로 본다. 따라서 사례관리 인력의 전문성의 향상을 위한 사회복지실천 지식 및 기술의 개발 및 교육 등의 노력이 지속적으로 필요하며, 공공과 민간의 명확한 역할 분담과 유기적 연결 또한 고려되어야 할 것이다.

6. 사례

1) 사례개요

이 사례[2]는 1999년 학교생활 부적응, 학습능력 저하 및 기초생활 관리 기술 부족 등을 이유로 학교에서 의뢰하여 개입한 사례로 2005년까지 사례관리를 계속 진행해 왔다. 복지관을 처음 내방했을 때에 클라이언트는 중학교 3학년인 16세 여학생이었다. 초기단계에서는 아버지가 복지관의 개입을 거부해 클라이언트 개인의 부적응 문제를 중심으로 서비스를 제공했으나, 개입 중반이 지나면서 아버지가 자발적으로 참여의지를 갖게 됨으로써 클라이언트와 아버지에 대한 종합적 사례관리를 실시했다.

클라이언트는 개입 초기에 심리 · 정서적으로 위축되어 자아존중감 및 자기효능감이 현저히 낮은 편이었으며, 기초학습능력 및 생활기술 역시 또래에 비해 심각하게 부족한 상황이었다. 또한 아버지의 경제적 무능력으로 인해 클라이언트는 경제적으로 심각한 어려움에 직면해 있

---

2) 이 사례는 이화여대 종합사회복지관의 재가복지사례이다. 이 사례를 제시할 수 있도록 해준 이화여대 종합사회복지관과 사례정리에 협조한 홍진주 사회복지사에게 깊이 감사드린다.

었다. 그러나 지속적인 사례관리과정을 통하여 심리·정서적 안정과 함께 생활기술 및 신변관리 능력이 향상되었으며, 2004년 2월 고교졸업 후에는 지속적인 아르바이트 활동을 하고 이대복지관의 새솔도서실에서 청소년직장체험 연수에 참여하는 등 경제적 자립을 위해 성실하게 노력했다. 이듬해인 2005년 3월부터는 그간 적립된 후원금 일부를 활용하여 ○○여대 평생교육원 보육교사 양성과정에 등록하여 교육에 참여했으며, 향후 보육교사로 취업할 계획을 수립했다. 이 과정에서 클라이언트는 점진적 임파워먼트 및 자립의지가 강화되어 열심히 생활했다. 클라이언트의 아버지 또한 개입초기에는 알코올릭(*alcoholic*)으로 인한 심신 쇠약증세로 경제활동을 전혀 하지 않았으나 복지관의 소개로 은평시립병원에 입원하여 약 4개월간 치료를 받고, 복지관의 근로의욕증진 프로그램에 성실하게 참여하는 등 적극적인 자립의지를 보였다. 아버지는 ○○○ 자활훈련기관의 '집수리사업단'에 참여하여 성실하게 자활을 준비했다.

2) 사정

이 사례는 5년여의 장기간에 걸쳐 사례관리가 진행되어 초기, 중기 및 종결단계로 나누어 간략히 그 과정을 기술하고자 한다.

(1) 욕구 및 문제사정

욕구 및 문제사정에서는 사례관리과정에서 클라이언트와 아버지가 가지고 있는 욕구목록과 사회복지사가 평가한 문제목록을 제시하였다.

〈표 5-2〉 욕구 및 문제목록

구분		욕구목록	문제목록
초기 단계	클라이언트	· 다른 또래 친구들처럼 자신도 변하고 싶음. · 학습능력이 향상되기를 원함 · 소화가 잘 안 되며 딸꾹질 같은 현상이 자주 나타남.	· 클라이언트의 기초생활관리 부족: 목욕과 머리감기, 속옷착용 등 개인위생관리 부족으로 또래들에게 호감을 주지 못하며, 식사를 제대로 못함. · 클라이언트의 기초 학습능력 부족: 한글 읽기 · 쓰기 능력의 현저한 부족, 구구단 암기 못함, 영어 알파벳 읽기 및 쓰기 못함.
	아버지	· 클라이언트가 바르게 성장하기를 원함. · 복부에 혹과 통증이 있고 이가 많이 없어 음식섭취에 어려움이 있으며 개선되기를 원함. 그러나 복지관 개입에 자발적 참여의사는 없음.	· 건강문제로 일용직 일도 못하고 있으며, 경제적 상황 또한 매우 나쁨.
중기 단계	클라이언트	· 집안환경, 경제사정이 불안정하며 생활에 어려움이 많음. · 아버지의 건강 및 취업을 염려.	· 사회생활에 어려움, 위축감. · 집안환기가 안되며 보일러 고장 등 생활에 어려움.
	아버지	· 경제적 도움, 복지관의 개입에 자발적 참여의사 갖게 됨.	· 알코올중독이 의심될 정도의 지나친 음주 및 흡연. · 건강 악화.
말기 단계	클라이언트	· 취업 및 사회생활에서 자신감. · 아버지의 건강 및 취업에 대한 염려.	· 취업을 희망하나 취업에 대한 자신감 부족. · 경제관리개념 없음.
	아버지	· 자활.	· 취업을 희망하나 취업에 대한 자신감 부족.

개입이 진행되면서 클라이언트체계의 욕구는 변화하며, 사회복지사의 문제목록 역시 변화양상을 보여준다(〈표 5-2〉 참조).

(2) 자원사정

자원사정은 클라이언트의 개인, 가족, 환경의 자원 및 강점사정을 위한 것이다. 이를 위해 본 사례에서는 생태도와 가계도의 방법을 다음과

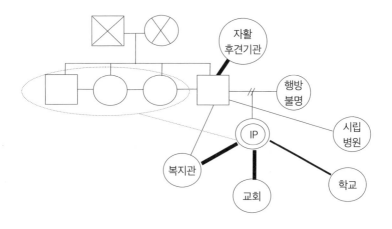

같이 활용하였다. 자원사정 결과 클라이언트 및 환경의 자원 및 강점을 분석하면 〈그림 5-1〉과 같다.

우선 클라이언트의 개인적 자원 및 강점은 문제목록에서 제시하고 있는 여러 가지 문제상황에도 불구하고 매우 밝고 활달한 성격을 가지고 있다는 것이다. 또한 겉멋을 부리거나 자신과 상황을 과장하지 않는 솔직함을 가지고 있으며, 교회활동을 열심히 하고 있다. 이로 인하여 교회친구, 교사 등의 정서적 지지가 비교적 높은 편이다.

클라이언트의 가족자원 및 강점으로는 아버지와 클라이언트의 관계에 정서적 갈등이 다소 존재하지만 아버지가 클라이언트를 잘 돌보지 못하는 데 대한 미안한 마음을 가지고 있으며, 딸을 염려하고 경제적 어려움을 해소하고자 하는 자활욕구를 가지고 있다는 점이다. 이를 위해 아버지는 생태도 분석결과 시립병원에서 치료를 받고 있으며 복지관의 근로의욕증진 프로그램 참여, 자활후견기관 프로그램에의 적극적 참여의지 등을 보이고 있다.

환경적 자원 및 강점으로는 학교의 담임교사, 양호교사 및 상담교사가 클라이언트에게 관심이 높은 편으로 돕고자 하는 의지를 가지고 있으며, 클라이언트가 교회활동을 열심히 하여 교회의 친구들 및 교회관계자 등의 지지체계가 있다는 점이다. 또한 클라이언트는 복지관의 사회복지사와 긍정적 관계유지를 통한 역할모델을 가지고 있으며, 지속적인 경제적 지원(월 15만 원, 복지관후원금 5만 원), 자활후견기관의 적극적 지원체계 등의 자원을 가지고 있다.

(3) 장애물사정

① 외부장애물

클라이언트의 외부 장애물로는 열악한 생활환경이 우선적으로 제기된다. 공동화장실 사용, 환풍이 어려운 단칸방에서 아버지와 딸이 취사를 겸하고 있어 위생, 기초생활관리, 건강상의 문제 등이 발생할 우려가 있다. 또한 겨울에는 난방이 잘 안 되어 추위로 수면에 장애를 초래하며, 어머니가 가출하여 클라이언트가 주부역할을 감당해야 하는 등 기본적인 의식주생활 유지에 어려움이 있다. 현재 이로 인해 클라이언트와 아버지는 건강상태가 양호하지 못하며, 특히 클라이언트는 어린 나이에도 불구하고 만성위염 증세에 시달리고 있고 평소에도 딸꾹질을 심하게 하는 건강문제를 호소하고 있다.

② 선천적 무능력

클라이언트는 의뢰 당시 한글을 읽고 쓰는 데에 대한 제한, 구구단 암기를 하지 못하는 문제, 영어 알파벳을 잘 모르는 학습능력의 문제가 제기되었다. 그러나 사정결과 이는 클라이언트의 지적 능력의 문제라기보다는 환경적 영향인 것으로 판단되었다. 따라서 적절한 지원체계를 통해 학습능력이 개선될 가능성이 있는 것으로 보인다.

그러나 아버지의 알코올중독이 의심되는 잦은 음주와 흡연, 알코올중독과 도박을 조장하는 친구들이 현재의 문제를 가중시키는 것으로 보인다. 이로 인해 아버지는 건강이 악화되어 만성 위염, 만성 간질환, 전신성 쇠약 등을 진단받았으며 치아의 4분의 3이 빠진 상태로, 외모상의 문제와 대화시 발음이 새는 등의 어려움을 가지고 있다.

③ 내부장애물

클라이언트는 초기에 위의 여러 가지 문제목록으로 인하여 심리·정서적 위축감과 낮은 자아존중감, 자기효능감을 보여주었다. 이로 인하여 클라이언트는 문제해결 및 스스로에 대한 자신감이 부족하였고, 이는 매사에 소극적 태도를 취하는 원인이 되었다.

또한 아버지는 아내의 가출과 경제적 무능력, 건강악화 등 여러 가지 문제가 겹치면서 자신의 삶을 실패로 간주하는 비관주의와 사회에 대한 냉소주의로 가득 차 있었다. 결코 달라질 수 없으리라는 패배주의적 신념으로 초기에는 복지관의 개입에 냉소적 태도를 일관하였으나 클라이언트가 점차 변화하는 것을 보면서 복지관의 개입에 자발적으로 참여하게 되었다.

그러나 아버지는 적극적 자활의지에도 불구하고, 현재까지도 취업에 대한 자신감 부족, 자기효능감의 부족 등이 엿보이므로 지속적 개입이 필요하다.

3) 계획

〈표 5-3〉는 사례관리과정에서 클라이언트와 함께 계획을 수립해 가는 과정을 보여준다. 클라이언트와 아버지에 대한 각각의 목적을 설정하고 이를 달성하기 위한 계획을 다음과 같이 수립하였다.

〈표 5-3〉 계획과정

<table>
<tr><td rowspan="2" colspan="2">구분</td><td>1단계</td><td>2단계</td><td>3단계</td><td>4단계</td><td>5단계</td></tr>
<tr><td>상호간
목적수립</td><td>우선순위
설정</td><td>전략수립</td><td>최선의
전략 선택</td><td>전략실행</td></tr>
<tr><td rowspan="2">초기단계</td><td>클라이언트</td><td>· 청결 / 건강한 생활습관 형성
· 학습능력 향상을 위해 노력</td><td>1순위)
기초생활 습관 형성 / 관리 능력 향상

2순위)
기초학습 능력 향상</td><td>· 복지관 가사 도우미 파견: 생활관리습관 원조
· ○○대 학습 봉사자 모임 연계
· 주 1회 상담
· 후원자 찾기</td><td>· 복지관 가사도우미 파견
· 학습도우미: 대학생 봉사자 연계</td><td>· 주 1회 복지관 재가복지팀 생활도우미 봉사자 파견 (환경정리, 신변 관리, 말벗 서비스)
· 반찬 및 특식 서비스 제공
· 주 1회 복지관 내방 상담 및 후원자 연결</td></tr>
<tr><td>아버지</td><td>· 건강회복 위해 음주량 줄이고 건강관리 시작</td><td>1순위) 단주

2순위) 건강관리</td><td>· 정밀한 건강검진 실시: 검진 결과에 따른 건강관리와 단주훈련</td><td>· 시립병원 입원 치료 및 상담</td><td>· 지역의원의 진단 / 의뢰로 시립 병원 입원
· 단주 프로그램 참가 / 건강회복
· 주 1회 상담</td></tr>
</table>

<표 5-3> 계획과정 (계속)

구분		1단계 상호간 목적수립	2단계 우선순위 설정	3단계 전략수립	4단계 최선의 전략 선택	5단계 전략실행
중기단계	클라이언트	· 취업 및 진로 탐색과정에 적극참여 · 집안환경 개선 위해 노력	1순위) 진로탐색 활동 적극참여 2순위) 자신감 향상	· 집안환경 보수 · 취업경쟁력 향상 교육 · 구직경험 위한 아르바이트	· 근로경험을 위한 아르바이트 실시	· 아르바이트 연계 및 일 경험과정 상담
중기단계	아버지	· 지속적 건강관리 · 취업준비 및 시도	1순위) 건강관리 2순위) 구직준비 및 활동	· 복지관 근로의욕 증진 프로그램 참가 / 취업준비 개별상담 실시 · 자기관리 훈련	· 복지관 근로의욕 증진 프로그램 참가	· 복지관 근로의욕 증진 프로그램 참가 · 노동부훈련 의뢰 (정보화기초 등) · 취업 위한 자기 관리 (외모관리, 건강관리, 재정 관리, 시간관리 등) 및 교육 / 상담 · 취업관련 정보 제공
말기단계	클라이언트	· 자신감 회복 · 타인과 긍정적 관계형성	1순위) 생활환경 안정 및 부와의 관계 회복 2순위) 취업준비 위한 진로계획 수립	· 자기관리훈련 (재정관리, 시간 관리, 이미지 관리 등) · 개별 상담	· 자기관리훈련 (재정관리, 시간 관리, 이미지 관리 등)	· 주 1회 상담 통해 자기관리 훈련 · 자존감 향상 위한 학습지원 서비스 · 진로지도: 정보 제공 / 상담, 자신감 고취
말기단계	아버지	· 직장생활 시작 / 안정적 유지	1순위) 취업 및 유지 2순위) 자신감 회복	· 자활후견기관 취업 의뢰 · 안정적 유지 위한 지지상담	· 자활후견기관 취업 의뢰	· 자활후견기관 의뢰 및 사업단 참가 · 모니터링 및 월 1회 상담

4) 개입

개입과정에서는 상담 등의 직접적 서비스뿐 아니라 후원자 찾기 및 연결, 시립병원, 자활후견기관 연계 등 간접적 서비스 등을 진행하였으며 이를 대상자별로 정리하면 〈표 5-4〉와 같다.

5) 점검

(1) 서비스 계획의 적절성

이 사례는 사례관리자가 1개월 단위로 서비스 계획을 재수립하면서 5년여에 걸쳐 직·간접 서비스를 제공하였다. 사례관리과정에서 지속적으로 클라이언트 및 아버지의 욕구 및 문제에 대한 재사정을 통해 상호 목적을 재수립하고, 분기별 전문가 평가회의를 통해 계획의 적절성을 점검하며 진행하였다.

〈표 5-4〉 개입과정

구분		개입
클라이언트	초기	· 주 1회 복지관 생활도우미 봉사자 파견(환경정리, 신변관리, 말벗서비스 등) · 주 2회 반찬 및 주말특식 등 제공, 주 1회 복지관 내방 상담, 후원자 찾기 및 연결, 학습지원을 위한 자원봉사자 연결
	중기	· 아르바이트 연계 및 일 경험과정 상담
	말기	· 주 1회 상담을 통해 자기관리 훈련실시, 자존감 및 자기효능감 향상을 위한 상담 · ○○여대 평생교육원 보육교사과정 정보제공 및 지지상담
아버지	초기	· 지역사회 의원의 진단서 및 의뢰를 통해 시립병원에 입원 · 단주 프로그램 참가 및 건강회복, 주 1회 상담 병행
	중기	· 복지관 근로의욕 증진 프로그램 2주 집중훈련 참가, 노동부훈련(정보화기초 등) 의뢰, 취업을 위한 자기관리교육(외모관리, 건강관리, 재정관리, 시간관리 등) 및 상담
	말기	· 자활후견기관 의뢰, 사업단 참가활동 모니터링 및 월 1회 상담 제공

(2) 목표달성 여부

각 단계별 목표달성을 위해 선택한 대안의 적절성에 대해 전문가 사례회의, 평가시에는 평가회의를 통해 분기별로, 수시로 점검하였다. 또한 클라이언트의 변화 여부를 점검하고자 생활자원봉사자와 학습지도 자원봉사자, 사례관리자, 클라이언트와 직접면담 등의 방법을 통해 목표달성 여부를 점검하였다. 아버지 역시 아버지 자신, 클라이언트, 사례관리자, 시립병원 의사 및 자활후견기관 담당자 등의 평가와 면담으로 개입을 통한 목표달성 여부를 점검하였다.

(3) 결과목표의 달성 여부

클라이언트 및 가족체계(아버지)에 대한 개입이 계획한 대로 긍정적인 변화를 유도할 수 있는지 점검하였다. 클라이언트는 초기단계 봉사자들과 사례관리자의 개입에 의해 기초생활관리 능력 및 기초학습 능력은 향상되었으며, 이후 취업을 위한 진로체험 및 탐색활동에는 적극적으로 참여하였다. 또한 복지관 근처에서 아르바이트를 하며 긍정적 직장경험을 통하여 자신감을 향상하였다. 이후 미래준비를 위한 보육교사 자격교육에 참여하면서 지속적인 상담을 통해 시간관리, 재정관리 활동에 참여하였다. 아버지의 경우, 시립병원 입원치료를 통해 알코올중독 증세가 완화되었으며, 자활후견기관과의 연계를 통해 자활준비를 노력하고 있다.

6) 평가

(1) 클라이언트의 서비스 및 개입계획 평가

서비스 개입단계별로 사례회의 실시를 통하여 개입전략 및 접근방법의 수정 및 보완노력을 실시하였다. 그 결과 단계에 따라 적절한 재사정과 계획수립을 통해 지속적 개입을 실시하였다.

(2) 목적달성 평가

초기단계 목표였던 클라이언트의 생활관리능력 및 기초학습능력은 초기단계 내에 달성되었다. 속옷 착용 및 목욕, 손톱 깎기, 머리 감기 등의 개인 위생상태가 개선되었으며, 대인관계에서 말투나 대응태도 등은 다소 긍정적·적극적으로 변화되었다. 그러나 기초학습능력 향상에 대한 부분은 자원봉사자와의 학습활동 속에서 클라이언트의 의지와 노력은 관찰되나 기초적인 부분이 너무 취약하여 여전히 어려움이 남아있는 상태이다.

중기, 말기 시점에서는 기초학습능력 부족으로 인한 위축감 소거 및 자신감 강화, 취업경쟁력 향상, 안정적인 아르바이트를 통한 경제적인 안정을 목적으로 설정하였으며 이는 지속적인 멘토 형태의 자원봉사자 연계과정 속에서 영어기초단계, 한글맞춤법 지도 등의 개입을 실시하였다.

그 결과 위축감은 감소하여 자신감을 회복중이며, 아르바이트를 하면서 성실함을 인정받아 비교적 지속적인 고용을 유지할 것으로 보인다. 그러나 클라이언트가 희망하는 사무직, 보육교사 등과 관련된 취업경쟁력 향상을 위해 필요한 자격의 취득과정에서는 다소 위축감이 남아있는 상태이다.

(3) 효과성 평가

자아존중감, 자기효능감, 과업성취도 척도, 미래인식도 등을 사전사후 검사로 활용하여 개입의 효과성을 평가하였다.

(4) 클라이언트 만족도 평가

서비스 종결시점에서 경험한 서비스들에 대한 만족도, 자신의 변화에 대한 만족도를 측정하여 평가하였다.

7) 이 사례에서 사례관리자의 역할

사례관리 초기단계에는 생활기술 훈련과 정서적 안정을 위한 교육과 상담 위주의 직접적 서비스를 실시하고, 중기 이후에는 상담과 함께 자원연계 및 정보제공 등을 강화하여 간접적 서비스를 함께 제공하였다. 구체적으로 사례관리자는 클라이언트와 그 가족에게 정기적인 개별상담 및 조언과 심리검사 등을 실시하고, 지역사회 내 병원, 취업훈련시설, 자활후견기관, 동사무소, 고용안정센터 등의 연계망을 구축하고 자원을 제공하는 자원연결기능을 담당하였다.

제 6 장
통합적 관계론

1. 사회복지실천에서의 관계

두 사람 간의 상호작용의 산물인 '관계'는 사회복지실천의 역사에서 중요하게 인식되어온 용어이다. 사회복지사가 클라이언트와 좋은 관계를 발전시키는 것이야말로 실천노력에서 필수적인 요소라고 할 수 있다 (Johnson, 1995:167).

사회복지실천에서 사회복지사와 클라이언트가 맺는 관계의 질은 실천과정의 전반에 걸쳐 사회복지사와 클라이언트의 자세 및 책임성에 영향을 미치며, 최종적으로는 실천의 결과를 좌우하는 중요한 요소로서 작용한다. 이에 사회복지실천가들은 원조관계(helping relationship)에 대한 많은 조사연구를 통해 바람직한 인간 상호작용의 효과를 규명하고 이를 의도적으로 활용하고자 노력해왔다.

사회복지사와 클라이언트 간의 관계는 기본적으로 사람 간의 관계로서 진실하고 친밀하면서도 헌신적이고 책임성 있는 자세를 기초로 한다. 그러나 이 관계는 목적과 종결이 분명하다는 점에서 여느 사회적 관계와는 차이가 있다(Miley et al., 2016:123).

오늘날 사회복지 실천에서 '좋은 관계'란 사회복지사와 클라이언트 간의 바람직한 '원조관계'에 그치지 않으며, 한 걸음 더 나아가 사회복지사와 클라이언트 간의 '협력적 관계'에 초점을 맞춘다. 사회복지실천 현장에서는 사회복지사에게 전문적 관계에 대해 책임성을 가질 것뿐만 아니라 임파워먼트적 관점에서 클라이언트의 강점과 권리를 인식하고 이를 바탕으로 파트너십을 형성할 것도 요구한다.

사회복지사가 전문가로서의 위치를 강조할수록 클라이언트를 수동적 위치에 놓게 되며, 결국은 실천의 결과에 대한 책임을 사회복지사 혼자 떠안아야 하는 상황을 맞이하게 될 것이다. 선의라 할지라도 전문가가 도맡아 클라이언트를 위해 돕는 과정을 조정하고 결정을 내리면 클라이언트의 효능감은 약화된다. 이러한 경우 사회복지사는 클라이언트의 생각을 충분히 경청하지 않고, 견해를 폄하하여 피드백을 무시하고, 전문적 용어를 사용하여 클라이언트의 언어를 평가절하하고, 클라이언트를 밀어붙이고, 클라이언트의 능력을 낮게 평가하여 그들의 강점보다는 결점에 초점을 맞추게 된다(Simon, 1994).

반면 임파워먼트적 시각에서 사회복지사는 클라이언트가 지닌 인생에 대한 관점과 경험을 인정하고, 클라이언트를 잠재력과 강점을 지닌 존재로서 바라보며, 인생을 두고 스스로 책임 있는 선택을 할 수 있는 권한을 클라이언트에게 부여함으로써 클라이언트와 상호보완적 관계를 형성하게 된다.

사회복지사와 클라이언트는 서로에게 자원으로서 기능하고 협력적인 파트너로서 함께 일하는 관계이다. 클라이언트와 협력적 관계를 구축한다는 것은 '문제에 대한 클라이언트의 정의를 수용하고, 클라이언트의 강점을 규명하여 끌어올리며, 클라이언트를 변화과정에 관여시키고, 돕는 관계 안에서 클라이언트가 개인적 권한을 경험하게 하는' 토대 위에서 관계를 형성함을 의미한다. 사회복지사는 클라이언트와 협력적인 파트너십을 구축하기 위해 효과적인 의사소통의 방법, 대인관계기술, 문화적 차이를 이해하는 능력, 그들의 교환관계를 이끄는 사회복지실천 윤리와 가치에 대한 개념적 이해를 필요로 한다. 사회복지사와 클라이언트 간의 관계가 협력적 관계로 발전될 때, 관계는 그 자체로서 변화를 위한 자원이 될 것이다(Miley et al., 2016:124).

이 장에서는 사회복지사의 행동상 지침이라고 할 수 있는 관계의 기본원칙들을 살펴보고 전문적 관계를 위한 사회복지사의 자질, 임파워먼트 시각에서 협력적 관계를 구축하기 위해 필요한 사회복지사의 자세를 살펴보기로 하겠다.

2. 관계의 기본원칙

비에스텍(Biestek, 1957)은 개별사회사업에서 사회복지사와 클라이언트의 관계가 가진 중요성을 피력하고 전문적 관계의 기본원칙에 대해 명확한 이론을 전개한 바 있다. 비에스텍은 도움을 구하는 모든 사람들에게 공통적인 기본감정 및 태도유형이 존재한다고 보았으며, 이를 바탕으로 관계의 7대 원칙이라고 불리는 관계론을 정립하였다. 여기에는 개별화, 의도적인 감정표현, 통제된 정서적 관여, 수용, 비심판적 태도, 클라이언트의 자기결정, 비밀보장이 포함된다.

> 원칙 1: 모든 클라이언트를 개별적인 욕구를 가진 존재로 개별화해야 한다(개별화).
> 원칙 2: 클라이언트가 감정을 자유롭게 표현하도록 해야 한다(의도적 감정표현).
> 원칙 3: 클라이언트의 감정에 대해 민감성과 이해로써 반응해야 한다(통제된 정서적 관여).
> 원칙 4: 클라이언트를 있는 그대로 인정하고 받아들여야 한다(수용).
> 원칙 5: 클라이언트를 심판하거나 비난하지 않아야 한다(비심판적 태도).
> 원칙 6: 클라이언트의 자기결정을 최대한 존중해야 한다(클라이언트의 자기결정).
> 원칙 7: 클라이언트의 비밀을 보장해야 한다(비밀보장).

1) 개별화

이는 개별적으로 취급되기를 원하는 모든 인간의 기본적 욕구에 바탕을 둔 것이다. 즉, 모든 클라이언트는 각자 다른 사람과는 다르며 각 클라이언트의 감정, 사고, 행동, 독특한 생활양식, 경험 등은 각기 존중될 권리가 있다는 것이다.

클라이언트의 개별화(*individualization*)를 위해 사회복지사는 특정 클라이언트 집단에 대한 편견과 선입관에서 벗어나야 한다. 편견과 선입관을 가진 사회복지사는 클라이언트의 문제, 경험, 사고, 행동에 대해 속단을 내리고 그들의 존엄성을 존중하지 않게 되며 자칫 객관적인 시각을 잃을 수도 있다. 예를 들어 노인은 이성에 관심이 없을 것이라는 사회복지사의 편견은 노인인 클라이언트에게 존재하는 그러한 관심과 욕구를 과소평가하게 만든다. 그 결과, 사회복지사는 그들의 욕구를 정확히 파악하지 못할 뿐 아니라 문제해결을 돕는 데에 매우 제한적인 목표를 세워 개입하게 될 것이다.

클라이언트가 속한 집단에 대한 편견 외에도 클라이언트의 외모, 성별, 교육수준, 태도에서 비롯한 편견도 있다. 예를 들어 지나치게 지저분하고 무지하며 예의 없는 클라이언트가 자녀의 비행문제를 가지고 사회복지사를 찾아왔을 때에 사회복지사가 아무런 편견 없이 그들의 문제해결을 도울 수 있는가 하는 것이다.

따라서 사회복지사는 편견과 선입견에 대한 자기인식을 가져야 한다. 만약 이러한 자기인식을 통해서도 극복하기 어렵고 클라이언트와의 관계에도 영향을 미치는 편견이 생겼다면 슈퍼바이저와 의논하여 문제를 해결해 나가거나 해당 사안을 다른 전문가에게 의뢰하는 것이 필요하다.

2) 의도적 감정표현

의도적 감정표현(*purposive expression of feeling*)의 원칙은 클라이언트가 자신의 감정, 특히 부정적인 감정을 자유롭게 표현하고자 하는 욕구와 관련된 것이다.

사회복지사는 클라이언트가 표현하는 감정에 의도적으로 귀 기울이고 이를 비난하거나 충분히 반응하지 못함으로써 클라이언트를 실망시키지 않아야 한다. 필요한 경우에는 클라이언트가 감정을 자유롭게 표현할 수 있도록 자극하고 격려해야 한다. 사회복지사의 이러한 자세는 클라이언트에게 도움을 주고자 하는 마음을 전달하고, 편안한 환경을 제공해주며, 사회복지사가 클라이언트의 상황을 충분히 이해하기도 전에 충고나 해결책을 제시하게 되는 오류를 방지할 수 있다.

클라이언트가 문제에 어떤 의미를 부여하고 어떻게 느끼느냐는 것은 문제를 구성하는 한 부분 이상의 중요성을 지닌다. 상황에 따라서는 문제를 둘러싼 감정 자체가 클라이언트의 가장 큰 어려움일 수도 있으므로 클라이언트의 감정을 이해하는 것은 매우 중요하다.

예를 들어 치매에 걸린 부모를 보호시설에 맡기려는 자녀의 경우, 구체적으로는 부모의 요양시설과 관련한 서비스를 의뢰하였을지라도 스스로도 어떤 죄책감이나 분노 등의 감정에 휩싸인 상황일 수 있을 것이다. 자신의 편안함을 위해 부모를 시설에 맡긴다는 죄책감 때문에 문제 상황에서 헤어나지 못할 수도 있고, 부양을 두고 부부간 또는 형제자매와의 불화를 경험하여 충동적인 결정을 내릴 수도 있다. 이러한 상황에서 사회복지사가 클라이언트의 감정에 대한 의사소통을 거부한다면 클라이언트는 문제상황에 더욱 휘말리게 되어 문제가 해결되기보다는 더욱 악화되는 방향으로 치달을 수 있다.

클라이언트의 감정표현을 이끌어내는 것은 클라이언트가 긴장이나 압박에서 벗어나 자신의 문제를 좀더 객관적이고 명확하게 볼 수 있게 도와준다. 또한 사회복지사와 감정교류를 가짐으로써 클라이언트는 문제에 대한 부담감을 덜 수 있으며(물론 클라이언트가 지나치게 의존하지 않도록 주의해야 한다), 문제해결과정의 진행을 위해 사회복지사와 더욱 깊이 있는 관계를 형성하게 된다. 또한 클라이언트의 부정적인 감정 자체가 문제라면 감정표현을 통해 많은 부분이 해결될 수 있다.

3) 통제된 정서적 관여

통제된 정서적 관여(controlled emotional response)란 클라이언트의 감정에 대한 사회복지사의 민감성과 그 감정들이 의미하는 것에 대한 이해 그리고 클라이언트의 감정에 대한 의도적이고 적절한 반응을 뜻한다.

사회복지사는 관계를 통해 클라이언트의 감정에 반응을 보임으로써 정서적으로 '관여'(involvement)하게 된다. 클라이언트의 감정에 대한 사회복지사의 반응은 사회복지실천의 관계에서 가장 중요한 심리적 요소이자 고도의 기술이 필요한 부분이다.

사회복지사는 클라이언트가 언어적·비언어적으로 전달하는 감정을 민감성을 가지고 관찰해야 하며, 클라이언트가 문제와 관련하여 가진 감정에 대해 부분적 이해가 아닌 완전한 이해를 갖고자 노력해야 한다. 또한 민감성이나 이해만으로는 불충분하며 클라이언트의 감정에 대한 사회복지사의 감정적 반응이 필수적이다. 이때 사회복지사의 반응은 목적의식과 자기인식에 의해 반드시 통제되고 조절되어야 한다. 왜냐하면 클라이언트에게는 자신의 감정을 그대로 공유하기보다는 자신과는 다른 입장에서 다른 반응을 보이는 사회복지사가 필요할 수도 있기 때문이다.

클라이언트가 자신의 감정을 드러내는 데에 꼭 언어만을 사용하는 것은 아니다. 얼굴표정이나 손놀림, 억양 등은 말 속에 숨겨진 감정을 드러내는 수단이 되기도 한다. 예를 들어 클라이언트가 자신을 버리고 떠난 아버지에 대해 무관심하다거나 현재 찾을 마음이 없다고 말을 할지라도 머뭇거리는 목소리나 상기된 얼굴표정은 아버지를 향한 감정이 아직 해소되지 않았음을 짐작하게 할 수 있을 것이다. 실제로 클라이언트가 언어로 표현하는 내용이 혼란스러운 경우에는 그의 감정상태를 관찰함으로써 좀더 정확한 정보를 얻어낼 수도 있다.

인간행동에 대한 지식과 사회복지사 자신의 생활경험, 사회복지실천에서의 전문적 경험 등은 클라이언트의 감정을 완전히 이해하는 데 도움을 준다. 사회복지사는 자기훈련을 통해 자신의 욕구와 감정을 자각하고 이를 관리함으로써 클라이언트의 감정을 왜곡하여 이해하지 않도록 주의해야 한다.

또한 이러한 이해를 바탕으로 클라이언트에게 보이는 사회복지사의 정서적 반응은 목적과 방향성을 지닌 의도적인 것이면서도 내면에서 우러나오는 것이어야 한다. 마음속에서 우러나지 않는 형식적인 공감표현은 클라이언트에게 진심으로 받아들여지지 않는다.

4) 수용

수용(acceptance)은 클라이언트를 있는 그대로 받아들이고 대우한다는 원칙이다. 즉, 사회복지사가 클라이언트의 강점과 약점, 바람직한 성격과 그렇지 못한 성격, 긍정적인 감정과 부정적인 감정, 건설적이거나 파괴적인 태도 및 행동 등을 있는 그대로 인정하고 존중하는 것을 말한다. 클라이언트는 사회복지사가 호감을 가질 만한 사람일 수도 있지만 단점이 많거나 미성숙한 사람일 수도 있다. 강간범이나 아동학대범, 상습적인 마약중독자, 파렴치한 채무자 등 사회복지사가 관계하는 클라이언트는 완성된 인격체와 애정 어린 성향을 지닌 사람들이 아닐 수 있는 것이다.

그러나 '수용'한다는 것이 클라이언트의 일탈적 태도나 행동을 '허용'함을 의미하지는 않는다. 그들의 부도덕하고 반사회적인 행동을 받아들인다는 의미는 더더욱 아니다. 사회복지사는 당연히 윤리와 법, 전문적 가치 등에 의거하여 바람직한 것과 수용할 수 있는 것에 대한 기준을 가져야 한다. 사회복지사의 역할은 클라이언트를 바람직하고 수용할 수 있는 상황으로 발전할 수 있도록 돕는 것이므로 클라이언트를 향한 관심과 따뜻한 마음, 정중한 태도, 경청하는 자세 등과 함께 중립성을 유지하려는 의지가 요구된다.

사회복지사의 수용은 클라이언트로 하여금 현재 존재하는 그대로의 자신을 표현하고 안정감을 느끼도록 함으로써 자신의 문제와 자기 자신에 대하여 더욱 현실적인 방법으로 대처해나갈 수 있도록 돕는다. 또한 클라이언트로 하여금 바람직하지 못한 방어로부터 자유로울 수 있도록 도와준다.

예를 들어 실업으로 인해 가족이 뿔뿔이 흩어지고 결국 생활보호대상자가 된 클라이언트가 직업적인 실패의 원인을 직장상사나 가족에게 돌리며 원망과 분노를 터트릴 수 있을 것이다. 클라이언트의 이러한 태도는 자신이 패배자나 무능력자로 보이지 않을까 염려하여 사회복지사의 반응을 떠보는 것일 수도 있다. 이때 사회복지사는 클라이언트의 말에 대해 동조하거나 비난하는 태도를 보이지 않고 현재의 실패를 포함해 있는 그대로의 클라이언트를 수용하고 있다는 것을 클라이언트가 느끼게 해야 한다.

힘든 경험을 지속적으로 경험 중인 클라이언트는 사회복지사가 클라이언트를 수용함으로써 비로소 스스로를 수용할 수 있게 되며, 더 이상의 방어적인 태도가 필요 없음을 알고 자신의 현실을 객관적으로 바라볼 수 있게 된다.

5) 비심판적 태도

비심판적 태도(*nonjudgemental attitude*)는 문제의 원인이 클라이언트의 잘못에 있는지 아닌지, 클라이언트에게 얼마만큼의 책임이 있는지 등을 심판하지 않으며 클라이언트의 특성 및 가치관을 비난하지 않는다는 원칙이다.

사회복지실천에서 '심판한다'는 것은 문제의 원인(클라이언트의 환경에 의한 것이든 혹은 클라이언트의 인성에 의한 것이든)에 대한 책임이 클라이언트에게 있다는 것을 언어적 또는 비언어적으로 비판하려고 하는 태도를 말한다. 사회복지 역사의 초기에는 클라이언트가 도움을 받을 가치가 있는 사람인지 여부를 먼저 판단하고 클라이언트에게서 잘못이 발견되면 자격이 없다며 도움을 주지 않으려 했던 것이 사실이다. 그러나 점차 사회복지의 초점이 '가치'가 있는 사람이 아닌 '욕구'를 가진 사람을 향하면서 비심판적 태도가 관계의 중요한 원칙으로 자리 잡았다.

도움을 요청하는 클라이언트는 어느 정도 실패감과 열등감, 나약함, 불만 등의 감정을 지니고 있으며, 따라서 다른 사람에게서 비난받는 것에 매우 민감한 경우가 많다. 이때 사회복지사가 조금이라도 자신을 비난하고 있다고 생각되면 클라이언트는 실천과정 동안 자신을 방어하느라 많은 노력과 시간을 소모하게 될 것이다. 반면 사회복지사가 자신의 잘못을 심판하는 데에 관심을 두지 않는다는 것을 알게 되면 클라이언트는 비난에 대한 두려움에서 벗어나 좀더 자유롭게 자신의 문제와 욕구에 대해 논의할 수 있게 될 것이다.

그러나 비심판적인 태도를 가진다는 것이 클라이언트의 태도, 기준 또는 행동에 대해 사회복지사가 평가적 판단을 내려서는 안 된다는 것을 의미하는 것은 아니다. 반사회적이고 비윤리적이며 불법적인 태도에 대해 사회복지사가 올바른 기준을 갖고 있지 않다면 이는 사회적 책임을 외면하는 것이다.

예를 들어 가족과의 동반자살을 시도했다가 실패한 후 죄책감과 절망감에 사로잡혀 있는 클라이언트를 생각해보자. 이때 사회복지사가 클라이언트에게 "자신이 죽은 후에 남겨져 고생할 가족들을 위해 같이 죽으려 한 것은 어찌 보면 아버지로서 당연한 행동이었다"고 말하는 것은 다른 가족 구성원들을 죽음으로 내몰려한 행동을 위한 정당화가 되지 못한다. 사회의 법과 가치기준 속에서 자녀는 부모의 죽음을 따라야 하는 소유물이 아니라 하나의 개별적인 인격체로서 존중되어야 하기 때문이다. 사회복지사의 이러한 태도는 클라이언트로 하여금 동반자살을 재시도하려는 의지를 불러일으킬 수 있으며, 사회적으로도 동반자살을 미화시켜 오히려 이를 부추기는 결과를 초래할 수 있다.

기준과 가치에 위배되는 클라이언트의 행동에 사회복지사가 관심을 두는 경우, 이는 클라이언트의 잘못을 비난하기 위함이 아니라 클라이언트가 현재와 미래에 건강하게 적응하도록 하기 위함임을 분명히 인식하는 것이 중요하다.

6) 클라이언트의 자기결정

이 원칙은 사회복지실천의 개입과정에서 클라이언트가 자신의 삶에 대해 스스로 결정을 내릴 권리와 욕구가 있다는 원리에 바탕을 둔 것이다. 이러한 자기결정권을 최대화하기 위해서는 클라이언트의 실수나 한계보다 장점과 능력을 강조해야 한다. 자신의 전문적 역할에 충실하고자 하는 사회복지사는 때때로 클라이언트에 대한 책임감으로 인해 문제를 해결하기 위한 모든 대안을 사회복지사 자신이 결정하려 할 수도 있다. 그러나 사회복지사의 이러한 태도는 클라이언트의 의존심을 강화하고 수동적 역할을 조장하여 오히려 역기능을 낳는다.

클라이언트의 자기결정(*client self-determination*) 원리는 사회복지사가 클라이언트를 위해 무엇을 해주는 것이 아니라 클라이언트와 함께 문제를 해결해나가는 것을 의미하므로 전문적 관계의 파트너십을 강조하게 된다. 물론 자기결정에도 한계는 있다. 우선 지적, 정신적, 신체적 장애로 인해 클라이언트가 스스로 결정할 능력이 없다면 자기결정의 기회가 제한될 수 있다. 예를 들어 중증의 정신지체를 가진 미혼여성이 임신하였을 때에 아이에 대한 그녀의 자기결정은 제한될 수밖에 없다. 뿐만 아니라 클라이언트의 결정이 법적, 도덕적 규범에 어긋날 경우에도 자기결정의 원리는 한계를 가지게 된다. 이럴 경우 사회복지사는 환경을 조정하고 클라이언트의 수준에 맞는 대안을 제시함으로써 클라이언트의 자기결정권이 최소한으로 침해되면서도 클라이언트가 덜 파괴적이고 더 기능적인 방향으로 결정을 내릴 수 있도록 도와야 한다.

클라이언트의 자기결정 원리를 실천하기 위해서는 다음과 같은 네 가지 측면을 고려해야 한다(Zastrow, 1989:36~38).

첫째, 클라이언트가 자기결정을 하기 위해서는 직면한 문제를 해결하기 위한 다양한 대안을 알고 있어야 한다. 따라서 사회복지사는 클라이언트와 함께 가능한 대안들을 탐색해야 하며 클라이언트가 선택권을 가지고 다른 사람에게 의존하지 않은 채 스스로 결정을 내릴 수 있게 도와야 한다.

둘째, 자기결정 원리는 주요 문제해결자가 사회복지사가 아니라 클라이언트임을 강조한다. 사회복지사는 문제를 가진 사람이 클라이언트이므로 문제해결의 일차적 책임 역시 클라이언트에게 있음을 인식할 필요가 있다.

셋째, 자기결정의 원리가 사회복지사로 하여금 어떠한 의견이나 제안도 할 수 없다는 것을 의미하지는 않는다. 사회복지사는 클라이언트의 문제해결을 위해 다양한 의견을 제시할 수 있다. 예를 들어 10대 미혼모에게 "당신이 선택할 수 있는 최선의 방법은 입양밖에 없습니다"라고 말한다면 자기결정권을 침해한 것이지만 "혹시 입양에 대해서는 어떻게 생각하십니까?" 하고 제안하는 것은 충분히 가능하다.

넷째, 자기결정의 원리는 법적으로 강제성이 부여되는 사회복지사의 기능에서도 존중되어야 한다. 즉, 감옥의 수감자를 대상으로 할 때나 보호관찰과 같은 업무를 수행할 때에도 클라이언트의 자기결정은 법적인 한도 내에서 존중되어야 한다.

7) 비밀보장

비밀보장(*confidentiality*)은 클라이언트가 전문적 관계에서 노출한 비밀스러운 정보를 사회복지사가 전문적 치료목적 외에 타인에게 알려서는 안 된다는 원리에 바탕을 둔다. 이는 또한 사회복지실천의 가장 기본적인 원칙이기도 한다. 문제해결과정에서 자신에 관한 정보가 타인에게 알려질 수 있다고 생각한다면 클라이언트는 사회복지사와의 관계에서 자신의 비밀, 개인적 관심, 비사회적인 사고와 행동 등에 대해 절대로 이야기하지 않을지 모른다. 이런 측면에서 비밀보장은 상당히 중요한 전문적 관계의 원칙이라고 할 수 있다.

그러나 아무리 중요할지라도 비밀보장에는 한계가 있다. 오늘날 대부분의 사회복지사는 다중의 문제를 갖고 찾아오는 클라이언트를 접하게 되며, 다중문제에 대한 적절한 서비스를 전달하기 위해서는 기관 내외의 다른 전문가와 필요한 정보를 공유하지 않을 수 없다.

뿐만 아니라 사회복지실천을 배우는 학생이나 초심자는 지도감독을 위해 슈퍼바이저에게 사례를 상세히 보고할 수밖에 없다. 이런 경우에는 더 나은 문제해결을 위한 것임을 클라이언트에게 이해시키고 이에 대한 고지된 동의(*informed consent*)를 얻는 것이 필요하다. 이외에 기관에서 보관하는 기록이나 동료들과의 사례회의(*case conference*)에서도 비밀보장의 원리는 완전히 지켜지기 어려우므로 사회복지실천에서의 비밀보장은 상대적이라고 할 수 있다.

또한 타인이나 클라이언트 자신의 안전이 위협받는 경우에는 생명의 보호가 우선되므로 비밀보장의 원리가 유보될 수밖에 없다. 예를 들어 어떤 남자가 사회복지사에게 자신을 괴롭히는 이웃을 죽일 계획이라고 이야기한다면 사회복지사는 비밀보장에 앞서 그 이웃에게 사전경고를 하여 예상되는 희생자의 생명을 무엇보다 우선하여 보호해야 한다.

살인이나 자살 이외에도 학대 및 방임, 절도 등의 범죄행위와 관련된 비밀은 보장하기 어려우므로 면담 초기에 비밀보장의 한계를 분명히 해두는 것이 필요하다. 현재 우리나라는 사회복지사와 클라이언트 관계에서 모든 정보에 대한 법적 비밀보장 권한을 부여하지는 않는다.

3. 전문적 관계형성을 위한 자질

사회복지실천에서 사회복지사가 클라이언트와 전문적 관계를 맺는 데에는 일상적 대인관계와는 다른 자질들이 요구된다. 마일리 등(Miley et al., 2016:131~136)은 진실성, 수용과 존중, 신뢰, 공감, 문화적 민감성, 합목적성이 전문적 관계에 필요한 자질이라고 설명하였다. 콤튼과 갤러웨이(Compton & Galaway, 1994:272~288)는 타인에 대한 관심, 헌신과 의무, 권위와 권한, 공감, 무조건적인 긍정적 관심, 진실성과 일치성, 자기노출 등을 전문적 관계의 요소로서 제시하였다. 햅워스 등(Hepworth et al., 2009)은 의사소통에서의 효과적인 언어적, 비언어적 태도를 점검하기 위한 목록을 제시하기도 하였다.

여기에서는 이 중에서 사회복지사의 전문적 관계형성을 위한 진실성과 존중, 신뢰, 공감, 문화적 민감성, 대응적 자세를 살펴보기로 하자.

1) 진실성

전문적 관계에서 요구되는 진실성(*genuineness*)은 솔직함(*honesty*)과는 다르다. 진실하다는 것이 사회복지사가 자신의 느낌과 생각을 모두 솔직히 밝히는 것을 의미하지는 않는다. 또한 사적인 존재로서의 자신을 드러내는 것을 의미하지도 않는다.

사회복지사는 전문적 관계에서 클라이언트로 하여금 '자기 자신'이 될 수 있도록 편안한 분위기를 조성하려 노력한다. 실제로 사회복지사가 '자기 자신'이 될 때에 클라이언트도 그렇게 할 가능성이 높다. 그러므로 사회복지사가 진실할 때 비로소 클라이언트와의 진정한 관계를 시작할 수 있다.

전문적 관계에서 사회복지사가 자신을 클라이언트와 차이점과 유사점을 모두 가진 존재로 인식하고 이를 공개적으로 드러낼 때에 진실성이 있을 수 있다. 예를 들어 클라이언트가 사회복지사에게 다 알지 않느냐는 듯이 "아시다시피 … 우리 옛날 사람들은 다 그렇잖아요"라 말하며 이해를 구하는 상황이 생길 수 있다. 이때 사회복지사는 전문가로서의 위치를 생각하여 클라이언트를 마치 다 이해한다는 듯한 태도를 보이기보다는, "제가 정확히 이해하기는 어려운데요, 그게 어떤 뜻인지 설명을 좀 해주시겠어요?"라 반응함으로써 자신과 클라이언트와의 차이를 인정하고 밝히는 것이 더 진실된 태도인 것이다.

2) 존중

존중은 사회복지사가 클라이언트를 현재 주어진 상황에서 최선을 다하고 있는 존재로서 인식할 때에 뒤따르게 된다. 강점관점은 사회복지사로 하여금 클라이언트와의 상호작용 속에서 진심으로 상대를 존중하도록 이끈다. 또한 인간에 대한 긍정적 시각과 생태학적 관점도 타인에 대한 수용과 존중을 좀더 쉽게 만든다.

사회복지사가 클라이언트와 의사소통하는 방식에서는 수용과 존중의 태도가 드러나야 한다. 사회복지사는 비판적인 느낌을 주는 "왜"라는 질문보다는 "무엇을, 누구와, 언제, 어디서, 어떻게"라는 질문을 함으로써 클라이언트에게 무언가 잘못했다는 느낌을 주지 않을 수 있다. 이를 통해 클라이언트의 대처방식을 존중하면서 상황에 대한 사회복지사와의 상호이해에 도달하도록 클라이언트를 이끌 수 있다.

또한 존중의 태도는 기본적으로 클라이언트를 부르는 호칭과도 관련된다. 나이가 어린 클라이언트를 대하는 사회복지사는 친밀감을 보이기 위해 "○○야"라고 이름을 부르거나 또는 예의를 갖추기 위해 "○○학생"하고 부르기도 한다. 어떠한 호칭이 바람직하다기보다는 클라이언트에 따라 사회복지사가 사용하는 호칭에 대한 의미가 다를 수 있음을 존중하는 것이 중요하다. 그러므로 클라이언트를 부르는 호칭에 민감성을 갖고 이를 존중하기 위하여 클라이언트와 함께 호칭을 정하는 작업이 필요하다.

3) 신뢰

대인관계에서 상대방을 신뢰하고 위험을 감수할 수 있는 능력은 사회복지사와 클라이언트 간의 관계에도 영향을 미친다. 실천적 목적을 달성하기 위해 클라이언트가 무언가를 새로운 방식으로 바꾸려면 먼저 충분한 편안함을 느껴야 한다. 이러한 변화에 대한 위험을 감소시키는 데에 필요한 것이 '신뢰'(trustworthiness)이다.

클라이언트를 신뢰하지 못하는 사회복지사는 "지금 상황에서는 서로 떨어져서 지내시는 게 가장 최선일 것 같네요" 또는 "제 생각에 남편에게는 좀 단호한 태도가 필요해 보이네요" 등 상황에 대한 최선의 대안을 먼저 제시하려 하기도 한다. 그러나 신뢰는 상호적인 것이므로 클라이언트가 사회복지사를 신뢰하도록 하려면 사회복지사도 클라이언트를 신뢰해야 한다. 사회복지사의 신뢰를 경험하는 클라이언트는 사회복지사가 제공하는 서비스를 신뢰할 가능성이 더 높다.

전문적 관계에서의 신뢰수준은 각각 그 출발선에서 차이가 있다. 개인적 성향이나 이전에 다른 사람과의 관계에서 가졌던 신뢰경험, 문화적 규범, 선입견 등은 사회복지사와 클라이언트의 신뢰수준에 차이를 가져온다. 그러나 어느 수준에서 시작되었든지, 신뢰의 수준은 실천적 관계 안에서 계속하여 진전될 수 있다. 사회복지사는 의도적으로 클라이언트를 신뢰하는 방식으로 행동함으로써 목적지향적으로 클라이언트와의 신뢰관계를 발전시킬 수 있다.

4) 공감

클라이언트는 사회복지사가 공감을 갖고 반응할 때 지지와 신뢰를 경험한다. 사회복지사의 공감은 "클라이언트의 감정 및 감정의 의미에 민감성을 가지고 이를 정확하게 인식하여 의사소통할 수 있는 능력"이다 (Fischer, 1973:329). 공감은 연민이나 동정과는 다르다. 연민이나 동정은 상대를 여리고 취약한 사람으로 여기는 데서 생겨난다. 또한 운이 없고 자원이 결핍된 사람과 재능이 있고 유능한 사람 사이에 위계를 만든다. 사회복지사가 "너무 안됐네요", "앞으로는 좋아질 거예요" 등의 언어와 함께 클라이언트를 연민이나 동정으로 대하면 클라이언트는 무력해진다. 반대로 클라이언트를 공감으로 대하는 사회복지사는 클라이언트의 관점을 타당하게 만든다. "아, 그런 마음이셨구나", "어떻게든 견뎌보려고 하신 거네요" 등의 공감적 지지는 인생의 도전에 부딪혀 고군분투하는 클라이언트에게 힘을 가져다준다.

5) 문화적 민감성

사회복지사와 클라이언트가 각각 속한 환경에는 공통점과 함께 차이점도 많다. 성별, 연령, 교육수준, 사회경제적 지위, 지역, 생활방식, 인종 등 사회복지사와 클라이언트 간에 공통점과 차이점을 가져오는 환경적 요소는 너무나 많으므로 이를 인식할수록 사회복지사는 과연 클라이언트와 서로 이해할 수 있을 것인지 의심을 가질 수 있다. 이 공통점과 차이점에 성공적으로 대응하는 것이 다문화(*cross-cultural*) 관계를 구축하는 핵심이다.

문화적 차이를 수용하는 것은 어려운 일이다. 이 차이는 의사소통에서 오해를 불러일으키기도 하고 서로 다른 목표를 추구하도록 만들기도 한다. 사회복지사가 이러한 차이를 극복하기 위해서는 다양성을 받아들이고, 클라이언트 중심으로 이해하려 하며, 개방적으로 의사소통을 하는 것이 필요하다. 사회복지사가 클라이언트와의 문화적 차이를 위협적인 것으로 이해하기보다는 문화적으로 적합한 해결책을 찾아가기 위한 자원으로 받아들이고 그 차이를 탐색한다면 이에 성공적으로 대응할 수 있다.

6) 대응 자세

사회복지사는 클라이언트와의 전문적 관계에서 언어를 통한 메시지뿐 아니라 비언어적 태도를 통한 메시지도 동시에 주고받는다. 비언어적 태도는 때로 말보다 강력해서 서로의 의사소통에 또 다른 의미를 안겨 주기도 한다. 헵워스 등(Hepworth et al., 2009:169)은 사회복지사의 효과적인 대응 자세를 다음과 같이 제시한다.

- · 눈을 맞추고 이야기하기
- · 얼굴 표정으로 따뜻함과 관심을 나타내기
- · 클라이언트와 같은 눈높이에서 바라보기
- · 적절하게 다양하고 생기 있는 표정짓기
- · 팔과 손을 적정하게 표현하기

· 몸을 약간 앞쪽으로 향하기

· 분명하지만 크지 않은 목소리로 말하기

· 따뜻한 톤의 목소리로 말하기

· 클라이언트의 메시지에서 감정적 변화를 감지하며 반응하기

· 적정한 속도로 말하기

· 부적절한 태도(창밖이나 시계 보기, 하품하기, 몸 뒤척이기 등) 피하기

이상과 같은 사회복지사의 대응 자세는 실천적 관계에 영향을 미치는 주요한 요소이며, 효과적인 태도를 익히기 위한 노력이 필요하다.

4. 임파워먼트 시각에서의 협력적 관계 구축

협력적 관계는 사회복지사가 진정한 동반자적 관계에서 클라이언트의 삶의 방식과 선택을 존중하고 '자신답게 사는 것'을 인정하는 데에서부터 시작된다. 이러한 관계는 사회복지사와 클라이언트 모두가 동등한 책임과 권리를 갖는 관계인데, 사회복지사가 클라이언트에게 권한부여(empowering)를 함으로써 형성될 수 있다. 어려움에 처해 무기력해진 클라이언트에게 동기를 부여하고 스스로를 위한 일에 역할을 다할 수 있도록 격려하며 권리의식을 갖게 하려는 사회복지사의 노력은 클라이언트로 하여금 유능감을 갖게 함으로써 협력적 관계로 나아가게 할 수 있는 토대가 된다.

사회복지실천에서 임파워먼트적 시각을 갖고 클라이언트와 협력적

관계를 구축하기 위한 방안들을 다음과 같이 제시할 수 있다(Miley et al., 2016:137-143).

1) 권리를 인식하기

사회복지사가 클라이언트와 협력적 관계의 동반자가 된다는 것은 양쪽 모두가 어느 정도의 권리를 보장받음을 의미한다. 동반자는 각자 상황을 자기만의 방식으로 바라보면서 타인의 관점이나 요청을 받아들일 수도, 거부할 수도 있다는 특권을 가진다. 먼저 사회복지사는 클라이언트의 관점을 고려해야 한다고 해서 스스로의 진정성, 가치관, 전문적인 역할을 희생할 필요는 없다. 즉, 사회복지사에게 요구되는 클라이언트에 대한 수용, 존중 그리고 비심판적 태도가 곧 클라이언트의 행동을 모두 인정해야 함을 의미하지는 않는다.

클라이언트 역시 사회복지사의 관점을 단순한 타인의 시각 이상으로 받아들일 의무는 없다. 강제로 사회복지서비스에 참여하는 클라이언트에게도 자신의 방식대로 생각하고 느낄 권리, 타인에게 해를 끼치지 않는 한 원하는 대로 행동할 권리가 있다. 임파워먼트 관계에서는 사회복지사와 클라이언트 간에 평등과 공동의 목표에 대한 신념이 공유되지만 다른 관점을 가질 자유 또한 존재한다. 모든 클라이언트는 다음에서 제시하는 권리를 지닌다.

- 품위와 존중을 바탕으로 대우받을 권리
- 사생활이 비밀로 유지될 권리

- 변화과정에서 협력관계의 동반자로 참여할 권리
- 문화적으로 민감하게 대우받을 권리
- 사회적 자원의 공평한 지분을 받을 권리
- 본인의 역경을 자신만의 관점에서 바라볼 권리
- 정보의 수집, 분석에 참여할 권리
- 본인의 목표를 직접 설정할 권리
- 사회복지사가 원하는 것에 저항할 권리
- 다양한 개입의 대안 중에서 선택할 권리
- 사회복지사와 본인 간의 역할 및 책임분배에서 협상할 권리
- 평가과정에 협력할 권리
- 시간 결정과 개입된 비용에 대해 알 권리

2) 책임의식을 갖기

사회복지사와 클라이언트 모두 권리에 따른 책임을 지닌다. 사회복지사는 클라이언트와의 관계에서 직업윤리와 전문지식 및 기술을 발휘해야 할 책임이 있다. 전문적 관계 내에서는 경험과 연구에 기반하여 윤리적으로 올바른 전략을 이용하며, 효율적이고 목표지향적인 태도로 임해야 한다. 클라이언트 역시 책임을 가진다. 그들은 어떤 목표를 선택하고 어떤 전략을 사용할 것인지에 책임이 있다. 클라이언트가 통제권을 가지고 결정을 내릴 경우에 그 결정에 대한 책임은 클라이언트에게 있으며, 성공적일 때의 보상 역시 클라이언트에게 돌아간다. 의사결정과정에 클라이언트가 활발히 관여(*involvement*)하면 그들에게 책임

성이 부여될 뿐 아니라, 클라이언트가 경험하는 유능감도 높여준다 (Dunst et al., 1993).

3) 이중관계를 방지하기

사회복지사가 사회복지실천에서의 관계를 벗어난 사적·사업적 관계 등의 이중적 관계를 클라이언트와 가지게 되면 심각한 윤리적 문제들이 발생할 수 있다. 친구관계, 동업관계, 애정이 섞인 대화나 선물을 주고 받는 관계 등이 이에 해당된다. 이렇듯 실천적 관계의 경계를 넘어서는 상황은 사회복지사가 클라이언트에게 사적인 감정을 개입하였거나 너무 감정적으로 몰입한 경우, 또는 이타적인 도움을 주려는 마음이 지나쳤을 때에 본의 아니게 발생하게 된다. 또한 사회복지사가 클라이언트와 같은 종교단체, 마을공동체, 소셜미디어 네트워크 등에 소속되어 역할을 공유한다면 잠재적으로 경계를 넘어서는 관계로 발전할 가능성이 높다.

사회복지사가 클라이언트와 이러한 이중적 관계를 가지게 되면 이해충돌의 위험에 처하게 된다. 이중관계는 어떠한 형태이든 클라이언트의 이익을 침해하고 사회복지사의 전문가적 판단을 흐리게 하며, 그 자체로도 직업윤리에 위배되는 행위일 수 있다. 그러므로 사회복지사에게는 관계의 경계를 명확히 설정할 전적인 책임이 있다.

4) 권리와 책임에 대해 논의하기

사회복지사가 자신의 책임과 특권을 인식하고 클라이언트에게도 동일한 책임과 특권의 여지를 남겨두면 사회복지사와 클라이언트의 관계에서 권력이 분배되어 균형이 잡히기 시작한다.

사회복지사는 서비스의 실천과정에서 구체적 실행방법에 적용할 실천이론과 원리, 개입전략을 수립하면서 의도적이고 의식적인 결정을 내리게 된다. 그러나 이는 사회복지사가 전적으로 갖는 사적 권한이 아니며, 클라이언트는 자신이 협력해야 하는 전문가의 접근법에 대해 알 권리를 지닌다.

임파워먼트형 사회복지사는 자신이 하는 일을 클라이언트에게 설명하고, 사회복지사와 클라이언트 각자의 역할이 무엇인지 분명히 인식하도록 하며, 클라이언트가 목표를 이룰 수 있는 능력을 갖추었는지 자세하게 논의한다. 이와 같이 사회복지실천의 접근법과 역할을 두고 논의하는 과정은 클라이언트로 하여금 사회복지사와의 관계에서 자신들의 기대치가 무엇인지 깨닫고 사회복지실천 과정에 기여할 수 있도록 한다.

사회복지사에게 모든 판단과 결정을 의지한 채 뒤로 물러서 있는 클라이언트에게는 이러한 의존성이 가져올 결과를 설명해주고, 클라이언트 자신이 지닌 강점에 확신을 갖게 하며, 모든 과정이 클라이언트의 노력 없이는 이루어질 수 없음을 알려줘야 한다.

5) 권력을 강화하기

많은 클라이언트는 자신의 문제를 스스로 해결할 수 없다는 인식을 가지고 사회복지사와 관계를 수립한다. 어떤 클라이언트는 시작부터 자신의 모든 결정을 사회복지사에게 일임하기도 한다. 이들은 사회복지사가 클라이언트의 문제를 미처 이해하기도 전에 그 문제를 해결할 '정답'을 요구하기도 한다.

이때 사회복지사는 클라이언트의 상황을 재빨리 파악하여 신속하게 개입, 처리, 조언하려 해서는 안 되며, 오히려 힘의 중심을 클라이언트 쪽으로 옮겨가야 한다. 사회복지실천의 관계는 클라이언트가 자신의 강점과 선택권을 인식하고 탐색할 때에만 최대의 이익을 가져올 수 있다. 또한 클라이언트의 역량을 강화하는 가장 좋은 방법은 전문적 관계를 통해 클라이언트가 통제력을 기르는 것이다.

임파워먼트형 사회복지사는 실천과정에서 무엇이 최선인지에 대하여 자신의 기준을 적용하기보다는 클라이언트가 선택한 다양한 해결책을 존중하고 인정해야 한다. 이를 위하여서는 전문적 지식을 앞세워 과정을 압도하고 문제를 해결하려는 유혹에서 벗어나기 위한 절제가 필요하다.

6) 클라이언트의 무력감에 대응하기

사회복지실천 관계에서 클라이언트가 자신이 처한 상황에 책임을 느끼는 경우는 많지 않다. 대부분은 세상이 자신의 편이 아니라고 여기며 무엇을 해도 달라질 것이 없다는 실패감에 휩싸여 있기 때문이다. 기존 연구들을 보면 클라이언트가 사회복지사와 관계를 수립할 때에 왜 무기력하고 권한을 빼앗긴 느낌을 받는지 알 수 있다(Abramson et al., 1978; Dunst & Trivette, 1988; Miller & Seligman, 1975). 그들은 기존의 실패한 경험 때문에 무기력해진 것이다. 노력해도 별다른 변화를 가져올 수 없다고 느낀 사람은 동기를 잃어버린다. 그들은 자신의 의사결정 책임을 포기하거나 운에 혹은 다른 사람에게 맡겨버린다. 사회복지사가 이처럼 의존적이고 무기력한 사람을 일방적으로 도와주려는 유혹에 빠지면 그들에게 무기력한 경험을 더함으로써 선의가 오히려 해로운 결과를 초래하도록 만들기도 한다.

이렇듯 도움은 때로 클라이언트가 무기력함을 느끼게 한다. 다음은 도움이 초래할 수 있는 4가지 역효과이다(Coates et al., 1983).

- 도움은 클라이언트에게 자신의 삶에 대한 통제를 약하게 하여 자기 능력에 대한 자신감을 약화시킨다.
- 도움은 클라이언트가 새로운 기술을 배울 능력을 감소시킨다.
- "도움이 필요"하다는 것은 무능함을 의미하므로 도움을 찾는 이는 자신의 의견을 낮추고 능력을 숨긴다.
- 도움은 클라이언트의 문제해결 능력에 대한 자신감을 감소시킨다.

그러므로 진정한 '도움'을 주기 위해서 사회복지사는 클라이언트가 스스로를 자력으로 도울 수 있도록 이끌어야 한다.

7) 억압당한 클라이언트와 협력하기

종종 클라이언트들은 과거에 억압당한 경험을 지닌 채 사회복지사와 관계를 맺기도 한다. 사람들은 자신의 존엄성이 존중받지 못하고 사회자원에 대한 접근이 제한될 때 권한을 빼앗긴 느낌을 받는다. 이러한 감정은 사회복지사와 동반자 관계를 형성할 때도 개입되는데, 특히 클라이언트가 사회복지사를 억압하는 상대로 느낄 때 더욱 그러하다. 궁극적으로 사회복지사는 클라이언트와 함께 억압의 해결을 목표로 설정할 수도 있을 것이다. 하지만 어떻게 해야 관계 초반에 이러한 장애물을 넘을 수 있을까?

이러한 장애물과 문제가 클라이언트의 편견에 기인한 것이더라도 사회복지사는 이를 무시할 수 없다. 문제를 부정하는 것보다는 차라리 문제의 어려움을 인지하고 이러한 주제를 대화에 포함시키면서 최선을 다해 해결해나가야 한다.

어떠한 사회복지실천 관계에서도 목표는 단순하다. 클라이언트와 사회복지사가 어려운 상황을 함께 해결하는 것이다. 클라이언트는 생산적인 방법으로 자신의 상황에 책임을 져야 한다. 사회복지사는 자원을 연결하고, 클라이언트의 권리를 보호하며, 거시적 단계의 변화를 이끌어내야 한다. 동등한 동반자 관계를 정립하는 것은 무기력하고 강요받거나 억압당한 클라이언트를 상대하는 사회복지사에게는 어려운 도전 과제이다. 하지만 효과적인 협업을 통하여 클라이언트에게 자신의 목표를 인식시킬 수 있을 것이다.

8) 비자발적 클라이언트와 협력하기

어떤 면에서 모든 클라이언트는 비자발적이다. 스스로 해결가능한 상황에 있으면서 사회복지사의 도움을 받으려 할 사람은 없을 것이기 때문이다. 그럼에도 클라이언트가 자발적인 경우에는 더 평등한 위치에서 첫걸음을 내딛을 수 있기에 협력적 동반자 관계를 좀더 쉽게 형성할수 있다.

반대로 타인에 의해 강제로 사회복지 서비스를 받게 된 비자발적 클라이언트를 생각해보자. 이 경우에 사회복지사는 사회적 통제의 대리인이자 클라이언트 권리의 보호자로 역할을 한다. 따라서 이러한 상황에서 클라이언트는 동반자보다는 '을'로서의 위치에서 관계를 시작한다. 사회복지사는 비자발적 클라이언트와의 동반자 관계를 발전시키기위해서 그들에게 도움을 주기 위한 관계의 구조와 그들의 특권을 직접적이고 솔직하게 설명해야 한다.

의무적으로 사회복지 서비스를 받는 클라이언트에게 스스로의 권리가 존재함을 인지시키는 것은 사회복지사의 수용적 태도와 객관성 그리고 존중을 보여준다. 제약과 특권에 대한 사회복지사와 클라이언트 간의 논의는 평등한 관계로 나아갈 것임을 약속하는 첫걸음이다.

제 **3** 부

사
회
복
지
실
천
과
정

제 7장 사회복지실천의 과정
제 8장 사회복지실천의 상담
제 9장 사회복지실천의 기록

제 7 장

사회복지실천의 과정

사회복지실천과정은 사회복지사가 클라이언트와 클라이언트를 둘러싼 다양한 환경 내의 체계들을 변화시키기 위해 자신의 전문직 가치와 지식에 기초하여 개입하는 과정이다. 일반적으로 실천과정은 접수, 자료수집 및 사정, 목표설정 및 계약, 개입, 평가 및 종결의 단계로 이뤄져 있다. 이러한 일련의 실천과정은 〈표 7-1〉로 요약할 수 있다. 이때 사용되는 기록양식들은 책의 부록 4에 수록했다.

1. 접수

1) 접수의 특성

접수(intake) 란 문제를 가진 사람이 사회복지기관을 찾아왔을 때 사회복지사가 그 사람의 문제와 욕구를 확인하여 그것이 기관의 정책과 서

<표 7-1> 사회복지실천과정

과정		내용
접수		문제를 가진 사람이 사회복지기관을 찾아왔을 때 사회복지사가 그의 문제와 욕구를 확인하여 그것이 기관의 정책과 서비스에 부합하는지 여부를 판단하는 과정.
자료수집 및 사정		클라이언트에 대한 기본적인 정보, 문제에 대한 깊이 있는 정보, 개인력, 가족력, 클라이언트의 기능, 자원, 한계, 장점, 동기의 자료를 수집함. 이를 토대로 문제가 무엇인지, 원인은 무엇인지, 해결책은 무엇인지 등의 문제에 대해 답하는 사회복지실천과정의 핵심적 단계.
목표설정 및 계약	목표설정	사정과정에서 문제와 욕구를 정의하고 문제에 영향을 미치는 요인으로 분석된 것을 토대로 변화를 위한 개입과정과 방향을 설정하는 것.
	계약	목표설정과 그것을 달성하기 위한 전략, 역할, 개입, 평가방법 등을 구체적인 활용용어로 기술한 계획에 대해 사회복지사와 클라이언트가 서로 동의하는 것.
개입		목표설정과 계약에 의한 다양한 수준의 활동을 실천하는 과정.
평가 및 종결	평가	설정했던 목표들이 얼마나 달성되었는지를 평가하며 클라이언트의 변화와 새로운 욕구 및 장애를 확인하는 연속적 과정.
	종결	종결유형과 종결에 따른 다양한 반응들을 잘 다룸으로써 개입과정을 통해 획득한 변화를 유지하고, 필요한 경우 추가적인 서비스(사후세션이나 의뢰)가 가능하도록 개방해두는 과정.

비스에 부합되는지 여부를 판단하는 과정이다. 사회복지사를 찾아온 사람에게 해당 기관에서 적합한 서비스를 줄 수 있다고 접수를 통해 판단되었을 때에 그 사람은 클라이언트가 되어 다음 실천과정인 자료수집, 사정의 단계를 거쳐 적절한 서비스를 받게 된다.

각 기관에서 접수만을 담당하는 사회복지사를 인테이크 사회복지사 (intake worker)라고 한다. 그러나 우리나라 사회복지기관의 인력사정상 접수만 담당하는 사회복지사를 채용하는 것이 어려우므로 현실적으로 인테이크 사회복지사가 따로 존재하는 기관은 많지 않다.

클라이언트는 첫 만남에서의 느낌이나 감정으로 재방문의 여부를 결정하기 때문에 접수는 앞으로 진행될 전문적 관계의 양상을 결정하는 중요한 만남이다. 따라서 사회복지사는 접수시 짧은 시간 동안 클라이언트와 긍정적 관계를 맺어야 한다는 어려움이 있다. 이때 사회복지사가 염두에 두어야 할 것으로는 첫째, 클라이언트가 가지는 두려움, 긴장감 혹은 양가감정을 완화시키고 비자발적인 클라이언트가 동기를 가질 수 있도록 도와야 한다는 것, 둘째, 클라이언트의 문제가 기관에서 다룰 수 있는 내용인지 판단하여 서비스 제공 여부를 결정해야 한다는 것이다. 만약 해당 문제가 기관에서 다루기 적합하지 않은 사안이라면 적합한 기관으로의 의뢰를 결정해야 한다.

접수면담에서 사회복지사가 주의할 것은 클라이언트를 유형화해서는 안 된다는 점이다. 즉 '비행', '부부폭력', '학습부진' 등의 문제유형에 따라 '그런 클라이언트는 보통 … 할 것이다'라는 식으로 정형화해서는 안 된다. 모든 클라이언트를 개별화하며 그들이 가질 수 있는 양가감정과 두려움을 이해하고 클라이언트가 편안한 마음을 가질 수 있도록 관심과 존중을 보여주어야 한다. 사회복지사가 이러한 태도를 취해야만 클라이언트가 편안하게 자신의 문제를 말할 수 있다.

2) 접수시의 과제

접수의 특성을 근거로 접수시 사회복지사의 과제를 헵워스와 라슨(Hepworth & Larsen, 1986:26)은 라포형성, 문제확인으로 보았고, 김융일 외(1995:167)는 클라이언트의 문제확인, 의뢰결정, 원조관계의 수립, 클라이언트의 동기화, 클라이언트의 저항감과 양가감정 해소 등을 들었다. 또한 시포(Sheafor)는 클라이언트에게 편안한 분위기 조성,

클라이언트의 두려움과 오해를 확인하고 양가감정 다루기, 서비스의 자격요건·비용 등의 설명, 의뢰결정, 기관서비스의 특성 설명, 앞으로 진행과정에 대한 기본적인 사항(시간, 빈도, 비용 등) 결정 등이 접수시의 사회복지사가 해야 할 과업이라고 설명하였다(서울대 사회복지실천연구회 역, 1998:322). 이 책에서는 접수시의 과제를 여러 저자들이 공통적으로 강조하는 문제확인, 관계형성, 의뢰로 보았다.

(1) 문제확인

접수시의 문제확인이란, 클라이언트의 문제가 무엇인지를 확인하는 것이다. 여기에서 문제는 주로 클라이언트가 제일 처음 호소하며 기관을 찾아온 이유일 수 있다. 예를 들어 어떤 노인이 기관을 찾아와 노환으로 병원에 자주 가야 하는데 집이 너무 외진 곳에 있어 버스는 타기 불편하고 택시는 너무 비싸 탈 수가 없다고 했다면, 이때의 문제는 노인이 병원을 가는 데 이용할 차량이 없다는 것이다. 만약 기관에서 차량봉사나 무료진료 등의 서비스가 가능하다면 노인은 접수를 통해 이 기관의 클라이언트가 되는 것이다.

　　그러나 실제 문제가 클라이언트가 제일 처음 찾아온 이유와는 다를 수도 있다. 예를 들어 아이의 학업부진 때문에 왔다는 어머니의 경우, 어느 정도 관계가 형성되자 "자신이 야간에 일을 하여 아이의 학업을 제대로 돌봐주지 못해 학업부진이 일어났다"고 말하면서 "아이의 학업을 돌볼 수 있도록 주간에 일하는 직업을 구하게 도와달라"고 요청할 수 있을 것이다. 이런 경우, 클라이언트가 제일 처음 찾아온 이유는 아이의 '학업부진'이었지만 클라이언트의 실제 문제는 '적절한 구직'이다. 따라서 사회복지사는 클라이언트의 실제 문제가 무엇인지 정확하게 파악하고 기관에서 그에 관한 서비스를 제공할 수 있는지 평가해야 한다.

(2) 관계형성

관계형성은 기관을 찾는 클라이언트들이 일반적으로 경험하는 두려움과 양가감정을 해소하도록 클라이언트와 상호긍정적인 친화관계, 즉 라포를 형성하는 것이다. 이를 통해 클라이언트는 사회복지사가 자신을 이해하고 진심으로 도움이 되고자 하는 것을 느끼게 된다(Hepworth et al., 2016:38). 이런 라포를 기반으로 클라이언트와 사회복지사는 원조과정에 필요한 효과적 의사소통을 할 수 있다. 라포형성을 통해 어느 정도 신뢰관계가 구축되면 클라이언트는 좀더 자신의 문제를 드러내고 이후의 개입과정에 참여하고자 하는 동기를 갖게 된다.

그러나 관계를 형성하기 어려운 클라이언트도 있다. 우선 비자발적인 클라이언트의 경우, 사회복지사를 만나야 하는 상황에 대해 분노하며, 사회복지사에게 협조적이지 않고 처음부터 부정적인 감정을 가지기에 관계형성이 어렵다. 이런 상황에서 사회복지사는 그들이 자발성을 보일 때까지 인내심을 가지고 기다려야 하며, 오기 싫으면서도 상황을 더 악화시키지 않기 위해 억지로 참여한 그들의 노력을 격려해야 한다. 예를 들어 비자발적 클라이언트인 청소년에게 "원하지 않으면서도 이렇게 어머니의 말씀을 따르기 위해 여기까지 오다니 … 쉬운 결정이 아니었을 텐데 정말 훌륭합니다"라고 말하는 것이다. 동시에 그들이 가진 거부감과 두려움을 인정하며 자유롭게 말할 수 있도록 격려하고 그들의 사소한 변화에도 깊은 관심과 의미를 부여해야 한다.

지나치게 낙담하고 지쳐 있어서 더 이상 변화를 기대하지 않는 클라이언트와도 역시 관계형성이 어렵다. 이때는 그동안 클라이언트가 겪은 고통을 이해하고 이제까지 견뎌온 의지를 격려해준다. 반대로 변화를 원하지만 사회복지사가 전적으로 문제를 해결해줄 것이라 기대하는 클라이언트 역시 주의가 필요하다. 사회복지사는 이러한 클라이언트에게 스스로 문제해결능력이 있음을 믿을 수 있도록 도우면서 파트너로서 함께 해결방안을 찾자고 할 수 있다(Hepworth et al., 2016:39).

클라이언트와 신뢰적 관계를 형성하기 위한 사회복지사의 노력은 접수과정에서부터 시작되어 종결까지 지속되어야 한다. 초기의 관계형성 수준에 따라 변화과정 모든 단계에서 상호이해가 촉진되고 더 효과적인 의사소통도 가능해진다. 뿐만 아니라 클라이언트-사회복지사의 긍정적 관계는 문제해결자원을 풍성하게 하고 각 변화과정에서 협력과 시너지를 가져옴으로써 긍정적인 개입결과를 예측하게 하는 중요한 요인이 된다(Miley et al., 2016:124).

(3) 의뢰

의뢰(referral)는 클라이언트의 문제와 욕구를 기관에서 해결할 수 없거나 문제해결에 더 적합한 기관이 있을 때 클라이언트를 해당 기관으로 보내는 것이다. 이때 사회복지사는 의뢰하는 기관 및 서비스의 정보를 클라이언트에게 제공하고 클라이언트가 그 기관과 접촉할 수 있도록 도와주어야 한다. 의뢰시에는 반드시 클라이언트의 동의가 필요하므로 다른 기관에서 제공하는 서비스 및 해당 기관에 대해 클라이언트와 충분히 토론해야 하며, 클라이언트가 거부감을 느끼지 않도록 정서적으로 지지해주어야 한다. 그리고 의뢰된 기관에서 클라이언트가 서비스를 적절히 받고 있는지 사후 확인이 필요하다.

3) 접수양식

접수내용을 기록하는 양식을 초기면접지(*intake sheet*)라 한다. 기관에 따라서는 클라이언트가 주어진 양식의 빈칸을 직접 채우기도 하지만 대부분 사회복지사가 접수면담을 한 후 기록한다.

접수의 목적이 클라이언트의 문제가 무엇인지 그리고 그 문제를 기관에서 도와줄 수 있는지 결정하기 위한 것이므로 이때 필요한 정보는 다음과 같은 것들이다.

(1) 기본정보

이름, 성별, 나이, 결혼관계, 주소, 전화번호, 직업 등이 포함된다.

(2) 주요문제

클라이언트가 사회복지사의 도움을 청하게 된 문제가 무엇이며 문제가 언제 발생되어 어떤 과정 속에서 지속됐는가 하는 것 등이다.

(3) 기관에 오게 된 동기

기관을 어떻게 알고 찾아오게 되었는지 묻는 것이다. 예컨대 누구로부터 기관을 소개받고 온 것인지, 기관을 소개하는 광고를 보고 왔는지, 다른 기관에서 의뢰되어 왔는지 등을 묻는다.

(4) 의뢰이유

클라이언트가 스스로 온 것이 아니라 가족이나 다른 기관에서 의뢰된 것이라면 의뢰이유도 확인하여야 한다.

(5) 이전의 사회복지서비스를 받은 경험

이전에 이 문제나 혹은 다른 문제로 사회복지기관을 방문한 적이 있는지, 있다면 어느 기관에서 어떤 서비스를 받았는지 등이다.

(6) 기본적인 가족관계

현재 동거중인 핵가족을 중심으로 각 가족원의 이름, 나이, 직업, 교육정도, 종교, 관계 등이 포함된다.

2. 자료수집 및 사정

1) 자료수집

자료수집이란 클라이언트의 문제를 이해, 분석, 해결하는 데 필요한 자료를 모으는 것이다. 이렇게 수집된 자료를 바탕으로 사정을 하므로 자료수집이 사정에 선행되어 이뤄져야 할 것으로 보이지만 실제로는 자료수집과 사정이 거의 동시에 반복적으로 이뤄지게 된다. 즉, 사회복지사는 자료를 수집하면서 문제를 분석하고 또한 분석과정에서 필요한 정보를 수집한다.

(1) 자료의 출처

재스트로(Zastrow, 1995:78)는 자료를 얻기 위한 주요 정보원을 다음과 같이 일곱 가지로 보았다.

① 클라이언트의 이야기

클라이언트는 주요 정보출처이며 상황에 따라서는 유일한 출처이기도 하다. 클라이언트는 문제 및 그와 관련된 감정, 문제를 해결하기 위한 개인적 자원과 노력, 문제의 역사, 원인 등에 대한 정보를 면담을 통해 제공한다. 그러나 종종 클라이언트의 이야기는 편견과 잘못된 인식, 강한 감정 등에 의해 왜곡된다. 예를 들어 청소년인 클라이언트가 공부를 못한다고 꾸짖는 어머니에 대해 강하게 반발하며 "친어머니가 아닌 것이 틀림없다"고 이야기할 수 있다. 이런 때에 클라이언트의 강한 감정에 관한 정보는 수용하더라도 친부모가 아니라는 정보는 확인을 해야 한다. 이외에도 기관이나 정부가 제공하는 이득을 얻기 위해 거짓을 말하는 클라이언트가 있을 수 있다. 예를 들어 장애를 가진 부인이 남편을 가끔 만나 경제적 도움을 받으면서도 기초생활수급대상자가 되기 위하여 연락이 전혀 안 된다고 거짓말을 할 수 있다. 따라서 사회복지사는 클라이언트 이야기의 객관성을 판단하는 데 주의를 기울여야 한다.

② 클라이언트가 작성한 양식

접수시 상담신청서에 클라이언트가 직접 작성한 이름, 성별, 나이, 직업, 주소나 전화번호, 문제, 가족구성원 등도 클라이언트를 이해하는 중요한 정보출처가 될 수 있다.

③ 부수정보

클라이언트 외에 가족, 이웃, 친구, 친척, 다른 기관, 학교 등에서 얻는
정보가 때에 따라서는 클라이언트로부터 얻기 어려운 귀중한 정보가 된
다. 사회복지사는 이러한 정보를 얻기 위해 필요한 정보의 정확한 출처
를 파악하고 있어야 한다. 그러나 부수 정보를 얻기 위해서는 반드시 클
라이언트의 동의가 필요하고, 만약 클라이언트가 동의하지 않는다면 이
러한 방향의 정보수집은 불가능하다.

부수정보를 얻는 과정에서 때로는 상반된 정보를 얻을 수도 있다. 예
를 들어 무단결석을 하는 여학생의 경우, 그 학생은 반 친구들의 따돌
림 때문에 학교를 가지 않는다고 하지만 교사에 의하면 학업에 너무 관
심이 없어 적응하지 못하는 것 같다고 할 수 있다. 그리고 같은 반 친구
들에 의하면 옆 학교의 폭력학생들과 어울려 늘 학교 밖에서 배회한다
고 할 수 있다. 이렇게 정보가 다른 이유는 누군가가 사실을 숨기기 위
해 거짓말을 하기 때문일 수도 있지만 대부분 문제에 대한 서로의 관점
이 다르기 때문이다. 따라서 사회복지사는 각 정보의 정보제공자와 정
보의 신뢰도를 염두에 두고 어떤 상호작용 속에서 이런 관점의 차이가
나타나는지에 주목해야 한다.

④ 심리검사

심리학자가 실시하는 다양한 성격 및 지능검사 결과로부터의 정보이
다. 이러한 검사는 훈련된 심리학자가 클라이언트가 응답한 것들을 기
초로 해석하는 것이므로 전문적 지식 없이 함부로 결과를 해석해서는
안 된다.

⑤ 클라이언트의 비언어적 행동

클라이언트의 언어적 표현 못지않게 비언어적 행동에도 귀중한 정보가
있다. 여기에는 제스처, 얼굴표정, 손동작, 목소리톤 등이 해당된다.
어떤 경우에는 언어적 표현보다 비언어적 행동이 클라이언트의 감정과
사고를 더 정확하게 전달할 수 있다. 경험이 쌓일수록 사회복지사는 점
차 비언어적 행동의 의미를 읽는 능력을 갖게 된다.

⑥ 중요한 사람과의 상호작용 및 가정방문

클라이언트와 그의 삶에 중요한 사람과의 상호작용을 관찰함으로써 많
은 정보를 얻게 된다. 특히 가정방문시에는 면담실에서 보이는 태도와
달리 훨씬 자연스러운 클라이언트의 행동과 상호작용을 볼 수 있고 그의
문제에 미친 환경적 영향을 더 잘 파악할 수 있게 된다. 필요한 경우, 가
족의 범위를 벗어나 동료와의 상호작용을 관찰할 수도 있다. 친구들과
의 상호작용을 관찰하기 위해 학교를 방문할 수도 있을 것이다.

⑦ 직접 상호작용하면서 느끼는 사회복지사의 감정

클라이언트가 사회복지사와 상호작용하는 패턴은 그가 다른 사람과 어
떻게 상호작용하는지에 대한 실마리를 제공한다. 즉, 클라이언트가 사
회복지사에게 수동적이거나 공격적 혹은 의존적인 경우, 다른 사람에
게도 그러할 것이라는 예측을 할 수 있다. 그러므로 그러한 상호작용
속에서 느끼는 사회복지사의 감정이 문제행동에 대한 중요한 정보를 제
공할 수 있다.

(2) 자료수집에 포함될 요소

자료수집의 목적은 문제를 이해·분석하여 개입을 계획하기 위한 것으로, 문제를 확인하여 서비스를 제공할 것인지를 결정하기 위한 접수시의 정보수집과는 다르다. 따라서 필요한 정보의 내용 역시 목적에 따라 다를 수밖에 없다. 사정을 위한 자료수집에는 다음과 같은 것들이 포함된다.

① 접수시 클라이언트에 대한 기본적인 정보
② 문제에 대한 깊이 있는 정보: 접수할 때는 문제가 무엇인가에 초점을 두었다면, 이때는 문제에 영향을 미친 요인과 문제를 지속시키거나 악화시키는 요인에 대한 정보를 개인적·환경적 측면에서 찾아본다.
③ 개인력: 클라이언트가 살아온 역사로 여기에는 영·유아기, 학령기, 청소년기, 성인기, 노년기 등 인간의 생활주기에 따른 인간관계, 생활사건, 클라이언트의 감정 등이 포함된다.
④ 가족력: 원가족의 가족상황과 가족관계, 현재의 가족구성, 가족관계 등이 포함된다.
⑤ 클라이언트의 기능: 지적 기능, 정서적 기능, 신체적 기능, 행동적 기능, 대인관계기능, 업무능력, 문제해결능력 등이 포함된다.
⑥ 클라이언트의 자원: 현재 이용하는 서비스, 활용 가능한 자원 등이 포함된다.
⑦ 클라이언트의 강점, 동기, 한계: 문제를 해결하는 데 있어 클라이언트 개인 혹은 클라이언트를 둘러싼 환경 속에 있는 강점, 동기 그리고 한계 등에 대한 정보가 포함된다.

2) 사정

사정(assessment)은 문제가 무엇인지, 문제의 원인은 무엇인지 그리고 그 문제를 해결하거나 완화하기 위해 무엇이 변화되어야 하는지에 대해 답하는 사회복지실천과정의 핵심적 단계이다. 과거 전통적인 사회사업에서는 이 단계를 '진단'(diagnosis)이라고도 했다. 그러나 진단이라는 용어는 의료모델에서 나온 것으로 개인이나 가족, 집단에게 질병이나 역기능적인 문제가 있는 것으로 보고 그 문제에 '이름'을 붙이는 행동을 뜻한다. 예를 들어 '우울증', '정서적 문제'와 같은 진단명을 붙임으로써 그 상황을 이해하는 것이다. 이는 복잡한 문제를 단순하게 이해하는 데 편리한 방법이지만 결코 전체를 이해하는 법이라고 할 수는 없다. 반면 사회복지실천과정에서는 '무엇이 잘못되었는지'에 초점을 두는 것이 아니라 클라이언트의 자원, 동기, 장점, 능력 등을 모두 보아야 하기 때문에 '진단'보다는 '사정'이라는 용어를 더 많이 사용한다. 사정은 진단과 달리 사회복지사로 하여금 클라이언트의 역사와 배경, 문제가 개인에게 미치는 영향, 문제를 해결하는 데 필요한 자원과 지지 등을 이해할 수 있도록 돕는 과정이다(Hepworth et al., 2016:190~191).

(1) 사정의 특성

사정은 자료를 수집하여 분석하고 종합하는 과정으로 개입과정 전체의 가장 핵심적인 부분이라고 할 수 있다. 여기에서는 주어진 자료들을 연결하여 무엇이 문제인지 판단하고 그에 대한 개입계획을 세우게 된다. 결국 사정을 통해 목표를 설정하여 개입하는 것이므로 개입의 효과는 사정의 정확성에 달려 있다고 볼 수 있다.

존슨과 양카(Johnson & Yanka, 2004:209~211)는 사회복지실천과정에서 사정의 특성을 다음과 같은 11가지로 보았다.

① 사정은 계속적인 과정이다.

사정은 돕는 과정 내내 계속되는 과정이다. 물론 초기사정이 제일 중요하지만 돕는 과정이 진행되는 동안 새로운 정보가 발견되기도 하고 새로운 이해가 생기기도 한다. 그러므로 사정은 항상 계속되는 작업이다.

② 사정은 **이중초점**을 가진다.

사정은 초기과정에서 수집된 정보를 바탕으로 상황 속의 클라이언트를 이해하고 계획의 근거를 마련해야 하는 이중초점을 갖는다.

③ 사정은 클라이언트와 사회복지사의 상호과정이다.

사정의 기본이 되는 자료수집이 사회복지사와 클라이언트의 상호과정 속에서 이뤄지므로 사정 역시 상호작용 속에서 클라이언트의 반응을 이해하며 진행된다.

④ 사정에는 사고의 전개과정이 있다.

사정은 지속적으로 필요한 정보를 수집하고 수집된 정보들을 이용하여 클라이언트 상황을 이해하며, 부분적인 이해를 모아 전체적인 맥락 속에서 통합하여 사고하는 전개과정이 포함된다.

⑤ 수평적, 수직적 탐색 모두 중요하다.

초기 과정에서는 우선 수평적인 정보, 즉 현재의 관계, 능력, 기능 등을 중심으로 클라이언트의 욕구를 발견하고 점차 시간이 지나면서 수직적인 탐색, 즉 과거력, 개인력, 문제의 역사 등에 대한 정보를 수집한다. 사회복지사는 상황과 필요에 따라 수평적, 수직적 탐색을 적절히 사용하는 기술이 필요하다.

⑥ 클라이언트를 이해하는 데는 지식적 근거가 필요하다.

클라이언트의 상황을 이해하는 수단으로 전문적 지식을 이용해야 한다. 이때 활용되는 지식은 인간행동에 대한 이해와 인간의 다양성, 가족관계, 집단 및 지역사회, 문화적 특성, 정책, 행정 등이며 사례에 따라 그에 맞는 지식이 필요할 수도 있다.

⑦ 사정은 생활상황 속에서 욕구를 발견하고 문제를 정의하며 그 의미와 유형을 설명한다.

사정은 욕구를 발견하고 욕구만족을 방해하는 것이 무엇인지를 생활상황과 관련지어 명확히 하기 위한 과정이다.

⑧ 사정은 클라이언트와 그의 환경에서 강점을 찾는 과정이다.

인간은 한계가 아닌 강점에 의해 성장한다. 따라서 개입의 성공가능성을 높이기 위해서는 클라이언트의 강점과 환경체계의 자원을 찾는 것이 중요하다.

⑨ 사정은 개별적이다.

인간의 상황은 복잡하므로 어느 상황이든지 서로 동일하지 않다. 사정
은 각 클라이언트의 독특한 상황과 관련되므로 모두 다를 수밖에 없다.

⑩ 판단이 중요하다.

사정에는 여러 가지 결정이 있어야 한다. 어떤 내용에 어떤 지식을 응용
할 것인지, 어떤 부분을 고려할 것인지, 그것을 클라이언트와 어떻게
연결시킬 것인지, 어떻게 문제정의를 할 것인지 결정하게 된다.

⑪ 클라이언트를 완전히 이해하는 데는 항상 한계가 있다.

어떠한 사정도 완벽할 수는 없으며, 상황에 대한 완벽한 이해는 불가능
하다.

(2) 사정의 내용

사정의 범주는 크게 ① 문제의 발견, ② 문제를 좀더 잘 이해하기 위한
정보의 발견, ③ 정보분석을 통한 문제형성이라고 볼 수 있다.

① 문제의 발견

문제를 발견하는 것은 사정의 가장 기초적인 단계이다. 우선 클라이언
트가 제시한 문제 (presenting problem) 에 초점을 두는데, 그 이유는 제시
된 문제가 바로 클라이언트가 시급하게 느끼는 문제로서 그 때문에 도
움을 요청한 것이기 때문이다. 그리고 제시된 문제는 사회복지사가 좀
더 깊이 탐색해야 할 영역이 어느 부분인지 알려주기도 한다. 예를 들

어 부모가 제시한 문제가 자녀의 무단결석과 반항적인 행동이라면 사회복지사는 자녀의 학교와 교우관계를 좀더 깊이 있게 알아봐야 할 것이다. 그러나 좀더 사례가 진행되다 보면 역기능적인 부부관계가 자녀의 비행행동에 영향을 미치는 것을 알게 되기도 한다. 그러한 경우에는 부부관계에 대한 탐색이 좀더 필요하다(Hepworth & Larsen, 1986:173).

문제정의는 클라이언트 중심으로 그의 고유한 가치와 상황 속에서 정의되는 것이므로 사회복지사는 문제에 대한 클라이언트의 이해를 존중하고 그가 문제를 잘 정의할 수 있도록 도와야 한다. 결국 문제정의는 클라이언트의 과업이다.

② 정보의 발견

브라운과 레빗(Brown & Levitt)은 사정시 정보를 수집하는 유용한 지침으로서 다음의 12가지 질문을 제시했다(Brown & Levitt, 1979:408~415).

첫 번째, 누가 문제체계에 관여되어 있는가? 이 질문의 답은 우선 클라이언트가 제시한 문제에서 찾을 수 있다. 예를 들어 남편과 대화가 되지 않는다는 문제를 제시한 부인의 경우, 그 문제체계에 관여된 주요인물은 부부일 것이다. 그러나 좀더 깊이 탐색하여 남편이 대화하지 않는 이유가 부인이 늘 시누이와 시어머니에 대한 불만을 이야기하기 때문이라는 것을 알았다면 문제체계에 관여된 사람의 범위는 남편의 확대가족으로 넓혀진다. 이처럼 처음에 제시된 문제에 따라 문제에 관여된 주요 인물들은 쉽게 발견된다. 그러나 사례가 진행되면서 클라이언트의 문제에 관여된 개인, 집단, 조직의 범위가 점차 확대되기도 한다.

두 번째, 참여자들은 어떻게 관여하는가? 이 질문은 문제체계에 관여된 사람들이 서로 어떻게 상호작용하여 문제를 일으키는가 하는 것이다. 즉, 문제행동이 일어나기 직전, 발생되는 동안, 발생 직후에 관여된 참여자들이 각각 어떻게 행동하였고 서로에게 어떻게 영향을 미쳐 문제행동을 촉진시켰는가 하는 것이다. 예를 들어 부모에게 소리치고 심하게 반항하는 청소년의 경우, 어머니가 옆집 아이와 비교하는 것 때문에 그러한 반항이 촉진되고 이러한 아이의 반항적인 행동은 다시 어머니의 비교행동을 더 강화하게 되었을 수 있다. 이럴 때에는 아이가 반항행동을 보이기 전에 어머니의 비교하는 행동이 존재하여 이것이 촉진요인이 되었음을 알 수 있는 것이다. 결국 문제행동의 선행사건을 탐색함으로써 문제를 촉진시킨 상황을 발견하게 되고, 사회복지사는 그 상황에 개입하게 된다.

또한 참여자들의 행동은 선행사건에 대한 각자의 생각에 따라 달라진다. 즉, 어머니는 옆집 아이와 비교하는 행동이 '자식이 잘되기를 바라는 부모의 마음'이라고 생각하였으나 그러한 어머니의 행동을 받아들이는 아이는 '다른 아이와 비교하여 나를 무시한다'라고 생각하여 반항행동을 하게 되는 것이다. 따라서 선행사건 → 사고 → 행동의 과정에서 관여자들이 서로 어떻게 상호작용하고 상대방의 행동을 어떻게 받아들이느냐에 따라 문제행동이 유발될 수 있다.

세 번째, 클라이언트가 문제에 어떤 의미를 부여하는가? 이 질문은 앞의 선행사건 → 사고 → 행동에서 언급하였듯이 클라이언트의 문제에 대한 지각이 행동을 동기화하기 때문에 반드시 필요하다. 아내에게 폭력을 행사하는 남편이 폭력을 '아내를 교육하기 위한 것'이라고 생각할 수 있다. 또한 구직하고자 하는 노력 없이 매주 복권을 사느라 모은 돈을 다 쓰는 남성이 자신의 가난을 '운이 없어서'라고 생각할 수도 있다. 이처럼 클라이언트가 문제에 부여한 의미는 그 행동을 하게 된 동기를 이해하게 할 뿐만 아니라 왜 변화가 일어나지 않는지 또한 이해하게 한다. 즉, 아내를 교육하기 위해 폭력을 행사하는 남성은 그 폭력을 그만둘 이유가 없고, 재수가 없어서 가난하다고 생각하는 사람은 스스로 가난에서 벗어나려는 노력을 하지 않을 것이다. 이런 경우, 클라이언트가 문제행동에 부여한 의미 그 자체가 변화의 표적이 될 수 있다.

네 번째, 어디서 문제행동이 일어나는가? 이 질문은 문제행동을 촉진시킨 상황적 요인을 발견하는 데 도움이 된다. 학교에서는 지나치게 과잉행동을 보이는 아이가 집에서는 그런 행동을 보이지 않는다면, 집과 학교의 환경적 차이에서 과잉행동을 유발하는 요인을 발견할 수도 있다. 즉, 집에서는 부모가 전적으로 관심을 보이지만 학교에서는 선생님의 관심이 다른 아이들에게로 분산되기 때문에 선생님의 관심을 끌기 위해 과잉행동을 보일 수 있는 것이다. 이처럼 문제행동을 나타내는 장소와 나타내지 않는 장소의 차이를 통해 어떤 종류의 불안, 긴장, 스트레스가 문제행동을 야기하는지 알 수 있다.

다섯 번째, 언제 문제행동이 일어나는가? 이 질문은 '어디서 일어나는가'라는 질문과 마찬가지로 문제행동을 촉진시키는 시간적 요인을 발견하는 데 도움을 준다. 예를 들어 아동학대로 신고된 남성의 경우, 음주상태에서는 아동을 심하게 학대하지만 술을 마시지 않은 상태에서는 아버지로서 아동을 잘 돌보려 한다면 술을 마시는 것이 아동학대를 촉진시킨다는 것을 알 수 있다. 따라서 문제행동이 일어나는 시기와 줄어드는 시기의 차이점을 통해 유발요인을 발견하여 그 요인에 관련된 사람들의 행동을 더 깊게 탐색해 나갈 수 있다.

여섯 번째, 문제행동이 일어나는 빈도는 어느 정도인가? 이 질문은 문제행동이 얼마나 클라이언트의 전반적인 삶에 폭넓게 영향을 미치는지를 이해하는 데 도움을 준다. 똑같이 '죽고 싶다'고 호소하더라도, 가끔씩 힘들 때마다 '이렇게 사느니 죽는 게 낫겠다'고 생각하는 사람과 매일 자살사이트에 접속하여 어떻게 죽을지 방법을 검색하는 사람은 문제의 심각성에서 분명 차이가 있다. 후자의 경우에서는 자살사고가 개인의 삶 전반에 더 심각한 영향을 미치고 있음을 알 수 있다.

일곱 번째, 문제행동은 언제부터 있어왔는가? 이 질문은 문제행동의 역사를 알아보는 것이다. 즉, 문제행동이 언제 발생하여 어떤 과정을 거쳐 진행되었는가 하는 것이다. 제일 처음 문제행동이 발생했던 상황에 대한 깊이 있는 탐색은 초기의 유발요인을 발견하는 데 도움을 준다. 예를 들어 중년부인의 간헐적인 우울이 미혼시절 어머니의 죽음 후 제일 처음 발생하였다면 초기의 우울은 사랑 및 의존 대상의 상실에서 비롯된 것임을 알 수 있다.

뿐만 아니라 문제행동의 역사에 대한 질문은 '왜 하필 지금 도움을 청하는가'하는 주요한 질문과 연결될 수 있다. 예를 들어 결혼 초부터 지금까지 20년간 남편의 폭력을 참아오다가 왜 이제야 도움을 요청하느냐는 질문에 부인이 "막내가 최근 대학에 들어갔기 때문에 더 이상 참고 살고 싶지 않다며 이혼을 도와 달라"고 할 수 있다. 이런 질문은 상황을 더 악화시킨 요인을 발견하게 하거나 도움을 통해 얻고자 하는 클라이언트의 욕구를 알 수 있게 해준다.

여덟 번째, 문제와 관련하여 채워지지 않은 욕구는 무엇인가? 이 질문은 사회복지사의 뛰어난 공감력으로 발견해야 하는 부분이다. 클라이언트는 자신의 원하는 바를 피상적으로 이야기하기 쉽다. 예를 들어 성격이 맞지 않는다며 끊임없이 다투는 부부의 경우, 좀더 깊게 감정을 들여다보면 그들은 서로에 대한 의존적 욕구가 만족되지 않아 싸운다는 것을 발견할 수도 있다. 이렇게 채워지지 않는 욕구는 결국 두 사람이 타협해야 될 목표가 된다. 즉, 의존적 욕구를 만족시킴으로써 문제행동인 부부싸움이 줄어들도록 하는 것이 목표가 되는 것이다. 이러한 목표설정은 그들 자신의 욕구를 만족시키는 것이므로 클라이언트의 변화동기를 강화할 수 있다.

아홉 번째, 문제에 대한 클라이언트의 정서적 반응은 어떠한가? 감정이 지나쳐 문제가 더 악화되는 경우가 있고, 상황에 따라서는 행동보다 감정이 더 문제가 됨으로써 감정을 일으킨 선행 문제행동의 중요성이 가려지기도 하기 때문에 이 질문은 매우 중요하다. 예를 들어 늦게 들어오는 남편이 바람을 피우는 것이라고 여겨 분노를 느낀 부인이 남편이 들어오자마자 화를 냈고 남편은 현관에 들어오다 말고 다시 문을 닫고 나가버린 경우, 결국 늦게 들어온 남편의 행동보다 그녀의 분노가 부부관계를 악화시킨 것이다. 이런 이유로 사회복지사는 문제에 대한 클라이언트의 정서적 반응을 탐색하게 된다.

열 번째, 클라이언트는 그동안 문제에 어떻게 대처해왔으며 문제를 해결하는 데에는 어떤 기술이 필요한가? 이 질문은 스트레스를 감당하는 클라이언트의 수준과 클라이언트의 문제해결 및 대처기술의 정도를 파악하는 데 많은 도움이 된다. 또한 과거 이와 유사한 어려움에 어떻게 대처해

왔는지 그리고 지금은 무엇 때문에 과거와 같은 대처를 하지 못하는지에 대한 실마리를 제공해준다. 예컨대 부모의 심각한 부부갈등에 힘들어하는 청소년의 경우, 과거 부모가 더 심하게 싸울 때 어떻게 견뎠는지 탐색해보았다. 그러자 과거에는 누나가 부모 사이에서 적극적으로 개입하였기 때문에 부모가 헤어져 자신이 버림받을 수 있다는 두려움이 없었으나 이제는 누나가 결혼을 하여 지방에 살기 때문에 더 이상 의존할 수 있는 대상이 없어 힘들어지게 된 것이다. 결국 과거 상황을 탐색해 봄으로써 청소년의 스트레스 인내수준과 그의 의존적 대처방식을 알 수 있게 되었다. 이와 같은 의존심이 곧 개입의 목표일 수 있다. 따라서 사회복지사는 그가 더 이상 의존적이지 않고 스스로 스트레스를 감당해 낼 수 있는 기술을 훈련시키는 것이 필요하다는 것을 알 수 있다.

열한 번째, 클라이언트는 어떤 장점과 기술을 가지고 있는가? 이 질문은 클라이언트의 문제를 해결하기 위해 활용 가능한 자원이 무엇인지를 발견할 수 있게 해준다. 장점과 잠재력을 적극적으로 활용함으로써 클라이언트가 상실된 힘을 회복하고 자기비난과 자신에 대한 부정적인 평가에서 벗어날 수 있도록 도울 수 있다(박미은, 1996). 이러한 방법은 클라이언트가 자신에 대한 긍정적인 시각을 가짐으로써 스스로 문제해결의 주체가 되고 변화에 대한 강한 동기를 가질 수 있어 효과적이다. 따라서 사회복지사는 클라이언트가 스스로 보지 못하고 있는 장점을 볼 수 있도록 돕고 그가 가지고 있는 문제해결에 필요한 기술이 무엇인지 적극적으로 찾아내어 활용하도록 해야 한다.

열두 번째, 필요로 하는 외적 자원은 무엇인가? 이 질문을 통해 사회복지사는 클라이언트가 필요로 하는 자원을 얻을 수 있는 자격과 과정에 대한 정보를 제공하여 자원과 클라이언트를 연결해주는 매개자의 역할을 할 수 있다. 또한 사례관리자(*case manager*)로서 클라이언트에게 적절한 서비스가 적절한 시기에 제공될 수 있도록 지역사회의 자원에 대한 정보를 가지고 있어야 한다. 예컨대 노숙자가 심각한 음주를 하고 있다면 그가 의료급여를 제공받도록 동주민센터와 연결이 필요하고 또한 음주와 관련된 치료체계와 접촉할 수 있도록 도와야 할 것이다.

③ 문제형성

사정의 세 번째 영역은 클라이언트가 호소하는 문제와 욕구 그리고 욕구충족을 방해하는 요인들을 고려하여 문제를 형성하고 그것을 통해 목표설정과 개입계획을 세우는 것이다. 따라서 문제형성(*formulation of problem*)은 그동안 얻어낸 정보들을 분석하여 사회복지사가 전문적 소견으로 판단하는 것이다. 존슨(Johnson, 1989:281~292)은 문제형성을 하기 위해서 첫째, 무엇보다 우선 충족되지 못한 욕구를 찾아내고, 둘째, 어떤 요인들이 욕구충족을 방해하는지 고려해야만 한다고 하였다.

'충족되지 못한 욕구가 구체적으로 무엇인가'라는 질문은 문제형성에서 가장 중요한 질문이다. 클라이언트가 제시한 문제를 충족되지 못한 욕구와 필요로 바꾸어 재진술해야 클라이언트를 돕기가 쉽다(Hepworth & Larsen, 1995:180). 예를 들어 남편이 일에만 열중하여 대부분의 시간을 직장에서만 보내는 것에 불만을 가진 클라이언트가 제시한 '남편의 일중독' 문제를 '남편에게 존중받고 싶고 남편에게 자신이 중요한 존재임을 느끼고 싶어하는' 그녀의 욕구로 바꾸어 진술하는 것이다. 그리고 문제에 관련된 두 사람이 서로의 욕구를 어떻게 만족시킬 수 있을지

타협하도록 하는 개입의 목표가 설정될 수 있다. 즉, 남편이 직장일도 책임 있게 하면서 존중과 사랑을 받고 싶은 아내의 욕구를 만족시키기 위해 서로가 어떻게 노력해야 할지를 타협하게 된다.

　여기서 욕구란 인간이나 사회체계가 주어진 상황에서 합리적 기대에 맞게 기능하는 데 반드시 필요한 것(Johnson, 1989:4)으로, 여기에는 기본적 자원, 심리사회적 발달욕구, 인간관계상의 욕구, 적절한 역할수행욕구 등이 있을 수 있다. 이러한 욕구는 발달단계에 따라 다를 수 있다. 예를 들어 같은 심리사회적 욕구라 하더라도 청소년기에는 친구들로부터의 수용, 독립심과 안정된 정체감을 형성하는 데 필요한 자유에 대한 욕구가 있다. 반면 노인에게는 건강, 적절한 수입, 주기적이고 의미 있는 활동에 대한 욕구가 있다. 욕구는 필요(*wants*)와 구별되는데 필요는 행동을 유발하는 강력한 욕망으로 만족과 안녕을 증대시키기 위한 것이지 꼭 반드시 채워져야만 하는 것은 아니다(Hepworth et al., 2016:204). 결국 필요보다 욕구가 인간생존에 더 기초적인 것이라고 할 수 있다.

　'욕구충족을 방해하는 요인들은 무엇인가'라는 질문은 무엇보다 욕구가 분명히 규정되었을 때 가능하다. 욕구가 분명히 규정되면 그 욕구를 충족시키지 못하게 하는 요인들이 무엇인지 파악하여 문제형성을 하게 된다. 앞의 예에서 남편이 아내와 같이 시간을 보내지 못하는 이유는 최근 옮긴 회사에 새롭게 적응하는 일과 지나친 업무부담 그리고 경제불황에 따른 파면의 위협 등으로 몹시 피곤한 상태였기 때문이다. 또한 아내는 지금 사는 곳으로 이사한 지 6개월밖에 되지 않아 사람을 사귀지 못했으며 전에 살던 곳은 너무 멀어 왕래가 불편했다. 아내의 성격이 내성적이어서 거의 친구도 없이 지내고 있으며 결혼한 지 2년이 되어도 아이가 없어 남편이 자신과의 결혼생활에 회의를 느낄까 불안한 상태였다. 결국 이 부부의 욕구만족을 방해하는 요인은 다음과 같이 정리할 수 있다.

가. 새로운 환경에의 적응

　　남편은 새로운 직장에의 적응이 필요하고, 부인은 새로 이사 온 지역 사회에의 적응이 필요하다.

나. 대화능력 부족

　　남편은 새로운 직장에서의 어려움과 파면의 불안을 부인에게 표현하지 못하고, 부인은 아이가 없어 남편이 결혼관계를 후회할 수 있다는 불안을 남편에게 표현하지 못하고 있으므로 대화할 수 있는 능력이 부족하다 할 수 있다.

따라서 사회복지사는 부인으로 하여금 지역사회에 적응할 수 있도록 돕고 부부가 자신의 불안을 상대방에게 표현하며 서로의 상황을 잘 이해할 수 있도록 대화기술을 가르쳐 줄 수 있다.

(3) 사정의 유용한 도구

① 가계도

가계도(genogram)는 2~3세대에 걸친 가족관계를 도표로 제시함으로써 현재 제시된 문제의 근원을 찾는 것으로 항상 사회복지사와 클라이언트가 함께 작성해야 하는 것이다(Zastrow, 1995:227). 가계도는 각 가족성원이 한 세대에서 다음 세대까지 생물학적, 법적 그리고 정서적으로 어떻게 관련되어 있는지를 도표로 묘사하는 것(김유순·이영분 역, 1992:129)으로 가족들 스스로가 세대간 반복되는 관계유형을 찾고 그것에 대한 통찰력을 갖도록 하는 데 매우 유용한 도구이다.

가계도에서 공통적으로 사용하는 상징은 〈그림 7-1〉과 같다. 다음은 〈그림 7-1〉의 상징들을 이용한 가계도 〈그림 7-2〉의 사례[1]이다.

짐(26세, 주한미군)과 김영순(25세, 주부)은 국제결혼한 부부로 친구소개로 만나 결혼한 지 4년이 됐고, 3세 된 아들이 하나 있다. 이들은 짐이 술을 마시고 김영순을 구타하는 문제로 가정상담소에 오게 됐다.

짐의 아버지는 알코올중독자로 짐이 어릴 때 가족을 버려 지금은 따로 살면서 가끔씩 전화연락만 하는 정도이다. 짐은 가끔씩 아버지와 전화통화를 할 때마다 '죽이고 싶을 정도로' 적개심을 느낀다고 한다. 아버지가 가정을 버린 뒤, 짐이 14세 때 어머니마저 세상을 떠나 그때부터 짐은 여기저기 친척집을 떠돌아다니며 자라 세상에 대한 불신이 많다. 그나마 자신을 가장 오랫동안 돌봐준 큰외삼촌이 유일하게 믿고 의지하는 사람이다. 혼자서 생활하는 데 익숙한 짐은 김영순이 간섭하는 것이 참을 수 없고 견디기 어려워 술을 마시게 된다고 한다. 더욱이 부대에서 상사와의 마찰과 동료들과의 불화로 스트레스를 받고 있지만 원래 누군가에게 자신의

---

1) 이 사례는 한남대학교 사회복지학과 박미은 교수가 현장에서 직접 다룬 사례로 비밀보장을 위하여 그리고 책 내용에 대한 이해를 돕기 위하여 일부 정보를 수정하였다.

〈그림 7-1〉 가계도의 상징들

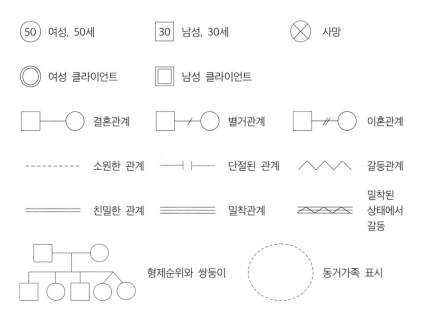

(50) 여성, 50세 　　 30 남성, 30세 　　 ⊗ 사망

◎ 여성 클라이언트 　　 回 남성 클라이언트

□—○ 결혼관계 　　 □⁄○ 별거관계 　　 □∥○ 이혼관계

- - - - - - - 소원한 관계 　　 —⊣⊢— 단절된 관계 　　 ∧∧∧ 갈등관계

═══════ 친밀한 관계 　　 ≡≡≡ 밀착관계 　　 ▱▱▱ 밀착된 상태에서 갈등

형제순위와 쌍둥이 　　 동거가족 표시

〈그림 7-2〉 사례의 가계도

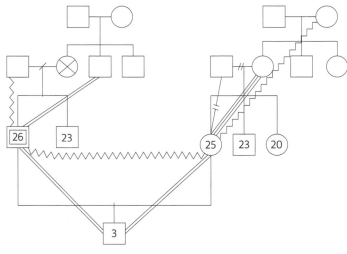

어려움을 얘기하는 데 서툰 짐은 이것을 영순에게 얘기하지 않고 혼자 해결하려고 술을 마시게 되고, 아무것도 모르는 채 술 마시는 것에 대해 자꾸 잔소리하는 영순에게 분노를 느껴 구타하게 된다고 하였다.

김영순은 어린 시절부터 아버지가 어머니와 자신의 형제들을 구타하여 아버지에 대한 적개심을 가지고 성장했으며 결국 아버지의 폭력에 못 이겨 영순이 10세 때 부모님은 이혼을 하였다. 아버지와 이혼한 후 어머니는 시장에서 장사를 하여 영순 형제는 주로 외할머니 밑에서 자랐다. 외할머니는 맏딸인 영순에게 항상 장녀로서의 책임과 희생을 강요하며 대학에 진학시키지 않아 할머니와의 갈등이 심했다. 그러나 영순은 고생하는 어머니를 생각하며 참았고 언젠가 자신이 어머니를 행복하게 해드리고 싶었다고 한다. 그래서 미국에 가서 돈을 벌겠다는 생각과 짐이 아버지와 달리 따뜻할 거라는 생각에 국제결혼을 하였으나 막상 결혼하니 주변의 외국사람들과의 적응이 어렵고 대화도 쉽지 않았다. 영순은 짐이 자신을 때릴 때마다 아버지가 생각이 나 더 증오스럽고 모든 꿈을 무너뜨린 짐이 원망스러워 해결책을 찾기보다 그냥 집을 나가 자신도 술 마시고 다른 사람들과 어울리다가 밤늦게 들어오게 된다고 한다.

가계도(〈그림 7-2〉)를 해석하면, 짐의 부모는 별거하였고 어머니는 돌아가셨다. 짐은 아버지와는 갈등관계, 큰외삼촌과는 긍정적 관계를 맺고 있다. 영순의 부모는 이혼하였고 아버지와는 단절된 관계로 연락하지 않으며 어머니와는 매우 밀착된 관계이다. 어렸을 때부터 키워준 할머니와는 갈등관계에 있다. 짐과 영순은 짐의 술 문제와 구타 행동으로 갈등관계에 있으나 두 사람 모두 아들에게 깊은 애정을 가지고 있다.

② 생태도

생태도(ecomap)는 클라이언트의 상황에서 의미 있는 체계들과의 관계
를 그림으로 표현함으로써 특정 문제에 대한 개입계획을 세우는 데 매
우 유용한 도구이다. 가계도와 마찬가지로 클라이언트와 사회복지사가
함께 그리는 것으로(Zastrow, 1995:226), 그리는 방법은 다음과 같다.
우선 〈그림 7-3〉처럼 클라이언트와 상황의 초점이 되는 가족도표를 원
안에 표시한다. 그리고 다른 의미 있는 체계들과 가족들과의 관계를 선
으로 표시한다. 생태도는 환경 속의 클라이언트에 초점을 두므로 클라
이언트를 생태학적 관점에서 이해하는 데 도움을 준다(서울대 사회복지
실천연구회 역, 1998:394).

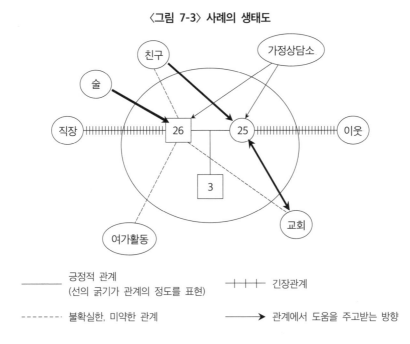

〈그림 7-3〉 사례의 생태도

③ 소시오그램

집단 내 성원들 간의 상호작용을 상징을 사용하여 그림으로 나타내 보면 〈그림 7-4〉와 같다. 즉, 그림의 상단과 하단은 집단 내에서의 지위를 나타내고 성원들 간의 관계는 호의적, 무관심, 적대적인 관계로 표현된다. 이러한 관계가 상호적이지 않고 일방적일 때는 그것을 화살표로 표현하게 된다. 소시오그램(sociogram)은 집단과 일하는 사회복지사가 집단 내의 소외자, 하위집단, 연합 등을 파악할 수 있는 유용한 도구이다(Toseland & Rivas, 1995:222).

이 소시오그램을 해석하면, 철수가 이 집단의 리더로서의 역할을 하며, 집단 내에서 다른 성원들과의 상호작용은 매우 긍정적이다. 그리고 영희, 수진, 영호는 집단 내에서 하위집단을 이루고 있으며, 수정, 진희, 영철은 집단에서 소외됐음을 알 수 있다.

〈그림 7-4〉 소시오그램

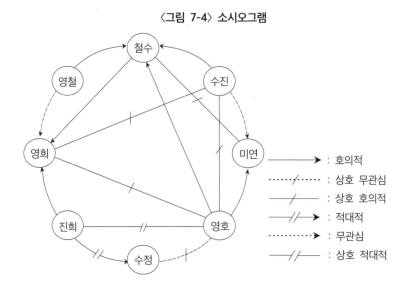

3. 목표설정 및 계약

1) 목표설정

목적은 개입의 노력을 통해 얻고자 하는 장기적이고 궁극적인 결과이다. 목적(goal)과 목표(objective)를 흔히 구별 없이 사용하지만 개념상 목표는 목적을 세분화한 것으로 단기적이며 구체적이라는 점에서 목적과 구별된다. 사회복지실천과정에서 목적은 클라이언트의 '복지'나 '삶의 질 향상'이라고 할 수 있고 이러한 목적은 단기적인 개입목표들이 달성됨으로써 이뤄질 수 있다. 이 절에서는 실천과정에서의 단기 개입목표를 보는 것이므로 '목표'를 개입의 결과로 총칭하였다.

목표는 앞 절의 사정과정에서 문제와 욕구를 정의하고 문제에 영향을 미치는 요인을 분석한 것을 근거로 설정되는 것이다. 사회복지실천과정에서 목표설정이 중요한 이유는 사회복지사와 클라이언트에게 개입과정의 방향을 명확히 제시해주어 방황 없이 진행할 수 있도록 도와주고, 개입이 끝난 후 그 결과를 효과적으로 평가할 수 있게 해주기 때문이다.

목표는 '문제가 해결된 상태' 혹은 '개입을 통해 일어나기 바라는 변화'를 의미한다. 어떤 상태나 변화가 가장 바람직하다고 생각하는지, 즉 무엇을 목표로 할 것인가에 대해서 사회복지사와 클라이언트는 합의해야 한다. 만약 두 사람의 관점이 일치되지 않으면 합의될 때까지 기다려야 한다(Compton & Galaway, 1994:398). 합의되지 않은 상태에서 과정이 진행되면 일치되지 않은 두 개의 이슈가 계속 존재하며 그 결과는 양쪽 모두에게 만족스럽지 못하게 된다.

사회복지실천과정의 목표, 즉 개입을 통해 일어나기 바라는 변화유형으로 존슨(Johnson, 1989:39)은 관계유지, 구체적 행동의 변화, 관계의 변화, 환경의 변화 등을 들었고, 재스트로(Zastrow, 1995:302)는 자원획득, 주요결정, 환경변화 등을 들었다. 공통적으로 지적된 변화유형에 우리나라 임상에서 볼 수 있는 몇 가지 유형을 추가하면 다음과 같다.

① 다른 사람과의 관계를 변화시키거나 그 사람에 대한 자신의 인식을 변화시키는 것(예: 부부관계를 원만히 하는 것).

② 중대한 결정을 내리는 것(예: 미혼모가 아이를 입양시킬 것인가 아니면 유산시킬 것인가를 결정하는 것).

③ 자신과 타인에게 혹은 환경에 부정적인 행동(증상 포함)을 변화시키는 것(예: 수업 중 아이의 산만한 행동을 감소시키는 것).

④ 주변의 환경이 좀더 클라이언트의 욕구에 반응하도록 변화시키는 것 (예: 장애인을 위해 주거환경을 변화시키는 것).

⑤ 필요한 자원이나 정보를 구하는 것(예: 실업자가 공공근로에 대해 알아보는 것).

⑥ 기능적인 사회적 역할수행에 필요한 기술을 익히는 것(예: 부모교육을 통해 자녀양육에 필요한 기술을 익히는 것).

헵워스와 라슨(Hepworth & Larsen, 1986:302~307)은 이러한 변화를 목표로 설정할 때 활용할 수 있는 몇 가지 지침을 다음처럼 제시하였다.

(1) 목표는 반드시 클라이언트가 바라는 바와 연결되어야 한다.

목표가 클라이언트가 바라는 바와 연결되어야 한다는 것은 목표 속에 클라이언트의 바람이 반영되어야 한다는 것이다. 그래야 클라이언트가 동기를 가지고 목표를 달성하고자 하는 노력을 하게 될 것이다. 예를 들어어떤 종류든지 한 가지 직업기술을 갖는 것을 목표로 정했다면 평상시클라이언트가 꼭 배우고자 했던 자동차 정비기술을 배울 수 있도록 돕는것이 클라이언트로 하여금 강한 동기를 부여할 수 있다.

(2) 목표는 명백하게 측정 가능한 형태로 진술되어야 한다.

목표가 측정 가능한 형태로 명백하게 제시되어야 하는 이유는 변화하고자 하는 바가 무엇인지 분명할 때만이 그 결과를 주관적 판단이 아닌 객관적 관찰에 의해 평가할 수 있기 때문이다. 예를 들어 단순한 부부관계의 향상이 아니라 '서로를 비난하는 말이나 행동의 감소' 혹은 '서로의감정을 이해하는 말이나 칭찬의 증가' 등과 같이 구체적으로 표현되어야 목표가 어느 정도 달성되었는지를 측정할 수 있다.

(3) 목표는 달성 가능해야 한다.

문제가 발생하면 누구나 일단 스스로 문제를 해결하고자 노력한다. 이런 노력이 실패하여 좌절된 상태에서 클라이언트는 사회복지사를 찾아오게 된다. 이런 상황에서 달성하기 어려운 목표를 설정하여 또다시 실패하면 클라이언트는 더 크게 실망하고 좌절하게 될 것이다. 이는 클라이언트의 부정적 자아상에 심각한 영향을 미쳐 오히려 개입하지 않았던것보다 더 못한 결과가 초래될 수 있다. 따라서 목표는 작더라도 달성

가능한 것으로 하며, 목표달성을 통해 클라이언트가 성취감을 느껴 문제해결능력이 향상될 수 있도록 해야 한다.

(4) 목표는 사회복지사의 지식과 기술에 상응하는 것이어야 한다.
목표가 반드시 사회복지사의 지식과 기술에 상응해야 한다는 것은 사회복지사의 지식과 기술 내에서 목표달성이 가능해야 한다는 것이다. 만약 사회복지사의 능력 밖이라면 지도감독을 통해 목표에 접근할 수 있어야 하고 그렇지 않으면 자격이 되는 다른 전문가에게 의뢰해야 한다. 예를 들어 세대간 복잡한 삼각관계에 얽혀 있는 가족문제의 경우, 가족치료 경험이 전혀 없는 사회복지사로서는 클라이언트를 도울 수 없으므로 숙련된 가족치료자에게 의뢰하는 것이 적합할 것이다.

(5) 목표는 성장을 강조하는 긍정적 형태여야 한다.
목표가 성장을 강조하는 긍정적 형태여야 한다는 것은 주로 '… 하기'로 진술되어야 한다는 것을 의미한다. 즉 '비난하지 않기'보다는 '칭찬하기'로 한다는 것이다. '… 를 하지 않는 것'은 문제행동의 상실을 의미하지만 '… 를 하는 것'은 긍정적 행동을 얻는 것을 의미한다. 잃는 것보다 얻는 것이 변화의 동기를 더 많이 제공한다.

(6) 목표가 사회복지사의 중요한 권리나 가치에 맞지 않는다면 동의하지 않아야 한다.
아무리 가치나 권리가 개인적인 것이라고 할지라도 클라이언트의 요구사항이나 목표가 근본적으로 사회복지사의 가치나 권리에 맞지 않아 받

아들이기 어려운 것이라면 동의해서는 안 된다. 예를 들어 사회복지사
가 독실한 가톨릭 신자인데 클라이언트가 유산을 요구한다면 클라이언
트의 자존심이 손상되지 않는 수준에서 이유를 잘 설명하고 다른 전문
가에게 의뢰할 수 있다.

(7) 목표는 반드시 기관의 기능과 일치해야 한다.

사회복지사가 기관의 조직 내에 있는 한 사회복지사의 변화노력은 기관
의 기능과 일치해야 한다. 만약 일치되지 않을 경우 다른 기관으로의
의뢰를 생각해야 한다.

개입목표가 이러한 지침대로 잘 설정되었다 하더라도 목표가 여러
가지인 경우 우선순위를 정해야 한다. 우선순위를 정할 때 사용하는 기
준은 다음과 같다.

① 클라이언트에게 가장 시급한 문제
② 가장 단기간에 달성할 수 있어 성취감을 느낄 수 있는 것
③ 클라이언트가 다른 목표에 도전할 수 있도록 강한 동기를 제공할 수 있
  는 것
④ 사회복지사의 능력, 기관의 기능상 무리 없이 달성 가능한 것

개입목표가 많은 경우 이러한 기준을 가지고 클라이언트와 의논하여
목표를 2~3개로 줄인 뒤 이것을 다시 우선순위대로 나열하여 우선되
는 것부터 초점을 두어 개입한다. 그러나 순위를 정하였다 하더라도 하

나의 목표를 완전히 달성한 뒤 그 다음 목표에 개입하는 것이 아니라 경우에 따라서는 두세 가지를 동시에 목표로 삼기도 한다. 예를 들어 학교폭력 피해자에게 개입할 때 피해학생의 대처능력 향상을 우선 목표로 개입하면서 동시에 교사들을 대상으로 폭력의 심각성을 인식시키는 목표를 달성하고자 할 수 있다. 따라서 목표들 중 우선순위를 정하는 것은 개입시 목표의 중요성을 상기시키고 어느 것이 더 시급한 것인지를 인식하여 정확한 개입방향을 설정하기 위한 것이다.

2) 계약

목표설정과 그것을 달성하기 위한 전략, 역할, 개입, 평가방법 등을 구체적인 활동용어로 기술한 계획에 대해 사회복지사와 클라이언트가 서로 동의하는 것을 계약(contract)이라 한다. 계약내용 속에는 개입활동과 그에 따른 클라이언트와 사회복지사 각각의 역할을 명확히 하여 가능한 클라이언트의 참여를 높여야 한다. 클라이언트의 입장에서 계약은 활동계획에 합의하는 것 이상의 이득이 있다. 계약을 통해 클라이언트는 결과를 염두에 두고 상호작용하며, 사회복지사와의 관계에서 자율성을 가지고 통제력을 발휘할 수 있다.

계약은 법적인 효력을 가지지 못하므로 일반적으로 구두로 하는 경우가 많으나 서면계약을 선호하는 사람들은 서면으로 계약을 해야 오해의 소지가 없다고 주장한다. 그러나 클라이언트에 따라서는 서면내용을 목표를 달성해주어야 하는 사회복지사의 의무인 것처럼 인식하여 달성이 되지 않았을 경우 잘못된 개입(malpractice)으로 소송을 제기할 수도 있으므로 주의가 필요하다. 구두계약을 선호하는 사람들은 어차피 사회복지실천과정에서는 개인 간의 상호작용이 중요하므로 공식적으로 계약하는 것보다 비공식적으로 개입계획만을 분명히 하는 것이 더 좋다고 주장한다(Hepworth et al., 2016:297~298).

계약의 요소에 존슨(Johnson, 1985:314)은 클라이언트와 사회복지사가 합의한 목표와 시간제한 그리고 구체적인 개입기법 등이 포함된다고 하였다. 헵워스와 라슨(Hepworth & Larsen, 1986:315)은 성취할 목표, 참여자의 역할, 사용되는 개입형태 및 기법, 시간적 조건, 평가방법 그리고 시작일, 약속취소와 변경의 조건, 비용 등과 관련된 관리사항 등이 포함된다고 하였다. 여기서는 공통적으로 강조되는 개입목표, 참여자의 역할, 개입기법, 시간적 조건을 계약에 포함될 요소로 보고, 그중 개입목표는 앞에서 설명하였으므로 나머지 세 가지만 살펴보았다.

(1) 참여자의 역할

참여자의 역할에는 클라이언트의 역할과 사회복지사의 역할이 있다. 우선 클라이언트의 역할은 자신의 감정이나 욕구 그리고 자신이 바라는 바와 개입과정에 대한 기대를 사회복지사에게 분명히 표현하는 것이다. 그리고 문제를 해결하는 주체가 사회복지사가 아닌 클라이언트 자신임을 인식하고 문제해결에 사회복지사가 파트너로 참석하여 도울 수 있도록 변화를 위한 적극적 태도를 가져야 한다. 계약을 통해 클라이언트는 해야 할 행동과 하지 말아야 할 행동에 대한 기준을 가지게 되고 과업수행에 대한 책임감을 인식하게 된다. 사회복지사의 역할은 클라이언트가 자신의 감정을 솔직하게 표현하도록 돕고 만약 제대로 표현하지 않을 경우 표현할 수 있도록 유도하는 것이다. 그리고 사회복지사는 어디까지나 문제해결의 파트너로 조언을 할 뿐 문제해결은 클라이언트 스스로 하는 것임을 분명히 해야 한다(Hepworth & Larsen, 1986: 317~318). 개인, 가족, 집단, 지역사회를 돕는 과정에서 사회복지사의 역할은 다음과 같다(Zastrow, 1995:18~20).

① 가능케 하는 자(enabler)

개인이나 집단이 그들의 욕구와 문제를 명확히 하고 해결전략을 탐색하며 좀더 효과적으로 문제에 대처하도록 그들의 능력을 개발하는 역할이다. 주로 개인, 집단, 가족을 상담할 때의 사회복지사의 역할이다.

② 중개자(broker)

도움을 필요로 하는 개인이나 집단을 지역사회의 서비스와 연결하는 역할이다. 예를 들어 가정폭력을 당하는 부인에게 쉼터를 소개해주는 것이다. 이 역할을 수행하기 위해 사회복지사는 지역사회 내 자원을 잘 알고 있어야 한다.

③ 옹호자(advocate)

기존 제도로부터 클라이언트가 불이익을 받을 때 그 집단을 위해 정보를 수집하고 요구사항을 분명히 하여 제도에 도전하도록 지도력을 발휘하는 적극적이고 직접적인 역할이다. 이 역할의 목표는 특정제도를 비난하거나 비판하는 것이 아니라 정책을 개선, 변화시키려는 것이다.

④ 활동가(*activist*)

기본적인 제도의 변화를 추구하는 것으로 이 역할에서의 관심은 주로 사회불평등, 사회적 박탈에 있다. 이 역할은 인간의 욕구에 좀더 적합할 수 있도록 환경을 변화시키기 위하여 지역사회의 욕구를 조사, 분석하고 그 결과를 알리며 대중의 힘을 동원하기 위해 사람들을 조직하는 것이다.

⑤ 중재자(*mediator*)

양자간의 논쟁(노사간, 이혼직전의 부부 등)에 개입하여 타협, 차이점 조정 혹은 상호 만족스러운 합의점 도출을 이끌어내는 역할이다. 중재자는 항상 중립을 지키게 된다.

⑥ 협상가(*negotiator*)

갈등상황에 놓인 사람들 사이에서 상호합의를 이끌어내기 위해 타협하는 역할이다. 양쪽이 모두 잘되기를 바란다는 점에서 중재자와 유사하나 협상가는 중립을 지키지 않고 어느 한쪽과 동맹을 맺는다.

⑦ 교육자(*educator*)

클라이언트에게 정보를 주고 적응기술을 가르치는 역할로, 이 역할을 사회복지사가 수행하기 위해서는 그 기술과 관련된 지식을 가지고 있어야 한다. 또한 피교육자가 이해할 수 있도록 이를 명확히 전달할 수 있는 능력이 있어야 한다.

⑧ 창시자(*initiator*)

이전에 관심을 끌지 못한 문제에 관심을 집중시키는 역할이다. 그러나 단순히 관심을 집중시키는 것만으로는 문제가 해결되지 못하므로 창시자는 관심을 집중시킨 뒤 그 다음 과정을 수행하기 위해 여러 다른 역할을 같이 수행해야 한다.

⑨ 조정자(*coordinator*)

흩어져 있는 혹은 다양한 기관에서 산발적으로 주어지는 서비스들을 조직적인 형태로 정리하는 역할이다. 주로 사례관리자의 역할로 이를 통해 서비스의 중복과 상충되는 정보제공을 막을 수 있다.

⑩ 연구자(*researcher*)

사회복지실천에서 모든 사회복지사는 연구자로서의 역할을 수행하게 된다. 즉, 관심 있는 주제를 선택하여 연구하고, 자신의 실무를 평가하며 프로그램의 장·단점을 사정하고 지역사회의 욕구를 조사하는 역할을 수행한다.

⑪ 집단촉진자(*group facilitator*)

치료집단, 성장집단, 교육집단, 자조집단 등 모든 집단 상호작용을 촉진시키는 집단리더의 역할이다.

⑫ 대변자(*public speaker*)

욕구가 만족되지 못한 클라이언트를 위해 다양한 집단(사업가 집단, 공무원, 지역유지 등)에 필요한 서비스의 유용성을 알리고 서비스를 개발하는 역할이다. 대변자의 역할을 수행하는 사회복지사는 특정 문제나 욕구를 해결하기 위해 어떤 서비스가 필요한지를 잘 알고 있어야 할 뿐 아니라 필요한 비용을 끌어올 수 있는 능력도 있어야 한다.

(2) 개입기법

계약에는 목표달성을 위해 수행하는 다양한 개입기법을 구체화하는 것이 필요하다. 그러나 어느 정도로 구체화할 것인가 하는 것은 사정에 따라 다르다. 사정시 해결되어야 할 문제와 욕구가 분명히 정의되고 그 치료적 대안들이 명백하다면 초기 계약과정에서 개입기법을 구체적으로 제시할 수 있다(Hepworth & Larsen, 1986:321). 예를 들어 긴장해소법, 분노조절기법, 우울감정을 극복하기 위한 인지의 재구조, 역할극과 행동연습 등의 기법을 제시하고 계약할 수 있다. 그러나 이렇게 구체적인 기법까지 제시하기 어렵다면 개별개입, 부부치료, 집단개입 혹은 위기개입 등 대략적인 개입방법을 제시하고 계약하게 될 것이다. 어떤 방법이 사용되든지 클라이언트에게 그 방법에 대해 상세히 설명하고 충분히 토론한 뒤 동의를 얻어 계약하게 된다.

(3) 시간적 조건

시간적 조건 역시 계약에 반드시 포함될 요소이다. 여기에는 개입기간, 세션의 빈도와 시간 등이 포함된다. 개입기간은 시작할 때 그 기간을 미리 정하는 형태(*time-limited*)와 정하지 않는 형태(*open-ended*)가 있다 (Hepworth & Larsen, 1986:322). 일반적으로 정신분석과 정신치료에 입각한 치료에서는 개입기간을 정하지 않는 방법을 사용하나 최근 사회복지개입에서는 대략적인 개입기간을 정하는 형태를 선호하는 경향이 있다. 일반적으로 시간제한적인 개입은 단기간에 정해진 목표를 달성하므로 사회복지사에 대한 신뢰도가 높아질 수 있고 비용, 시간 측면에서도 효과적이다. 또한 많은 문제가 야기되는 종결단계를 처음부터 분명히 함으로써 효과적인 종결을 도모할 수 있다. 그러나 이처럼 시간을 정하는 형태에도 한계가 있다. 우선 시간 내에 달성하지 못한 목표가 있을 수 있고 인간의 상황은 항상 변화하므로 예기치 못한 변수로서 개입기간의 변화가 있을 수 있으므로 이에 대한 대책이 필요하다.

이외에도 세션의 빈도와 각 세션의 시간, 비용 등은 클라이언트의 상황과 기관의 상황을 고려하여 결정하되 가급적 클라이언트의 상황을 많이 반영하도록 노력하는 것이 클라이언트의 자발성을 촉진시킬 수 있다.

4. 개입

목표설정과 계약이 이뤄지면 구체적인 실천 활동이 본격적으로 이뤄진다. 계약 속에 명시된 구체적인 개입계획에 의해 개입활동은 다양한 수준에서 이뤄질 수 있다. 즉 개인수준, 집단수준, 가족수준, 지역사회수준의 개입을 하게 되는데, 자세한 내용은 제4부 '다양한 수준에서의 실천'에서 다룰 것이다.

5. 평가 및 종결

사회복지실천과정의 마지막 단계는 평가 및 종결단계이다. 평가단계는
실제 개입의 결과가 얼마나 안정되게 유지될 것인가를 결정하는 단계이
고 종결단계는 클라이언트가 상실과 이별에 직면하여 보이는 다양하고
복잡한 감정과 태도 때문에 어느 단계보다 사회복지사의 민감한 반응과
기술적 접근이 필요한 단계이다.

1) 평가

평가란 사회복지개입의 결과를 사정하는 것을 의미한다. 여기에는 두
가지 질문에 대한 답이 필요하다. 첫째, 원하는 목표가 달성되었는가?
둘째, 변화가 개입에 의해서 일어났는가? 이 두 질문을 통해 목표가 개
입에 의해 달성되었는지를 평가하는 것이다. 평가과정에서는 실패했던
것보다 성취하거나 달성한 것에 초점을 두는 것이 중요하다. 그래야만
좀더 나은 변화를 위해 클라이언트의 동기를 자극할 수 있다(Miley et
al., 2017:390~391).

평가에는 일반적으로 세 가지의 유형이 있다(Hepworth & Larsen,
1986:589~590).

(1) 결과평가

결과평가(*outcome evaluation*)는 설정했던 목표들이 얼마나 달성되었는
지 평가하는 것이다. 즉, 개입과정을 통해 원했던 변화가 일어났는가

하는 평가이다. 그러나 결과를 측정하려면 무엇보다도 그 결과가 개입으로 인해 일어났다는 것을 검증해야 한다. 클라이언트의 변화는 개입 외에도 다른 여러 가지 변수에 의해 영향을 받으므로 결과가 개입의 순수한 효과라고 보기 어려운 경우가 많다. 따라서 이러한 문제점을 극복하기 위해 가장 많이 사용하는 조사설계방법이 사전, 사후로 평가하는 방법과 개입한 실험집단과 개입하지 않은 통제집단을 비교하는 방법이다. 두 방법 모두 결과를 개입의 영향으로 해석하는 데 있어 객관성을 갖기 위해 사용되는 것이다.

① 사전, 사후 비교방법
사전, 사후 비교방법은 사회복지실천과정을 평가하는 데 가장 많이 사용하는 방법으로 우선 평가하고자 하는 문제와 그 측정도구를 명확히 해야 한다. 그리고 개입하기 전에 문제가 어느 정도인지를 측정하고, 개입 후 다시 같은 방법으로 문제의 정도를 측정하여 그 변화를 개입의 결과로 보는 것이다. 예를 들어 부부갈등이 있는 커플들을 대상으로 부부기능을 높이기 위한 집단프로그램을 실시하고 그 결과를 평가할 때, 개입 이전 일주일간의 부부기능(의사소통기능, 문제해결기능, 부부역할수행기능 등)을 평가하고 프로그램을 실시한 후 다시 부부기능을 측정한다. 그 결과 의사소통 기능은 사전에 비해 사후에 긍정적 변화가 일어났으나 문제해결기능과 역할수행 기능에는 별로 변화가 없다면, 그 프로그램은 부부의 의사소통 기능향상이라는 목표만을 달성했다고 평가할 수 있다.
　이와 같은 변화상황 혹은 목표달성을 확인하기 위해 〈그림 7-5〉와

〈그림 7-5〉 사전 · 사후 비교 그래프

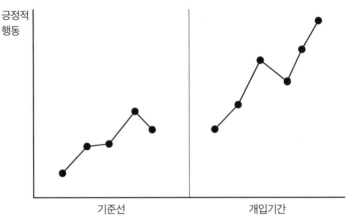

긍정적
행동

기준선   개입기간

같은 그래프를 활용할 수 있다. 이런 그래프는 사회복지사에게도 도움이 되지만 클라이언트가 그 가족에게 변화상황에 대한 피드백을 제공하는데 매우 유용하다(Zastrow, 2007:306).

② 통제집단과 실험집단의 비교

이 방법은 개입한 집단과 개입하지 않은 집단을 비교하여 그 차이를 개입의 결과로 추정하는 것이다. 이 방법은 사전, 사후 비교 방법에 비해적게 사용되는데 그 이유는 우선, 개입이 필요한 집단에 의도적으로 개입을 하지 않는다는 것이 사회복지윤리에 맞지 않기 때문이다. 또한 두집단 간의 차이를 개입의 결과로 보려면 두 집단 간에 다른 변수의 영향은 거의 통제되었다는 전제가 있어야 하지만 실제 그런 집단을 설정하기가 현실적으로 어렵기 때문이다. 여기서 두 집단의 비교는 개입 이후사후만을 대상으로 할 수도 있으나 객관성을 높이기 위해서는 사전, 사후를 모두 비교하는 것이 좋다. 사후만을 측정할 경우, 개입 이전에 이미 존재하는 두 집단의 차이를 알 수 없기 때문이다. 예를 들어 폭력을 보이는 청소년들을 위해 학교사회복지사가 폭력예방 프로그램을 실시한 경우, 이 프로그램의 효과를 측정하기 위하여 프로그램에 참석하지 않은 같은 학교에 있는 같은 학년의 폭력 청소년을 통제집단으로 설정하여 참석한 집단과 통제집단의 폭력행동의 빈도를 사전, 사후로 비교한다. 그 결과 통제집단의 경우 폭력행동이 10% 줄어든 반면에 실험집단은 80% 폭력행동이 줄어들었다면 이러한 결과를 통해 학교사회복지사의 프로그램이 '폭력행동의 감소'라는 목표를 달성했다고 할 수 있다.

(2) 과정평가

과정평가는 개입과정을 클라이언트가 어떻게 지각하는지를 평가하는 것이다. 즉, 과정이 자신에게 도움이 되었다고 느끼는지 아니면 자신에게 오히려 나쁜 영향을 주었다고 생각하는지 평가하는 것이다. 특히 사회복지사가 목표를 달성하기 위해 사용한 방법이나 기법에 대한 피드백을 포함한다. 이는 결과평가와는 좀 다른데, 목표가 달성되어 결과평가는 긍정적이라고 하여도 목표달성을 위해 사용한 방법에 대해 클라이언트가 부정적인 평가를 할 수 있다(Hepworth & Larsen, 1986:589~590). 예를 들어 자발적으로 금주를 도와달라고 청한 알코올중독 환자에 대한 개입방법으로 한 달간 폐쇄병동에 입원하여 알코올과 관련된 신체적 치료와 집단프로그램에 참여하도록 한 경우, 결국 금주를 하여 목표는 달성하였으나 클라이언트는 폐쇄병동에서의 입원생활이 자신에게 매우 불쾌한 경험이었고 앞으로 어떠한 일이 있어도 사회복지사의 도움은 요청하지 않겠다며 치료적 개입을 부정적으로 평가할 수 있다. 이러한 평가를 통해 사회복지사는 자발적으로 도움을 요청한 클라이언트와 그렇지 않은 클라이언트에 대한 개입방법은 달라야 함을 알게 된다. 과정평가를 통해 사회복지사는 반드시 부정적인 피드백만을 듣는 것은 아니다. 긍정적이고 도움이 많이 되었다는 클라이언트의 평가는 사회복지사의 자신감과 능력을 향상시켜 전문직으로서의 정체감을 강화시키는 역할을 한다.

(3) 실무자평가

실무자에 대한 평가는 사회복지사의 행동, 태도, 속성 등이 개입과정에 어떤 영향을 미쳤다고 생각하는지에 대한 피드백을 요청하는 것으로 사회복지사는 어떠한 비판도 각오해야 한다(Hepworth & Larsen, 1986: 590). 이때 사회복지사는 실천가로서 갖는 장점과 단점을 솔직히 지적해 주도록 요청함으로써 스스로를 잘 알 수 있는 기회를 갖는다. 클라이언트는 사회복지사의 태도를 "말이 빠르다", "무시하는 말투이다", "건방지다", "쌀쌀맞다", "다정하다", "편하다" 등으로 평가하기도 하고 사회복지사 자신이 모르는 버릇을 기초로 "왜 그렇게 볼펜을 물어뜯느냐", "머리를 너무 긁적인다" 등의 평가를 내리기도 한다. 부정적인 평가는 고통스럽기는 해도 사회복지사가 자신의 태도와 행동이 개입결과에 어떤 영향을 미치는지 지각하는 데 매우 중요한 의미를 갖는다.

2) 종결

(1) 종결유형

종결은 클라이언트와 사회복지사 모두에게 이별과 관련된 복잡한 감정을 갖게 한다. 이때 클라이언트가 보이는 반응은 사회복지사에 대한 애착정도, 목표의 성취정도 그리고 어린 시절 이별경험에 따라 다양하게 나타날 수 있다. 그러나 일반적으로 클라이언트는 일정기간 자신과 관련된 모든 이야기를 들어주고 자신을 수용하며 긍정적으로 대해준 사회복지사와의 이별을 큰 상실과 슬픔으로 느낀다.

　헵워스와 라슨(Hepworth & Larsen, 1986:578~585)은 종결이 다음과 같은 여러 가지 상황에서 다양하게 나타날 수 있다고 하였다.

① 일정기간만 제공되는 서비스의 계획된 종결

정해진 기간만 제공되는 서비스의 계획된 종결에는 학기중에만 서비스를 제공하는 학교프로그램, 입원기간에만 제공되는 병원서비스, 실습기간에만 사례를 다루는 실습생의 경우가 포함된다. 이러한 종결은 미리 알려진 것이므로 클라이언트 입장에서는 갑작스럽게 종결을 맞는 것보다 충격이 적고 그에 대한 대비를 할 수 있기에 종결에 따른 감정을 해소할 충분한 시간을 갖게 된다. 그러나 이러한 이점과 달리 주의할 사항도 존재한다. 만약 해당 기간 내에 문제가 해결되지 않았다면 클라이언트는 서비스가 진행 도중에 중단되었다고 생각할 수 있다. 또한 사회복지사는 종결에 대한 감정처리 이외에도 남아 있는 문제를 해결하기 위해 다른 기관에 클라이언트를 의뢰해야 하는 이중부담을 지게 된다.

이러한 상황에서 사회복지사는 기관의 특성상 가지는 한계를 클라이언트에게 잘 설명하여 신뢰관계가 손상되지 않도록 노력하고 적절한 기관에 의뢰를 해야 한다.

② 시간제한이 있는 종결

시간제한적 방식에 의한 종결은 초기부터 사회복지사와 클라이언트가 개입의 시간을 미리 제한하고 시작하는 것이다. 이렇게 시간을 제한하는 방식은 정서적 애착과 의존을 줄여주고 종결에 따른 상실감도 줄여준다. 물론 애착과 상실감이 시간제한을 두지 않는 방법에 비해 상대적으로 적을 뿐이며 전혀 없는 것은 아니다. 시간제한적인 방식에도 종결에 대한 나름의 반응은 나타난다. 사회복지사는 이러한 반응에 민감하게 대처하여 적절히 다뤄야 한다. 이런 종결에서 사회복지사가 할 업무는 첫째, 클라이언트가 개입을 통해 얻는 것을 분명히 하고, 둘째, 지속적 개입이 필요한 경우 또 다른 계획을 세우며, 셋째, 개입기간에 배운 바를 클라이언트가 일상생활에 어떻게 적용할 것인지를 확인한다. 그리고 넷째, 사후세션을 계획한다.

③ 시간제한이 없는 종결

시간제한이 없는 방식에 의한 종결에서는 언제 종결할 것인지 결정하는 것이 중요하다. 일반적으로 사회복지사와의 만남을 통해 클라이언트가 얻는 것이 줄어들 때, 즉 세션에서 얻는 이득이 점차 줄어들어 중요성이 없어질 때가 종결할 때라고 한다. 그러나 이런 때에 클라이언트는 매우 강한 정서적 반응을 보일 수 있다. 특히 장기간의 개입과정에서 클라이언트의 의존심이 증가하고 전문적 관계를 통해 얻는 이득에 만족하는 경우 종결은 더욱 어려워진다.

④ 클라이언트의 일방적 종결

클라이언트에 의한 일방적인 종결은 클라이언트가 갑자기 약속을 어기거나 이런저런 이유로 올 수 없음을 핑계대고 더 이상 자신의 문제를 노출시키지 않으면서 종결을 원할 때 이뤄진다. 종결유형 중 가장 높은 빈도를 보이는 유형이다. 이 경우 사회복지사는 종결이 상당히 중요한 문제이므로 신중히 생각할 것을 권하지만 종국에는 클라이언트의 자기결정권을 존중하는 것이 좋다. 클라이언트에 의한 일방적인 종결은 해결되지 못한 저항 때문이거나 문제가 이미 해결되었다는 비현실적인 믿음 때문일 수 있다. 따라서 종결하더라도 그동안 목표달성과정을 돌이켜 보면서 얻은 것이 무엇이고, 지속적으로 해결해야 할 문제가 무엇인지에 대해 토론하는 것이 필요하다.

그러나 이러한 토론과정조차도 거부한다면 강요해서는 안 되며, 언제든지 다시 기관을 찾아올 수 있는 여지가 있음을 분명히 알려야 한다. 이렇게 해야 클라이언트는 언제든 필요하다고 생각될 때에 다시 올 수 있고, 다시 올 때는 전보다 더 많은 동기를 가지고 오게 된다.

집단인 경우 역시 한 성원의 일방적 종결은 집단 전체에 부정적 영향을 미치게 된다. 우선 남아 있는 성원들은 떠나는 성원에 대한 분노, 죄책감, 그동안 가져왔던 소중한 관계에 대한 상실감, 이 집단을 계속 지속시켜야 하는지에 대한 회의 등을 느끼게 된다. 그리고 떠나는 성원도 역시 떠나는 것에 대한 양가감정, 상실감, 죄책감, 계속 남아 있도록 강요하는 집단을 향한 분노 등을 경험한다. 사회복지사는 집단 내에서 이러한 반응들을 다룰 수 있는 기회를 가져야 하고, 그런 기회가 없다면 집단의 존재는 매우 위태롭게 될 수 있다. 특히 떠나는 성원이 다른 성원들과의 부정적 관계 때문에 떠나는 상황이라면 더욱 위험하다.

⑤ 사회복지사의 이동으로 인한 종결

사회복지사가 이동함으로써 이루어진 종결은 클라이언트와 사회복지사 모두에게 힘든 것이다. 이전에 중요한 관계에서 거부당한 적이 있는 클라이언트는 특히 상처받기 쉽고 자존심이 약해진다. 사회복지사 또한 떠나가는 죄책감을 보상하기 위하여 지나치게 잘 대해주거나 재보증 (*reassurance*)을 해줌으로써 클라이언트로 하여금 부정적 감정을 표현하기 어렵게 만든다. 따라서 이런 상황에서 사회복지사는 시간이 허락하는 한 클라이언트가 충분히 감정을 표현할 수 있는 기회를 주고, 다른 사회복지사에게 의뢰하는 것을 수용하도록 도와야 한다.

(2) 종결에 대한 반응

헵워스 등(Hepworth et al., 2016:577~580)은 전형적으로 나타나는 종결의 반응을 다음과 같이 다섯 가지로 보았다.

① 분노

종결 시 클라이언트는 분노를 느낄 수 있는데 특히 사회복지사의 부서 이동이나 사직으로 인해 종결이 이루어질 때 더욱 그러하다. 신뢰관계의 정도에 따라 그리고 시간을 어느 정도 두고 알렸느냐에 따라 강도는 다르겠지만, 심한 경우에는 불안이나 상실감까지 겹쳐 웬만한 위기를 경험하는 것과 유사한 반응을 보일 수도 있다. 이 경우 부정적인 감정을 충분히 표현하도록 돕되 과잉동일시를 하지 않는 것이 중요하다. 사회복지사가 죄책감과 상실감으로 과잉동일시하면 클라이언트가 부정적인 감정을 충분히 표현할 수 있을지는 모르지만, 정작 문제해결에 필요한 건설적 방향을 제시하기 어려워진다.

② 부정

종결시기를 미리 고지했음에도 불구하고 임박한 종결을 의식하지 못하는 것이다. 심지어 종결하는 마지막 시간에 나타나지 않을 수도 있다. 이를 '있을 수 있는 일'로 치부하는 것은 위험하다. 오히려 태풍전야처럼 복잡한 감정을 숨긴 채 태연한 척하는 것으로 봄이 더 올바른 판단이다. 따라서 어떻게든 클라이언트의 감정을 다루어주는 것이 필요하다. 이때는 비언어적 메시지에 예민하게 반응을 해야 하고, 소중한 관계를 상실하는 데서 오는 분노, 거부감 등에 공감하는 것이 필요하다.

③ 회피

클라이언트에 따라서는 '최선의 방어는 공격이다'는 식으로 종결 직전에 앞서서 더 이상 도움이 필요하지 않다고 이야기하거나 아무 말 없이 나타나지 않는 반응을 보이기도 한다. 이 경우에는 전화나 메일 혹은 가정방문을 통해서라도 클라이언트와 접촉하려는 시도가 매우 중요하다. 그렇지 않으면 클라이언트는 정말 자신이 버림받았거나 아무런 보호를 받지 못했다고 판단해버릴 수도 있다. 따라서 사회복지사가 자신의 관심을 확인시켜주고 클라이언트의 감정을 잘 이해하고 있음을 전달하는 것이 중요하다.

④ 과거의 문제가 재발되었다고 하거나 새로운 문제를 가져옴

이전에는 스스로 잘 해결하던 문제를 도와달라며 가져오거나 새로운 문제가 발생했다며 개입을 지속할 것을 요구하는 반응이 나오기도 한다. 심지어 마지막 시간에 이제까지 한 번도 꺼내지 않았던 중요한 이야기를 하거나 자해행동을 보일 수도 있다. 이런 경우에는 그 문제의 심각성에 따라 사회복지사의 반응도 달라질 수밖에 없다. 이와 같은 상황을 막기 위해서는 종결 이전부터 종결을 서서히 준비하는 것이 필요하다. 즉, 클라이언트가 그동안 어떤 성과를 거두었는지 확인하고 스스로 문제를 해결하는 것이 애초의 목표였음을 강조하는 것이 필요하다. 그러나 제시된 문제의 심각성에 따라 개입이 연장되거나 혹은 새로운 개입이 시작될 수도 있다. 이때에는 클라이언트의 의존심 증가를 막기 위해 다른 사회복지사에게 의뢰할 수도 있으나, 담당 사회복지사가 지속적으로 개입한다면 상호작용의 강도를 줄이는 것이 좋다.

⑤ 지속적인 만남을 요구

개인적으로 가끔씩 만나 함께 차를 마시거나 혹은 문자나 SNS 등을 통해 지속적으로 대화하자는 등의 직접적 만남을 요구하는 반응이 있다. 종결에 따라 클라이언트가 느끼는 불안함을 줄이기 위해 이런 만남을 허용하는 사회복지사도 있으나, 이는 얻는 것보다 잃는 것이 더 많은 행동이다. 무엇보다도 사적으로 클라이언트를 만나는 것은 이중관계를

형성하여 비윤리적 실천의 문제가 제기될 수 있고, 사회복지사와 지속적으로 자신의 문제를 의논하고 있는 한 스스로 해결할 수 있다는 클라이언트의 자신감도 회복되기 어렵다. 또한 사회복지사와 만나는 동안은 다른 사회적 지지체계와 의미 있는 관계를 맺어야 할 필요성을 상대적으로 적게 느낄 수 있다.

(3) 변화결과를 확고히 하기

개입과정에서 사회복지사의 마지막 활동은 진행되는 동안 달성한 결과를 안정시키고 그것을 클라이언트의 일상생활에 일반화시키는 것이다(Miley et al., 1995). 만약 개입과정에서 달성한 변화가 유지되지 않고 앞으로 클라이언트를 둘러싼 어려움에서 그러한 변화가 적용되지 않는다면 개입은 계속되어야 하고 클라이언트의 사회복지사에 대한 의존은 더욱 커질 것이다.

개입의 결과를 안정시키기 위해 사회복지사는 개입 전 과정을 다시 한 번 클라이언트와 점검하면서 그 과정에서 클라이언트가 어떻게 노력하여 무엇을 이루었는지 분명히 알려준다. 이는 앞으로의 어려움을 스스로 이겨나가도록 임파워먼트(*empowerment*) 하는 중요한 과정이다.

(4) 사후세션과 의뢰

종결한 후 2~6개월이 지났을 때 클라이언트의 변화를 평가하고 유지하기 위해 사후세션(*follow-up session*)을 갖는 것이 필요하다. 사후세션은 사회복지사가 개입 이후에도 클라이언트에게 계속 관심을 가지고 있다는 것을 보여줌으로 변화를 지속할 수 있는 동기를 제공한다. 또한 종결 이후 발생한 새로운 문제나 잔여문제를 다룰 수 있는 여유를 주기도 한다. 또한 사후세션은 사회복지사의 입장에서도 개입의 장기적인 효과를 평가하고, 추가적인 개입의 필요성을 점검할 기회를 준다.

의뢰(referrals)는 클라이언트를 다른 기관이나 전문가에게 보내 추가적인 서비스를 제공하고자 할 때 행해진다. 클라이언트가 의뢰를 거부로 받아들여 필요한 도움을 더 이상 받으려 하지 않을 수 있으므로 의뢰과정은 조심스럽게 다뤄져야만 한다. 이런 측면에서 헵워스와 라슨(Hepworth & Larsen, 1986:593)은 의뢰과정에서의 지침을 다음과 같이 제시했다.

① 새로운 서비스에 대한 불신, 걱정, 잘못된 개념에 대한 클라이언트의 감정을 끌어내서 다뤄 주고 의뢰과정이 꼭 필요하다는 것을 강조하면서 준비시킨다.

② 클라이언트에게 최선의 서비스가 무엇인지를 함께 결정한다. 이를 위해 사회복지사는 지역사회 내 다양한 자원을 알고 있어야 하고 그에 대한 적절한 정보를 제공하여 클라이언트가 잘 알고 판단할 수 있도록 도와야 한다.

③ 의뢰의 가능한 대안들을 제시하고 다만 사회복지사는 가장 도움이 될 만한 것을 제안하되 항상 클라이언트의 자기결정권을 존중해야 한다.

④ 다른 기관이 제공하는 서비스에 대한 비현실적인 보증은 피해야 한다.

⑤ 의뢰하는 다른 기관의 기능을 명확히 밝혀두는 것은 좋지만 그곳의 사회복지사가 사용하게 될 방법까지 구체적으로 알려주는 것은 좋지 않다. 각 사회복지사마다 스타일과 사용하는 방법이 다르므로 이러한 설

명은 클라이언트에게 불필요한 선입견을 갖게 할 뿐만 아니라 만약 그 방법이 사용되지 않을 경우 오히려 실망감을 줄 수도 있기 때문이다.

제 8 장
사회복지실천의 상담

상담(*interview*)은 사회복지사와 클라이언트 사이의 일련의 의사소통으로 사회복지개입의 주요한 도구이다. 사회복지실천과정에서 상담은 전문적 관계에 바탕을 두고 정보수집, 과업수행, 클라이언트의 문제나 욕구해결 등과 같은 목적을 수행하는 시간제한적 대화이다(Johnson & Yanka, 2004:181).

콤튼과 갤러웨이(Compton & Galaway, 1994:274)는 사회복지상담의 특성을 다음과 같이 네 가지로 보았다. 첫째, 맥락이나 세팅을 가지고 있다. 즉, 클라이언트에게 서비스를 제공하는 특정한 기관이 있고 상담의 내용은 특정 상황에 한정되어 있기에 관련되지 않은 요인들은 제거된다는 것이다. 둘째, 목적과 방향이 있다. 즉, 상담은 우연히 만나 정보를 교환하는 것이 아니라 구체적인 목표를 달성하기 위해 수행되는 과정이라는 것이다. 셋째, 계약에 의한다. 즉, 상담은 클라이언트와 사회복지사가 목적달성을 위한 일련의 과정을 상호합의한 상태에서 진행함을 의미한다. 마지막으로 상담에서는 관련자들 간의 특정한 역할

관계가 규정된다. 즉, 상담자와 클라이언트에게 각각 정해진 역할이 있고 그 역할에 따라 상호작용을 한다. 따라서 사회복지실천에서의 상담은 사회복지사와 클라이언트가 서비스를 제공하는 과정에서 특정 목적을 가지고 계약에 의해 행하는 의사소통이라고 정의할 수 있다.

1. 상담의 조건

1) 물리적 조건

상담의 물리적 조건은 참여자들의 태도, 감정, 반응 등에 중요한 영향을 미친다고 할 수 있다. 헵워스 등(Hepworth et al., 2016:47)은 생산적인 상담의 물리적 조건을 다음과 같이 제시하고 있다.

① 적절한 채광과 조명
② 안락한 온도
③ 넓은 공간(답답하다거나 갇힌 느낌이 들지 않을 정도)
④ 어울리는 가구와 실내장식
⑤ 등을 편안히 받쳐주는 의자
⑥ 비밀을 이야기할 수 있을 정도의 독립적 공간
⑦ 방해를 받지 않는 분위기
⑧ 참여자들 사이의 개방적 공간
⑨ 다양한 클라이언트의 문화적 특성상 거부감 없는 적절한 실내장식

맨골드와 자키(Mangold & Zaki)도 상담의 물리적 환경을 상담의 전체적 잠재력을 결정하는 중요한 요소로 보고 어느 정도의 프라이버시가 보장되는 편안하고 긴장완화적인 분위기가 중요하다고 하였다(김연옥·최해경 역, 1994:70). 따라서 상담시 방해를 받지 않으려면 전화소리, 소음 등을 최소화해야 한다. 또한 상담의 시간도 중요한데, 상담의 목적에 따라 다를 수 있지만 일반적으로 50분 정도가 바람직하다. 더 길어지면 지루해지고 집중력이 떨어져 효과가 낮아지기 때문이다.

2) 라포형성

사회복지실천과정에서의 라포(rapport)는 클라이언트와 사회복지사 사이의 상호이해와 작업관계의 수립을 가능하게 하는 조화, 공감, 화합의 상태이다(Barker, 1987:135). 따라서 상담과정, 특히 초기과정에서 라포가 잘 형성되어야 클라이언트가 자신의 감정을 개방적으로 드러내고 말하기 수치스럽거나 두려운 문제들을 방어 없이 표현하게 된다.

라포형성은 서로를 소개하는 초기에 형성되어 상담이 진행되는 동안 유지되어야 하는 것이다. 대부분 클라이언트는 도움을 요청하는 것 자체가 자신의 약점이나 실패 등을 입증하는 것이라고 생각하여 개인적 문제를 얘기하는 것을 수치스럽게 여기는 경향이 있다. 이런 경우에 사회복지사는 다음과 같은 노력을 할 수 있다(Hepworth & Larsen, 1986: 36~38).

첫째, 클라이언트의 개인적 문제로 들어가기 전 가벼운 대화로 준비기간(warm-up period)을 갖는 것이다. 이러한 준비기간은 진행속도를 조절하고 사회복지사에 대한 편안한 감정을 갖게 할 수 있다.

둘째, 클라이언트에 대한 존중을 표현하는 것 역시 라포형성에 매우 중요하다. 존중을 표현하는 방법은 약속시간을 지키거나 클라이언트의 이름을 기억하는 등 기본적인 예의를 갖추는 사회복지사의 태도에서 기인한다.

셋째, 클라이언트의 감정을 충분히 이해하고 있다는 것을 언어적·비언어적 메시지로 전달함으로써 라포형성을 촉진할 수 있다. 결국 공감적 반응을 충분히 전달하는 것이다.

넷째, 사회복지사가 보이는 진실성(authenticity)과 순수성(genuiness)이 라포형성을 촉진하게 된다. 즉, 사회복지사가 권위적이지 않고 먼저 자신을 개방하는 태도를 보이면 클라이언트 역시 방어 없이 효과적으로 자신을 드러내게 된다. 이때 중요한 것은 사회복지사의 자기노출 수준을 적절히 조절하여 항상 클라이언트에게서 초점이 벗어나지 않도록 하는 것이다.

이러한 라포형성을 통해 사회복지의 기본가치인 클라이언트의 존엄성, 수용, 자기결정 등을 실천할 수 있는 기초가 제공된다.

2. 사회복지상담의 종류

재스트로(Zastrow, 1995:106~107)는 사회복지상담의 종류를 정보수집상담, 사정상담, 치료적 상담의 세 형태로 나누었다.

1) 정보수집 상담

정보수집을 목적으로 하는 상담을 일반적으로 사회조사(social study)라 하기도 한다. 여기서는 클라이언트의 개인적, 사회적 문제와 관련된 인구사회학적 배경과 개인성장 발달사에 관한 정보를 수집한다. 이렇게 정보를 수집하는 이유는 클라이언트에 관한 모든 것을 하나도 빠짐없이 알기 위해서가 아니라 클라이언트의 배경을 앎으로써 문제를 좀더 잘 이해하기 위해서이다.

그러나 클라이언트의 문제를 제대로 이해하기 위해서는 클라이언트의 유형에 따라, 문제 영역에 따라 그리고 기관의 성격에 따라 초점을 두는 정보가 다를 수 있다. 예를 들어 아동보호기관인 경우에는 부모의 학대 및 방임의 형태, 아동의 신체적 손상, 정신적 충격에 초점을 맞출 것이고 지적장애를 가진 아동을 돕는 장애인복지관에서는 아동의 지능 및 사회성 등에 대한 정보에 더 많은 초점을 두게 될 것이다.

2) 사정상담

사정을 위한 상담은 구체적인 서비스에 대한 의사결정을 하기 위한 것으로, 앞의 정보수집을 위한 상담보다 훨씬 더 목적지향적이다. 예를 들어 정신장애인의 경우, 사정상담을 통해 어떤 치료 방법을 사용할 것인지를 결정하게 된다. 이러한 결정을 위해서는 장애가 어느 정도 심각한지, 정신장애의 유형과 진단은 무엇인지, 약물치료의 효과와 재활치료의 효과는 어느 정도로 예측되는지를 판단하고, 정신장애인과 가족 그리고 지역사회의 기존의 자원과 능력 등을 평가한다.

　클라이언트의 현재 문제상황, 그 문제해결의 목표 그리고 목표달성을 위한 개입방법의 결정 등이 사정상담을 통해 이뤄지게 된다(제7장 '사회복지실천의 과정'의 사정부분 참고).

3) 치료적 상담

치료적 상담의 목적에는 클라이언트의 변화를 돕기 위한 것과 클라이언트의 더 나은 사회적응을 위해 환경을 변화시키는 것이 있다. 우선 클라이언트의 변화를 위한 치료적 상담은 주로 클라이언트의 자신감과 자기효율성 강화, 필요한 기술훈련, 문제해결능력 증가 등을 목적으로 한다(제7장 '사회복지실천의 과정' 참고).

　환경변화를 목적으로 하는 상담은 클라이언트와 관련된 중요한 사람들과 이뤄지기도 하고 클라이언트의 권리와 이익을 옹호, 대변하기 위해 사회복지기관, 지역사회, 관련 공무원들과 이뤄지기도 한다.

3. 사회복지실천 상담의 기술

사회복지실천에서 사용되는 상담기술을 존슨(Johnson, 1989:189~193)은 분위기조성기술, 관찰기술, 경청기술, 질문기술, 초점·안내·해석기술로 나누었으나 여기서는 더 구체적으로 나누어 표현촉진기술, 초점제공기술, 해석기술, 직면기술을 추가하였다.

1) 분위기조성기술

분위기조성기술은 상담을 위해 심리적으로 편안한 분위기를 만드는 기술이다. 우선 상담은 클라이언트와의 상호작용이 특징적이므로 서로에 대한 이해와 개방성을 촉진하는 방향으로 분위기가 형성되어야 한다. 존슨(Johnson, 1989:192)은 이런 분위기 형성을 위한 중요한 특성으로 공감(empathy), 진심(genuineness) 그리고 온화함(warmth)을 들었다. 공감은 사회복지사가 클라이언트를 수용하고 그에게 관심이 있음을 전달하는 능력으로, 클라이언트의 감정을 공개적으로 수용하고 인정하는 것이다. 진심은 클라이언트에게 사회복지사가 믿을 만한 사람임을 전달하는 것이다. 이는 사회복지사의 언어적 표현과 비언어적 표현이 일치함으로써 전달된다. 온화함은 친밀하고자 하는 욕구를 전달하는 것으로, 이러한 친밀감 속에서 클라이언트는 긍정적·부정적 감정을 표현할 수 있고 자신을 가치 있는 존재로 느낄 수 있게 된다. 이러한 온화함은 클라이언트에게 긍정적 존경과 친절을 보여줌으로써 그리고 클라이언트의 성장과 발전을 진심으로 기뻐함으로써 표현된다.

　모든 상담의 분위기 조성은 상담 시작부터 이뤄지게 되는데 상담을 이상적으로 시작하려면, 클라이언트가 와서 편하고 자연스럽게 자신의 관심사를 이야기할 수 있어야 한다. 그러나 실제 클라이언트가 처음 보는 사회복지사에게 자신의 문제를 곧바로 이야기하는 것은 쉽지 않고, 사회복지사 역시 어떻게 시작해야 할지 몰라 당황하는 경우가 많다. 기관의 성격에 따라 다양하겠지만 일반적으로 권하는 방법은 우선 사회복지사가 간단히 본인을 소개하는 것이다. 예를 들어 "저는 재활상담과의 사회복지사 ○○○입니다'라고 할 수 있다. 그리고 가벼운 대화를 나눈다. 예를 들어 날씨나 교통 등에 대해서 이야기한 후 클라이언트에게 앉기를 권한다. 그리고 잠시 클라이언트가 숨을 돌릴 수 있는 시간적 여유를 가진다. 이것은 클라이언트가 일상적인 대화에서 점차 자신의 문제로 대화의 초점을 변화시키는 데 필요한 시간이다.

이런 가벼운 대화가 끝나면 클라이언트의 관심과 문제에 초점을 두어야 한다. 이때 사회복지사가 그의 관심사로 초점을 맞추는 첫마디를 꺼내야 하는데 주로 "어떻게 오셨습니까?" 혹은 "어떤 얘기를 하시고 싶으세요?"라고 하는 것이 일반적이다. 흔히 "무엇을 도와드릴까요?"하기도 하는데 이는 문제해결의 책임이 자칫 사회복지사에게 있다는 느낌을 줄 수 있으므로 조심해야 한다. 또는 곧바로 "무슨 문제로 오셨습니까?"라고 할 수도 있는데 이것 역시 사회복지사가 클라이언트를 문제를 가진 사람으로 본다는 오해를 부를 수 있으므로 조심해야 한다.

상담을 끝내는 것 역시 시작하는 것만큼 쉽지 않다. 시간 내에 다루고자 하는 주제가 끝나면 다행이지만 그렇지 않은 경우 사회복지사는 어떻게 정리를 해야 할지 난감해진다. 갑작스럽게 시간이 되었음을 알려주는 것은 상담에 대한 클라이언트의 동기를 저하시킬 수 있다.

따라서 상담을 몇 분 동안 진행할 것인가를 미리 알려주는 것이 일반적으로 권하는 방법이다. 미리 시간을 정해주는 것은 클라이언트로 하여금 시간을 효과적으로 사용할 수 있게 해준다. 그리고 시간이 다 되기 전에 시간이 얼마 남지 않았음을 알려주고 "오늘 한 이야기들을 정리하기 전에 더 하시고 싶은 말씀 없으세요?"라고 하여 클라이언트를 준비시킨다. 그리고 상담에서 다룬 내용들을 요약하고 다음에 다룰 내용을 미리 언급하면서 상담을 끝낼 수 있다.

간혹 클라이언트가 상담을 끝낼 시간에 중요한 문제를 새롭게 꺼내거나 시간이 다 되었음을 알리는 사인을 전혀 받아들이려 하지 않을 때 사회복지사는 이것을 직접 지적해주는 것이 좋다. 예를 들어 "저와의 이야기를 끝내고 싶지 않으신가 봐요"라고 하는 것이다.

때에 따라서는 상담을 시작할 때처럼 끝날 때도 가벼운 대화를 함으로써 다시 상담의 주제에서 벗어나 일상으로 돌아갈 수 있도록 돕기도 한다. 예컨대 "비가 와서 집에 가시는 데 불편하시겠어요" 혹은 "한참 교통이 막히는 시간인데 조심해서 돌아가셔야겠어요"라고 할 수 있다.

2) 관찰기술

관찰기술은 클라이언트가 말하고 행동하는 것에 주의를 기울여 그를 이해하는 것이다. 관찰은 초기상담 이전에 클라이언트가 대기실에서 기다리고 있는 상황에서부터 시작된다. 낯선 대기실에서 앞으로 일어날 일에 대한 초조함, 불안, 두려움 그리고 비자발적 클라이언트의 경우에는 분노, 원망 등의 비언어적 행동들이 나타날 것이다. 어떤 사람은 계속 왔다갔다하고 또 다른 사람은 대기실 벽에 걸려있는 사회복지사의 자격증이나 기타 안내문들을 유심히 살피기도 할 것이다. 또 어떤 사람은 대기실의 잡지들을 짜증스럽게 넘기면서 시계를 볼 수도 있다. 대기실에서의 이런 태도는 클라이언트가 개입에 대한 태도와 평소의 불안함, 두려움을 어떻게 다뤄왔는지를 알 수 있게 한다.

상담중에는 클라이언트의 언어적 표현뿐 아니라 비언어적 표현에도 민감해야 한다. 여기에는 표정, 손놀림, 눈맞춤, 얼굴 붉힘 등이 포함된다. 이러한 비언어적 표현이 언어적 표현과 일치하는가 하는 것은 클라이언트의 감정과 표현의 차이를 밝히는 데 매우 중요하다. 예를 들어 "괜찮다"라고 하면서 눈물을 글썽이거나 고개를 푹 숙인다면 클라이언트의 언어적 표현보다 비언어적 표현이 그의 감정상태를 더 잘 나타내 주고 있음을 알 수 있다. 비언어적 표현 중 사회복지사 입장에서 가장 다루기 힘든 것이 침묵이다. 침묵은 언제, 어떤 이야기 도중 발생했는지를 정확히 파악하는 것이 매우 중요하다. 그 이유는 침묵이 보통 이야기해야 할 주제가 클라이언트에게 위협적이거나 말하기 어려운 것일 때 나타나기 때문이다.

그러나 비언어적 표현을 관찰한 결과에 대한 판단은 사람에 따라 다를 수 있으므로 항상 신중해야 한다. 예를 들어 클라이언트가 고개 숙이고 손가락을 만지작거리는 모습이 사람에 따라서는 불안한 것으로 보이기도 하고 혹은 상담에 대한 거부반응으로 보일 수도 있기 때문이다. 따라서 항상 사회복지사는 자신의 관찰이 완벽하다고 생각해서는 안 되며 쉽게 속단하지 않도록 관찰기술을 통해 얻은 정보가 다른 정보와 일치되는지를 판단하여 사용해야 한다.

3) 경청기술

경청기술은 상담에서 가장 중요한 기술이다. 클라이언트가 무엇을 말하는지, 상담자의 질문에 어떻게 반응하는지 듣는 것이다. 이때 경청은 클라이언트의 어려움에 공감하고 그에게 필요한 반응을 해가면서 적극적으로 잘 듣는 것이다. 초보 사회복지사가 하기 쉬운 실수는 클라이언트에게 도움을 주고자 하는 급한 마음에 여러 가지 충고와 제안을 하거나 클라이언트의 말이 끝나기도 전에 다른 주제로 바꾸어 질문하는 것이다. 이러한 태도는 전문적 관계형성을 방해할 뿐 아니라 클라이언트로 하여금 사회복지사를 신뢰할 수 없게 한다.

경청기술은 단지 클라이언트의 말만 듣는 것이 아니라 그가 지금 무엇을 표현하고 있는지, 그의 감정과 사고는 어떤 것인지 이해하고 파악해가면서 듣는 것이다. 공감적 태도 속에서의 경청은 그것만으로도 클라이언트로 하여금 감정의 정화(catharsis)를 경험하고 마음의 안정을 찾게 하는 효과가 있을 수 있다. 특히 감정이 격해 있거나 부정적인 감정을 표현하여 해소하고자 하는 클라이언트에게 경청은 그 자체가 변화를 위한 적극적 개입일 수 있다.

4) 질문기술

질문기술은 클라이언트로부터 필요한 정보를 이끌어내기 위해 가장 많이 사용하는 기술이다. 질문에는 개방적 질문과 폐쇄적 질문이 있다. 우선 폐쇄적 질문은 클라이언트의 반응을 한 두 개의 단어나 "예", "아니오"로 제한하는 것으로 "결혼하신 지 얼마나 되셨습니까?", "시부모와도 갈등이 있습니까?" 하는 식으로 묻는 것이다. 반면에 개방적 질문은 그 내용을 클라이언트에게 맡기는 것이다. 여기에는 구조화된 질문과 비구조화된 질문이 있다. 구조화된 질문은 주제를 제한하되 클라이언트가 원하는 대로 대답하게 하는 것으로, 예를 들어 "어젯밤 남편에게 많이 화나셨던 것 같은데 어제 저녁에 있었던 일을 좀더 자세히 이야기 해주시겠어요?"라고 하는 것이다. 비구조화된 질문은 주제의 선택도 클라이언트에게 맡기는 것으로 "그 외에 무엇이 힘드십니까?"와 같은 질문이다. 또한 질문의 형태는 아니지만 완성되지 못한 문장으로 클라이언트로 하여금 이어서 말하도록 이끌어낼 수 있다. 예를 들어 "제 생각에는 좀 …", "그것 참 놀라운데 어떻게 그런 일이…" 등으로 그 뒤의 이야기를 클라이언트가 받아서 하도록 유도하는 질문이다.

사회복지사는 질문을 하여 대답을 유도함으로써 상호작용을 돕고 클라이언트에 대한 이해와 문제해결에 필요한 정보를 효과적으로 얻어낼 수 있다. 그러나 질문을 잘못하면 클라이언트를 추궁하거나 이야기의 흐름을 차단시키는 역효과를 야기할 수도 있다. 특히 초심자나 수련자의 경우 슈퍼바이저에게 지도받을 내용에 지나치게 집착하여 자신의 궁금증부터 질문하는 경우가 있다. 이들은 클라이언트의 말이 다소 지루하거나 현재 상황에서 꼭 필요한 정보가 아니라고 판단될 때 핵심적인 주제로 갑자기 바꾸어 질문하기도 하는데, 이러한 질문은 클라이언트로 하여금 사회복지사가 자신을 전혀 이해하고 있지 못하다는 생각을 갖게 할 수 있다.

사회복지사는 질문을 하기만 하는 것이 아니라 종종 클라이언트로부터 질문을 받기도 하는데, 특히 개인적 질문을 받게 되면 그 의미를 잘 이해하여 적절한 답변을 해야 한다. 클라이언트가 사회복지사에게 개인적 질문을 하는 것에는 여러 가지 의미가 있을 수 있다. 우선 자신을 앞으로 도와주게 될 사람에 대한 단순한 호기심일 수 있고, 어떤 경우는 사교적 차원에서 예의상 하는 질문일 수 있다. 이런 경우 사회복지사는 간단하지만 예의 있게 대답한 후 얼른 초점을 다시 클라이언트에게 옮기는 것이 좋다(김연옥·최해경 역, 1994:54). 그렇지 않고 클라이언트의 질문에 매여 자신을 길게 소개하는 것은 초점을 흐리게 할 수 있고, 클라이언트로 하여금 자신의 문제를 회피할 수 있는 기회를 제공하기도 하여 전문적 관계의 본질을 손상하는 결과를 초래한다.

때에 따라 클라이언트는 자신의 문제를 끄집어내기 위해 먼저 사회복지사에게 개인적 질문을 하는 경우가 있다. 예를 들어 여자 클라이언트가 미혼으로 보이는 사회복지사에게 "결혼은 하셨어요?"라고 물으면서 "결혼을 하지 않으셨다면 어떻게 말을 꺼내야 할지 …"하면서 말을 흐리는 경우가 있다. 이것은 사회복지사의 결혼여부가 관심사가 아니라 자신의 어려운 부부문제를 꺼내기 위한 서두일 수 있다.

5) 표현촉진기술

정보를 이끌어내기 위해 클라이언트의 표현을 촉진하는 기술이 필요하다. 먼저 사회복지사가 클라이언트의 정보노출을 촉진시키기 위해 계속 말을 하도록 반응을 보이는 것이다. 즉, 고개를 끄덕이거나 "그래서요", "그렇군요" 등의 반응을 보여 사회복지사가 클라이언트를 수용하고 이해하고 있음을 느끼게 해주는 것이다. 클라이언트가 말한 것을 간단히 반복해주거나 혹은 새로운 단어로 바꾸어 재진술하는 것도 표현을 촉진하는 기술이다. 예를 들어 "제가 얼마나 기가 막히겠어요"라고 하소연하는 클라이언트의 말을 반복하여 "정말 기가 막히겠네요"라고 하는 것이다. 새로운 단어로 바꾸는 것은 "뭐 하나 제대로 되는 것도 없고 뭘 해야 할지 막막하다"라고 하는 클라이언트의 감정적 발언을 "매우 절망적인 것 같네요"라고 인지적인 말로 바꾸어 표현하는 것이다. 이러한 사회복지사의 반응은 클라이언트에게 공감을 전달하여 자신의 이야기를 더 많이 하도록 촉진한다.

표현을 촉진할 때는 가급적 구체적으로 표현하도록 요구해야 한다. 종종 클라이언트가 다양하게 해석될 수 있는 단어를 사용하거나 추상적으로 상황을 설명할 때 오해나 실수를 최소화하기 위해 좀더 구체적으로 표현해줄 것을 요구하는 기법이다. 여기엔 사회복지사가 클라이언트의 말을 제대로 이해했는지 확인하고 명확히 하는 것이 포함되는데, 예를 들어 "그러니까 학교에서 아이가 따돌림을 당할까봐 두렵다고 말씀하시는 거죠? 맞습니까?"라고 하는 것이다. 이렇게 클라이언트의 인지(perception)에 대한 체크는 그의 표현이 모호하거나 복잡할 때 사용한다. 또한 다양한 의미를 가진 단어를 명확히 하는 것도 여기에 포함된다. 예를 들어 "그 사람이 너무 차갑다는 것은 구체적으로 어떻게 대한다는 것을 뜻하십니까? 예를 들어 설명해주시죠"라고 하는 식이다. 때로는 클라이언트가 내린 결론의 근거를 알아보기 위해 구체적 표현을 요구하기도 한다. 클라이언트가 "그의 사랑이 이미 식은 것 같다"라고 한다면 "어떻게 그런 생각을 하시게 되었습니까?"라고 묻는 식이다.

클라이언트의 표현뿐 아니라 사회복지사의 표현도 구체적이어야 한다. 예를 들어 "전보다 분노조절이 잘되시는 것 같네요"라는 표현보다는 "어제 어머니가 야단치실 때 화내지 않고 그럴 수밖에 없는 상황을 잘 설명하신 것으로 보아 지난번에 비해 화를 잘 참으시게 된 것 같네요"라고 하는 것이 좀더 분명한 표현이 될 수 있다.

6) 초점제공기술

초점을 제공하고 유지하는 기술은 제한된 시간에 최대의 효과를 봐야하는 전문적 관계에서 불필요한 방황과 시간낭비를 막아주는 효과적인 기법이다. 예를 들어 아이의 학습부진 문제로 상담하는 과정에서 아이의 어머니가 동네의 유해환경에 대해 장황하게 이야기할 경우, 사회복지사는 "유해환경도 중요하지만 우선 아이의 학교생활에 대해 좀더 이야기를 나눈 뒤 시간이 남을 경우 그 이야기를 마저 하는 것이 좋을 것 같습니다"라고 하여 아동의 학습부진으로 다시 초점을 맞추는 것이다. 이 기법을 통해 사회복지사도 돕는 전 과정 동안 초점을 유지할 수 있다. 이는 클라이언트의 산만한 사고와 감정을 정리하여 중심이 되는 문제를 좀더 깊이 탐색하고 원하는 변화를 이끌어낼 수 있도록 도와준다.

또한 한 주제에서 다른 주제로 넘어갈 때 그동안 논의된 바를 간단히 요약하여 장황한 클라이언트의 말을 정리하는 요약기술 또한 초점을 제공하는 목적으로 활용될 수 있다. 이는 주제들의 연속성을 돕고 그러한 주제들이 어떻게 서로 연결되는지 설명해주어 클라이언트로 하여금 좀더 명확한 관점을 가질 수 있도록 도와준다.

7) 해석기술

해석은 클라이언트의 표현과 행동상황 저변의 단서를 발견하고 그 결정적 요인들을 이해하여 그것을 클라이언트가 깨달을 수 있도록 도와주는 방법이다. 그러나 특정상황에 대한 해석이 다양할 수 있으므로 항상 조심스럽게 사용해야 한다. 예를 들어 남편이 자상하지 못한 것에 불만을 표현하는 여성의 경우, 그 불만의 저변에 남편에 대한 의존적 욕구가 있을 수도 있고 아니면 어린 시절 자신과 어머니를 버린 아버지에 대한 분노를 남편에게 전치(*displace*)한 것일 수 있다. 혹은 자신의 열등감의 표현으로 남편에 대해 불만을 가지는 것일 수도 있다. 이처럼 사회복지사는 다양한 가설을 가지고 하나씩 점검하여 최종확인된 것을 클라이언트가 이해할 수 있도록 설명해야 한다. 이것이 해석이다.

이때 해석은 클라이언트가 받아들일 수 있는 형태여야 한다. 예를 들어 앞의 예에서 아버지에 대한 분노를 남편에게 전치한 것으로 해석할 경우, 직접 해석한 내용을 전달하기보다는 "아버지께 느꼈던 감정은 어떤 것이었습니까?" 혹은 "아버지는 자상하셨습니까?"라고 하면서 요인들의 관련성을 클라이언트가 스스로 깨닫도록 이끌어가는 것이 좋다. 이것이 노련하게 되지 않을 경우에 해석은 클라이언트에게 상처를 주거나 신뢰관계를 크게 손상시키는 등 하지 않은 것보다 못할 수 있으므로 조심스럽게 사용해야 한다.

헵워스와 라슨(Hepworth & Larsen, 1986)은 해석기술을 사용할 때 주의해야 할 점들을 다음과 같이 기술하고 있다. 첫째, 클라이언트가 사회복지사의 동기를 오해하여 방어적인 반응을 할 수 있으므로 어느 정도의 신뢰관계가 형성되어 사회복지사의 좋은 의도를 믿을 수 있을 때까지 기다려서 사용한다. 둘째, 클라이언트가 자기탐색을 할 준비가 되어 있어야 하고 사회복지사도 정보를 충분히 확보한 다음에 해석기술을 사용한다. 충분한 정보 없이 너무 빨리 해석할 경우 해석이 틀릴 수 있고 이는 해석하지 않는 것보다 못한 결과를 가져올 수 있다. 셋째, 연속적인 해석은 오히려 클라이언트를 혼란스럽게 할 수 있으므로 해석 후 충분히 생각할 시간을 주는 것이 필요하다. 넷째, 해석은 어디까지나 사회복지사의 추론에 의한 것이므로 틀릴 수 있음을 항상 염두에 두어야 한다. 따라서 해석은 가능성을 타진하는 어투로 해야 한다. 예를 들어 "제 생각에는 혹시 …", "당신의 감정이 … 와 연결되었다고 볼 수는 없을까요?" 등의 반응이다. 마지막으로 클라이언트가 해석에 불쾌해하거나 부정적으로 반응하면 실수가 있을 수 있음을 인정하고 클라이언트의 반응에 공감하며 주제를 더 상세히 탐색하고자 하는 논의를 계속해야 한다.

8) 직면기술

해석과 마찬가지로 직면도 클라이언트의 자기인식을 증진시키고 변화를 촉진시키기 위한 기술이다. 직면은 문제를 지속시키는 클라이언트의 감정, 행동, 사고를 직접 지적하여 주는 것으로, 해석과 마찬가지로 조심스럽게 사용해야 한다. 직면은 클라이언트의 감정, 행동, 사고의 모순적인 면을 지적하는 것이므로 이를 받아들이기 어려운 클라이언트에게는 방어적 반응을 일으킬 수 있다. 따라서 직면에 앞서 깊은 이해를 바탕으로 한 공감적 대화가 전제되어야 한다.

직면에는 얼마나 직접적으로 전달하느냐에 따라 몇 가지 형태가 있다(Hepworth & Larsen, 1986:553). 우선 가장 덜 직접적인 방법으로 자기직면(self-confrontation)이 있다. 즉, 클라이언트로 하여금 행동과 가치, 사고의 관계를 한번 스스로 생각해보도록 권하는 것이다. 이는 사회복지사가 직접 하는 것보다 훨씬 덜 위험하고 상대적으로 저항이 적다.

사회복지사가 조금 더 직접적으로 행동, 감정, 가치, 사고의 모순가능성을 질문하는 직면도 있다. 예를 들어 알코올중독자라는 낙인을 붙이지는 않지만 "필름이 끊긴 적이 있나요?", "술을 통제하기 어렵다고 생각한 적이 있나요?"라고 질문하여 문제행동에 직면하도록 하는 것이다. 그러나 문제의 위험성이 절박하다면 모순된 사고, 감정, 행동을 단정적으로 전달하는 더욱 적극적 직면기법이 필요하다. 그러나 이러한 지적을 클라이언트가 비판이나 거부로 받아들일 수 있으므로 조심스럽게 사용해야 한다. 따라서 적절한 시간을 선택하여 사회복지사의 의도를 충분히 전달하는 형태로 직면을 사용해야 한다.

보통 직면을 사용할 때는 다음의 4가지 요소를 포함한다(Hepworth et al., 2016:524~525).

① 관심의 표현
② 클라이언트가 의도하는 목표, 신념
③ 목표나 신념에 맞지 않는 혹은 모순되는 행동
④ 모순된 행동으로 인한 부정적 결과

예를 들어 훌륭한 아버지가 되기 위해 노력하지만 이를 알아주지 않는 아이와 부인에 대한 원망으로 술을 마신다는 클라이언트에게 "당신이 원하는 것이 무엇인지 충분히 알 것 같아요(관심의 표현). 당신은 훌륭한 남편과 아버지가 되고 싶은 거죠(목표). 그러면서도 술로 인해 가족들과의 약속을 벌써 몇 번씩이나 어겼네요(모순). 그 때문에 부인과 아이는 실망하고 당신을 이해하지 못하는 것 같습니다(부정적 결과)"라고 하는 것이다.

직면도 해석과 마찬가지로 어느 정도의 신뢰관계가 형성된 다음에 사용해야 하고 직면에 앞서 반드시 공감적 분위기를 조성해야 한다. 또한 직면을 받아들인다 하여도 일시적으로 클라이언트가 불안할 수 있음을 인정하고 이해해야 하며, 직면 후 너무 성급한 변화를 기대하지 말고 충분히 생각할 시간을 주어야 한다.

제 9 장
사회복지실천의 기록

사회복지실천에서 기록의 본질적 기능은 사회복지사가 클라이언트에게 서비스를 제공하는 과정에서 취해진 전문적 의사결정과 그 근거, 내용, 결과를 기록하는 데 있다(김혜란 외, 2001). 그러므로 사회복지실천 기록은 클라이언트의 상황을 확인하고 기술·사정하면서, 서비스제공 목적과 활동, 서비스 전달과정, 클라이언트에 대한 개입효과 여부를 평가하는 서비스과정 단계마다 이뤄져야 한다. 이와 같은 서비스 중심적 기능을 수행하기 위하여 기록은 시간의 경과에 따라 지속적으로 문서화되어야 한다.

특히 오늘날의 사회복지 환경이 책임성·효과성·효율성을 강조하고 이를 근거로 재정지원을 하는 경향이 높아지고 있으므로 사회복지실천 기록은 책무성(*accountability*), 효율성(*efficiency*)을 달성하는 데에 초점을 두어야 하며, 동시에 클라이언트의 사적권리(*privacy*)를 보호하여야 한다.

이처럼 사회복지실천의 책무성이 중요해지면서 기록의 중요성도 커

지고 있으므로 기록의 목적과 활용, 실천과정별 기록의 실제, 기록의
유형과 활용에 대하여 살펴본다.

1. 사회복지실천 기록의 목적과 활용

기록의 1차적인 목적은 책무성에 있다. 이는 사회복지실천이 갖는 공
공성과 형평성의 성격에 기인하는데, 주로 사회복지의 재원이 공적 자
원이기 때문에 더욱 그렇다. 그러므로 사회복지사는 자신의 실천에 대
해 기관, 클라이언트, 지역사회에 대한 윤리적·법적 책무성을 인식하
고 자신이 전달하는 서비스에 대해 충실히 기록하고 평가해야 하며, 요
구가 있을 시 자신의 실천에 대해 설명하여야 한다.

   이러한 중요성을 가진 기록이 사회복지실천에서 어떠한 목적으로 어
떻게 활용되는지 다음과 같이 살펴본다(김정진, 2014).

1) 사회복지실천 활동 문서화

사회복지실천 개시부터 종결단계까지 클라이언트에게 제공한 서비스
내용과 과정, 목표달성 여부와 성과 등을 기록으로 남겨 문서화한다.
실천내용을 문서화하는 것은 기관 측면에서는 프로그램과 지침을 실제
로 수행하고 있음을 보여주는 것이며, 사회복지사에게도 자신의 전문
적 활동을 입증할 수 있는 자료가 된다. 이러한 자료는 재원을 확보하
거나 법정에서 증언을 할 때에도 필요하다.

2) 효과적 서비스를 위한 모니터

실천과정을 기록하면서 사회복지사는 자신의 활동을 객관적으로 조직할 수 있다. 따라서 체계적으로 기록하는 것은 제공한 서비스를 검토·평가하고 수정하는 데 중요한 역할을 한다. 각 사례에 관한 것뿐만 아니라 기록한 전체 사례를 검토하면서 그 기관의 서비스 제공방법이나 전달체계, 그 외의 부분들을 모니터할 수 있다.

3) 사례의 지속성 유지

담당 사회복지사가 부득이한 사정으로 사례를 다른 전문가에게 인수인계해야 할 때 또는 다른 기관에 의뢰해야 할 때는 지금까지 진행한 실천과정을 기록해놓은 자료가 있어야 연계해서 지속적으로 서비스를 제공할 수 있다. 이로써 서비스 중복을 막고 시간을 절약할 수 있다.

4) 전문가 간 의사소통 활성화

다양한 전문직이 함께 일하는 실무현장에서 기록은 전문직 간에 협조체계를 활성화하는 도구이다. 이때 기록은 단순히 활동을 문서화한다는 차원을 넘어 각 전문직의 관점을 공유하여 실천에 활용하는 팀 활동에 기여한다.

5) 슈퍼비전의 활성화

기록은 사회복지실천 과정을 가르치는 유용한 교육도구이다. 실습생이나 신입 사회복지사는 자신의 활동을 기록하고, 이를 토대로 슈퍼비전을 받는다. 일선 사회복지사도 관리자나 슈퍼바이저로부터 활동 피드백을 받으면서 훈련할 수 있다. 슈퍼비전으로 사회복지사의 자질이 높아진다는 의미에서 기록은 서비스 질을 높이는 데 중요한 역할을 한다.

6) 클라이언트와 정보공유

기록은 클라이언트와 정보를 공유하고 의사소통하며 때로는 치료방법으로도 활용할 수 있는 도구이다. 최근 소비자 권리를 존중하는 경향에서 기록을 클라이언트나 가족에게 공개하는 경우가 증가하고 있다. 이런 경우 사회복지사는 클라이언트와 정보를 공유한다는 것을 염두에 두고 기록해야 한다.

7) 행정과 조사연구

제공한 서비스에 대해 기록하는 것은 클라이언트의 욕구, 서비스 유형, 직무수행과 관리, 자원배분 등 기관에서 행정적인 문제를 결정하는 데 중요한 자료가 된다. 사회복지실천에 대해서 다양한 주제로 연구할 때에도 기록은 풍부한 정보를 제공하는 중요한 자료이다. 이때 무엇보다도 클라이언트에 대한 비밀보장을 엄수해야 한다.

2. 사회복지실천 과정별 기록

사회복지실천 과정마다 사회복지사가 수행해야 할 과업이 다르다. 그러므로 클라이언트 상황의 확인, 기술, 사정, 목표설정 및 계약, 개입활동 및 서비스 전달과정, 종결 및 클라이언트에 대한 개입효과 평가 등 각 서비스과정 단계마다 수행되는 업무에 대한 기록이 적절한 양식에 의해 효과적이고 지속적으로 이뤄져야 한다. 사회복지 기록은 서류혹은 전자문서로 기록되며, 관련 규정 및 조직의 요구에 따라 체계적으로 유지되어야 하고, 비밀보장 및 정보보호에 유념하여야 한다.

2012년 8월 5일부터 〈사회복지사업법〉 시행규칙이 개정되어 사회복지관 사업이 사례관리 중심의 3대 기능으로 전환되었다. 2012년 12월 한국사회복지관협회는 《사회복지관 사례관리매뉴얼》을 발간·보급하였는데, 2015년 보건복지부 평가에는 사례관리사업 매뉴얼에 따른 평가가 포함되었다. 향후 사례관리사업에 대한 평가가 강화될 전망이어서 기록의 중요성이 더 커지고 있다. 더구나 2017년부터 공공 사회복지시설정보시스템 내에 사례관리기록 양식을 재구조화하면서 사회복지관, 노인복지관, 장애인복지관은 사례관리의 전 과정 및 자원을 입력하도록 요구되고 있다(이현선, 2017).

이러한 배경에서, 사례관리기록을 중심으로 사회복지실천 과정에 따른 기록을 살펴보고자 한다. 한국사례관리학회는 2016년 〈사회복지사례관리 표준실천지침〉을 마련하였다. 지침은 사례관리자가 사례관리의 과정에 따라 '초기면접지', '사정기록지', '서비스계획 및 점검표', '서비스과정기록지', '종결보고서' 등을 기록해야 하며, 모든 기록을 비

〈표 9-1〉 사회복지실천에서 과정별로 활용되는 기록양식

실천과정	기록양식
초기면접단계	1) 초기면접지 2) 사례관리동의서 3) 개인정보활용동의서
사정단계	4) 사례관리 사정결과표 5) 사례회의록 6) 사례관리 상담기록지 7) 사례관리 재사정기록지
계획단계	8) 사례관리계획 및 평가표
실행단계	9) 사례관리 과정기록지 10) 네트워크일지 11) 서비스의뢰서 12) 서비스의뢰 회신서 13) 사례관리 점검표 14) 사례보고서, Ⅱ 15) 슈퍼비전일지
평가 · 종결단계	16) 사례관리 종결보고서

밀이 보장될 수 있도록 관리하여야 함을 명시하였다.

이 장의 단계별 기록양식은 사례관리학회에서 제시한 양식(유명이, 2017)과 음봉산동종합사회복지관에서 사용하는 기록일지를 활용하였으며, 단계별로 기록양식을 첨부하며 설명하였다.

1) 초기면접 단계

초기면접 단계에서는 관계형성, 정보수집, 클라이언트 결정, 사례관리 과정에 대한 안내 그리고 사례관리에 대한 동의 및 계약절차가 이행되어야 한다. 초기면접자의 과업은 서비스 요청에 대한 정보를 수집하여 대상자가 해당 복지기관의 사례관리서비스 대상으로 적합한지 여부를 판정하는 것이다. 초기면접은 대상자를 직접 면접하여 작성하는 것을 원칙으로 하며, 가능하면 가족 및 의뢰인도 면접하도록 한다.

〈초기면접지〉는 먼저 대상자가 직접 작성하도록 안내하는 것이 좋다. 즉, 인구학적 정보뿐만 아니라 요청할 도움의 내용 역시 대상자가

직접 작성하게 한 후에 그 내용을 바탕으로 면접을 진행하면서 정보를 수정·보완하여 기록을 완성하도록 한다. 초기면접에 참여한 대상자의 도움요청 내용은 진술자의 표현을 원형 그대로 기록하는 것이 좋다. 대상자의 표현에 대해 사정을 하면 표면적으로 드러난 '요구'(want)의 이면에 숨겨진 '욕구'(need)를 발견할 수 있다. 또한 초기 면접자와 사례관리자가 일치하지 않을 때에 초기면접에서 나눴던 질문과 대답을 사정과정에서 반복할 수고를 덜 수 있고, 서비스의 연속성도 제공할 수 있다. 사정과정 외의 사례관리 실행과정에서 사례관리가 클라이언트와 가족의 욕구에 기반하여 실행되고 있는지 점검해야 하는데, 이때 초기면접 기록을 통해 진정한 욕구의 실마리를 발견할 수 있다.

초기면접을 통해 사례관리 대상자로 판단되면 면접자는 대상자에게 사례관리 과정 참여에 대한 〈사례관리 이용동의서〉를 설명하고 작성을 요청한다. 동의서를 작성하기 위하여 면접자는 우선 서비스 소개를 위한 기관안내문과 사례관리안내문 및 그에 준하는 문건을 사용하여 최대한 자세하고 쉬운 말로 설명하여야 한다. 설명 후에는 동의서를 대상자에게 제공하여 작성하도록 한다. 동의서는 2장을 서명하여 사례관리자와 대상자가 각 1부씩 보관한다. 또한 〈개인정보보호법〉에 의거하여 〈개인정보활용동의서〉를 별도로 작성한다. 이 문서는 초기면접에서 제공된 정보의 활용에 대한 동의를 취득하기 위한 것이다.

초기면접자는 〈초기면접지〉와 〈사례관리동의서〉를 기반으로 해당 사항을 사례회의에 상정하여 사례관리 등록 여부를 결정한다. 대상으로 판정되면 사례관리자가 배정되어 사정단계로 진행한다. 비대상으로 판정한 경우에는 필요한 정보제공 또는 적절한 서비스로 연계한다. 초

〈그림 9-1〉 초기면접지 양식 예시

초기면접지

접수번호		일 시	

면 접 자		장 소	□가정 □내방 □지역사회기관
면접참여자			( ) □기타( )

의뢰경로	□본인 요청( ) □사례관리자의 발굴
	□기관내부 의뢰( ) □타기관 의뢰( )
	□주민 의뢰( ) □기타( )

대 상 자	(남/여)	생년월일	
주 소		전화번호	
장애유형/급		건강상태	□양호 □질환( )

보호유형	□수급 □저소득/차상위 □한부모지원가정 □기타(영유아보육료지원, 보훈 등)
	□의료급여 1종 □의료급여 2종 □건강보험 □기타

주거유형	□자가 □전세(보증금_____만 원) □월세(보증금 ___만 원/월___만 원)
	□임대주택 □기타( )

가구유형	□소년소녀가구 □청장년1인가구 □독거노인가구 □한부모가구 □부부중심가구
	□노인부부가구 □장애인가구 □조손가구 □새터민가구 □공동체가구 □기타( )

가족사항	관계	성명	출생연도	결혼상태	동거여부	학력	연락처	장애여부	건강상태	기타

도움요청	대상자	
	가 족	
	의뢰인 및 기타	

면접자 종합의견		
	대상판정	□대상(□긴급/□일반) □비대상(□정보제공/□연계:)

〈그림 9-2〉 사례관리동의서 양식 예시

사례관리 이용동의서

성명	(남/여)	생년월일	
주소		전화번호	

■ 본 사회복지관의 사업 및 사례관리서비스에 대해 설명해 드리겠습니다.
■ 본 사회복지관은 귀하의 사회복지 요구를 해결하기 위해 최선의 사례관리서비스를
제공하도록 노력하겠습니다.
■ 아래의 목적 이외에 귀하의 개인적인 정보가 노출되지 않도록 하겠습니다.

　　　　　　○○종합사회복지관장　　　　　　　　　(인)

- -

□ 본인은 귀 종합사회복지관에 관한 소개와 사례관리서비스의 과정 및 내용에 대한
설명을 충분히 듣고 이해했습니다(필수) ....(　　　)
□ 본 동의서 작성일로부터 귀 복지관에서 제공하는 사례관리서비스를 제공받는 것에
동의합니다(필수) ....(　　　)
□ 사례관리서비스를 위해 필요한 정보를 제공하는 등 제반 활동에 함께
참여하겠습니다(필수) ....(　　　)
□ 본인과 관련된 정보가 서비스의 질적 향상과 전문가 양성을 위한 교육 및 학문적
목적을 위해서 사용되어지는 것에 동의합니다(선택) ....(　　　)

　　　　　　　　20___ 년 __ 월 __ 일

　　　　　　　　　　　　성명:　　　　　　　　　　(인)

〈그림 9-3〉 개인정보활용동의서 양식 예시

통합사례관리서비스 제공을 위한 개인정보 수집·이용, 제공 동의서

본인은 통합사례관리서비스 제공을 위하여 아래와 같이 개인정보를 수집·이용 및 제공하고자 합니다. 내용을 자세히 읽으신 후 동의 여부를 결정하여 주십시오.

☐ **개인정보 수집·이용 내역**

항목	수집목적	보유기간
성명, 성별, 전화번호, 주소, 개인이력, 생활상 문제점, 가족구성원과의 관계 등	통합사례관리서비스 제공	__년

※ 위의 개인정보 수집·이용에 대한 동의를 거부할 권리가 있습니다.
그러나 동의를 거부할 경우 원활한 서비스 제공에 일부 제한을 받을 수 있습니다.
☞ **위와 같이 개인정보를 수집·이용하는 데 동의하십니까? (예, 아니오)**

☐ **개인정보 제3자 제공 내역**

제공받는 기관	제공목적	제공하는 항목	보유기간
사례회의 참석자(기관) 또는 서비스 제공기관	통합사례관리 서비스 제공	성명, 성별, 전화번호, 주소, 개인이력, 생활상 문제점, 가족구성원과의 관계 등	__년

※ 위의 개인정보 제공에 대한 동의를 거부할 권리가 있습니다.
그러나 동의를 거부할 경우 원활한 서비스 제공에 일부 제한을 받을 수 있습니다.
☞ **위와 같이 개인정보를 제3자 제공하는 데 동의하십니까? (예, 아니오)**

_____년 __월 __일

본인　　　성명　　　　　　　(서명 또는 인)
법정대리인　성명　　　　　　(서명 또는 인)

○○○ 시·군·구청장, 사회보장정보원장 귀하

기 단계에서 실행되는 연계에서는 〈서비스의뢰서〉를 사용하지 않아도 되지만 구체적으로 대상기관과 담당자에게 직접 연결하여 서비스가 지속되도록 하여야 한다.

2) 사정단계

사정단계에는 욕구사정, 자원사정, 장애물사정을 수행해야 한다. 욕구사정에서는 클라이언트가 진정으로 원하는 것이 무엇인지 파악해야 하며, 자원사정에서는 클라이언트의 강점 및 자원과 함께 이를 활용하지 못하도록 방해하는 장애물을 파악해야 한다.

욕구사정에서는 클라이언트가 제시하는 욕구를 토대로 사례관리자와 협의를 거쳐 포괄적 실행가능성 여부를 분석한 후에 도달한 합의된 욕구를 기록한다. 욕구사정을 할 때에는 클라이언트의 주관적인 진술을 중심으로 기술하고 상황에 대한 객관적인 정보를 추가하여 기록한다. 클라이언트는 자신이 이해하는 의미를 담은 자신만의 방식과 언어로 욕구를 표현하므로 클라이언트의 욕구표현을 서비스 제공자의 언어로 전환하여 기록하면 의미가 왜곡되거나 누락되어 정확하게 전달되지 않을 수 있다. 따라서 클라이언트의 욕구표현은 단어와 문장까지 그대로 살려서 기록하는 것이 바람직하다. 클라이언트가 바라는 상황에 대한 진술은 다음 단계에서 클라이언트의 동기가 포함된 목표로서 설정될 수 있다. 즉, 제시된 목표는 장기목표로, 합의된 욕구는 단기목표로 연결될 수 있는 것이다. 자원사정에서는 이용가능한 자원을 대상자의 강점(외모, 사회적 기술, 능력, 경험, 의지, 성향 등)과 비공식적 및 공식적 자원을 포함하여 기록한다. 이때 기관명, 성명 외에 자원의 속성을 구체적으로 기술하는 것이 좋다. 장애물사정에서는 대상자의 내적장애물과 외적장애물을 기록한다. 다른 사정에서와 마찬가지로 해결가능성 여부를 포함한 구체적 내용을 기술하는 것이 활용도가 높다.

사정과정에서 사례관리자는 클라이언트와 가족을 직접 대면하여 상담 및 사정하며, 그밖에 의뢰인, 사회복지 담당공무원, 기타 서비스 제공자 등 클라이언트와 가족에 관해 많은 정보를 가진 정보원에게서 포괄적인 정보를 입수하고, 필요하면 표준화된 측정도구를 사용하여 정보를 분석한다. 이후 사정과정에서 수집한 정보를 클라이언트와 함께 분석한 결과를 목록형태로 〈사례관리 사정결과표〉에 기록한다. 사정과정에서 수집한 개인력, 가족력, 사회력 등의 정보는 〈사례보고서〉에 기록할 수 있다.

초기면접이 이루어진 3주 이내에 사례관리 사정 및 계획이 완료되고, 사례회의 또는 통합사례회의를 거쳐 늦어도 1개월 이내에 목표에 입각한 개입이 이루어지는 것이 좋다. 사례회의 후에는 〈사례회의록〉에 회의결과를 기록한다. 또한 사정단계에서부터 클라이언트와의 공식적인 사례관리 활동이 시작된다고 볼 수 있으므로 사정을 위한 상담 및 방문과 관련한 내용도 〈사례관리 상담기록지〉에 함께 기록한다.

6개월을 주기로 재사정을 실시하는 것이 바람직하지만, 클라이언트 또는 환경에 새로운 요구(변화)가 있을 때에는 수시로 재사정을 실시하여야 한다. 이때에는 〈사례관리 재사정기록지〉를 사용한다. 객관적인 사정을 위해 생태도, 가계도 및 기타 표준화를 거쳐 보급된 척도를 사용해 사정하고 그 결과를 기록한다. 척도를 사용하였을 때에는 측정일

〈그림 9-4〉 사례관리 사정결과표 양식 예시

사례관리 사정결과표

등록번호		대상자			사례관리자	
작성일		유형	□신규　□재사정		정보제공자	

우선순위	제시된 욕구	합의된 욕구	이용가능한 자원(강점)	내/외적 장애물

척도를 이용한 사정	가계도	생태도
	기타 척도	

사정 종합 의견	

<그림 9-5> 사례회의록 양식 예시

사례회의기록

이용자		이용자 번호	
회의일자		참석인원 수	
회의제목			
참석자			
회의내용			
회의결과			
비고			

<그림 9-6> 사례관리 상담기록지 양식 예시

사례관리 상담기록지

상담일자		서비스		담당자	
상담유형		상담방법		상담시간	
상담제목					
내담자					
상담내용					
상담자 의견					
상담결과					

〈그림 9-7〉 사례관리 재사정기록지 양식 예시

사례관리 재사정기록지

이용자						
재사정 구분	새로운 욕구 발생			재사정 요인	클라이언트에 의한 요인	
	긴급한 상황 발생				기관과 사회복지사에 의한 요인	
	기타				자원과 환경에 의한 요인	

서비스 제공 및 현황	서비스명	클라이언트 만족도	관리수준	서비스 지원현황		
		상 중 하	상 중 하			
		상 중 하	상 중 하			

클라이언트 변화욕구	□경제(후원금품) □건강(치료, 의약품, 정보, 상담) □급식(식사, 반찬, 죽, 국) □목욕 □가사(세탁, 청소, 주거개선, 조리, 이미용, 행정대행) □사회관계성(대인관계, 사회자원부족) □이동(외출동행) □정서(상담, 말벗 등) □기타

사회복지사 의견	

향후계획	

재사정 결과	□서비스 계획서 재조정 □현 상태 유지 □종결 □타 기관 의뢰

사례관리 수준	□ 일반case □ 집중case □ 위기case □ 긴급case

영역	제시된 욕구	합의된 목표	점 검	
			□달성 □연장 □재사정 □기타	

시, 측정자, 결과 그리고 측정자의 소견을 요약하여 기록하며, 검사지 또는 구체적인 측정결과서는 별지로 첨부한다.

사례관리자는 사정결과를 요약하고 이론적·경험적 근거를 기반으로 분석하여 기록한다. 수집된 정보를 바탕으로 그러한 사정결과에 이르게 된 경위를 전문적으로 설명하며 사례관리 수준판정의 근거를 제시한다. 기록의 분량은 자율적으로 하되 양식에 따라 기록한다.

사정에 사용되는 도구들은 다음과 같다.

- 가계도[2] : 세대 간 가족력 및 현 가족체계 사정
- 생태도[3] : 개인 및 가족의 사회적 자원 사정
- 사회관계망 척도
- 표준화된 측정도구: 자존감, 일상생활 수행능력, 우울감, 대인관계, 자살사고, 알코올중독 등의 척도[4]
- 주관적 체크리스트 활용

---

2) 일반적으로 요구되는 3세대의 정보를 알 수 있도록 기본형을 제시하고 관계와 상징을 나타내는 선과 도형을 범주로 제시하여 양식대로 활용하면 가계도가 쉽게 완성된다.
3) 원 안에 클라이언트체계(개인 또는 함께 사는 가족)를 그려 넣고, 원 밖의 클라이언트체계와 상호교류하는 상위체계로 일반적으로 예상할 수 있는 공식적 자원과 비공식적 자원을 표기한다. 일반적 약속인 관계의 흐름을 나타내는 도식을 범주로 제시하여 양식대로 활용하면 상호작용적 맥락에서 클라이언트체계의 자원망을 알 수 있는 생태도가 쉽게 완성된다.
4) 자세한 내용은 반포종합사회복지관 외(2003), 《사회복지척도집》과 전국광역정신건강증진센터 홈페이지의 내용을 참조.

3) 목표설정 및 서비스계획단계

목표설정단계는 사정을 통해 작성된 욕구목록과 사정결과에 근거해 실천을 위한 전략을 설정하는 단계로서, 개별화된 목표를 수립하여야 한다. 이때 욕구사정 결과 나타난 우선순위 상위 3위까지의 욕구에 대하여 단계적으로 계획을 수립하고 실행하는 것이 적절하다. 목표를 기록할 때에는 긍정적 · 행동적 · 생산적인 용어를 사용해야 하고, 클라이언트가 이해하고 수긍할 수 있는지 점검하여야 한다.

서비스계획단계에는 서비스 제공자, 기관, 달성 방법 및 시간계획이 제시되어야 한다. 계획단계에서는 클라이언트의 요구를 중심으로 우선순위와 실천계획이 선정되어야 하므로 클라이언트의 참여를 독려하여야 하며, 사례관리자는 클라이언트와 합의하여 계획을 수립하여야 한다. 설정된 목표를 토대로 서비스계획을 수립하는 이 단계에서는 〈사례관리 사정결과표〉를 기반으로 개별화된 사례관리 계획(ISP: *Individual Service Plan*)을 수립하고 〈사례관리계획 및 평가표〉를 작성한다. 사례관리자는 〈사례관리계획 및 평가표〉를 작성한 후 클라이언트에게 내용을 다시 설명한다. 그리고 클라이언트가 이를 이해하고 내용에 동의하면 계약서를 작성하도록 안내한다. 〈사례관리계획 및 평가표〉는 사례관리실천의 계획에서부터 실행 및 점검도구로 활용될 수 있다. 그러므로 클라이언트에게 〈사례관리계획 및 평가표〉의 사본을 전달하면 사례관리자와 함께 실행과업을 수행하고 점검하기에 유용하다. 또한 계획 및 평가표의 양식은 논리모델에 근거한 평가자료로 활용할 수 있도록 개발되었다.

〈그림 9-8〉 사례관리계획 및 평가표 양식 예시

사례관리계획 및 평가표

등록번호			대상자			사례 관리자	
유형		□신규 □재사정	사례관리 수준	□긴급　□집중 □일반		작성일	
장기목표							

우선 순위	대상	합의된 욕구	단기목표	실행방법	빈도 (회/주)	담당자 (기관,부서/ 이름)	개입 기간	평가
	욕구 심각도	전(/10) → 후(/10)						□ 달성 (정도:) □ 연장 □ 재사정
	욕구 심각도	전(/10) → 후(/10)						□ 달성 (정도:) □ 연장 □ 재사정
	욕구 심각도	전(/10) → 후(/10)						□ 달성 (정도:) □연장 재사정
	욕구 심각도	전(/10) → 후(/10)						□ 달성 (정도:) □연장 재사정

4) 실행단계

실행 및 점검단계에서는 클라이언트와 함께 서비스 계획을 실행하며 클라이언트 목표달성 여부, 변화, 계획실행과 관련된 어려움을 점검한다. 이때 사례관리자는 클라이언트가 목표를 달성을 할 수 있도록 교육, 상담, 정보제공, 지지 및 옹호, 자원발굴, 연계, 조정활동을 수행한다. 이 단계는 〈사례관리계획 및 점검표〉를 실제 실행에 옮기는 과정으로 클라이언트 자신을 포함한 다양한 자원들의 참여내용을 기록한다. 사례관리자는 각 자원들이 설정된 목표성취에 합당하게 참여하고 있는지 점검하고 각각의 역할과 기능을 조정한다. 그러므로 실행단계의 기록은 클라이언트 삶의 변화에 관한 역동적인 이야기이다.

실행단계는 〈사례관리 과정기록지〉, 〈사례관리 상담기록지〉, 〈네트워크일지〉, 〈서비스의뢰서〉를 중심으로 기록이 이루어진다. 이밖에 사례관리팀회의, 통합사례회의, 솔루션회의 등에서 〈사례회의록〉이 작성되며, 〈사례관리 점검표〉, 〈사례보고서〉, 〈슈퍼비전일지〉 등을 선택적으로 사용할 수 있다.

〈사례관리 과정기록지〉는 사례관리자가 직접 실행한 서비스[5]와 자원연계 서비스[6]로 분류하여 기록한다. 〈사례관리 과정기록지〉의 내용을 작성하기 위한 접촉방법은 내방, 방문, 전화, 기타(메일 등)로 다양

---

[5] D: 목표달성을 위한 사례관리자의 직접행동이 투입된 서비스. 상담, 자원 제공, 자원조사, 연계, 의뢰활동 등.

[6] R: 사례관리자가 동행하지 않은 기관 내 사례관리팀 이외의 부서, 타 기관이나 조직 등이 제공한 서비스. 미술치료, 방과후 교실, 병원진료, 자원봉사자의 방문 등.

<그림 9-9> 사례관리 과정기록지 양식 예시

사례관리 과정기록지					
등록번호		대상자		사례관리자	

일시	구분	접촉방법	접촉대상	내용	소요시간(분)

하며, 〈사례관리계획 및 평가표〉에 의한 서비스의 제공, 각종 회의(사례회의, 통합사례회의, 솔루션 위원회) 및 슈퍼비전에 논제로 상정된 평가, 재사정, 서비스 조정, 기타 대상자와 관련된 정보를 기록한다. 기록할 때에는 문제중심기록(SOAP) 양식(제 3절, '기록의 종류와 특성'을 참조)을 활용하여 간결한 문장으로 서비스내용을 기록한다. 이때 다음 과정에 대한 계획(P)은 문제중심기록의 적용 유무에 상관없이 반드시 기록되어야 하며, 육하원칙에 따라 구체적인 내용이 드러나도록(예를 들어, 언제 몇 시에 어디에서 클라이언트와 면담 예정/과제 확인 및 의뢰 서비스 제공 유무 확인 요함 등) 기록한다. 정기적으로 반복되는 서비스는 서비스명만 기록한다. 소요시간은 직접서비스 제공의 경우에 시간을 분단위로 기록한다.

또한 사례관리자는 실천과정에서 외부기관, 단체와 관련된 활동을 할 때 〈네트워크일지〉를 기록하여 두는 것이 좋다. 〈서비스의뢰서〉는 사례관리자가 서비스 계획을 수립한 내용 중에서 내부 기관의 타 부서

네트워크일지				
일시	방법	네트워크 대상기관	내용	비고

나 외부 기관의 서비스 연계가 필요한 경우에 활용한다. 의뢰서는 클라이언트에 대한 사정 및 계획과 연계하고자 하는 서비스의 요소를 분명히 밝힘으로써 불필요한 사정의 반복을 피하고 설정된 목표를 공유하는 것을 목적으로 한다. 사례관리자는 클라이언트와 계획에 포함된 서비스를 의뢰할 기관을 찾고 담당자와 의뢰에 관해 조율·합의한 후 의뢰서를 작성하여 전달한다. 클라이언트의 정보를 공유하기 위해 의뢰서에 〈사례관리 사정결과표〉와 〈사례관리계획 및 평가표〉를 첨부할 때에는 사전에 클라이언트에게 이러한 사항을 알리고 동의를 받는다. 이후 서비스를 의뢰한 기관으로부터 〈서비스의뢰 회신서〉를 받는다.

한편 사례관리 점검은 실행단계에서 〈사례관리계획 및 평가표〉 및 〈사례관리 과정기록지〉에 근거하여 서비스의 진행과정을 정기적으로 점검하는 활동이다. 사례관리서비스 점검을 위해서는 별도의 양식을 사용하기보다 〈사례관리계획 및 평가표〉와 〈사례관리 과정기록지〉를 활용하는 것이 더 효율적이다. 점검은 정기적으로 실시하기도 하지만

〈그림 9-11〉 서비스의뢰서 양식 예시

서비스의뢰서

수신 : 기관_____   담당자 : _____ 귀하

등록번호		대상자		성별/나이	
주소				전화번호	

사례요약		
의뢰내용		
모니터링 계획	방법	□방문 □전화 □이메일 □문서 □기타:_____
	빈도	월 ___회
첨부		□사례관리계획 및 평가표 □기타:_____

본 기관의 사례관리 대상자에게 전문적 서비스 제공을 통해 효과적인 문제해결을 지원하고자 위와 같이 의뢰하오니 협조하여 주시기 바랍니다.

20___ 년 __ 월 __ 일

기관명: _____ 사례관리자: _____ 연락처: _____

〈그림 9-12〉 서비스의뢰 회신서 양식 예시

서비스의뢰 회신서

수신: 기관 _____   사례관리자 _____ 귀하

귀 기관에서 의뢰하신 사례에 대하여 아래와 같이 서비스를 제공하고 사례관리 실행을 위해 협력하고자 합니다.

등록번호		대상자		성별/나이	
주소				전화번호	
후견인 성명			(관계)	전화번호	

서비스 계획		
모니터링 합의	방법	□방문 □전화 □이메일 □문서 □기타:_____
	빈도	월 ___회
기타 의견		□사례관리계획 및 평가표 □ 기타:_____

20___ 년 __ 월 __ 일

기관명: _____ 담당자: _____ 연락처: _____

<그림 9-13> 사례관리 점검표 양식 예시

사례관리 점검표

등록번호		대상자		사례관리자	
사례관리 기간		점검일시		점검자	
장기목표					

제시된 욕구	단기목표	실행 방법	담당	기간	서비스 이행 및 목표성취 정도	점검자 의견
					① ② ③ ④	
					① ② ③ ④	
					① ② ③ ④	
					① ② ③ ④	
					① ② ③ ④	
					① ② ③ ④	

<그림 9-14> 슈퍼비전 일지 양식 예시

슈퍼비전 일지

일시		20__년 __월 __일 __요일 (_ : _ ~ _ : _)
장소		
참석자	슈퍼바이저	
	실무자	
슈퍼비전 내용	임사사례	
	운영체계	
	기타	
다음 회의		

상황의 변화가 있을 때 수시로 이루어져야 하므로, 점검표를 별도로 사용하는 것은 오히려 효과적인 점검을 방해할 수 있다. 대부분의 〈사례관리 점검표〉는 체크표시를 하도록 되어 있어 점검의 결과를 충분히 기록하지 못하므로, 이러한 양식을 사용한다면 점검내용을 기술하는 방식을 병행하여야 한다. 〈그림 9-13〉의 양식은 별도 점검표를 사용할 경우의 양식 예시이다. 〈사례관리 점검표〉는 클라이언트가 직접 작성하도록 하거나 사례관리자와 클라이언트가 함께 작성한다.

사회복지사는 특히 실행단계에서 자신의 개입방향이나 개입노력이 적절한지 스스로 평가하거나 슈퍼비전을 받기 위하여 기록을 잘 활용하여야 한다. 실천단계가 클라이언트와 사회복지사가 계약을 통해 합의한 바를 실천하는 단계로서 실제 변화가 일어나는 단계이며, 이때 사회복지사는 변화매개자로서 의도적인 개입역할을 활발하게 하게 되기 때문이다. 그러므로 주어진 사례관리기록 양식 외에도 효과적으로 개입을 평가할 수 있도록 그때그때 메모하는 습관이 필요하다. 이때 중간노트를 활용하여 클라이언트의 상황과 서비스 교류를 정기적으로 기록하고 사정해야 한다.

중간노트를 활용하기 위해서는 다음과 같은 지침을 참고하여 기록시 포함되어야 할 요소들을 확인하면 도움이 된다. 첫째, 지난 번 기록이후의 클라이언트 및 상황의 상태와 변화에 대한 서술과 사정을 기록한다. 둘째, 지난 번 기록 이후의 서비스 활동과 과정에 대하여 기록한다. 셋째, 중요한 사건을 기록한다. 넷째, 서비스의 목적이나 계획에 대한 사정 및 변화를 기록한다.

이 외에도 이 책의 부록에는 서비스 내용을 기록할 수 있는 기록양식

〈그림 9-15〉 사례보고서 I 양식 예시

사례보고서 I

대상자		성별/나이		주소	
사례 보고일		회의유형	□사례관리팀회의 □통합사례회의 □솔루션회의	사례 관리자	
장기목표					

1. 사례요약
   1) 기본정보
      ① 인구통계학적 정보
      ② 가족상황 및 가계도
   2) 의뢰과정 및 내용의 요약
   3) 욕구
      ① 제시된 욕구
      ② 합의된 욕구
   4) 자원사정 및 장애물사정
      ① 강점사정
      ② 사회적 자원
      ③ 장애물

2. 사례관리 목표 및 계획
3. 개입경과
4. 논의요청 내용
5. 회의 권고(슈퍼비전) 내용
6. 재평가일

〈그림 9-16〉 사례보고서 II(최초 사례보고 이후) 양식 예시

사례보고서 II

대상자		성별/나이		주소	
사례 보고일		회의유형	□사례관리팀회의 □통합사례회의 □솔루션회의	사례 관리자	
장기목표					

1. 사례요약
   1) 인구학적 개요
   2) 사례관리 목표 및 계획
2. 지난 회의 권고(슈퍼비전) 내용

3. 회의 이후 경과보고
4. 사례관리계획
5. 회의 권고(슈퍼비전) 내용
6. 재평가일

이 유형별로 첨부되어 있다. 7) 일반적으로 사회복지기관에서는 이 단계에서의 기록형태로 서비스 제공시간에 따른 요약기록을 주로 선호하지만, 기록의 목적과 기관의 특성에 따라 과정기록과 문제중심기록을 활용한다. 이러한 기록의 유형은 다음 절에서 상세하게 다룬다.

5) 평가 및 종결단계

사회복지실천의 마지막 단계는 평가 및 종결단계이다. 평가단계에서는 클라이언트와 함께 목표달성 여부와 변화정도, 개입의 결과가 얼마나 안정되게 유지될지의 판단, 사회적 지지체계의 활성화 정도를 평가해야 한다. 종결단계에서는 클라이언트와 함께 종결시기를 결정하고, 종결에 대한 감정을 다루며 격려하여 성취된 변화를 지속적으로 유지하고, 남아 있는 문제에 대한 사후관리계획을 수립해야 한다. 이를 위해 종결단계에서는 그동안의 진행과정을 요약하고, 변화를 확인하기 위해서 해결된 것이 무엇인지 확인하며, 그간의 클라이언트의 변화노력과 증가된 자원체계 등을 확인할 수 있는 종결보고서가 필요하다. 그러므로 사례회의를 통해 사례관리서비스의 종결이 확정되면 사례관리서비스 실행과정을 평가하고 〈사례관리 종결보고서〉를 기록한다.

　〈사례관리 종결보고서〉는 클라이언트의 욕구, 서비스 과정 및 평가를 간결하게 요약·정리하여 클라이언트에게 제공된 사례관리서비스의 전반적 내용을 한 장에서 확인할 수 있도록 한다. 종결보고서는 〈사

---

7) 면담과정기록지, 요약기록지, 문제중심기록지 등.

〈그림 9-17〉 사례관리 종결보고서 양식 예시

사례관리 종결보고서

등록번호		대상자		사례관리자	
연락처		등록일		종결일	
주소					

종결사유	☐욕구해결 ☐사망 ☐시설입소 ☐이주 ☐거절 / 포기 ☐타기관이용 _____ ☐기관의 조정 _____

서비스 과정요약	제시된 욕구	실행과정(클라이언트의 노력 / 서비스내용)	성과	
			욕구 심각도	전( ) → 후( )
			욕구 심각도	전( ) → 후( )
			욕구 심각도	전( ) → 후( )
			욕구 심각도	전( ) → 후( )

대상자 변화사항	초기상황	종결상황

종결과정 요약	
사례관리자 종합의견	

사후관리 계획	목표	
	기간	20__년 __월 __일 ~ 20__년 __월 __일 (월 __회)
	방법	☐전화 ☐문자 ☐우편 ☐이메일 ☐방문 (복수선택)
	합의	대상자 :_____ (서명) / 사례관리자 : _____(서명)

례관리 사정결과표〉, 〈사례관리계획 및 평가표〉, 〈사례관리 과정기록지〉의 기록을 정리하여 작성한다. 종결과정에서 사후관리에 대한 계약이 수립되므로 종결보고서와 함께 〈사후관리 계약서〉를 작성하는데, 클라이언트와 사후관리의 목표 및 방법과 기간 등에 대해 합의하고 서명을 받는다(사례관리 종결 후 권장되는 사후관리기간은 6개월이므로 계약내용에 참고한다). 사후관리의 과정은 〈사례관리 과정기록지〉에 기록한다. 사후관리까지 종료되면 사례관리서비스가 전체적으로 종료된다.

6) 기타 실천대상에 따라 요구되는 기록양식

사회복지실천은 대상 클라이언트 체계의 크기에 따라 개인수준 실천, 집단수준 실천, 가족수준 실천, 지역사회수준 실천으로 구분된다. 이에 위에서 제시한 개인수준 실천을 중심으로 한 기록양식에 추가하여, 집단·가족·지역사회수준 실천에서 필요한 기록양식은 다음과 같다.

① 집단프로그램 진행기록일지(부록 4, 사회복지실천 양식 11): 집단프로그램의 목표, 과정, 평가, 다음 목표 및 계획을 기록하도록 구성됨.
② 가족상담기록지(부록 4, 사회복지실천 양식 12): 문제에 대한 가족의 정의, 가계도, 가족생태도, 가족생활주기를 토대로 가족을 사정하고 개입목표를 토대로 개입계획을 기록하도록 구성됨.
③ 지역사회분석기록지(부록 4, 사회복지실천 양식 13): 분석대상 지역의 주요 지표, 인구사회학적 특성, 사회경제학적 특성, 사회복지자원 탐색, 사회복지서비스 제안 및 사회복지사의 견해로 구성된 기록.

3. 기록의 종류와 특성

사회복지실천과정에서 사용하는 기록의 유형 및 유형별 특성을 살펴보면 다음과 같다(김정진, 2004).

1) 과정기록

클라이언트의 상황, 면담 중에 클라이언트가 이야기한 내용, 클라이언트의 행동 그리고 사회복지사가 관찰하고 판단한 것 등 클라이언트와 사회복지사의 상호작용을 그대로 세밀하게 기록하는 방법이다.

(1) 기록하는 내용
① 면담에 참석한 사람 이름, ② 날짜, 장소, 세션진행시간, ③ 목적, ④ 계획, ⑤ 상호작용 내용, ⑥ 사회복지사의 역할과 활동, ⑦ 클라이언트의 관심사, 상황 또는 문제, 클라이언트의 반응, 클라이언트의 반응에 대한 사회복지사의 사정(분석), ⑧ 세션 중 사회복지사 활동에 대해 스스로 분석한 내용, ⑨ 다음 면담계획.

(2) 기록의 방법
① 면담 중 사회복지사와 클라이언트의 상호작용 내용을 대본처럼 직접 인용할 수도 있고, 간접적으로 풀어서 기록할 수도 있다.
② 상호작용의 과정을 세밀하게 표현하기 위해 면접 내용, 사회복지사의 의견, 슈퍼바이저 코멘트 부분으로 나누어 기록할 수 있다.

(3) 과정기록의 예

면담내용	사회복지사 코멘트
· 사회복지사: 제가 지난번 전화통화했던 사회복지사 김영순입니다. · 클라이언트: 네 … 어떻게 말을 해야 할지 … 사실은 우리 아이가 말썽을 부려서 학교에서 퇴학을 당하게 되었습니다. 대화를 하려고 해도 저와는 말도 하지 않으려 하고 달리 의논할 사람이 없어서… 아이 아빠는 저한테 오히려 화를 내면서 집에서 뭐했느냐고 하지만 저도 할 만큼 했는데 … · 사회복지사: 그러니까 아이가 비행행동을 보이나 보죠? 아이는 몇 학년입니까? · 클라이언트: 비행행동이라고 하기보다는 학교를 잘 가려 하지 않고 잘못된 친구들과 어울려 본드 등을 하는 것 같습니다. 하지만 남의 물건을 뺏거나 때리는 폭력행동은 하지 않습니다. ⋮	· 클라이언트는 매우 당황하는 것 같았다. · 다음 클라이언트와의 면담약속 때문에 마음이 급했고 빨리 결론을 내리려 한 것 같다. · 클라이언트는 비행행동이라는 단어가 불쾌했던 것 같다. ⋮

(4) 장점

① 사회복지실습이나 교육방법으로 유용하다. 슈퍼바이저는 기록을 보면서 실습생(슈퍼바이지)의 기능수행 능력을 전반적으로 파악할 수 있고, 더 효과적으로 기법들을 활용할 수 있도록 구체적으로 지도할 수 있다.

② 기록자 자신은 자신이 진행한 과정을 세밀하게 기록하면서 자신에 대해 새롭게 인식할 수 있고, 서비스과정에서 자아를 활용하는 정도가 향상된다.

③ 기관은 기록한 내용을 보면서 사례진행에 대해 점검하고, 잘못된 경우가 있으면 사전에 문제를 예방할 수 있다.

(5) 단점

① 기록하는 데에 시간이 너무 많이 소요된다.

② 면접에서 실제로 일어난 일을 완벽하게 재현하기는 어렵다. 따라서
   불완전하고 왜곡된 정보를 제공할 수도 있다.

(6) 유의사항

① 정직하게 기록해야 한다.

② 기록하는 데 너무 집중해서 오히려 면담에 방해가 되지 않도록 한다.

③ 내용을 생생하게 사실 그대로 기록하기 위해서는 면접 직후에 가능
   한 한 빨리 기록한다.

④ 기록을 공식적으로 활용할 경우, 클라이언트 이름 등 개별적 사항은
   비밀로 해야 하며 슈퍼바이저의 검토 및 승인 후 별도로 보관한다.

2) 요약기록

요약기록은 일반적으로 사회복지기관에서 가장 많이 사용되는 기록형
태로 시간의 흐름에 따라 변화된 상황, 개입활동, 중요한 정보 등을 요
약하여 기록하는 것이다. 시간의 흐름에 따른 기록은 일정한 기간을 정
하여 기록내용을 조직하고 요약하는 것이 일반적이다. 세부적인 면담
내용을 제외하고, 사회복지사가 한 일보다는 클라이언트에게 일어난
변화에 초점을 두어 기록한다. 그러므로 요약기록의 질은 정보를 효과
적으로 조직하는 데에 달려 있다. 요약기록은 특히 사례가 오랜 기간에
걸쳐 진행되는 경우 매우 유용하다(Johnson, 1989:391).

(1) 기록의 방법

요약기록은 날짜와 클라이언트의 기본사항을 적은 뒤 기록해야 할 중요한 내용을 선택하여 시간의 흐름별로 조직화하여 기록하거나(요약기록의 예 ②), 주제별 제목하에 조직화하여 기록된다(요약기록의 예 ①). 이는 과정기록에 비하여 시간이 적게 들지만, 더 많은 생각과 조직을 요한다. 왜냐하면 무엇을 기록하고 무엇을 뺄지 결정해야 하기 때문이다.

(2) 요약기록의 예

① 주제별 제목하에 조직화하여 요약한 기록[8]

2000년 12월 1일 오전 10시

클라이언트(○○○, 30세, 여)와의 개별면담

가. 제시된 문제: 클라이언트는 어젯밤 남편이 술이 취한 상태에서 언쟁하다가 남편이 발로 차서 넘어지면서 탁자에 허리를 부딪쳐 다쳤다. 이로 인해 현재 허리통증과 함께 걸음걸이가 불편하다. 남편이 술만 취하면 아내를 구타하며 점점 더 이런 일이 심해지기 때문에 본 기관에 도움을 요청하기로 결심하였다.

나. 가족기능: 클라이언트는 결혼한 지 7년 되며, 고졸 후 다니던 직장에서 남편을 만나 1년의 교제 후 결혼하였다. 아이(5세, 남)가 하나 있다. 남편(대졸, 35세)은 IMF 사태 이후의 대규모 감원으로 인해 직장을 잃고 8개월 동안 실직상태에 있다가, 현재는 남편의 친척이 운영하는 작은 사업체에서 일하고 있다. 결혼 후 6개월 때 언쟁 후 따귀를 맞은 적이 결혼 후 처음 폭력을 당한 경험이다. 그 이후에는 폭력이 없다가, 실직 이후부터 남편의 음주 및 음주 후 폭력이 증가하였다. 남편의 폭력에 대한 아내의 반응은 함께 소리 지르고 울며 대드는 것이다. 남편은 전에는 때린 다음날에 클라이언트에게 사과하기도 했지만, 최근에는 사과도 않는다. 남편이 아이를 때리지는 않지만, 아이가 이런 일을 여러 번 보았기 때문에 아빠를 무서워한다. 클라이언트는 나가서 일을 하고 싶어도 특별한 기술도 없고 아이도 어려서 아직은 엄두를 못 낸다. 그러나 아이가 초등학교에 들어가면 취업을 원한다.

다. 현재 상태에 대한 클라이언트의 인식: 결혼지속 의사에 대해서 클라이언트는 그 동안 특별히 이혼절차를 알아본 적은 없으나, 가끔 이혼을 생각해봤으며 오늘은 더욱 강하게 든다고 한다. 그러나 남편이 음주 및 구타 습관만 고치면 좋겠다고 희망했다. 허리의

---

8) 윤현숙 외(2002), 《사회복지실천기술론》, p. 338.

통증에 대해서는 내일까지 계속되면 병원에 가볼 예정이다. 구타 후 경찰에 연락해본 적은 없으며, 여성의 쉼터에 대하여 들어본 적도 없다. 클라이언트는 당분간 집에 들어가고 싶지 않으며, 쉼터에는 가고 싶지 않고, 짐을 싸서 친정언니의 집에 가 있을 계획이다.

라. 사정: 클라이언트는 면담시 여러 번 울음을 터뜨렸으며, 어젯밤의 구타사건으로 정서적으로 혼란한 상태로 보인다. 그러므로 본 접수면접에서는 많은 정보를 얻기보다는 위기개입으로서 당장 필요한 조치 및 정서적 지지제공에 주력하였다. 클라이언트가 남편과 분리하여 언니네 집에서 당분간 머물겠다는 결정은 향후 계획을 보다 이성적으로 세우는 데에 도움이 될 것으로 보인다. 남편의 사회경제적 스트레스가 부부문제에 영향을 끼치는 것으로 보이고, 남편 역시 도움이 필요하므로 남편에 대한 개입도 필요하다고 사료된다. 결혼지속 여부에 대해서 클라이언트는 아직 확고한 의사를 밝히지 않고 있다. 그러므로 부부상담을 할지 여부는 아내와 남편에 대한 개별상담을 몇 회 한 이후에 결정할 것이다. 클라이언트는 아직 확고한 의사를 밝히지 않고 있다. 클라이언트는 '매 맞는 아내'가 보이는 정서적 증상을 가지고 있을 가능성이 있으므로 당분간 집중적인 지지적 개입이 필요할 것으로 보인다. 또한 클라이언트는 가정폭력방지법을 비롯하여 주변의 지원체계에 대한 지식이 전혀 없으므로 이에 대한 지식이 필요하다.

마. 계획:
　㉠ 내일 다시 클라이언트와 면담하여 지적 개입을 계속할 것이다.
　㉡ 남편과 연락하여 면담을 약속할 것이다(클라이언트도 동의하였음).
　㉢ 클라이언트를 본 기관과 연계되어 있는 법률상담소와 연결시킬 것이다.

② 시간의 흐름별로 조직화하여 기록한 요약기록

11/12/2000

○○대학병원의 의료사회복지사인 심순영 씨가 어제 아이를 출산한 미혼모 김영희 씨를 아동복지기관인 본 기관에 의뢰했다. 김영희 씨는 18세로 벌써 두 번째 아이를 출산했고, 첫 번째 아이는 출산직후 사망했다. 김영희 씨는 정신지체로 고아원에서 나온 뒤 일정한 거주지 없이 노숙하고 있는 상태에서 임신하였고, 특별한 보호자도 없는 상태이다. 퇴원 후에도 갈 곳이 없어 다시 노숙할 확률이 높은 상태이므로 일단 김영희 씨의 동의를 얻어 본 시설에 모자를 같이 입소시키고 아이의 입양문제는 향후 논의하고자 한다.

(3) 장점

① 기록에 융통성이 있으므로 사회복지사가 중요하다고 판단한 것을 포괄할 수 있다.

② 클라이언트와 그 상황 그리고 서비스가 갖는 나름의 특수한 본질을 개별적으로 반영할 수 있다.

(4) 단점

① 기록내용을 조직화하는 사회복지사의 재량에 기록의 질이 상당히 의존한다. 따라서 사회복지사가 면담내용을 지나치게 단순화하면 기록의 초점이 불명확할 수도 있다.

② 실제로 제공한 서비스 질보다 사회복지사의 문장능력이나 기록하는 데 투자한 시간에 따라 기록의 질이 좌우될 수 있다.

③ 기록내용이 개별적으로 구성되므로 추후에 원하는 정보를 쉽게 찾기 어렵다.

④ 기록하는 데 시간이 많이 걸려 비효율적이다.

(5) 유의사항

① 복합적이고 개별화된 서비스에 대해서만 요약기록을 활용한다. 단기서비스나 전형적인 일상서비스에서는 구조화된 양식이나 체크리스트를 활용한다.

② 기록에 포함해야 할 내용과 포함하지 않아야 할 내용에 대해 지침을 만든다.

③ 면담 후 가능한 즉시 기록해서 정확도와 신뢰도를 확보한다.

④ 장기개입의 경우에는 요약기록이 유용하므로 매일 면담내용을 기록할 수 있는 사례노트를 활용해 시간에 따라 기록하는 것도 좋은 방법이다.

3) 문제중심기록

현재 문제를 중심으로 문제영역을 규정하고 사정하고 목록화해서 각각 문제에 대해 무엇을 할 것인지 계획하고 그 진행사항을 기록한다. 기록의 주요 목표가 문서화뿐만 아니라 정보교환에 있기 때문에 다른 전문직과 함께 일하는 현장에서 효과적이다.

(1) 기록하는 내용
① **데이터베이스 구축**: 클라이언트의 문제를 목록으로 작성하기 위한 기본자료이다. 클라이언트가 제시하는 문제, 클라이언트의 일상생활, 사회 심리적 정보, 현재 질병, 과거력, 주변환경, 신체적인 건강에 대한 내용 등을 포함한다.
② **문제목록 작성**: 팀을 구성해 클라이언트 문제목록을 작성하고 새로운 문제를 발견하면 추가한다.
③ **각 문제에 대한 계획**: 개별적으로 그리고 독립적으로 각 문제에 대해 계획을 세운다.
④ **계획 실행**: 서비스 진행과 변화내용에 대해 문제목록에 기재된 번호에 따라 SOAP방식으로 기록한다.

(2) 기록의 방법
구체적인 SOAP 기록방법은 다음과 같다.
① S(*subjective information*, 주관적 정보): 클라이언트의 자기보고에 근거해 클라이언트가 상황을 어떻게 인식하고 느끼는지 기록한다.

② O(*objective information*, 객관적 정보) : 전문가의 직접적인 관찰, 임상적 실험, 체계적인 자료수집 등에서 얻어진다.

③ A(*assessment*, 사정) : 주관적 정보 및 객관적 정보의 검토를 통해 추론된 전문가의 개념화와 결론을 말한다.

④ P(*plan*, 계획) : 전문가가 특정한 문제를 제기하거나 해결하는 방법을 의미한다.

(3) 문제중심기록(SOAP 기록방법)의 예

정신과 환자의 퇴원준비를 위한 계획면담
S: "퇴원하고 싶어요. 퇴원하면 다시는 입원하지 않을 거예요. 특별한 계획은 없어요." O: 퇴원계획면담에 협조적인 태도로 임하였다. 클라이언트의 차트를 보니 입·퇴원을 3번 반복하였고, 퇴원 후에는 주로 집에 방치되고 치료유지가 안 되는 것으로 기록되어 있다. A: 퇴원 자체를 목표로 하고 있어 퇴원계획을 위한 면담에는 협조적이다. 퇴원 후 지역사회적응을 위한 클라이언트와 가족의 자원이 직계가족 정도로 협소하나, 모두들 생업에 종사하여 주로 집에서 지내게 될 것이고, 이는 그 동안 재입원의 악순환을 반복하게 한 원인으로 보인다. P: 퇴원계획의 목표에 대한 분명한 인식을 갖도록 돕고, 재입원 경험에 대한 클라이언트의 입장을 경청하여 퇴원 후 생활에 대한 예측과 계획을 알아본다.

(4) 장점

① 타 전문직과의 의사소통을 촉진하며, 여러 분야 간의 공조를 원활하게 해준다.

② 목록화된 각 문제에 초점을 맞추어 다뤄야 하고 모든 치료계획에 대해 문서화된 추후점검을 할 책임이 있으므로 책무성을 향상시킨다.

③ 기록이 간결하고 통일되므로 기관감독자, 조사연구자, 외부의 자문가 등이 더욱 쉽고 질 높은 기록검토를 할 수 있다.

클라이언트의 욕구, 클라이언트의 문제해결자원이나 강점보다는 문제만을 강조함으로써 사회복지실천의 관심폭을 한정시킬 수 있다.

4. 사회복지 기록의 쟁점

사회복지사는 효과적인 서비스 전달자 및 변화매개자의 역할과 함께 효율적인 기록자로서의 능력을 함양하여야 한다. 사회복지사 기록업무와 관련한 주요쟁점은 다음과 같다.

1) 사적 권리의 보호

사회복지 기록에는 사적 권리(privacy) 보호의 책임이 따른다. 이 중 사적 권리에 대해 구체적으로 살펴보면 다음과 같다.

클라이언트는 서비스를 제공받는 동안 자신과 환경에 대한 정보를 제공해야 한다. 한편 사회복지사와 기관은 특수한 상황을 제외하고는 정보를 누설하지 말아야 할 책임이 있다. 따라서 정보에 대한 의무는 상호책임이라고 할 수 있으나 클라이언트 관련정보는 개인의 자산이므로 사회복지사는 정보 관련 클라이언트의 권리를 우선적으로 보장해야 한다.

사적 권리를 보호하기 위해서는 비밀보장, 축약, 접근성, 익명성의 원칙 준수가 요구된다.

(1) 비밀보장

비밀보장은 클라이언트의 기본적 권리이자 사회복지사와 기관의 윤리적·법적 의무이다. 비밀보장의 책무는 서비스 초기단계부터 지켜져야 한다. 예컨대, 사정을 실행하기 전에 정보제공과 비밀보장의 상호의무를 이행하기 위한 사회복지사와 클라이언트 간 동의절차가 선행되어야 한다.

사회복지사는 규정된 상황이나 사회적으로 공인된 목적에서만 개인정보를 공개할 수 있다. 정보를 공개할 수 있는 상황이란 예를 들어 클라이언트가 정보의 공개를 공식으로 허락한 경우(자문, 연구, 타 기관 서비스 의뢰 등), 아동학대나 약물남용 등 사회복지사에게 법적인 보고의무가 있는 경우, 자살위험 사례를 보호하기 위한 경우 등이다.

(2) 축약

개인적 정보의 수집, 문서화, 보관을 제한함으로써 클라이언트의 사적 권리를 보호한다. 사회복지사는 서비스 전달에 필요한 정보에 초점을 맞추며 해당 사례의 종결 이후 일정 기간이 지나면 정보를 삭제하거나 축소한다.

(3) 접근성

클라이언트와 가족이 사회복지 기록에 접근할 수 있는 접근성은 클라이언트에게 서비스 실행과정에서의 결정권을 부여하고, 사회복지사와 클라이언트 사이의 의사소통을 개방하며 상호신뢰를 강화한다.

(4) 익명성

익명성은 정보를 공개하는 방법 중 하나로 조사, 교육 등 개인의 신분 확인이 불필요한 경우에 요구된다. 이름과 고유한 정보는 반드시 삭제되어야 한다.

2) 사회복지 기록을 위한 지침

(1) 내용

모든 관련자에게 도움이 되는 한편 그들이 보호될 수 있도록 정보의 내용이 부족하거나 지나침이 없는지 확인한다. 특히 서비스 전달을 촉진하고 윤리와 관련된 문제 제기나 소송으로부터 자신을 보호하기 위해 충분한 내용을 포함시켜야 한다.

(2) 언어 및 용어

명료하고 구체적인 용어를 사용하되, 평가적인 표현을 피하고 클라이언트가 진술한 것을 중심으로 정확하게 표현해야 한다. 전문가가 사용하는 특수용어, 속어, 축약어를 사용하지 말아야 한다. 기록이 끝난 후에는 맞춤법과 띄어쓰기 등 문법을 고려하여 점검한다.

(3) 진실성

사회복지사의 실천행위에 대한 적절성 논란에서 필요한 증거자료가 될 수 있으므로 문서내용의 신뢰성을 입증할 수 있도록 빠짐없이 정확하게 기록했는지 꼼꼼히 점검한다. 개입 후 24시간 내에 기록하여 지연되지 않도록 해야 하며 예측성 문서 작성은 하지 않는다.

(4) 접근성

문서의 공개 및 보안에 있어서 비밀보장 원칙과 관련된 윤리문제가 일어나지 않도록 각별히 주의한다. 컴퓨터 사용과 관련한 보안의 위험성을 인식하고, 소환에 대응하는 법과 규정을 이해하며, 자료는 접근이 제한되는 안전한 장소에 보관한다. 기관은 기록물 관리에 관한 명확한 규정과 장치를 마련한다.

제 4 부

다 양 한 수 준 의 실 천

제 10장 개인수준의 실천
제 11장 가족수준의 실천
제 12장 집단수준의 실천
제 13장 지역수준의 실천

제 10 장
개인수준의 실천

개인을 대상으로 하는 실천은 전통적으로 개별사회사업(social casework)이라는 호칭으로 발전해왔다. 개별사회사업은 전문사회사업 방법 중에서 가장 먼저 개발되었고, 이 방법을 뒷받침하는 이론적 기초는 방대한 양의 직접적인 실천경험과 인접과학의 지원을 받으며 발전되어 왔다 (김만두·한혜경, 2001:223, 재인용).

개별사회사업은 일대일 관계를 기반으로 개인적이고 사회적인 문제들을 해결할 수 있도록 돕는 데 그 목적이 있다. 개별사회사업에는 개인이 사회에 적응할 수 있도록 돕는 것과 개인의 특수한 욕구에 따라 사회적 서비스를 받도록 돕는 것이 모두 포함된다(Zastrow, 1989). 이처럼 개별사회사업은 실천지향적 이론이자 전문방법론으로 미국의 민주주의적 사회배경과 실용주의라는 학문적 전통, 자원정신과 개인주의의 사회문화적 풍토에서 성장하고 발전했다(김만두 역, 1977).

초기 개별사회사업은 개인의 환경에 대한 조화로운 적응을 위해 지역사회 자원을 활용하여 개인의 능력개발과 사회기능 향상을 돕는 데 주력하였다. 그러나 1980년대 이후에는 사회복지실천의 목적을 인간 존엄성과 사회정의 실현을 통하여 개인의 삶의 질을 보장하는 것에 두면서 통합적 실천을 강조하게 되었다. 이는 1970년대 이후 체계이론과 생태학이론을 받아들이면서 사회복지실천의 관점이 생태체계적 관점으로 확장된 것과 관련이 있다. 이를 토대로 개인의 문제를 사회적 환경 속에서의 삶의 문제로 이해하고 인간과 환경 간의 상호적 변화를 가능하게 하려는 다양한 수준의 통합적 사회복지실천이 발달하였다.

이에 따라 개인과 사회의 관계에서 개인의 변화에 좀더 초점을 둔 개별사회사업이라는 용어는 사라지고, 오늘날에는 통합적 실천을 주 방법론으로 하는 개인 대상의 실천 또는 개인수준의 개입이라는 용어가 사용된다. 개인수준의 개입은 대면접촉을 통해 직접적으로 서비스를 제공하는 직접실천과 클라이언트 생활환경을 변화시키기 위한 지역사회 중심 자원연계 및 개발, 중재, 옹호와 같은 간접실천을 포함한다.

개인을 대상으로 한 통합적 실천의 대표적인 방법이 사례관리와 임파워먼트접근이다(김정진, 2017). 사회복지실천이 사례관리나 임파워먼트접근과 같은 통합적 방법으로 변화한 것은 사회적으로 취약한 계층의 지역사회 중심 보호와 주체적 권리보호에 대한 사회복지적 과제와 관련이 있다. 이는 임파워먼트가 클라이언트로 하여금 자신의 환경에 더 큰 통제력과 희망(aspirations)를 가질 수 있도록 하기 위하여 개인적, 조직적, 지역사회적 자원을 획득하는 과정이며, 또한 클라이언트 스스로의 삶에 대한 통제력을 기르고 사회복지의 가치에 상응하는 목표를 달성할 수 있도록 돕는 다양한 자원획득을 강조하므로(Hasenfeld & Handler, 1987; Saleebey, 2002) 사회복지의 우선대상인 취약계층에 대한 접근방법으로 적절하기 때문일 것이다.

통합적인 실천으로서 개인수준의 개입을 통해 최적의 삶의 질을 보장하려면 개인과 사회의 역동적 상호관계를 기반으로 한 삶에 초점을 두어야 한다. 따라서 개인의 변화, 관계의 변화, 환경의 변화를 함께 고려하고 통합적으로 접근할 필요가 있다.

개인수준에서의 실천을 통해 이와 같은 변화를 일으키려면 재스트로 (Zastrow, 1989)가 지적한 치료적 면담의 기술이 우선적으로 필요하다. 치료적 면담의 목적은 클라이언트가 변화하도록 돕거나, 사회적 환경이 좀더 클라이언트의 필요에 맞도록 변화하게 돕는 것이기 때문이다. 예를 들어 우울한 기분이나 불안 때문에 직장생활에 어려움을 느끼는 클라이언트가 있다면 정서의 문제를 잘 다루어 개인상황에 대한 통제력을 회복하게 도울 수 있을 것이다(개인의 변화). 동시에 직장생활에서의 관계에 어려움이 있는지 확인함으로써 의사소통을 효과적으로 만들고 주어진 역할과업도 잘 수행할 수 있도록 문제해결을 지원하여 사회적 상황에서 통제력을 가질 수 있도록 도울 수 있다(관계의 변화).

이와 같은 개인수준의 실천을 통해 클라이언트의 변화를 도울 수 있지만, 또한 클라이언트의 적응에 영향을 미치는 환경에 개입하여 클라이언트를 대변, 옹호하며 중재하는 역할도 필요하다(Kadushin, 1972). 만약 직장생활에서 어려움을 느끼는 클라이언트의 문제가 직장 내 부당대우와 관련된 것이라면 관련 자원체계를 활용하여 대응할 수 있도록 자원을 연계하거나 자조모임을 통하여 환경에 대응할 수 있는 힘을 얻도록 지원할 수 있다. 다른 예로 학교사회복지사로 일하는 사회복지사는 대상학생에 대한 이해를 돕기 위해 담당교사에게 면담을 통하여 정보를 제공할 수 있다. 직장에서 부당한 대우를 받는 상황의 장애인 클라이언트를 위해 고용주와 면담을 함으로써 클라이언트의 노력에 대한 정당한 대우를 하도록 옹호하고 중재할 수 있다(환경의 변화).

클라이언트의 문제해결과 상황에 대한 통제력 회복, 환경의 반응적 변화를 돕기 위한 개인수준의 실천에서 사회복지사가 변화목표와 유형에 따라 개인, 관계, 환경의 변화를 일으키고자 동시에 혹은 각각 사용할 수 있는 개입기술은 다음과 같다.

1. 개인의 변화

사회복지실천에서 개인수준의 개입은 개인의 변화를 전제로 한다. 개인의 변화는 개인의 생물학적 상태, 사회적 상황과 압력요인, 상황을 주관적으로 해석하는 심리적 과정이 복잡하게 얽힌 개인적 체험을 이해하는 것에서 출발해야 한다. 그러므로 개인의 문제해결을 돕기 위해서는 어느 한 요소의 변화만을 추구해서는 안 되고 생물 - 심리 - 사회적 요소를 동시에 고려하여 변화하도록 도와야 한다.

일반적으로 사회복지실천에서 상담을 통해 추구하는 개인의 변화는 인지행동모델에 기초하여 인지적 영역, 행동적 영역, 정서적 영역으로 구분하여 볼 수 있다. 인지행동모델에서는 누군가가 무엇을 어떻게 생각하는지가 그 사람의 정서적 반응과 행동에 영향을 미친다고 본다. 그러므로 문제행동과 정서적 문제는 비합리적이고 경직된 사고와 비현실적이고 근거 없는 신념에 기초한다. 인지행동모델에서 인간은 내적 심리세력에 의해서만 영향을 받는 존재가 아니며 환경적 영향에 의해서만 행동하는 것도 아니다. 정서적, 환경적 그리고 인지적 영향력 사이의 끊임없는 상호작용에 의해 행동하기 때문이다. 즉, 인지행동모델은 환경적 조건이 개인의 행동을 조성하고, 개인적 조건은 다시 환경조건을 형성한다는 상호결정론적 관점이다. 이는 인간이 외적 자극에 단순히 반응만 하는 존재가 아니며 상징을 사용할 수 있는 비범한 능력을 가지고 있으므로 사고하고, 창조하며, 계획하는 것이 가능한 존재라는 가정을 기반으로 한다(Bruce & Fedric, 1997).

이처럼 환경이라는 맥락 속에서 인지, 정서, 행동은 상호유기적으로 연결되어 인격을 형성한다. 그러나 이를 동시에 변화시키려는 방식의 개입은 너무나 복잡하다. 따라서 어느 한 요소를 집중적으로 다루어 변화를 일으킴으로써 다른 요소가 연이어 변화하도록 하는 통합적 전략을 사용하는 것이 일반적이다(정원식 외, 1999:288).

이에 제10장에서는 감정표현의 촉진과 자기인식 확장, 인지수정 그리고 행동체험을 통해 개인의 변화를 도모하는 개입을 각기 살펴본다.

1) 감정표현 촉진과 자기인식 확장을 통한 개인의 변화

우울과 불안, 분노와 적개심, 열등감 및 수치감 등으로 인해 대인관계나 사회적 역할수행에 어려움을 느끼게 되는 경우에는 정서가 주된 문제가 된다. 이러한 정서문제에 개입하려면 감정을 촉진하여 정화하는 한편 자신에 대한 이해를 확장하도록 도움으로써 변화를 도모하는 것이 일반적이다.

많은 치료적 면담의 기법들은 클라이언트에게 숨겨진 감정을 표현하도록 독려한다. 공감적 경청(empathy)과 반영(reflection)을 통하여 그리고 의도적 감정표현과 통제된 정서적 관여를 통하여 클라이언트가 감정을 표현하도록 돕는다. 감정표현은 그 자체만으로 감정의 정화(catharsis) 효과가 있다. 그러나 감정표현이 지나치게 되면 클라이언트가 자기노출에 부담을 느껴 치료적 면담의 진전에 방해가 될 수 있다. 그러므로 사회복지사는 클라이언트의 감정표현 수위를 조심스럽게 조절할 필요가 있다. 또한 표현된 감정에 대해서는 클라이언트가 감정의 배경이나 원인을 이해하고 자신의 감정을 수용하도록 도와야 한다.

클라이언트는 종종 자신의 경험을 이야기하면서 그 경험이 자신과는 무관한 것처럼 이야기한다. 경험이 매우 고통스러운 것이어서 감정을 억누르고, 따라서 자신의 감정이 무엇인지 명확하게 알지 못하게 되는 것이다. 어떤 사람에게는 자신의 감정이 낯설고 받아들이기 힘든 것이며, 사회복지사가 앞에 있다는 사실 자체가 부담스럽고 두렵기도 하다. 그러나 클라이언트와 사회복지사 사이에 공감대가 형성되면 클라이언트는 자신을 드러내는 것에 두려움을 더 적게 느끼고, 비판적 자기평가 없이도 자신을 수용할 수 있게 된다. 이는 로저스(Rogers, 1961)가 의사소통에 있어 감정을 표현하게 도와주는 전문가의 역할이 중요하다고 지적한 것과 일치한다. 로저스는 클라이언트를 평가하려 하지 않고 이해하며 경청하려 할 때에 진실한 의사소통이 형성된다고 하였다. 즉, 상대방이 표현한 사고나 태도를 통하여 상대방의 입장에서 상대가 어떻게 느끼며 어떻게 자신의 준거틀을 형성해 나가는지 주목하는 것이 중요하다.

이처럼 클라이언트의 감정을 이해하고 경험을 나누려고 하는 사회복지사의 진실된 태도는 클라이언트의 방어적 태도를 허물고 관계를 형성하는 데 도움이 된다. 그러나 사회복지사가 클라이언트에게 감정이입을 표현하기 어려운 경우도 있다. 클라이언트의 감정에 공감할 수 있는 능력이란 사회복지사 자신을 받아들일 수 있는 능력에 기초하기 때문이다. 예를 들어 사회복지사 자신이 가지고 있는 어려움과 유사한 감정을 클라이언트가 표현하면 사회복지사는 객관성을 잃고 감정이입의 능력을 상실하게 될 수 있다. 또는 사회복지사가 클라이언트를 향해 가진 권위의식 때문에 감정이입의 능력을 상실할 수도 있다. 그러므로 사회복지사는 자아통찰을 통하여 자신의 미해결된 문제로 인해 클라이언트에 대한 개입에서 부정적인 영향을 미치지 않도록 주의해야 한다. 이를 효과적으로 해결하기 위해서는 슈퍼바이저(supervisor)나 멘토(mentor) 또는 동료의 도움을 받는 것이 필요하다.

2) 인지수정을 통한 개인의 변화

인지상담이론은 인간의 심리적 문제나 대인관계의 문제가 자신이나 세상에 대해 가진 잘못된 전제나 신념 때문에 발생한다고 본다. 그러므로 인지상담의 목표는 클라이언트에게 문제를 일으키는 잘못된 전제나 신념을 밝혀 부정확하고 주관적인 지각을 변화시킴으로써 개인의 변화를 일으키는 것이다. 이와 같이 개인의 지각 및 사고과정의 변화에 초점을 맞추는 인지상담이론으로서는 앨리스(Ellis)의 합리정서적 이론이 대표적이다(정원식 외, 1999). 앨리스(1982)는 인간의 인식과 사고, 정서적

〈그림 10-1〉 앨리스의 합리정서적 이론

사건이나
상황의 발생
(*Accident*)

그 사건이나
상황에 대한
인식과 해석 · 생각,
경험이 연상되어
자연스럽게
떠오르는 생각
(*Beliefs*)

해석 · 생각에 의해
특정한 정서를
경험하고, 이로부터
어떤 행동을 취함
(*Consequences*)

행동과 반응이 일반적으로 〈그림 10-1〉과 같은 순서로 일어난다고 개념화하였다.

〈그림 10-1〉에서 볼 수 있듯이 정서적 반응과 행동의 결과는 매우 자동적이고 즉각적이어서 의식적 수준의 인지과정에 의한 것이 아니며, 각 사람마다 다르다. 예를 들어 골목길에서 개와 맞닥뜨리면 이성적 사고를 하기보다는 두려워 진땀을 흘리고 피할 길만 모색하게 되는 사람도 있고, 그 개에게 친밀한 행동을 하는 사람도 있을 것이다. 예컨대 과거에 개에게 물려 두려움을 경험했던 사람이라면 개를 마주쳤을 때에 자동적으로 피할 생각부터 하게 되면서 그 개가 현재 경계를 하는 것인지 혹은 친근한 행동을 취하는 것인지 이성적으로 판단하기 어려울 수 있다. 반면에 반려견이 있거나 평소에 개를 좋아하던 사람은 마주친 개를 피하고 경계하기보다는 개의 행동을 관찰하고 친밀한 행동을 자연스럽게 취할 수 있을 것이다.

그러므로 어떤 사건이나 상황에 직면했을 때 떠오르는 생각과 감정은 각자의 고유한 경험에 의한 매우 주관적인 자기중심적 해석에 따라

<표 10-1> 일반적인 잘못된 믿음과 바람직한 믿음의 예

잘못된 믿음	바람직한 믿음
만약 내가 남을 불편하게 한다면 그것은 큰 잘못이므로 나는 고통스러워야 한다.	항상 남들의 반응을 따를 수는 없다. 그렇지 않으면 내가 상처받기 쉽다. 나를 기쁘게 하는 것은 남을 기쁘게 하는 것만큼 중요하다.
세상은 인정사정없는 곳이다. 사람들은 자기 자신 외에는 누구에게도 신경 쓰지 않는다.	세상에는 다양한 사람이 있다. 무자비한 사람도 있으나, 이타적인 사람도 꽤 많다. 만약 나를 포함한 사람들이 이타적이고자 노력한다면 세상은 더 좋은 곳이 될 것이다.
남자의 여자에 대한 유일한 관심은 여자를 지배해서 성적 노리개로 쓰는 것뿐이다.	여자가 다양하듯 남자도 다양하다. 건강한 남성과 여성은 섹스에 관심이 있지만 반드시 자신의 쾌락을 위해 남을 이용하지는 않는다.
훌륭해지기 위해 사람은 완벽히 유능해야 하며 하는 일마다 성공해야 한다.	모든 사람은 고유의 재능영역이 있어서 어떤 부분에서는 남들보다 잘 할 수 있다. 누구도 완벽하지 않으며, 때때로 좌절하기 마련이다.
경쟁에서 지는 것은 끔찍한 충격이다.	이기면 기분이 좋지만, 승자가 있으면 항상 패자도 있다. 승리할 때뿐 아니라 패배할 때도 얻는 것이 있다.
타인의 복지를 증진하기 위해 자신을 희생하고 고통스럽게 하며 자신을 희생하는 것은 미덕이다.	남에게 도움과 관심을 주는 것은 바람직하나 나의 개인적인 만족을 추구하는 것 또한 나의 몫이다. 불필요한 고통은 미덕이 아니다.

출처: 허남순 외 역(2004), 《사회복지실천이론과 기술》, 나눔의 집, p.169.

나타난 반응이다. 상담 중에 클라이언트가 보고하는 상황과 이에 대한 감정반응을 탐색하다 보면 충분한 근거에 의거하여 해석한 것이 아니라 어떤 작은 단서(피식 웃었다, 그곳에 서 있었다, 표정이 어두웠다 등과 같은 단서)로 자신과 연관시켜 해석하고 불쾌해하거나 두려워할 때가 많다. 그러므로 인지변화를 통해 개인의 변화를 꾀하고자 하면 클라이언트의 인지적 과정에서 발견되는 오류와 왜곡을 수정하여 클라이언트가 삶에 대하여 현실적 철학을 가지도록 도와야 한다. 이는 인간이 가진 잘못된 반응체계가 부적응의 원인이 된다고 가정하기 때문이다(Ellis, 1982). 즉, 어떤 사건이나 상황에 직면했을 때 잘못된 믿음체계에 의해 자동적 사고와 자기중심적 해석을 하고 반응하게 된다는 것이다. 그러므로 인지수정을 통해 개인의 변화를 돕기 위해서는 누구나 공통적으로 갖기 쉬운 〈표 10-1〉과 같은 잘못된 믿음체계가 있는지 확인하고 이를 건강한 믿음체계로 전환할 수 있도록 도와야 한다.

인지수정을 위한 구체적 방법으로는 잘못된 믿음체계에 의한 왜곡된 사고를 논박하거나 교육하는 인지적인 기법과 인지적 과제를 부여하는 지시적인 방법 등이 있다(정원식 외, 1999).

(1) 논박

논박에는 논리성에 기반한 논박, 현실성에 기반을 둔 논박 그리고 실용성에 기반한 논박, 이상의 세 가지를 들 수 있다. 우선 논리성에 기반을 둔 논박은 클라이언트가 가지고 있는 생각의 비논리적인 면을 지적하는 것인데, 예를 들어 "당신이 그렇게 생각하는 근거가 어디에 있나요?", "당신이 원하는 대로 안 된다고 해서 세상이 끝난 것을 의미하나요?"와 같은 질문을 할 수 있다. 이는 클라이언트가 '내가 원하기 때문에 반드시 그렇게 이뤄져야 한다'(must, should)고 믿는 것이 비논리적임을 논박하는 것이다.

현실성에 기반을 둔 논박은 클라이언트가 가진 생각이 현실적으로 일어날 수 없는 것임을 지적하는 것이다. 예를 들어 "당신이 원하는 대로 세상일이 다 풀린다는 것이 가능할까요? 그렇다면 모든 사람이 다 원하는 대로 된다면 어떤 결과가 일어날까요?", "당신이 끔찍할 것이라고 하셨는데, 실제로 어떤 끔찍한 일이 있었나요?"와 같은 질문을 할 수 있다. 이는 클라이언트가 가진 절대적인 바람이나 두려움이 현실에서는 대부분 이뤄지지 않는다는 것을 깨닫도록 하는 데 목적이 있다.

실용성에 기반을 둔 논박은 클라이언트가 염려하는 비합리적 생각들이 실제로 자신에게 어떤 도움이 되는지 지적하고자 함이다. 예컨대 "당신이 그런 생각을 계속하면 자신에게 어떤 도움이 됩니까?", "모든 사람에게 인정받아야 한다고 생각하는 것이 당신을 힘들게 하지 않나요?" 등과 같은 질문을 할 수 있다. 이는 절대적 바람이 실제 클라이언트에게 도움이 아닌 부담이 됨을 깨닫게 하는 데에 주된 목적이 있다.

(2) 인지적 과제

인지적 과제는 클라이언트로 하여금 일상생활에서 자신의 비합리적 신념을 찾아 목록을 만들어 오도록 하거나, 그 목록에 대해 자신이 스스로 논박을 하고, 이를 합리적 생각으로 바꾸도록 하는 것 등이 있다. 그리고 비합리적 신념 대신에 합리적 신념으로 바꾼 문장을 큰 소리로 반복하여 읽도록 과제를 줄 수 있다. 예를 들어 "일이 내 뜻대로 되면 좋겠지만 그렇지 않더라도 내가 실패자가 되는 것은 아니다. 일부는 변하고 있을 뿐 아니라 내가 계속 노력을 하고 있으니까"라는 내용을 큰 소리로 말하게 하고, 이를 기록해두었다가 실패에 대한 두려움이 생길 때마다 꺼내보도록 할 수 있다.

3) 행동체험을 통한 개인의 변화

인간의 문제 중에는 행동의 변화가 없이는 문제가 해결되었다고 보기 어려운 것들이 있다. 음주, 도벽, 도박, 반복적 비행과 거짓말이 주로 나타나는 품행장애, 폭력적 행동 등의 경우, 문제행동은 그대로 반복되는데 인지적 차원에서 문제를 인정한다고 하여 문제가 해결된 것으로 보기는 어렵다. 따라서 행동의 변화를 통한 개인의 변화를 꾀하는 전략이 요구된다. 특히 인지적·정서적 문제로 행동의 제약을 받는 상황에서는 행동체험을 통한 인지변화와 정서변화를 꾀하는 것이 효과적일 때가 많다. 행동체험을 통해 개인의 변화를 꾀하는 개입은 다음과 같다.

다른 사람들 앞에서 자신의 의견을 발표하기 힘든 대학생이 있다고 가정하자. 그는 자신이 말하면 다른 이들이 경청을 하지 않을 것이라고 비관하였다. 발표날짜가 다가올수록 불안감과 걱정에 시달렸으나 사회복지사의 도움을 받아 발표자료를 미리 요약하여 리허설을 해보고 무사히 발표를 마쳤다. 이후 그는 발표에 대한 두려움이 없어졌으며 앞으로 어떤 발표기회가 주어지더라도 두려워하지 않고 잘할 수 있을 것 같았다. 자신감이 일반화된 것이다. 이 대학생의 경우에는 행동체험을 통해서 인지적·정서적 문제가 완화되었다.

이와 같이 대부분의 행동치료법은 행동체험을 통해서 정서변화를 일으키는 전략을 채택하고 있다. 초기의 행동치료는 불안증, 특히 공포증(예를 들어 뱀, 높은 곳, 어두운 곳, 밀폐된 곳에 대한 공포증) 등을 경감 또는 제거하기 위해 고안되었다. 가장 전형적인 행동치료에서는 공포 대상이나 상황에 의한 불안상황을 직면 또는 상상하게 하고, 긴장이완 훈련을 통해 생기는 이완반응을 동시에 일으켜서 결국 긴장이완이 불안반응을 극복하도록 하는 전략을 사용한다(정원식 외, 1999:290). 또한 대인 불안이나 열등감에도 적용할 수 있다. 자기주장을 하지 못해 항상 손해를 보았고 이로 인해 피해의식이 높은 클라이언트가 있다면 사회복지사가 여러 가지 가상적인 상황을 설정하여 클라이언트로 하여금 사회복지사를 대상으로 자기주장을 하도록 반복하여 연습한 후 실제 상황에서도 적용하도록 격려함으로써 행동체험을 통하여 자기주장능력을 향상시키도록 도울 수 있다.

또한 행동연습이나 과제수행을 통해 사회적 행동기술을 습득하여 행동변화를 가져올 수 있다. 학습원리인 고전적 조건화, 조작적 조건화, 모델링 같은 개입기법을 통해 행동수정을 하는 것도 행동변화를 목표로 한 개입의 예이다. 구체적 예로 주의가 산만하고 행동이 과다하여 집단진행에 어려움을 초래하는 아동이 있다고 하자. 이 아동이 흥미를 보이고 주의집중을 하는 과제가 종이접기라면 종이접기를 수행할 때 보이는 아동의 적응적 행동에 대해서는 칭찬과 상을 제공하고 산만한 행동은 무시함으로써 아동의 긍정적 행동을 선택적으로 강화할 수 있다. 혹은 아동이 산만하고 부산한 행동으로 힘들게 할 때 타임아웃을 실시할 수 있다. 즉, 아무 자극이 없고 안전한 공간에 일정시간(3~5분) 격리하는 것을 되풀이, 산만한 행동을 감소시키는 전략으로 개입할 수 있다.

이처럼 행동체험을 통한 개인의 변화를 꾀하는 전략을 효과적으로 수행하기 위해서는 행동의 역기능적 유형과 기능적 유형을 분간하고 사정할 수 있는 기술이 필요하다. 행동을 사정할 때에는 과다하거나 결핍된 역기능적 행동을 보이더라도 기능적 행동목표를 갖고 개입해야 한다. 그러므로 역기능적 행동유형을 개선하려면 효율적이며 기능적인 행동유형에 대해 잘 알고 대처하는 것이 필요한 것이다. 헵워스 등이 제시한 다음의 행동유형표(〈표 10-2〉)는 이러한 행동체험 수행에 도움을 준다.

〈표 10-2〉 역기능적 행동과 기능적 행동유형

행동자원	역기능적 행동유형	기능적 행동유형
능력 · 통제	독재적, 고압적, 공격적, 무자비함, 엄격, 오만, 남을 통제, 수동적, 복종적, 결정과정에서 타인을 배제함.	민주적, 협조적, 자기주장 강함, 결정과정에 타인참여 유도, 자신의 권리 옹호.
도움 · 원조	자기중심적, 거절, 비판적, 완강함, 헐뜯음, 냉담, 처벌적, 트집, 이기적, 남에 대해 둔감하거나 무관심함.	남을 돌봄, 남의 의견에 찬동, 남에게 베풂, 동정적, 격려, 이타적, 찬성함 있음, 관대, 따뜻함, 수락함, 지지적, 남에 대해 관심 많음.
책임감	의존할 수 없음, 변덕스러움, 책임회피, 문제의 책임을 외부로 돌림, 책임보다 즐거움 추구.	의존할 만함, 신뢰할 만함, 일관됨, 침착함, 끝까지 노력, 책임성 인정, 문제의 부분 인정.
사교기술	마찰을 일으키기 쉬움, 비꼼, 성마름, 무감각함, 쌀쌀맞음, 나서기 꺼림, 빈정댐, 불만 많음, 소극적, 내성적, 사교성과 섬세함 부족, 남의 비위를 맞춤.	외향적, 침착, 매력 있음, 애교 있음, 언변이 유창함, 붙임성 있음, 자발적, 재기발랄함, 공손함, 협력적, 타인존중, 타인감정에 민감, 예의바름.
대처유형	완고, 충동적, 반항적, 허둥댐, 스트레스하에서 알코올 및 약물 남용, 문제직면을 회피, 남을 비난.	유연함, 문제에 직면, 협상타협, 대안고려평가, 결과예상, 평형유지, 성장추구, 조언을 얻고자 남들과 상담
습관과 특징	무질서, 꾸물거림, 부정적, 강박적, 성미가 까다로움, 개인위생 불량, 과잉행동, 쉽게 예민해짐.	계획적, 정돈됨, 효율적, 인내심, 자기수양, 단정함, 정직함, 개방적, 진지함, 규칙적, 따뜻함, 사려깊음, 공평함.
정서적 · 성적	주저함, 냉담함, 애정없음, 성적으로 억제됨, 성적욕구 부족, 일탈적 성행위, 난잡한 섹스.	따뜻함, 사랑함, 애정어림, 민주적, 성적으로 적당히 민감함.
의사소통	웅얼거림, 과도한 불평, 잔소리, 지나친 언어 사용, 남의 말에 끼어듦, 남의 말에 귀 기울이지 않음, 말없음, 말더듬음, 화나면 목소리 높임, 견해를 말하지 않음, 방어적임, 단조로움, 언쟁적임, 심한 욕설.	주의 깊게 들음, 남의 견해 고려, 견해표현, 감정공유, 피드백 이용, 유창하게 말함, 자발적인 자기표현, 목소리 알아들을 수 있음, 상대방이 수용할 만한 범위에서 말함.
성취 · 독립	일중독, 동기부재, 목표부재, 비생산적, 쉽게 낙담, 쉽게 산만, 진취성 부족, 목표를 온전히 성취 못함, 시도한 것의 완성이 드묾.	야망, 근면, 자발성, 독립적, 생산적, 집중력 있음, 목적달성, 시도에 성공, 진취적, 상황개선 추구.

출처: 허남순 외 역(2004), 《사회복지실천이론과 기술》, 나눔의 집, p.169.

2. 관계의 변화

인간은 사회적 존재이므로 타인과의 접촉을 통해 학습하고 발전한다. 사회적 욕구는 인간의 발달과 사회적 생활에 필수적 요소인 셈이다. 이러한 사회적 욕구에 대해 매슬로(Maslow)는 사랑과 소속, 사회적 인정의 욕구를 말하였으며, 슐츠(Schultz)는 애정, 소속, 통제의 욕구를 말하였다. 이러한 욕구의 충족은 바람직하고 친밀한 인간관계를 통해서 이뤄지는 것이므로 인간관계는 매우 중요하다(유수현, 2000, 재인용).

사회복지실천에서 만나게 되는 많은 클라이언트는 관계의 문제 때문에 사회적 욕구가 충족되지 않아 고통을 느끼는 경우가 많다. 이러한 관계의 문제는 주로 가족, 동료, 친구, 직장 등 클라이언트가 속한 체계에서 일어나게 된다. 관계는 상호작용적 요소가 강하기 때문에 개인의 변화만으로는 문제해결에 충분치 않으며 상호작용이 일어나는 체계가 변화되어야만 관계의 문제가 효과적으로 해결되는 경우가 많다. 바람직한 인간관계의 조건으로 유수현(2000:298)은 나 자신을 알고, 타인의 느낌을 이해하고 공유하며, 나와 타인이 존재하는 환경을 올바르게 인식할 수 있어야 한다고 하였다. 미드(Mead, 1964)는 인간이란 타인에게 자신을 비추어보아 자신을 인식하고, 자신의 인식 속에서 타인이 의미를 가지므로, 타인과 관계를 맺을 때에야 주위환경이 특수한 의미를 갖는다고 하였다. 이는 인간관계에서 관계를 맺는 개인의 능력이 그만큼 중요하다는 것을 의미한다. 즉, 자신의 느낌이나 동기, 능력, 한계, 바람을 잘 알 수 있는 능력과 타인을 이해하고 공감할 수 있는 능력, 자신의 욕구와 의도를 잘 표현하고 상대방에게 자신을 이해시키는 능력, 두 사람이 속한 상황을 잘 파악할 수 있는 능력이 인간관계를 원만히 유지하는 데 필수적임을 알 수 있다.

그러므로 인간관계의 문제를 가지고 찾아온 클라이언트의 관계변화를 돕기 위해서는 의사소통을 효과적으로 할 수 있도록 돕는 것과 구체적인 문제해결 기술을 향상하도록 돕는 것이 필요하다.

1) 효과적인 의사소통기술의 향상

의사표현에는 다양한 언어적 · 비언어적 요소가 있다. 사티어(Satir)의 의사소통이론을 토대로 헵워스 등(1997)은 의사소통이 언어적 수준과 비언어적 수준, 상황적 수준의 세 수준을 고려해야 하며 이들 수준의 일치성이 높을수록 건강하고 기능적인 의사소통을 하는 것이라고 하였다. 그러나 사람은 종종 다른 사람과의 의사소통에서 의미 있는 교류를 막고 인간관계의 갈등과 긴장을 만들어내는 파괴적인 반응 또는 언어적 · 비언어적 수준의 불일치를 보이는 역기능적 의사소통을 하기 쉽다. 이처럼 효과적인 의사소통을 막는 역기능적인 언어적 의사소통에는 조급하게 주제를 바꾸거나 피하기, 과잉일반화, 지나친 질문, 거짓 안심시키기, 동정하기, 마음읽기, 진단하기, 해석하기, 관계에서 부정적인 사건 떠올리기, 부족한 대답, 과도한 동의나 반대, 흑백논리의 태도, 빈번한 조언, 부정적 평가, 지시, 위협, 훈계, 비꼬기, 지나친 농담, 조르기 등이 있다. 또한 역기능적인 비언어적 의사소통에는 노려보기, 외면하기, 얼굴 붉히기, 초조해하기, 자세 바꾸기, 손가락질하기, 목소리 높이기, 위협적이고 혐오적인 표현 등이 있다.

그러므로 의사소통을 효과적으로 할 수 있도록 돕기 위해서는 위와 같은 부정적 의사소통 양식이나 언어적·비언어적인 면의 불일치가 있는지 사정하고, 파괴적인 의사소통 습관을 더 건강하고 기능적인 쪽으로 바꿀 수 있도록 도와야 한다. 이를 위해서는 의사소통의 일치성을 높이고 전달과 수신을 효과적으로 할 수 있도록 표현기술과 수신기술을 향상하도록 도울 수 있다.

의사소통의 일치성을 높이기 위해서는 의사소통의 표현기술로 의사전달을 명확히 하는 것이 중요하다. 그리고 의사소통의 수신기술로 타인의 내적 생각과 감정을 수용하는 개방적인 태도 또한 중요하다. 이를 자세히 살펴보면 다음과 같다.

(1) 의사소통의 표현기술

의사소통의 효과적인 표현기술에는 나-전달법(I-Message)이 있다. 이는 상대방의 행동이 자신에게 미친 영향과 자신의 욕구를 잘 표현할 수 있는 기술로, 분명하고 직접적인 메시지를 보내되 메시지를 받는 사람이 방어적이 되지 않도록 하는 데 도움이 된다. 특히 갈등적 논쟁이 벌어지는 상황에서 상대방을 비난함으로써 결국은 자신이 상처를 받아 상황이 악화되는 것을 막으면서 자신의 실망, 좌절, 분노를 표현할 수 있도록 하는 유익한 방법이다.

평소에 우리는 "너는 항상 너밖에 몰라. 나에 대해서는 조금도 생각을 안 해줘. 넌 이기적이야" 혹은 "넌 정말이지 날 미치게 만들어. 왜 항상 그 모양이야?", "넌 그 생각을 바꾸지 않는 한 매일 그 모양일 거야", "너 지금 당장 멈추지 않으면 용돈금지야" 등의 상대방에 대한 비난, 평

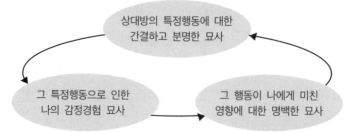

〈그림 10-2〉 나 - 전달법

상대방의 특정행동에 대한
간결하고 분명한 묘사

그 특정행동으로 인한
나의 감정경험 묘사

그 행동이 나에게 미친
영향에 대한 명백한 묘사

가, 훈계, 설교, 협박과 같은 의사소통을 하곤 한다. 이러한 메시지의
목적은 상대방의 행동을 바꾸거나 자신의 힘든 상황을 알게 하려는 것
이지만 상대방은 저항감과 분노를 느낄 뿐이다. 이러한 메시지는 너 -
전달법(You - Message)의 형태를 가지며 앞의 예에서 보는 것처럼 효과
적인 대화의 진전을 가로막는다.

　이와는 대조적인 나 - 전달법은 상대방을 비난하지 않으므로 상대방
의 저항을 일으키지 않고 상대방의 행동이나 말로 인해 자신이 어떻게
영향을 받고 있는지 효과적으로 알리는 방법이다. 나 - 전달법은 세 부
분으로 구성된다(서울대 사회복지실천연구회 역, 1998:213).

　남편의 계속되는 늦은 귀가로 불안해하던 부인의 예를 보자. 그녀는
평소 귀가하는 남편에게 "어떻게 그렇게 연락도 없이 늦을 수가 있어
요. 당신은 밖에 있으면 내 생각은 조금도 안 하죠?"라고 해왔다. 그러
면 남편은 얼굴이 굳어지며 아무런 대꾸도 하지 않고 방으로 들어가 버
리곤 하였고, 그녀는 남편이 자신에게 애정이 없다고 염려해왔다. 같
은 상황에 대해 의사소통의 방법을 바꾸어 나 - 전달법으로 하면, "당신
이 아무런 연락도 없이 늦게 와서, 혹시 무슨 일이라도 있나 불안했어

요. 이렇게 염려하면서 기다려야 하는 몇 시간 동안의 상황이 나를 초조하게 만들고 애들에게도 예민하게 대하게 되거든요"와 같이 표현할 수 있다. 그렇게 되면 남편은 "그렇게 당신이 염려할 줄 몰랐어. 앞으로 미리 연락하도록 노력할게"라고 반응하게 될 것이다.

이처럼 나-전달법은 부부간, 부모자녀 간, 동료 간, 사회복지사와 클라이언트 간에 일반적으로 널리 사용될 수 있다. 이러한 방법을 클라이언트가 익힐 수 있도록 사회복지사와 여러 상황을 설정하여 충분히 연습을 한 후 일상생활에 적용하도록 격려하면 관계변화에 효과적으로 활용할 수 있다.

(2) 의사소통의 수신기술

의사소통의 수신을 잘하기 위해서는 집중하여 듣고, 상대방이 표현하고자 하는 의도를 왜곡하지 않고 그대로 이해하여 수용하는 태도가 필요하다. 이를 위해서는 주의를 집중하고 경청하며, 상대방이 말하고자 하는 요점을 파악하고, 명확히 이해하고자 질문하며, 계속해서 말하도록 격려하는 기술이 요구된다. 이와 같은 이해와 수용에 기반을 둔 수신기술을 향상시키기 위하여 다음과 같은 반응을 할 수 있도록 교육하여 지원한다.

- 신체적으로 집중한다. 즉, 상대방을 쳐다보고 수용하는 몸가짐으로 다가앉으며 집중하는 얼굴표정을 함으로써 비언어적인 면에서도 수신할 준비가 되었음을 알리도록 교육한다.
- 경청을 잘하기 위해 다음과 같이 상대방이 말하고자 하는 요점을 이해

하고자 노력하며, 상대방의 말을 끊거나 끼어들지 않으며 단정적으로 해석하지 않도록 교육한다.

"그러니까 네가 말하고자 하는 것은 … 말이니?"

"음, 너는 지금 … 느낌을 갖고 있을 것 같아. 맞니?"

· 상대방이 한 말의 의미를 더 명확히 하도록 하기 위해 다음과 같이 반응하도록 교육한다.

"무슨 말인지 확실히 모르겠네. 한 번 더 말해줄 수 있니?"

"네 말은 … 라는 뜻인 것 같은데, 맞니?"

· 상대방이 계속해서 말을 하도록 "음 …" "그래" "계속해서 말해봐"라고 하며, 고개를 끄덕끄덕하고 따뜻하며 열린 마음으로 수용적이며 지지적인 태도로 반응하도록 교육한다.

2) 문제해결기술 향상

인간의 삶은 복잡한 문제의 연속이므로 우리는 끊임없이 의식적 혹은 무의식적으로 나름대로의 문제해결을 한다. 그러나 자신이 가진 문제해결능력으로는 직면한 문제를 적절히 해결하지 못하게 될 때, 인간은 무기력해지고 누군가의 도움을 필요로 하게 된다. 이런 상황에서 클라이언트는 사회복지사를 찾고 사회복지사는 당면한 문제의 해결뿐 아니라 클라이언트의 문제해결능력을 향상시켜 다른 문제에 대한 대처능력도 향상시키고자 하는 개입을 하게 된다.

사회복지사의 개입으로 문제해결기술을 습득하고 나면 클라이언트는 다양한 문제에 그 기술을 적용한다. 이때 문제해결기술을 향상시키기 위해 사용하는 개입을 통해 클라이언트는 타인의 욕구에 반응하고 타인의 입장을 이해하며 그들과 협력하는 과정을 배운다. 뿐만 아니라 합리적인 의사결정 방법을 익혀 충동적이거나 비합리적인 결정을 내리지 않고 해결되지 못한 문제로 인한 스트레스나 역기능적 행동을 감소시킬 수 있을 것으로 기대된다. 무엇보다 문제해결기술의 향상으로 얻을 수 있는 가장 큰 이득은 자신감과 자기효율성(*self-efficacy*)의 증가이다(Hepworth & Larsen, 1986:371~372).

일반적으로 문제해결기술을 향상시키고자 할 때는 과거의 문제보다는 현재 관심이 집중된 문제에 초점을 두며 문제를 구체적으로 제시하여 가급적이면 한 번에 한 가지씩 다룬다. 그래야만 의사결정을 해야하는 문제가 무엇인지 분명해지고 관련된 다른 사람들의 욕구도 명백해지며 함께 해결하려는 참여의식도 높아져 협력적으로 해결할 수 있다.

문제해결기술을 향상시키기 위한 개입을 헵워스와 라슨(Hepworth & Larsen, 1986:385~391)은 여섯 단계로 제시했다. 이해를 돕기 위해 다음의 사례를 여섯 단계에 모두 적용시켜 문제해결기술을 보았다.

40대 중반의 부인인 클라이언트는 최근 처음으로 직장에 취직하여 일에 흥미를 느끼고 새롭게 인생을 살아보고자 하는 의욕에 차 있다. 그러나 가족들이 일하는 자신을 이해하지 못하고 바쁘다는 핑계로 전혀 가사를 분담해주지 않으며, 치매에 걸린 시어머니까지 전적으로 클라이언트에게만 맡겨져 있어 많은 갈등을 느낀다고 하였다.

(1) 1단계: 문제인식

문제를 인식하는 단계는 다루고자 하는 문제가 무엇인지 인식하는 것이다. 위의 예에서 문제는 '가사의 분담'이라고 할 수 있다. 위 사례에서 문제는 클라이언트가 자신의 취업으로 인한 가사의 어려움을 가족들이 분담해주기 바라지만 가족들이 이에 관심을 보이지 않는 것임을 명확히 인식해야 한다. 따라서 어떻게 가족의 참여를 이끌어낼 것인지가 중요하다. 이를 위한 해결기술의 습득과 적용을 독려하며 다음단계로 이동한다.

(2) 2단계: 문제분석과 참여자들의 욕구발견

일반적으로 문제해결에 실패한 사람은 타인의 욕구를 고려하지 않고 자신의 입장에서만 문제를 생각하여 섣부른 결론으로 문제를 해결하려는 경향이 있다. 이 경우, 결국 시간만 낭비하고 좌절을 경험할 가능성이 크므로 이를 예방하기 위해 정확한 문제분석단계가 필요하다.

여기에서 문제분석은 문제의 원인을 심리적으로 깊게 파헤치는 것을 의미하지 않는다. 이는 우선 문제에 관여된 각 사람의 입장에서 문제상황을 솔직하게 이야기하고 이를 통해 문제의 원인을 밝힌 뒤 각 상황에서 그들의 욕구를 파악하는 것을 뜻한다. 그렇게 해야만 문제에 관여된 모든 사람의 욕구가 모두 만족될 수 있는 해결책을 찾을 수 있다.

앞의 사례는 가사를 분담해주기 원하는 어머니와 바쁘다는 이유로 가사를 도와줄 수 없는 아버지와 딸의 갈등을 다루는 것이므로, 우선 사회복지사는 가사를 도와줄 시간이 없다는 것에 대한 가족의 욕구를 클라이언트의 이해에 따라 다음과 같이 기록해본다.

어머니 최근 새로운 일자리를 얻어 시작하는 데 있어 가족들의 협조가 필요하다. 매일 아침은 같이 먹고 자신이 밥을 하는 대신 청소와 빨래는 다른 사람이 해주고, 자신이 일찍 퇴근하지 못하는 경우 치매에 걸린 시어머니를 남편이나 딸이 주간보호센터에서 모시고 와 돌봐주기를 원한다.

아버지 최근 회사 일이 많아서 일주일에 이틀 정도는 야근이고, 이런 저런 약속 때문에 일찍 들어오기가 쉽지 않다.

딸 집안일 때문에 학교생활에 소홀하고 싶지 않다. 최근 수업이 끝나고 일주일에 두 번은 자격증을 따기 위해 학원을 다녀야 한다.

(3) 3단계: 가능한 대안을 위한 브레인스토밍

브레인스토밍은 사고의 범위를 넓혀 모든 사람의 의견을 자유롭게 표현할 수 있도록 하여 가능한 대안들을 비난 없이 수용하도록 한다. 또한 창의성에 제한을 주지 않으므로 비현실적이거나 엉뚱한 생각들도 하나의 대안으로 수용할 수 있다. 이를 통해 참여자들은 긍정적 피드백을 주고받으며 타인의 생각을 비판 없이 수용하는 법을 배우게 된다. 이때도 역시 참여자들이 제안한 모든 대안들을 빠짐없이 기록한다.

앞의 사례에서 가족들이 가능한 대안을 찾기 위해 클라이언트로 하여금 브레인스토밍기법 적용하도록 교육하고, 가족들과 이를 실천해보도록 과제를 실시한 결과 다음과 같은 대안들이 나왔다.

가. 어머니가 직장을 그만두기
나. 할머니를 시설에 보내기

다. 매일 아침 식구들이 같이 식사하면서 오늘의 일과를 의논하여 저녁에 일찍 들어올 사람을 정하기

라. 각자의 방을 청소, 빨래는 어머니가 주중 한 번, 주말에는 딸이 하기

마. 아버지는 주말에 대청소를 해주기

바. 요일을 정하여 일찍 들어오기

사. 요일을 지킬 수 없는 경우 미리 이야기하기

(4) 4단계: 참여자들의 욕구를 고려한 대안평가

각 대안을 평가하여 가장 가능한 대안을 선택하는 것이 다음 단계이다. 즉, 의사결정과정에서 가장 핵심적인 단계로 제시된 모든 대안들에 참여자들이 자신들의 욕구에 비추어 찬·반의 가중치를 부여하는 것이다. 이 과정의 궁극적 목적은 참여자들의 욕구에 가장 적합한 대안을 찾아 이 선택에서 무언가를 잃는 사람을 방지하기 위함이다. 참여자들은 각 대안에 찬성이면 '+'를, 반대이면 '−'를 표하고 중간입장이면 'o'을 표하여 이를 기록으로 남긴다.

앞의 사례에서 클라이언트에게 이러한 대안선택기법을 교육한 후 가족과 함께 브레인스토밍을 통해 제시된 대안들을 검토하고, 가능한 대안을 가족이 함께 선택하도록 과제를 주었다. 과제를 잘 수행할 수 있도록 제시된 대안으로 선택표를 만든 후 클라이언트가 가족과 함께 평가를 실시하도록 하였다. 제시된 대안에 대한 세 사람(아버지, 어머니, 딸)의 찬·반을 기록하면 〈표 10-3〉과 같다.

이렇게 평가된 경우, 대안 1, 2, 3은 가족 모두의 욕구를 만족시키지 못했으므로 선택될 수 없고 대안 4, 5, 6, 7은 가족 모두의 욕구를 충족

<표 10-3> 대안과 선택표의 예시

참여자들의 대안	아버지	어머니	딸
1. 어머니가 직장을 그만두기.	○	-	+
2. 할머니를 시설에 보내기.	-	-	○
3. 매일 아침 식구들이 같이 식사하면서 오늘의 일과를 의논하여 저녁에 일찍 들어올 사람을 정하기.	○	+	+
4. 각자의 방을 청소하고 빨래는 주중에 한 번은 어머니가, 주말에는 딸이 하기.	+	+	+
5. 아버지는 주말에 대청소를 해주기.	+	+	+
6. 요일을 정하여 일찍 들어오기.	+	+	+
7. 요일을 지킬 수 없는 경우 미리 이야기하기.	+	+	+

하므로 가능성이 있는 대안이다. 이 대안들은 서로 배타적인 것이 아니므로 이를 포괄하는 대안을 선택할 수 있다. 즉, 모든 가족은 요일을 정하여 할머니를 담당하고 만약 일이 생겨 담당 요일을 지킬 수 없다면 미리 이야기하여 다른 가족에게 부탁한다. 그리고 아버지는 주말에 청소하고 주중의 빨래는 어머니가 그리고 주말의 빨래는 딸이 하며 매일 방청소는 각자가 하는 것으로 가사분담의 방향을 결정하였다.

(5) 5단계: 선택된 대안 실행

선택된 대안의 실행은 참여자들의 욕구를 고려해서 결정한 것이므로 모두 책임감을 가지고 할 것이다. 이는 서로 간의 협력하에 실시해야 하므로 한 사람이 제대로 수행하지 않으면 전체가 실패하게 된다. 따라서 참여자들은 서로에게 대안실행을 위한 압력을 가할 수 있다. 앞의 사례에서 사회복지사는 결정된 사항을 2주일 동안 실행해보고 그 결과를 평가해보도록 클라이언트를 교육한다.

(6) 6단계: 문제해결노력 결과평가

마지막 단계인 결과의 평가는 대안 실행 후 문제가 해결되었는지, 해결되지 않았다면 왜 해결되지 않았는지 평가한다. 아무리 참여자들의 욕구를 잘 반영하고 모두의 동의하에 집행한 대안이라고 하더라도 사람이 사는 문제에는 예측하기 어려운 상황과 변화가 발생할 수 있으므로 실패가 생길 수도 있다. 이러한 경우 다시 두 번째 단계로 돌아가 욕구를 파악하고 대안을 정하는 과정을 밟게 된다.

앞의 사례에서 가족들이 대안을 실행하는 동안 아버지가 한 번 불가피한 회사 일로 할머니를 담당하는 요일을 지키지 못했고 이것을 미처 가족들에게 이야기하지 않아 어머니가 회사 일을 다 마치지 못한 채 급히 퇴근한 적이 있었다고 했다. 하지만 이에 대해 아버지가 가족들에게 사과했고 다음부터는 모든 것이 계획대로 잘 진행되어 문제가 해결되었다고 클라이언트는 평가했다.

이와 같은 문제해결과정은 클라이언트체계의 문제해결기술을 향상시켜 이후 다른 문제에도 똑같은 원리와 절차를 적용할 수 있게 해준다. 이 방법은 개입단위가 개인뿐 아니라 가족, 집단인 경우 모두 적용될 수 있다.

3. 환경의 변화

사회복지실천에서 개인수준의 개입은 클라이언트가 환경에 적응하도록 원조하는 것만으로 부족하다. 많은 경우 클라이언트의 문제는 결핍

되거나 부적절한 환경적 자원 때문에 고통을 당하는 클라이언트와 환경 간의 불균형에 기인한다. 헵워스 등(1997)은 이러한 불균형의 문제를 첫째, 생활주기에 따르는 발전단계에서 일반적으로 요구되는 자원의 결핍이나 심각한 스트레스나 사회문화적 혼란, 자연재해 등으로 인한 자원의 급격한 결핍문제와 둘째, 정신지체, 자폐증, 선천적 기형이나 질병, 청각, 시각 및 지체장애, 학습장애, 정신장애와 같은 발달장애로 인한 특별한 욕구에 기인한다고 하였다.

이상과 같은 취약한 상황의 클라이언트를 위해 사회복지사는 클라이언트를 옹호하여 사회적·물리적 환경을 증진하며 자원을 개발·연계하는 환경의 변화를 꾀하는 환경적 개입을 해야 한다. 그러나 헵워스 등(Hepworth et al., 1997)은 환경적 개입을 하려면 반드시 다른 개입과 병행하는 통합적 접근이 이뤄져야 한다고 하였다. 왜냐하면 클라이언트의 문제는 다차원적이고 다양한 체계와 하위체계 간에 상호교류 속에서 발생하는 것인 만큼, 환경에만 중점을 둔 개입은 개인의 장애를 무시하는 문제의 한 측면만을 강조할 수 있기 때문이다.

이를 전제로 이들이 제시한 통합적 환경개입전략을 요약하면 다음과 같다.

1) 가족관계의 증진

부모역할교육 프로그램, 부모자조집단 등을 통하여 부모기능과 가족기능을 강화한다.

2) 가족환경자원의 보충

도시락 배달, 일상생활수행 지원 등 재가중심 서비스를 통한 가사지원으로 실질적인 가족환경자원을 보충한다.

3) 지원체계의 개발 · 증진

농촌과 같이 지리적 · 문화적으로 고립된 사람들을 위한 지원체계의 증진을 위한 공식적 · 자연적 지원체계의 개발과 증진을 뜻한다.

4) 클라이언트를 다른 환경으로 배치

학대받는 가족의 경우 자녀나 아내, 노인의 안전을 위해 쉼터를 통해 일시보호하면서 부모교육과 집중적인 가정중심 서비스와 같은 가족지원을 통한 가족환경의 변화를 꾀한다.

5) 새로운 자원개발

클라이언트에게 필요한 자원을 현재 지역사회에서 얻을 수 없을 때, 이에 관심이 있는 사람들과 함께 기획하여 조직적 노력을 통해 프로그램 예산모금 및 새로운 정책이나 제도의 발전을 통해 자원을 개발한다.

6) 옹호

클라이언트에게 제공되고 있지 않은 자원과 서비스를 얻고, 클라이언트에게 불리한 영향을 미치는 실천·정책·절차를 수정하며 필요한 자원이나 서비스를 제공받을 수 있도록 새로운 법률이나 정책을 증진하기 위하여 클라이언트와 함께 또는 클라이언트를 대표하여 실천한다. 특히 개인대상 실천에서 클라이언트를 위해 환경의 변화를 꾀하는 것은 사례옹호이며, 이는 클라이언트가 적절한 서비스를 받을 수 있도록 존엄성을 보호하는 활동이다.

4. 사례관리[9]

스스로 자립생활하기에 고립되어 있거나, 개인적 자원이 결핍된 채 직접 자원을 획득하여 문제를 해결하기 어려운 클라이언트가 경험하는 지역사회에서의 지속적 생활문제를 지원하기 위해서는 개인, 관계, 환경의 개입을 통합적으로 실천하는 사례관리가 요구된다. 그러므로 사례관리는 사회복지사가 지역사회자원에 대한 지식과 조정 및 옹호기술을 바탕으로 클라이언트와 환경 사이에서 서비스 전달체계를 계획하고 조정하면서 클라이언트에게 충분하고 지속적인 서비스를 제공하는 통합적 개인대상 실천이다. 이때 사회복지사는 클라이언트의 욕구와 문제

---

9) 사례관리 접근에 관한 구체적 이해는 제5장 사례관리모델을 참고할 것.

해결능력 및 사회적 상황에 따라 개인의 변화나 관계의 변화에서 활용하는 상담기법을 사용하면서 환경변화를 위한 자원을 발굴하고 연계한다. 그리고 자원을 이용하는 데에 따른 장애물 제거, 중재, 옹호, 실질적인 생활문제 관련 서비스 제공 등 직접적이면서 간접적인 서비스를 통합적으로 실천하게 된다.

제 11 장
가족수준의 실천

현대사회에서 가족은 사회의 연속성과 안정성에 매우 핵심적인 역할을 담당한다. 재스트로(Zastrow, 1995:222)는 가족의 중요한 기능을 재생산, 보호, 사회화, 성행동의 규제, 애정의 제공으로 보았다. 즉, 가족은 아이를 낳아 사회의 영속성을 가져오며, 아이를 보호하고 사회에서 수용가능한 성원으로 사회화시키며, 근친상간이나 혼외정사의 금지 등 성적 행동을 규제한다. 또한 인간에게 있어 가장 기본적인 욕구인 애정과 지지, 타인에게서의 긍정적 인정 등을 받을 수 있는 근원지로서 기능한다. 이러한 가족의 기능을 도와 궁극적으로 가족성원들이 적절한 사회적 역할을 수행할 수 있도록 돕는 것이 가족기능강화이다.

오늘날 한국은 세계 2위의 이혼율, 최저출산율 그리고 독신의 급격한 증가로 인하여 가족구성상의 큰 변화를 당면하였다. 1994년 UN이 정한 "가족의 해" 이후 우리 사회에서도 가족의 다양성 담론이 확산되어 왔다. 그동안 비정상(결손 또는 문제) 가족으로 범주화되었던 가족들을 일탈로 보거나 차별하지 않고 '다양성의 이름으로' 수용하려는 노력이 이어졌다. 그러나 이러한 노력은 진정한 다양성(variety)의 수용이기보다는 여러 형태의 가정을 정상가족을 기준으로 한 변이(variant) 현상으로서 받아들이자는 관점에서 이루어졌다(Scanzoni, 2001). 최근 가족정책 입안자들이나 가족학자들이 제시하는 다양한 가족의 목록이 그 예이다. 〈건강가정기본법〉 제21조 4항에서는 모·부자가정, 조손가정, 노인단독가정, 장애인가정, 미혼모가정, 공동생활가정, 자활공동체를 포함하였으며, 변화순 외(2003:5)에서는 이혼, 재혼, 사실혼, 미혼모, 인공수정, 동성애, 국제결혼을 다양한 가족으로 포괄하였다.

그러나 '다양성'의 수사가 가족범위의 규정(민법개정안)이나 건강한 가족 대 건강하지 못한 가족이라는 이분법과 결합하면 이미 다양성은 담보되기 어렵다. 남성다움과 여성다움이라는 성별 이분법, 이성애와 동성애라는 성적 지향(sexual orientation)의 이분법, 진보와 보수라는 이념적 지향의 이분법 등 이분법의 논리에서는 양분된 두 가지 범주 외에는 존재할 수 없다. 다양한 가족(가구) 형태를 수용하기 위해서는 법적 근거로 하나의 단일한 집단으로서의 '가족' 범위를 규정하기보다는 구성원들 간의 관계적 결합을 중심으로 가족(가구)의 경계를 설정하는 것이 바람직하다. 즉, 두 배우자 간의 관계, 부모·자녀관계 또는 부·자녀관계, 모·자녀관계로 구성되는 집단을 가족(가구)으로 볼 수 있을 것이다. 이는 가족의 혈연성과 안정성을 중시하는 전통적 가족개념과는 다른 것으로, 가족형태의 변화에 대응하는 개방적이고 융통성 있는 방안이 될 수 있다.

이러한 구조적 다양성과 함께 가족기능에도 변화가 생겼다. 여성의 사회진출 증가와 더불어 가족의 전통적인 돌봄기능이 약화된 것이다.

〈표 11-1〉 가족기능강화사업의 내용과 프로그램

가족복지사업의 주요기능 및 사업내용		프로그램	
		프로그램군	단위프로그램
가족관계 증진기능	가족 간 의사소통을 활발히 하고 기대되는 역할을 수행함으로써 이상적인 가족관계를 유지함과 동시에 가족의 능력을 개발 · 강화하는 사업. 가족문제 예방적 프로그램 포함.	교육 및 훈련	가족교육, 부모교육, 가족역할훈련, 대인관계훈련, 의사소통 향상교육 등
		상담 및 검사	부부상담, 부모상담, 가족상담, 심리검사 등
가족기능 보완기능	가족구조 변화로 부족해진 가족의 기능, 특히 부모 역할을 보완하기 위하여 주로 아동과 청소년을 대상으로 실시되는 서비스.	아동 대상	방과후 아동보호 및 보육
		청소년 대상	청소년공부방, 사회성 향상 · 감성교육 · 심성발달 프로그램, 진로탐색 및 지도, 학교사회사업
가족문제 해결 및 치료기능	가족단위 또는 문제가 발생한 가족원을 대상으로 한 진단, 치료, 사회복귀 지원서비스.	신체장애 관련	특수아동 조기교육, 특수치료, 중도장애인 집단 프로그램, 장애인 사회적응 프로그램
		정신장애 관련	정신보건서비스, 알콜 및 약물치료, 정신장애인 사회복귀 지원서비스
		청소년 대상	청소년 범죄예방사업, 학교부적응학생 지도, 징계청소년 프로그램 등
		위기가정 대상	이혼, 해체위기가정 · 재혼가정 등 대상 프로그램, 한부모가족 대상 프로그램
		폭력, 학대 관련	아동학대 및 방임, 노인학대, 성폭력, 가정폭력 관련 사업
부양가족 지원기능	요보호 가족원을 돌보는 가족원의 부양부담을 줄여주고 관련정보를 공유하는 등의 부양가족 대상 지원서비스.	치매노인 가족 지원, 장애인 가족원 지원, 만성질환자 부양가족모임, 장애아동 부모상담, 기타 부양가족 지원사업	

출처: 한국사회복지관협회(2004), 《사회복지관백서》.

이에 따라 요보호 대상자의 돌봄 문제가 급부상하며 사회적으로 쟁점이 되고 있다. 이렇게 사회의 가장 기본단위인 가족의 다양성이 증가하는 한편 가족기능은 약화되면서 가족복지실천의 중요성이 대두되었고, 2003년을 기점으로 종합사회복지관 필수사업으로 가족기능강화사업을 실시하게 되었다.

가족기능강화사업은 〈표 11-1〉과 같이 가족관계의 증진기능, 가족기능 보완기능, 부양가족 지원기능, 가정문제 해결치료기능 등으로 구성된다(한국사회복지관협회, 2004).

가족치료는 가족복지실천의 전문화된 방법으로서 미국을 중심으로 비교적 많이 발전해 왔다. 가족치료는 주로 가족 내 구성원 간의 상호작용·상호관계를 변화시키려는 임상적 방법이다. 하지만 사회복지기관에서 만나게 되는 가족의 문제는 역기능적, 가족병리적 문제 외에도 가족구조의 변화에 따른 돌봄기능 및 생활관련 문제가 주를 이루므로 가족치료만으로는 효과적으로 개입하기에 한계가 있다.

그 결과, 가족 전체를 개입의 단위로 초점을 맞추고 가족의 기능을 강화하기 위한 가족수준의 개입을 시행하는 실천이 중요해졌다. 이때 가족을 하나의 실천단위로 삼기 위해서는 체계이론에 기초하여 가족을 가족체계로 인식하고 그 기능과 필요를 사정해야 한다. 가족을 체계적 관점에서 하나의 단위로 사정(가계도, 생태도 활용)하여야 해당 가족의 문제와 욕구에 맞추어 가족기능을 강화하기 위한 가족복지서비스를 제공할 수 있는 것이다. 사회복지사는 가족체계적 관점에서 가족의 기능과 역기능을 사정한 결과를 기초로 가족기능을 강화하고 가족관계를 증진하기 위한 가족교육 또는 유사한 어려움이나 욕구를 표현한 가족원을 대상으로 한 가족교육을 실시할 수 있다. 또한 가족원의 신체적, 정신적 장애나 행동문제, 폭력문제를 해결하고 부양기능을 지원하기 위한 전문자원의 연계 및 임파워먼트를 위한 가족지원이 필요하다.

1. 가족체계와 기능: 기능적 가족과 역기능적 가족

체계이론(system theory)의 관점에서 보면, 일반적으로 사회체계(social system)는 서로 상호작용하고 관계를 맺는 단위로서 구조적으로는 환경과 구별되는 경계를 가지면서 동시에 경계를 넘어 서로 상호작용하는 특성을 갖는다. 또한 체계 내 부분들은 규제와 통제를 위해 위계를 가지고 있고 기능을 분화하는 특성을 가지고 있다(장인협 외, 1986:47). 하나의 사회체계로서 가족은 상호의존적 관계에 있으므로 한 사람의 행동이 다른 가족들에게 영향을 미치고 반복적인 상호작용 행동이 유형화되면서 가족은 체계로서의 통합성을 가지게 되며 외부체계와 구분되는 경계를 형성하게 된다. 또한 가족의 상위체계(supra-system)로는 지역사회, 확대가족 등이 있고 하위체계(sub-system)로는 부부체계, 부모자녀체계, 형제체계 등이 있어(이인정·최해경, 1995:344) 상호작용을 통해 서로 에너지(정보, 지지, 충고 등)를 주고받게 된다.

 이러한 가족체계가 효과적으로 기능하기 위해서는 가족원들 사이의 분명한 경계와 자율성이 있어야 하며 서로를 염려하고 깊이 신뢰하는 분위기가 형성되어야 한다. 또한 의사소통은 공감적, 개방적이며 가족의 규칙은 가족발달에 맞게 변화하는 유연성을 가져야 한다. 그리고 부모가 서로 연합하여 권력을 가지되 위협적이지 않아야 한다. 그러나 가족이 역기능적이면 폐쇄적이고, 가족의 규칙에 융통성이 없으며, 위협적이고, 서로에게 집착하는 정도가 심하거나, 아니면 지나치게 무관심하여 적절한 가족의 기능을 수행하지 못하게 된다. 또한 가족원에게 정형화된 역할을 부여하고, 혼란스럽고 모호한 의사소통을 하게 된다.

골든버그와 골든버그(Goldenberg & Goldenberg, 1985:58~85)는 가족의 역기능의 종류를 다음과 같이 보았다.

1) 이중구속 메시지와 위장

이중구속(*double-bind*)은 적어도 두 가지 또는 그 이상의 상반된 메시지나 요구를 동시에 보냄으로써 메시지를 받는 사람은 어떻게 반응하든지 간에 실패하게 되는 것을 의미한다. 예를 들면, 오랜만에 만나는 아이가 뛰어와 안길 때 어머니는 아이를 밀치며 "다 커서는 어린아이처럼 행동한다"고 나무란다. 시무룩해진 아이에게 다시 어머니는 "오랜만에 만났는데 반갑지도 않느냐?"며 서운해하는 것으로, 아이는 어떻게 반응하든 어머니의 욕구를 만족시킬 수 없게 되는 것이다.

위장(*mystification*)은 행동을 통해 분명 상대방이 어떤 생각을 품게 했으면서도 그 생각을 말로 표현하면 자신의 행동을 부인하는 것을 뜻한다. 예를 들어 퇴근한 남편이 엉망인 집안을 보고 화가 나 문을 쾅 닫고 신경질적 반응을 보이자, 부인이 "집안이 엉망이라 화가 났느냐?"라고 묻는다. 이때 남편이 "내가 언제 화를 냈느냐?"고 반응하는 것이 위장인데, 이는 가급적이면 갈등을 피해 현상을 유지하겠다는 의미이다.

2) 대칭적 · 보완적 관계

대칭적(*symmetrical*) 관계는 한 사람의 행동이 상대방의 행동에 영향을 주고 다시 또 그 행동에 영향을 받아 서로 계속 상승작용하는 것을 의미한다. 즉, 한쪽이 비난하면 상대 쪽은 더 심하게 비난하고, 처음 비난한 쪽이 이를 받아 다시 더 심하게 비난함으로써 결국 걷잡을 수 없이 관계가 악화되는 방식이다. 이러한 상호작용은 세력경쟁에서 서로 우세한 입장에 서려고 하기 때문에 일어난다.

보완적(*complementary*) 관계는 대칭적 관계와 같은 극한 대립은 없지만 불평등과 차이가 극대화되어 한 사람은 매우 지배적이고 또 한 사람은 복종적 관계를 맺는 것이다.

3) 밀착 · 유리된 가족

밀착(*enmeshment*)된 가족은 가족 구성원 간의 상호작용이 지나쳐 과잉염려가 있는 가족으로, 가족 중 한 사람의 일이 다른 사람에게 미치는 영향이 지나치게 큰 경우이다. 예를 들어 아이의 성적이 떨어졌다고 어머니가 죽고 싶다고 말하는 것으로, 지나친 일체감 때문에 자율성이 보장되지 않아 가족원들이 정신 – 신체적(*psycho-somatic*) 증상을 드러낼 수 있다.

유리(*disengagement*)된 가족은 지나치게 자주적이어서 가족에 대한 충성심이 많이 부족한 것을 의미한다. 꼭 필요한 때에조차도 가족으로서의 보호기능을 수행하지 못하게 된다. 대체로 이러한 가족의 성원들은 밖에서도 다른 사람들과 관계를 잘 맺지 못해 소외된 감정을 경험하게 된다.

4) 속죄양

가족 중 환자로 지적된 사람(IP: *identified patient*)으로 가족의 균형을 유지하기 위해 병리적 문제를 짊어지고 있으므로 속죄양(*scapegoating*)으로 표현된다. 보통 가족 구성원 모두 한 개인이 속죄양이 되는 과정에 참여하게 되는데, 가족들은 가족의 역기능을 그 개인의 문제로 전가시켜 균형을 유지하려 하고, 그 사람 역시 자신을 희생하여 가족의 조화로운 관계를 유지하려고 한다. 흔히 가족 모두 "이 사람만 아니면 우리 가족에게는 아무런 문제가 없다"라고 하는 바로 그 사람이 속죄양이 되는 것이다.

5) 가정폭력

가정은 공격성을 표현하는 것에 비교적 규제와 통제가 적고, 다른 집단에 비해 밀접한 상호작용을 하고 있으므로 서로에 대한 기대가 높은 반면 그 기대가 만족되지 않을 때는 그러한 좌절이 쉽게 폭력으로 표현되는 경향이 있다. 가정폭력에는 부부폭력, 자녀폭력, 자녀의 부모폭력, 부부강간 등이 있다. 대부분의 가정폭력은 가정에서 학습되는데, 부모의 폭력을 보고 자란 사람이 성인이 된 후 자녀와 배우자에게 폭력을 행사하기 쉽다고 한다.

6) 알코올 및 물질남용

가족성원 중 한 사람의 알코올 및 물질남용은 가족역기능의 전형적인 표현이다. 즉, 물질남용을 하는 사람은 환자로 지적된 사람으로 속죄양역할을 하면서 가족의 항상성과 체계유지의 기능을 수행하는 것이다. 취한 상태에서 물질남용자는 공격성을 표현하고 가족 내에서 금지된 행동을 하게 된다. 그러면서도 그것은 술 때문이지 자신의 잘못이 아니라는 책임회피를 하게 되는 것이다. 일반적으로 물질남용을 보이는 가족에서는 지나치게 과잉보호하며 허용적인 어머니와 유리되고 나약하며 때로는 알코올 문제를 가진 아버지가 전형적이다.

7) 지속적인 가족신화

"싸우지 않는 가족이 행복한 가정이다", "화합하는 가족은 모든 의견이 같아야 한다", "부부는 서로 말을 하지 않아도 통한다", "우리 가정은 남자가 여자보다 더 우월하다" 등과 같은 잘못된 가족신화는 무비판적으로 가족성원들에게 받아들여지고, 가족성원들은 그 신화에 따라 서로에 대한 기대를 하게 된다. 이러한 신화에 짓눌려 가족들은 유사상호작용(*pseudo-mutuality*)을 한다. 즉, 겉으로는 서로를 잘 이해하고 긍정적으로 상호작용하는 것 같지만 실제로는 상당한 거리감을 두고 있는 것이다. 다만 서로의 의견이 다르면 관계가 파괴된다는 잘못된 가족신화 때문에 개인적인 정체감을 희생해가면서까지 형식적인 동의와 충성을 보이는 것이다.

2. 가족교육

가족교육은 단일가족 혹은 여러 가족(또는 환자 포함)을 대상으로 일정 기간 체계적으로 진행하고, 필요한 정보와 지식, 구체적인 대처기술 (*coping skills*)을 제공하는 동시에 코칭(*coaching*)과 지지(*support*)를 제공한다. 이를 통해 가족관계의 증진, 가족문제해결을 이루어 가족기능을 증진시키고자 하는 가족단위 개입방법의 하나이다.

1) 가족문제해결기능 강화교육

가족 내의 문제를 구성원 간의 효과적 의사소통으로 해결하려는 과정을 통해 각 개인을 존중하고 수용하는 태도를 형성하여 일상의 문제들을 잘 해결하도록 돕고자 실시한다. 이를 위해서는 가족원들이 지지적으로 상호이해하며 순기능적 의사소통을 함으로써 효과적으로 문제를 해결할 수 있는 과정을 훈련하는 것이 필요하다. 의사소통의 효과성에 따라 가족 내 긴장의 정도나 문제해결능력이 개선될 수 있기 때문이다.

　우선 의사소통을 효과적으로 할 수 있도록 돕기 위한 가족교육 내용에는 ① 긍정적인 감정 표현하기와 요청하기, ② 부정적인 감정 표현하기와 긍정적인 요청하기, ③ 적극적으로 경청하기, ④ 긍정적으로 대화하기, ⑤ 부정적인 대화를 긍정적으로 바꾸기, ⑥ 잘 들어주는 연습하기 등이 있다. 사회복지사는 이러한 내용으로 가족구성원을 교육하고, 실천할 수 있도록 연습을 도우며, 과제를 제시하여 생활에 적용하게 하고, 소감을 나누며 상호긍정적인 피드백을 주도록 하는 인지행동적 교육방법을 활용할 수 있다.

　문제해결교육은 "가족의 문제는 무엇이며, 그 문제를 해결할 수 있는 최선의 방법은 무엇인가" 하는 질문에 답하는 교육 및 훈련이다. 이를 위해 사회복지사는 문제해결기술을 제시하고 실제로 적용할 수 있도록 교육한다. 이때 중요한 것은 가족의 문제가 가족원 개인의 문제가 아님을 이해하고 공동으로 협력하여 해결할 수 있는 문제에 초점을 두도록 관점의 변화를 돕는 것이다. 문제해결 기술교육은 ① 문제 확인, ② 기존의 대안 확인, ③ 기존 대안에 대한 평가, ④ 새로운(더 나은) 대안 탐색, ⑤ 사회기술 훈련방법을 활용한 실행 연습, ⑥ 실생활에 활용하기 위한 전략 수립으로 이루어진다.

2) 가족생활교육

가족생활교육은 개인과 가족이 생애주기 전반에 걸쳐 성장 · 발달과 행동에 관한 지식과 기술을 습득하도록 도와줌으로써 가족문제를 예방하고 앞으로 가족생활을 개선할 잠재력을 개발하는 것이다. 교육대상은 예비부부, 어린자녀를 둔 부모, 청소년 자녀를 둔 부모, 부부관계 향상에 도움을 받고 싶은 부모 등이 될 수 있다.

(1) 예비부부를 대상으로 한 결혼준비교육

의사소통기술 강화, 친밀감 강화, 파트너에 대한 이해와 헌신, 문제해결능력 강화 등을 통해 두 사람이 하나의 가족을 이루어 부부로서, 부모로서 새로운 역할을 효과적으로 수행할 수 있도록 돕기 위한 것이다.

〈표 11-2〉 부모교육의 예

단계 및 주제	교육목표	교육내용
1단계: 부모 자신을 인식하기	· 교류분석이론 중 성격구조 모델에 근거하여 부모 자신의 특성을 인식하고 부모로서의 바람직한 특성을 훈련한다.	· 자기소개, 프로그램 개요 설명. · 성격구조, 자아상태 분류. · 부모로서 바람직한 자아상태 구조 모색.
2단계: 자녀와의 교류관계 분석	· 자녀를 향한 부모 자신의 기본적인 태도를 분석한다. · 자녀에게 보이는 자극과 반응을 분석한다. · 긍정적 · 일치적 교류관계에 대하여 이해하고 연습한다.	· 교류 분석기 태도 유형. · 자녀에게 보이는 자극 · 반응과 바라는 마음 보내기를 중심으로 한 교류 패턴.
3단계: 말하는 방법	· 효율적 말하는 방법을 습득한다.	· 말하는 방법(강의 중심 교육).
4단계: 자녀의 입장 되어 보기	· 자녀 입장에서 자녀를 이해하고 수용하도록 한다.	· 자녀의 연령별 심리사회적 발달 특성과 부모와의 관계에서 나타나는 행동 특성을 교육..
5단계: 듣는 방법	· 효과적으로 듣는 방법을 습득한다.	· 자녀를 이해하기 위한 공감 필요성.
6단계: 총정리	· 자녀와의 대화 상태를 점검한다. · 듣기 방법과 말하기 방법을 숙달한다.	· 대화방법의 기본원리 자녀 중심적으로 자녀를 이해하고 수용하기 위해 듣는다. 공감하고 인정한다. 자녀를 위한 부모 생각이나 느낌을 말한다.

출처: 최경석 외(2003), 《한국 가족복지의 이해》, pp.165~170.

(2) 부부관계 향상교육

부부관계 향상 프로그램은 부부가 가족생활에 좀더 기능적으로 적응하고 가족문제에 적극적으로 대처하도록 하며, 가족의 건전성을 더욱 강화 · 향상하기 위하여 필요하다. 우리나라에서 실시하는 부부관계 향상 프로그램은 ME(*marriage encounter*), 부부생활세미나, 부부관계 향상 프로그램, 새 생활가정 세미나, 부부관계증진 학습 프로그램 등이 대표적이다.

〈표 11-3〉치매노인 부양가족을 위한 교육의 예

단계 및 주제	교육목표	교육내용
1단계: 치매란 무엇인가	· 참석자들 간에 친밀감을 형성하도록 한다. · 치매에 대한 실질적인 이해를 도모한다. · 치매노인의 문제행동을 파악한다.	· 치매노인과 가족의 특성. · 치매의 개념, 원인, 발생, 진행결과. · 치매의 진행단계에서 겪는 문제행동. · 치매에 대한 이해 점검, 토의.
2단계: 치매노인 부양 경험	· 가족의 부양상황과 경험을 파악한다. · 치매노인 부양이 미치는 영향을 파악한다. · 치매노인의 문제행동과 관리실태를 알아본다.	· 가족이 겪는 부양 경험과 반응. · 치매노인 부양과 가족생활 변화. · 치매노인의 힘든 문제증상과 대응. · 대처유형에 따른 부양부담과 정서적 영향.
3단계: 자기 보호	· 부양에서 느끼는 감정을 파악한다. · 자신에게 필요한 측면을 파악한다. · 자신을 위한 행동계획을 세운다.	· 치매노인 부양에서 겪는 개인적 감정과 갈등. · 사회관계 축소와 과중한 역할 부담. · 자기관리의 필요성.
4단계: 도움 찾기	· 부양자 휴식과 외부자원 이용의 필요성을 파악한다. · 지역사회 내의 자원을 활용할 수 있는 정보를 습득한다. · 가족 내 협조의 필요성을 이해하며 역할분담의 융통성을 모색한다.	· 지역사회 기관에 대한 정보 제공. · 비공식적인 지지체계 발달. · 역할분담과 역할 균형.
5단계: 대인관계 향상	· 효과적인 대화기술을 습득한다. · 의사소통 개선을 통해 가족관계 향상을 도모한다. · 가족이나 대인관계 향상을 통해 건설적 부양지지체계를 확립한다.	· 효과적인 듣기, 말하기의 필요성. · 들어주는 기술. · 말하는 기술.

출처: 최경석 외(2003),《한국 가족복지의 이해》, pp.152~173.

(3) 부모교육

부모-자녀 간의 대화를 위한 부모교육은 원만한 의사소통을 위한 교육으로, 부모의 듣기, 공감하기, 말하기를 위한 효과적 태도와 기술을 교육하는 것이다. 일반적으로 부모교육은 도입부에서 관련사례 제시 및 과제검토, 전개에서 강의 및 실습, 종결부에서 내용정리, 과제부과 등으로 구성된다.

(4) 기타 가족교육

치매가족, 장애가족, 알코올가족 등의 다양한 가족유형에 맞는 가족교육을 실시할 수 있다. 예를 들어 치매노인을 부양하는 가족에게는 주부양자의 신체적·심리적 부담을 줄이는 데에 목적을 두고 부양자를 대상으로 교육적·지지적 접근을 시도한다. 치매가족 교육 프로그램은 치매에 대한 이해를 심화하고 유사한 상황의 다른 사람들과 경험을 공유함으로써 부양가족의 고립과 소외감을 감소시키고 가족기능을 강화하는 데에 그 목적을 둔다. 〈표 11-3〉은 치매노인 부양가족을 위한 교육의 사례이다.

3) 효과적인 가족교육을 위한 태도

교육의 전 과정이 끝나면, 교육의 효과를 평가하는 마무리 작업이 필요하다. 잘 구성된 가족교육 프로그램이라 하더라도 사회복지사의 역량이나 참여자의 동기와 같은 변수에 의해 효과성이 달라질 수 있다. 뿐만 아니라 사회복지사의 개입활동 효과를 가시화하지 못하면 성과를 객관적으로 인정받을 수 없다. 그러므로 교육을 시작하기 전에 교육 효과에 대한 평가방법을 함께 계획해야 한다. 기본 자료를 위한 평가지는 평가에 필요한 내용을 구조화하여 질문지의 형태로 만들거나 반구조적 면담을 통하여 작성할 수 있고, 만족도도 병행하여 조사할 수 있다.

효과적 가족교육을 위해 사회복지사에게 요구되는 전문적인 태도는 다음과 같다(이영호, 2000).

(1) 강의내용에 대한 철저한 사전학습

전달하고자 하는 지식의 기본적인 내용은 물론 최신 내용도 습득하려 노력하여야 한다. 또한 교육에서 중요한 것은 가족들로 하여금 강의내용을 자신의 경험과 결부시켜 새로운 지식을 받아들이도록 하는 것이므로 교육내용을 구성할 때에 가족의 경험을 이해하기 위한 최근의 관련 자료를 고찰하는 것이 중요하다.

(2) 문제해결기술의 개념과 원리를 파악할 수 있도록 돕는 교육내용

문제해결기술을 교육하는 경우, 생활에서 활용이 가능하도록 실제적 예를 듦으로써 개념과 원리를 이해할 수 있게 가르친다. 실제적인 예는 가족들이 생활경험에서 터득한 실용적 방법을 활용하는 것이 좋으며, 이를 통해 다른 문제에서도 그 원리를 활용할 수 있도록 해야 한다.

(3) 참여자의 동기, 욕구, 감정 등에 대한 민감성

참여자의 동기와 욕구를 조장하는 것보다는, 있는 그대로의 동기와 욕구를 이해하는 것이 더 중요하다. 욕구를 파악하기 위해서는 가족의 문제에 대한 수용단계(충격 및 부인단계, 분노단계, 타협단계, 우울단계, 수용단계)에 대한 이해가 필요하다. 각 단계에 따라 가족 구성원의 필요가 다르므로 가족이 각각 어느 단계에 있으며 무엇을 필요로 하는지 정확히 파악하여 가장 적합한 방식으로 교육하여야 한다.

(4) 가족들을 존중하는 태도

가족들이 인생에서 중요한 사건을 경험하고 있으며 그것을 극복하기 위하여 초인적인 인내력을 보이고 있다는 점에서 존경심을 가져야 한다. 가족들의 욕구좌절에 공감할 수 있어야 하며, 생활경험을 통하여 습득한 그들의 인생철학 및 대응방법을 배우려는 자세를 유지하여야 한다. 또한 가족을 향한 진정한 관심, 도우려는 열성 및 자기 역할에 대한 확신을 지녀야 한다. 같은 내용의 교육이라도 강사의 관심, 열성, 확신과 가족을 존중하는 태도에 따라 효과는 크게 달라진다. 그러므로 사회복지사는 가족에 대한 존중의 표현으로 우선 참여가족 대다수가 사용하는 언어나 용어를 사용하여 편안하고 알기 쉽게 교육을 진행하여야 한다.

(5) 격려와 배려의 분위기 조성

가족 구성원이 질문을 하거나 경험을 이야기할 때, 자신의 사정이나 경험을 한탄하듯 장황하게 설명한다면 한 주제나 상황이 끝나고 다시 이어지는 사이에 개입하여 자연스럽게 중단시켜야 한다. 이때, 이야기의 내용에 흐르는 정서를 읽고 공감의 표현하면서 자연스럽게 다음으로 진행을 이어가야 한다. 이러한 과정 없이 이야기를 중단시키면 다른 가족 구성원들은 이를 가족을 무시한 것으로 받아들이게 된다.

3. 가족지원

던스트 등(Dunst et al., 1994)은 가족지원이란 가족 임파워먼트 관점에서 가족의 기능을 강화하고, 가족단위나 가족 각 구성원의 발달과 성장을 촉진하기 위한 것이라고 하였다. 가족지원은 이러한 목적을 실현하

〈표 11-4〉 한부모여성 대상 가족능력강화 프로그램의 예

사업	사업목표	수행내용
여성 한부모의 자존감 향상을 위한 집단 프로그램	·자신의 강점을 찾게 되고 건강한 자아상의 확립. ·성에 대한 올바른 지식, 정보 제공. ·여성 한부모가 겪는 심리적 고통 공유를 통한 친밀감 강화.	·총 10회기의 상담 프로그램. ·사전·사후 심리검사. ·MBTI 검사. ·한부모가족 인정하기 교육. ·성과 재혼 등 교육.
자녀와의 의사소통기능 강화 캠프	·부모와 자녀 간 서로를 이해하고, 의사소통의 방법을 습득. ·여성 한부모 가족에게 생활 활력소 제공.	·2박3일간의 캠프. ·한부모와 자녀 간 협력하여 가족신문을 제작, 우수가족신문 선정. ·미술치료기법을 활용하여 '미래의 나의 가족 구상하기' 프로그램 진행.
나를 위한 문화체험 프로그램	·여성 한부모로서 경제활동 및 자녀양육으로 인한 경험·어려움을 나누고 정서적 안정감과 생활의 활력소 제공. ·가족 구성원 간의 유대감을 강화.	·여성 한부모 대상 문화체험 프로그램 진행과 함께 자원봉사자가 자녀들을 보호하며 별도 프로그램 진행. ·연극, 영화 등 여성 한부모들의 욕구가 강한 문화체험 프로그램 진행. ·가족 나들이 시간.

기 위하여 가족의 '욕구와 자원에 기초한 실천'(needs & resources-based practices)을 기반으로 가족의 '능력을 강화하는 데에 초점을 둔 실천' (strengths-focused practices)이 되어야 한다(최민숙·김정진, 2004).

1) 가족의 욕구에 기초한 실천

바이스보드(Weissbourd, 1987)는 경제수준이나 부모의 특성에 상관없이 모든 가족이 가족지원 프로그램이나 개인적인 사회관계망을 통해서 지원받아야 하는 기본적 욕구를 가진다고 하였다. 가족의 욕구에 기초한 실천(needs-based practices)은 가족구성원의 욕구에 부응하여 가족을 지원하고 가족의 자원을 확대시키기 위한 것이다. 예를 들어 이혼 혹은

사별 후 자녀를 홀로 키우는 한부모 가정이 경험하는 자녀양육 지원욕구에 부응한 가족지원 프로그램을 생각해볼 수 있다. 실제 임파워먼트 관점에서 여성 한부모 집단을 대상으로 가족능력강화 프로그램을 실시한 예는 〈표 11-4〉의 사례를 포함하여 지역사회복지관에서 자주 찾아볼 수 있다.

2) 가족의 자원에 기초한 실천

가족의 여러 욕구를 충족시키기 위한 실천에는 서비스중심접근(*service-based practices*) 과 자원중심접근(*resource-based practices*) 이 있다. 서비스중심접근은 전문가 위주의 실천으로서 주로 공식적인 지원에 의존하며, 전문가의 입장에서 최선이라고 생각되는 서비스를 제공함으로써 매우 한정적이고 수요자의 요구에 부응하지 못하는 서비스가 제공될 가능성이 높다. 반면 자원중심접근은 공식적, 비공식적 지역사회자원을 최대한 활용하여 수요자의 요구에 부응할 수 있다. 따라서 가족능력강화에 좀더 적절한 접근방법이다(Dunst et al., 1994).

던스트 등(Dunst et al., 1994) 의 가족지원모델은 "가족을 서비스 단위로 하여 가족강화철학(*family empowerment philosophy*) 과 가족지원원칙에 의해 가족의 욕구, 자원 및 기능 사정을 토대로 욕구충족에 필요한 자원을 연계하여 가족능력을 강화하고 가족기능을 정상화함으로써 삶의 질을 향상시키는" 것이라고 정리할 수 있다. 이러한 모델을 실천에 옮기려면 다음 몇 가지 원칙이 지켜져야 한다.

첫째, 가족강화철학(*family empowerment philosophy*) 과 가족지원의 원

칙에 근거하여 가족지원 프로그램이 실행되어야 한다. 둘째, 서비스의 대상이 가족임을 전제로 가족의 욕구를 조사한다. 셋째, 가족이 활용할 수 있는 자원과 가족기능에 대한 자료를 수집한다. 넷째, 이러한 조사 결과에 근거하여 가족이 스스로 필요를 충족시키고 활용할 수 있는 자원을 확장해 활용할 수 있도록 한다. 다섯째, 가족을 강화하고 가족의 능력을 신장시켜서 가족기능을 정상화하고 가족 삶의 질을 향상시킨다 (최민숙·김정진, 2000).

제 12 장
집단수준의 실천

사회복지실천에서 집단개입의 역사는 1844년 윌리엄(George Williams) 이 런던의 YMCA(Young Men's Christian Association)에서 다양한 레크리에이션과 사회화집단을 활용하여 젊은이들에게 기독교 정신을 심어주고자 한 데서 그 기원을 찾을 수 있다. 이러한 YMCA와 YWCA 등의 집단활동은 산업화·도시화가 이뤄지면서 점차 도시 빈민지역의 젊은이들을 중심으로 사회환경을 조직·개선하고자 하는 목적을 가지게 됐다. 또한 초기 집단개입 실천의 장으로 세틀먼트 하우스(settlement house)를 들 수 있는데, 여기서는 집단의 힘을 활용하여 도시빈민과 이민 온 사람들을 교육·계몽하고 이웃으로 만들어 종교적·문화적 정체감을 가질 수 있도록 돕고, 정서적 지지와 도움요소를 제공하였다(Zastrow, 1987:4). 이처럼 초기 집단개입은 지역사회조직의 개념과 연결되어 발전하다가 1923년 집단사회사업(group work)이 웨스턴리저브(Western Reserve) 사회사업대학원의 교과목으로 채택되면서 하나의 사회복지방법론으로 자리를 잡게 된다. 1960년대 이후에는 사회변화뿐 아니라 개인의 치료와 변화를 목적으로 정신병동, 병원, 아동복지기관, 교도소, 학교 등에서 소그룹 활동이 활성화되면서 사회복지실천의 주요개입방법으로 성장하게 되었다(정진영·황성철, 1998:48~52).

1. 집단역동

집단개입이 가능한 것은 바로 집단성원들의 상호작용을 통해 나오는 힘, 즉 집단의 역동 때문이다. 역동은 전체로서 집단과 개별적 집단성원들에게 강한 영향력을 미쳐 집단의 치료적 효과를 야기한다. 집단역동(*group dynamic*)은 상호작용을 통해 나오는 성원들의 힘의 합 이상이다. 즉, 개별적 성원들로는 생각하기 어려운 힘이 그들의 상호작용을 통해 나온다는 것이다. 예를 들어 심한 비행행동만을 보여온 청소년이 집단 내 상호작용의 힘으로 노인복지시설에서 자원봉사를 하고자 하는 결정을 내릴 수 있다. 이것이 집단역동인 것이다. 토스랜드와 리바스(Toseland & Rivas, 1995:70~85)는 집단역동의 네 가지 영역을 의사소통과 상호작용, 집단의 결속력, 사회통제역학, 집단문화로 나누었다.

1) 의사소통과 상호작용

집단성원들이 언어적·비언어적으로 의사소통하여 집단 내의 상호작용이 일어나게 된다. 이러한 상호작용은 앞의 비행청소년 집단의 경우처럼 집단의 목적을 달성할 수 있는 유익한 방향일 수도 있고 때에 따라서는 오히려 비행행동이 훨씬 더 강화되는 방향일 수도 있다. 따라서 사회복지사는 집단 내에서 일어나는 상호작용유형을 잘 파악해야 한다.

상호작용은 집단중심일 수도 있고 리더중심일 수도 있다. 리더중심의 상호작용은 성원들이 리더를 중심으로 대화하는 것을 의미한다. 즉, 리더를 통해서 성원들이 서로 의사소통하거나 아니면 리더가 한 사람과 이야기하는 것을 다른 사람들이 지켜보는 것인데 이는 성원들 간의 자유로운 상호작용을 방해한다는 점에서 바람직하지 못하다. 반면에 자유롭게 서로 의사소통하는 집단중심의 상호작용은 자유로운 상호작용을 한다는 점에서 집단과정을 촉진시킬 수 있다. 하지만 잘못하면 초점 없고 피상적인 이야기들로 인해 오히려 목표달성이 어려워질 수도 있다.

2) 집단의 결속력

집단의 결속력(*group cohesion*)은 집단성원들로 하여금 집단에 머물도록 하는 데 영향을 미치는 요인들의 합이다. 집단에 대한 결속력은 집단의 매력에서 나오는데 이는 집단을 통해 얻는 것이 잃는 것보다 많을 때 생기게 된다. 즉, 정서적 지지와 동료애 그리고 집단을 통해서 얻는 즐거움의 크기가 집단 내에 같이 있고 싶지 않은 사람과 함께 있는 것, 시간을 투자해야 하는 것, 비난을 견디고 과업을 성취해야 하는 부담보다 커야 한다. 이러한 결속력으로 인해 집단에 대한 소속감이 생기고 자신을 더 잘 표현하며 타인과의 관계를 활발하게 할 수 있어 집단을 통한 효과가 더 커질 수 있다. 집단의 결속력이 강할수록 성원들이 서로에게 미치는 영향력 또한 커진다.

3) 사회통제역학

집단이 질서 있게 기능하기 위하여 성원들로 하여금 일정한 방식을 따르도록 하는 과정에서 통제력이 사용된다. 규칙에 일관성과 순응이 없으면 집단의 상호작용은 혼란스러워지고 예측하기 어려워지며 효과적으로 기능하지 못한다.

사회통제역학(*social control dynamic*)에는 규범과 역할 그리고 지위가 있다. 규범(*norms*)은 집단상황에서 적절한 행동에 대한 성원들 간 합의이며, 구체적인 행위뿐 아니라 집단 내에서 허용 가능한 전반적 행동패턴을 규정한다. 역할(*roles*)은 집단 내에서 각 성원이 수행하기를 기대하는 기능에 대한 합의인데, 여기에는 노동과 적절한 힘의 분배가 포함된다. 지위(*status*)는 집단 내의 다른 성원들에 비해 상대적으로 평가되는 각 성원의 위치이다.

4) 집단문화

집단문화(*group culture*)는 집단성원들이 공통적으로 가지는 가치, 신념, 관습, 전통을 의미한다. 이러한 문화는 성원들이 동질적일수록 빠르게 형성되고 이질적일수록 천천히 형성된다. 대부분의 집단성원은 자신의 경험과 인종, 종교 등에서 비롯된 서로 다른 문화를 집단으로 가져오게 되고, 이런 것들이 의사소통과 상호작용과정에서 서로 섞여 새로운 집단문화를 형성한다. 집단문화는 집단에 대한 매력과 집단 내의 지지적 분위기에 상당한 영향을 미치게 된다.

5) 집단개입의 치료적 요인

말레코프(Malekoff, 1997:37~40)는 집단개입의 치료적 요인을 다음과
같은 9가지로 정리하였다.

(1) 상호지지

집단 내에서 상호성을 경험하고, 어느 한 사람이 중심이 되는 것이 아
니라 집단 각 성원이 서로 다른 성원에게 도움을 주면서 돕는 자로서의
가치를 획득한다. 이는 집단의 친밀성 형성에 디딤돌이 된다.

(2) 보편성

어느 누구도 자신의 독특한 상황에 귀 기울여주지 않아 이해받지 못한
다는 고립감에서 벗어나서 비슷한 경험을 하고 비슷한 감정을 느끼는
사람들 속에서 위로를 받는다. 이는 마치 '한배를 탔다'는 느낌과 같으
며 공동으로 문제를 극복하고자 하는 동기를 자극할 수 있다.

(3) 희망부여

집단을 통해 성원들은 문제 상황으로부터 헤어날 수 없을 것 같은 절망
감에서 벗어나 조금씩 좋아질 수 있다는 희망을 가지게 된다. 집단실천
을 하는 사회복지사는 성원들이 자신의 능력을 믿고 집단활동에 적극적
으로 참여하도록 도와야 한다.

(4) 이타심

집단 내에서 누군가로부터 도움을 받음으로써 돕는 행동을 배우고, 이렇게 습득된 행동으로 다른 사람을 돕는다. 즉, 다른 사람으로부터 정보와 충고, 지지를 받음으로서 타인에게 이러한 도움을 주는 이타심을 배우게 된다.

(5) 지식과 기술의 학습

집단 내에서 역할극, 문제해결, 갈등해결 등의 활동을 통해 새로운 기술을 배우고, 자원에 접근하는 방식을 깨닫는다. 또한 자유롭게 토론함으로써 잘못 알고 있던 지식에 대해 도전을 받고, 이를 수정할 기회를 가진다.

(6) 집단 통제

집단 공동의 목적을 달성하기 위해 규범을 따라야 하고, 그 안에서 부적절한 행동은 제한된다. 이 과정에서 성원들은 좌절감을 느끼기도 하지만 타협하며 합당한 기준을 설정하고 공동의 목표에 스스로 기여하는 방법을 배운다.

(7) 카타르시스

집단 내에서는 불안이나 두려움 없이 안전한 환경 속에서 자신의 감정, 경험, 희망, 꿈 등을 자유롭게 이야기하게 되고, 이를 통해 자신의 문제에 대한 새로운 통찰력을 얻을 수 있다. 감정을 자유롭게 표현하면서 절망과 좌절이 희망과 가능성으로 변한다.

집단 내에서 성원들은 자신들의 역기능적 행동이나 관계패턴을 반복할
수도 있다. 하지만 성원들은 집단의 지지적·보호적인 환경에서 이러
한 문제를 해결하는 방법을 배우게 된다. 역기능적인 행동을 나타내더
라도 집단 내에서는 변화할 수밖에 없으며, 변화에 대한 긍정적 강화를
통하여 교정된 정서경험과 그에 따른 인지적, 행동적 변화가 일어나게
된다.

자유로운 집단 환경에서는 왜곡된 인지가 자연스럽게 드러난다. 그리
고 집단 내에서 이러한 왜곡, 부정, 축소 등이 도전받으면서 현실적인
인지로 재구조화된다. 예를 들어 잘못된 성행동과 연결된 인지왜곡을
가진 성원이 있다면 이에 대한 다른 집단 성원들의 직면, 반박 그리고
지지 등을 통해 성에 대한 현실적 인식을 가지게 될 수 있다.

2. 집단개입의 방법

1) 파펠과 로스만의 집단 분류

집단개입을 분류하는 유용한 방법 중 하나가 파펠과 로스만(Papell &
Rothman, 1966)의 분류이다. 즉, 사회적 목표모델(*social goals model*),
상호작용모델(*reciprocal model*), 치료모델(*remedial model*)로 구분하는

것이다. 각 모델을 설명하면 다음과 같다(엄명용 외, 2000:417~419; 이팔환 외, 2000:246~248, 재인용).

(1) 사회적 목표모델

사회의식과 사회책임을 강조하는 개념으로 주로 '사적인 문제'를 공적인 것으로 해석하여 쟁점에 대한 토론과 대안을 모색함으로써 집단성원을 바람직한 시민으로 성장시키며 민주적 과정을 습득하는 것을 지향한다. 오늘날 사회복지관의 '지역환경 지킴이'나 공공주거단지에서 주민들이 범죄에 대항하기 위해 조직한 집단이 여기에 해당된다.

(2) 상호작용모델

집단성원 간의 공생적이며 상호적인 관계를 통해 그들의 요구와 문제를 해결하는 것에 초점을 둔다. 즉, 집단을 통해 개인적 기능과 사회적 기능을 육성하는 것으로 대표적인 것이 가정폭력피해자집단, 에이즈환자집단 등이다. 이 집단 속에서 성원들은 서로를 지지하고 재보증을 통해 자신들의 인생을 통제하도록 도움을 받는다.

(3) 치료모델

개인의 치료를 위한 도구로 집단을 활용하는 모델로서, 이때 집단은 개인의 목적을 달성하는 하나의 방법이나 관계상황이다. 집단과정을 통한 변화는 그 자체가 목적이 아니라 개인의 치료와 재활을 위한 수단이 된다. 알코올중독자들의 회복집단, 정신치료집단 등이 대표적이다.

2) 토스랜드와 리바스의 집단 분류

집단을 분류하는 또 다른 방법은 토스랜드와 리바스(Toseland & Rivas, 1995)가 집단이 추구하는 목적에 따라 구분한 것이다. 이들은 집단을 목적에 따라 치유집단(*treatment group*)과 과업집단(*task group*)으로 나누었다. 치유집단은 집단성원의 교육, 성장, 행동변화 또는 사회화에 대한 욕구를 충족시키기 위해 구성된 집단으로 여기에는 지지집단, 교육집단, 성장집단, 치료집단, 사회화집단이 있다. 그리고 과업집단은 의무사항의 이행, 조직 또는 집단의 과업성취를 위해 구성된 집단으로 여기에는 위원회, 행정집단, 협의회, 치료회의, 사회행동집단 등이 있다(Toseland & Rivas, 1995:20~29). 여기에서는 클라이언트의 변화를 추구하는 개입단계에서 집단개입을 보는 것이므로 치료집단을 중심으로 살펴보면 다음과 같다.

(1) 지지집단

지지(*support*)는 모든 집단의 공통적인 속성이지만 지지집단(*support group*)에서는 특히 성원들이 현재의 생활사건에 대처하고, 이후의 생활사건에 효과적으로 대처할 수 있는 대처능력을 향상시키기 위해 지지개입전략을 사용하는 것이 특징적이다. 예를 들면 암 환자나 그 가족들의 집단, 한부모(*single parent*)가 자녀양육에 관한 어려움을 나누는 집단 등이 있다. 지지집단에서의 사회복지사는 성원들이 미래에 대한 희망을 갖고 자조와 상호원조노력을 통하여 대처기술을 향상시킬 수 있도록 촉진하는 역할을 한다. 이 집단은 자신들의 경험을 공유하고 때로는 지역사회의 편견과 낙인에서 벗어나 안정과 위로를 집단 안에서 찾을 수 있으므로 강한 정서적 유대를 보이게 된다.

지지집단에서의 전문가의 역할은 직접적일 수도 있지만 간접적일 수도 있다. 즉, 집단과정에 직접 참여하여 촉진자로서의 역할을 수행하기도 하지만 집단의 자율성과 비밀보장 문제로 인해 간접적으로 자문과 의뢰, 물질적 원조만을 수행하기도 한다(Toseland & Rivas, 1995 : 24). 전문가가 간접적 역할을 수행하는 대표적 지지집단이 자조집단(self-help group)이다. 익명금주동맹(AA: Alcoholics Anonymous)으로 시작한 자조집단은 과거 유사한 관심과 문제를 가지고 있었거나 현재 가지고 있는 사람들이 집단을 활용하여 그들의 경험을 공유하고, 서로 정보를 제공하며 문제에 대한 대처능력을 향상시키고자 하는 것에 목적을 두고 있다. 이 집단의 참여자들은 "도우면서 치료"(helper therapy) 되는 효과를 얻는다. 즉, 타인을 도움으로써 스스로를 가치 있는 존재라 느끼는 심리적 보상을 얻게 되고, 비슷한 혹은 더 심각한 문제를 가진 다른 사람을 도움으로써 자신의 문제에 대한 통제력을 회복하게 된다 (Zastrow, 1987 : 6). 그러나 이와 같은 자조집단에서 효과를 얻으려면 무엇보다 모임에 참여하고자 하는 동기를 가지고 있어야 하고 다른 사람의 이야기를 경청하며 개인적인 정보와 관심을 공유할 수 있어야 한다(서울대 사회복지실천연구회, 1998 : 155).

토스랜드와 해커(Toseland & Hacker, 1982)는 자조집단과 일하는 사회복지사의 역할을 크게 세 가지로 보았다.

첫째, 물질적 지지의 제공으로 자조집단의 운영자금 마련을 돕고 행정적 지원을 하며 사회복지기관을 장소로 활용할 수 있도록 해준다.

둘째, 다른 체계와의 연결기능으로, 지역 내의 다른 기관이나 단체와의 연결과 상호의뢰를 도와주고 지역을 벗어나 전국적인 체계와의 연결을 도와준다.

셋째, 집단에 정보와 전문적 지식, 특정문제에 대한 이해와 개입방법, 문제를 감소시킬 수 있는 자원 등을 알려주는 자문역할을 한다. 이러한 자문역할은 대체로 자조집단과 일하는 사회복지사의 가장 중요한 역할로 알려져 있다.

(2) 교육집단

교육집단(educational group)의 일차적 목적은 집단성원에게 기술과 정보를 제공하는 것으로, 주로 전문가의 강의와 교육이 중심이고 교육의 효과를 강화하기 위해 집단토론의 기회를 제공한다. 집단의 성원들은 교육주제에 대한 공통의 관심을 가지며 대개 청소년, 예비부모 등의 인구사회학적 공통성을 가지게 된다. 집단의 크기가 작을수록 일대일 의사소통의 기회는 상대적으로 많아지지만 일반적으로 교육집단의 자기노출(self-disclosure)은 적은 편이다(Toseland & Rivas, 1995:25). 교육집단에서의 전문가는 성원들의 공통 관심사 분야의 전문가이어야 하고 주로 교사(teacher)의 역할을 수행하게 된다(Zastrow, 1987:5).

(3) 성장집단

성장지향의 집단은 최근 다양한 세팅에서 활용되고 있다. 결혼한 커플들을 위한 만남집단(encounter group), 청소년들을 위한 가치명료화(value-clarification) 집단, 대학생들의 자기성장(self-growth) 집단 등이

<표 12-1> 대학생의 자기성장집단 프로그램 사례

목적			자기이해와 수용 및 개방의 단계를 거쳐 긍정적 자아개념을 지니도록 하는 것이 목적이다.
프로그램	자기이해	오리엔테이션	집단원간의 친밀감과 참여 동기 확인, 목표설정
		핵심감정체험	자기를 통제한다고 여겨지는 핵심감정에 대한 탐색, MMPI 검사
	자기수용	흥미와 적성발견	자신의 흥미와 적성 이해와 발견: 적성검사
		나 존중하기	이해된 자신을 수용: 흥미검사
	자기개방	착한사람 콤플렉스 벗어나기	타인의 목표보다는 자신이 좋아하는 것 발견하기, SCT
		나와 너의 관계	나를 사랑하고 타인을 수용하기: 욕구진단검사
	직업세계 이해	직업의 세계	직업의 세계에 대한 탐색: 직업탐색검사
		미래의 유망직업	장래가 유망한 직업의 세계를 이해 (비디오시청)
		나의 적성과 직업	내가 가진 적성과 직업을 연결해보기: 직업흥미검사
	직업을 통한 자기실현	작업 가치관	직업의 가치에 대한 우선순위: 가치관 검사
		나의 진로계획	진로에 대한 구체적 계획: 성격진단검사
		평가 마무리	종합 및 평가, 추수집단 준비

출처: 김옥진 · 이재창(2007), "자기성장 프로그램의 개발 및 효과" 〈한국심리학회지: 상담 및 심리치료〉, 19(3) pp.635~653.

있다. 이러한 집단들은 주로 성원들의 자기개발, 잠재력개발, 인간관계 개선 등을 목적으로 하므로 다른 집단에 비해 자기노출이 많은 편이다. 집단성원들은 집단을 통해 통찰력을 얻고 새로운 행동을 시도해보며 타인에게 피드백을 받음으로써 인간으로서 성장하게 된다. 성장집단(growth group)은 심리 - 사회적 질병을 치료하는 것이 아니라 심리 - 사회적 건강을 증진시킨다는 점에서 치료집단과 다르다(Toseland & Rivas, 1995:26).

성장집단의 목표는 인식(awareness)을 증진시켜 행동과 태도의 변화를 일으킨다는 것이다. 재스트로(Zastrow, 1987:9~14)는 이러한 변화가 일어나는 과정을 다음의 세 단계로 설명하였다.

첫 번째, 해빙단계(*unfreezing*). 해빙단계란 일상적이지 않은 방식으로 행동하는 것이다. 대부분 사람들의 행동은 오랜 기간의 사회적 경험을 통해 익숙해져온 것이므로 거의 자동적인 반응을 보이는데 일상적인 상호작용 규칙을 변화시킴으로써 바로 이러한 자동적인 반응행동에 도전하는 단계이다.

두 번째, 변화단계. 타인에게서 느끼는 감정을 피드백함으로써 행동과 태도의 변화를 가져오는 단계이다. 일상생활에서는 피드백이 거의 이뤄지지 않아 개인의 부적응 행동이 반복되는 경향이 있는 데 반해 성장집단에서는 집단성원들이 서로에게 피드백을 주어 자신들이 다른 사람에게 어떤 영향을 주는지 인식할 수 있는 기회를 제공한다. 일단 자신의 문제가 발견되면 성원들은 집단 내에서 안전한 다른 새로운 패턴을 찾게 된다.

세 번째, 재결빙단계(*refreezing*). 재결빙단계란 새로운 행동패턴을 경험함으로써 성장하게 되고 점차 효과적인 방식으로 타인과 상호작용하게 된다는 것이다.

〈표 12-1〉은 대학생의 자기성장을 위한 집단프로그램의 사례를 소개한 것이다.

(4) 치료집단

치료집단(*therapy group*)은 행동을 변화시키거나 개인적 문제를 완화하기 위한 혹은 사회적 · 의학적 충격 뒤에 재활하기 위한 목적으로 집단성원들을 돕는 것이다. 이 집단은 정신질환, 약물복용 등 역기능적 문제를 보이거나 질병을 가진 사람을 건강하게 하는 목적을 가지고 있어

〈표 12-2〉 우울증 치료 집단프로그램의 사례

목적		가정폭력 피해여성들이 경험하는 자기비난, 무기력, 수치심 등의 심각한 우울상태를 개선하여 스스로의 삶에 대한 통제력을 회복하고자 한다.
진행방법		가정폭력 피해여성 총 10명을 폐쇄집단으로 운영. 주 2회씩 5주 동안 총 10회 실시, 매회 약 2시간 30분간 진행.
프로그램	1회	프로그램 소개: 인사하고 프로그램 소개.
	2~3회	폭력의 이해: 폭력에 대한 잘못된 생각을 알아보고 폭력에서 벗어나기 위해 필요한 것을 알아보기.
	4~6회	정신건강관리기술: 자신의 우울과 스트레스를 알아보고 그것에서 벗어나는 것을 연습하며 생활에서 우울과 스트레스에 대처하는 기술 연습.
	7회	의사소통기술: 다른 사람과 기분 좋게 이야기하는 방법 연습.
	8~9회	독립성 증진: 경제적 독립에 대한 계획을 세우고 도움을 줄 수 있는 이웃을 만드는 계획을 세워보기.
	10회	자녀교육: 바람직한 자녀교육방법 익히기.

출처: 김재엽·양혜원·이근영(1999), "아내 구타 피해여성의 우울증 개선을 위한 통합적 프로그램의 효과", 《한국사회복지학》, 38, pp.68~99의 내용을 재정리한 것임.

의료적 모델에서 기인되었다고 할 수 있다. 치료집단에서 치료자는 권위적이고 변화 매개자로서 역할을 하게 된다. 집단 자체의 목적도 중요하지만 개개인의 치료적 목적이 매우 중요하므로 치료자는 집단 내에서 일대일 치료적 관계를 맺게 된다. 집단성원들의 자기노출수준이 가장 높은 편이다(Toseland & Rivas, 1995:27).

치료집단은 개인의 치료를 목적으로 한다는 점에서 개별치료와 유사하지만 개별치료에 비해 몇 가지 장점이 있다. 우선 집단의 특성상 다른 성원을 도움으로써 자신의 변화를 가져올 수 있다. 즉, 남에게 도움이 됨으로써 심리적 보상을 얻게 되고 자신의 문제에 대해 더 쉽게 통찰할 수 있다는 것이다. 또한 개별적 치료세션보다 새로운 상호작용을 시험해보기 쉽고 무엇보다도 시간과 인력 차원에서 동시에 여러 사람을 같이 치료할 수 있어 효율적이다(Zastrow, 1987:7).

〈표 12-2〉는 아내 구타 피해여성의 우울증 치료를 위한 집단프로그램을 소개한 것이다.

(5) 사회화집단

사회화집단(*socialization group*)의 목적은 집단성원으로 하여금 사회에서 수용가능한 태도와 행동을 습득하도록 돕는 것이다. 즉, 소년원의 학생, 정신병원의 정신장애인, 미혼모 등이 앞으로 지역사회에 적응하고 미래에 대한 계획을 세울 수 있도록 돕는 것이다. 여기서 집단은 사회화 과업을 달성하는 하나의 수단이고 사회화의 매개체로서 사회복지사는 적극적으로 가르치고 시범을 보이며 참여를 유도하여 사회적 역할을 학습할 수 있도록 도와야 한다. 따라서 사회적 관계망에서 역할을 학습할 기회가 적절하지 못했다는 전제하에 새로운 상황에서 변화된 역할과 상호작용을 수행해볼 수 있는 기회를 제공하는 것이 사회화모델에서 사회복지사의 임무이다(McBroom, 1976:271).

사회화집단은 '행동함으로써 학습하는'(*learning-through-doing*) 접근방식을 사용하는데, 크게 사회적 기술훈련집단(*social skills group*), 자치집단(*governance group*), 레크리에이션집단(*recreation group*)으로 나눌 수 있다(Toseland & Rivas, 1995:28~29).

사회적 기술훈련집단은 사회적 관계와 사회적 기능이 사회적응에 만족스러울 정도가 되지 못하는 사람에게 역할극(*role play*), 심리극(*psycho-drama*), 기타 언어적·비언어적 활동을 통해 사회적 기술을 향상시켜 사회화를 돕는 것이다. 자치집단은 시설 거주자들이 자신들의 욕구를 해결하기 위하여 토론하고 결정하는 과정을 습득하여 스스로 자

<표 12-3> 정신장애인의 사회기술훈련 집단프로그램의 사례

목적		만성 정신장애인의 대인관계기술과 문제해결기술을 향상시킴으로써 사회적응을 촉진시키고, 독립적으로 생활하는 능력을 증진시키는 것을 목적으로 한다.
프로그램	소개	프로그램이 어떻게 진행될 것인지, 집단이 진행되는 동안 성원들이 무엇에 관심을 두어야 하는지 설명해준다.
	역할연기	미리 계획된 문제 상황들의 내용을 설명하고, 한 명의 성원과 역할 대상자 (보조치료자)가 각자의 역할을 맡아 역할연기를 한다.
	피드백과 사회적 강화	녹음 혹은 녹화된 자료를 이용하여 역할연기 후에 연기한 성원의 행동에 대해 지지적인 태도로 긍정적 면과 변화된 점, 개선해야 할 점에 대한 피드백을 제공한다. 개선점은 간략하고 수행 가능한 것을 제시하여야 한다.
	시범	성원들이 각 문제 상황에 어떻게 반응해야 하는지 보조치료자가 실제 역할 행동을 보여주거나 기존의 모델도구를 이용한다.
	과제	학습된 행동이 실제 생활에 적용되도록 실질적이고, 구체적이며, 성취 가능한 과제를 내어준다. 때로 과제를 주는 대신 프로그램을 실제상황에서 실시해보는 경우도 있다. 그러나 이는 많은 시간과 비용이 요구된다.

출처: 김규수 · 심경순 · 이지훈(2003), 《정신장애인의 사회통합》, pp.96~98을 요약.

신의 역할과 책임을 익히는 것이다. 레크리에이션집단은 여가활동을
통해 인간관계를 맺는 방법과 잠재되어 있는 감정을 표현하는 방법을
익히는 것으로, 레크리에이션은 집단의 목적이자 대인관계 기술을 익
히고 소속감을 증진시키는 수단이기도 하다.

<표 12-3>은 정신장애인의 사회기술훈련집단 프로그램이다.

3. 집단개입의 특성

집단개입방법은 집단의 유형과 목적에 따라 다양하지만 집단의 크기와
기간 그리고 집단의 개방여부 등은 집단과정에 중요한 영향을 미치는
요소들이다(Zastrow, 1987:15~17).

1) 집단의 크기

집단의 크기는 성원들의 만족과 상호작용, 집단결과들에 상당한 영향을 미친다. 집단이 클수록 스트레스와 의사소통의 장애를 경험할 확률은 커지지만 문제해결기술과 자원은 더 풍부해질 수 있다. 그러나 확실히 집단이 커지면 성원들의 자기표현이 억제되고 주요한 역할을 담당하는 일부 성원들의 지배적인 기여로 자유로운 토론이 방해받을 수 있다. 일반적으로 가장 만족스런 소집단의 크기는 5명 정도이다. 5명은 적절한 수준의 친밀감을 느끼며 상호작용을 할 수 있고 2:2로 편이 나누어지는 상황도 피할 수 있다.

2) 기간

집단의 기간의 결정에는 전체 세션과 각 세션의 시간에 대한 내용이 포함된다. 대부분의 집단은 일정기간 동안 일주일에 한 번씩, 1시간 30분에서 2시간가량 진행된다. 그러나 각 세션의 시간은 집단의 상황과 진행과정에 따라 융통성 있게 적용되어야 한다.

3) 개방집단과 폐쇄집단

개방집단은 집단이 진행되는 중간에 기존 집단성원 이외에 새로운 성원이 들어올 수 있도록 집단을 개방한 것으로 새로운 성원이 새로운 행동패턴으로 집단에 적응하면서 기존 집단규범이 융통성을 갖는 이점이 있다. 반면 집단의 안정감이 깨질 수 있고 새로운 성원이 계속 들어옴으로써 집단 내에서의 자기노출이 제한될 수도 있다. 폐쇄집단은 처음에 구성된 집단성원이 일정틀 내에서 집단활동을 하므로 매우 기능적일 수 있으나 일부 성원이 중도에 탈락할 경우 그 효과성이 치명적일 수 있으므로 사회복지사는 집단의 개방여부를 융통성 있게 활용해야 한다.

제13장

지역수준의 실천

지역사회복지란 지역사회의 복지를 증진시키기 위한 사회복지실천방법의 하나로서 지역사회에 초점을 둔다. 앤더슨과 카터(Anderson & Carter, 1990)는 지역사회를 장소와 비장소의 개념으로 나누어 정의하였다. 즉, 지역사회를 장소(as place)로 이해하는 경우에는 "주거와 생계를 위해 제한된 영역상의 공간을 공유하며 이러한 공간적 공유과정에서 생겨나는 특징적인 사회적 행동양식을 마련함으로써 공통의 욕구를 충족시키기 위한 기능을 수행하는 곳"으로 정의한다. 반면에 지역사회를 비장소로 이해하는 경우에는 "주요한 사회적 기능(재화와 서비스의 생산-분배-소비, 사회화, 사회통제, 사회참여, 상호부조 등)을 수행하는 사회적 단위체와 체계의 결합"으로 정의한다. 이러한 정의에 따르면 지역사회는 장소와 상관없이 다른 구성원과 나누고 있는 연대의식이나 정체감을 중심으로 형성되기도 한다. 따라서 사회복지사와 같은 하나의 전문직도 지역사회가 되는 것이다(박경일 외, 2012:142, 재인용).

사회복지실천에서의 지역사회복지를 포괄적으로 정의하면 전문 혹은 비전문인력이 지역사회수준에 개입하여 지역사회에 존재하는 각종 제도에 영향을 주고 지역사회의 문제를 예방하고 해결하고자 하는 일체의 사회적 노력을 의미한다. 따라서 지역사회복지는 개인복지나 가족 복지보다 넓은 차원의 개념이며 아동복지, 청소년복지, 노인복지라는 대상층 중심의 복지활동보다 지역성이 뚜렷하다는 점에서 그 차이를 발견할 수 있다(최일섭·류진석, 2003:35). 여기서는 지역사회수준에서의 개입방법을 사회적 지지체계의 개발, 서비스 조정, 프로그램 개발, 클라이언트 집단을 위한 옹호활동 등으로 나누어 살펴보았다.

1. 사회적 지지체계의 개발

인간은 누구나 타인에게서 자신의 행동과 판단, 사고 등에 대해 지지받기를 원한다. 이것이 사회적 지지이다. 복스 외(Vaux et al., 1986)는 사회적 지지를 주관적 지지와 객관적 지지로 나누어 설명하고 있다. 즉, 주관적 지지는 개인이 사회로부터 지지받고 있다고 스스로 인식하는 것이고, 객관적 지지는 사회적 관계를 통해 타인들로부터 구체적으로 주어지는 객관적 지지행동을 의미한다. 이 두 가지 개념을 통합해보면 일반적으로 인간은 타인과의 관계 속에서 타인의 행동을 통해 정서적 안정과 보호, 자신의 생각이 남과 크게 다르지 않다는 위로, 경제적·물질적 도움이나 원조 그리고 자신의 과업수행과 사고방식이 옳다는 지지 등을 받는다고 지각하게 된다(Richman et al., 1998:310).

사회적 지지가 부족한 상황에서 많은 신체·심리·사회적 문제가 발생하므로 사회복지사는 클라이언트가 가지고 있는 기존의 사회적 지지체계를 활성화시키거나 적절한 지지체계가 없다면 새로운 지지체계를 개발해주어야 한다.

헵워스와 라슨(Hepworth & Larsen, 1986:548~552)은 사회적 지지체계를 개발하는 방법을 다음과 같이 소개한다.

1) 자연적 지지체계의 활성화

자연적 지지체계를 활성화하는 것은 산업화, 도시화, 핵가족화로 인해 줄어들고 있는 클라이언트의 자연적 지지체계를 의도적 개입으로 활성화하는 것이다. 즉, 기존의 체계들이 클라이언트의 욕구에 맞게 적절히 기능하도록 사회복지사가 돕는 것이다. 예를 들어 사교육비에 대한 부담을 가진 학부모들을 돕기 위해 각 어머니들이 초등학교 교과목을 하나씩 맡아 동네 아이들을 가르치도록 개입할 수 있다. 이는 아동의 과외학습에 대한 경제적 부담을 가진 부모들이 서로 협조함으로써 그 부담을 더는 것이다. 이런 형태가 좀더 활성화되면 서로 돌아가면서 아이를 봐주거나 치매노인을 서로 돌보아 주는 것도 가능할 것이다. 이를 위해서 사회복지사는 욕구가 있는 사람들을 모아 서로에게 자원이 될 수 있도록 조직해주는 역할을 하게 된다.

자연적 지지체계를 활성화하는 또 다른 방법은 지역사회에 있는 기존의 체계들이 사회복지서비스를 대체할 수 있도록 활용하는 것이다. 예를 들어 사회적 서비스가 상대적으로 부족하거나 사회복지기관이 지리적으로 너무 멀리 떨어져 있는 지역에서는 지역사회에 존재하는 교회, 학원, 학교, 병원, 보건소, 미용실 또는 교사나 목사 등 기존 체계의 인적·물적 자원을 사회복지서비스의 대안으로 활용할 수 있다. 즉, 교회의 청년부 학생들이 저소득층 아동들의 학습지도를 위해 방과후에 학교 교실을 빌려 학습지도를 하거나, 지역 내 치과의사가 저소득층 노인들의 치아건강을 위해 한 달에 한 번 교회건물을 빌려 무료진료를 할 수도 있는 것이다. 이러한 지지체계를 활성화하기 위해서 사회복지사는 지역사회에서 봉사하는 것을 뜻깊게 생각하는 사람을 찾아야 한다.

다음은 종합사회복지관에서 지역사회 내부의 자연적 지지체계를 활성화하여 지역조직화사업을 진행한 사례이다.

서울 마포구의 성산2동 영구임대아파트 단지는 마포구의 대표적인 빈곤층 밀집지역으로서 독거노인가족, 한부모가족, 조부모가족 등 다양한 가족형태가 공존하는 곳이다. 그동안 다양한 기관 및 단체에서 임대아파트 거주 주민을 위하여 사회복지적 개입을 해왔으나 이러한 서비스 제공을 통한 각종 문제의 해결은 요원하기만 한 과제로 여겨졌다. 그러던 중 성산지역 임대아파트에서의 자살문제가 집중 조명되자 이를 계기로 아파트 주민들이 겪는 문제에 공동대응을 할 필요성이 대두되었다. 이에 2013년부터 성산종합사회복지관에서는 다음과 같은 지역내 주민조직화를 통해 다양한 주민문제의 공동체적 해결을 도모하였다.

주민조직 만들기 → 주민조직 활성화하기 → 주민지도자를 지원하여 조직 안정화하기 → 주민조직연합체 조직하기

주민 워크숍을 진행하면서 주민들의 다양한 이슈를 해결하고자 10개

의 주민모임이 만들어졌고 주민지도자들이 생겨나기 시작했다. 각 주민모임은 다양한 이슈를 해결하기 위한 활동계획을 수립하였다. 2015년에는 3년간의 활동을 바탕으로 10개 주민모임이 모여 최초로 '주민조직연합체'를 형성하였다. 이후 주민조직연합체를 중심으로 전체 주민모임이 함께하는 행사들이 진행되었으며, 새로운 관계망이 점차 연결되면서 개별 주민모임의 활동이 마을공동체의 활동으로 확장되어갔다. 이를 토대로 다양한 주민 및 주민모임이 연결되는 마을축제가 진행되기도 하였다.

성산종합사회복지관은 주민리더교육을 통해 주민활동의 정체성을 자원봉사로부터 주민활동가이자 리더로 전환하는 과정을 이어왔으며, 희망하는 마을의 모습을 주민들이 다함께 상상하고 이를 실현하기 위해 나아갈 수 있도록 지원하고 있다.

2) 공식적 지지체계의 활용

공식적 지지체계의 활용은 클라이언트의 욕구에 환경이 반응할 수 있도록 기존의 다양한 사회복지기관 및 프로그램을 활용하는 것으로, 예를 들어 지역 내 주민들의 레크리에이션, 교육, 모임을 위해 청소년수련관, 경로당 등을 활용하거나 재난 시 음식과 의료서비스를 제공하기 위해 적십자를 활용하는 것이다. 그 외에 치료를 필요로 하는 사람을 위해 병원, 요양시설 등을 활용하거나 알코올중독, 자살 등의 위기에 대응하는 능력을 강화시키기 위해 자살예방센터, 강간위기센터, 정신건강증진센터 등을 활용할 수 있다. 물론 이러한 기관에서 공동문제를 가진 사람들의 상호원조를 위해 앞에서 언급한 자조집단을 구성하기도 한다(Hepworth & Larsen, 1986:552).

이처럼 공식적 지지체계를 적절히 활용하기 위해서 사회복지사는 클라이언트의 특수한 욕구를 만족시킬 수 있어야 하고 지역사회 내 다양한 기관과 프로그램에 익숙해야 한다.

3) 자원봉사자의 활용

자원봉사자의 활용은 클라이언트의 욕구를 만족시키기 위해 사회복지사가 활용하는 지지체계의 한 형태이다. 자원봉사자란 자신의 친족이 아닌 사람들을 위하여 자발적으로 무보수로 서비스하는 사람으로서 비공식적으로 이웃을 돕는 것보다는 어떤 공식조직을 통해서 서비스하는 사람이라고 정의할 수 있다(Darvil & Munday, 1984:3).

이들은 자의로 클라이언트의 문제를 해결하고 환경을 개선하기 위한 활동을 한다. 예를 들어 독거노인을 위한 말벗 서비스를 제공하여 노인의 고독감을 해소하거나 거동이 불편한 노인을 위해 밑반찬 서비스를 제공하여 그들의 영양공급을 돕는 역할 등을 하는 것이다. 또한 장애인을 위해 교통 편의를 제공하기도 하고 보호와 관심이 상대적으로 부족한 시설의 아동에게 정서적 지지를 제공하기도 한다.

자원봉사자의 활용에서 사회복지사의 역할은 도움이 필요한 사람에게 적절한 자격을 갖춘 자원봉사자를 연결시켜 주는 것이 핵심이다. 그러기 위해서 먼저 자원봉사자의 도움을 필요로 하는 클라이언트의 욕구를 조사하고, 이러한 욕구에 부응하기 위한 자원봉사자를 모집, 선발,

훈련, 임무부여, 사후 지도하는 역할이 필요하다(한국복지연구회, 1997:
123). 이 과정에서 사회복지사는 클라이언트와 파트너로서 협력적 관계
를 맺게 된다.

2. 서비스 조정

여러 가지 문제를 가진 클라이언트에게 복합적 서비스가 주어질 때에는
조정(*coordination*)이 필요하다. 이는 마치 관현악단을 지휘하는 것처럼
(Ballew & Mink, 1996:242) 공동의 목적을 달성하기 위해 흩어져 있는
서비스들이 적절한 시기에 적절한 방법으로 클라이언트를 도울 수 있도
록 조정하는 것을 의미한다.

예를 들어 만성정신장애인의 경우 그들이 지역사회에 잘 적응하기
위해서는 병원에서의 약물치료나 건강관리도 필요하지만 사회복귀 프
로그램을 실시하는 지역사회정신보건센터의 도움도 필요하다. 또한 가
족의 지지 및 주거 프로그램, 직업재활 프로그램 등이 함께 효과적으로
주어져야만 지역사회 적응이라는 공동의 목적을 달성할 수 있는 것이
다. 조정은 혼자 일하는 것보다 같이 일하는 것이 훨씬 더 효과적이라
는 전제하에서 시행된다.

존슨(Johnson, 1989:355~356)은 조정의 형태를 다음과 같이 세 가지
로 보았다.

1) 서비스 연결

복합서비스를 제공하는 한 기관의 여러 전문가가 특정 클라이언트에게 관심을 가지고 서로 연결되는 것이다. 예를 들어 장애노인을 위해 복합 서비스를 제공하는 종합사회복지관에서 가정의료지원서비스를 담당하는 전문가, 장애노인의 재활프로그램을 담당하는 전문가, 노인을 돌보는 가족을 대상으로 상담을 제공하는 전문가가 서로 연결되어 서비스의 내용이 중복되지 않고 효과적으로 제공될 수 있도록 하는 것이다.

2) 의뢰

의뢰체계를 통해서 서로 다른 기관의 전문가들이 연결되어 서비스를 제공하는 형태의 조정이 있는데, 이는 단순한 의뢰와 다르다. 의뢰가 다른 기관이나 전문가에 대한 정보를 제공하고 서비스를 받을 수 있도록 연결해주는 것이라면, 조정은 의뢰한 서비스가 제대로 전달되고 있는지 그리고 그 결과가 어떤지 평가하는 것까지 모두 포함한다. 만약 이런 의뢰를 통해서도 해결하지 못하는 시급한 욕구라면 그에 맞는 프로그램을 개발하는 것도 사회복지사의 몫이다.

3) 사례관리

조정의 마지막 형태는 사례관리(*case management*)이다. 이것은 클라이언트의 문제와 욕구를 평가하여 필요로 하는 서비스를 찾아 연결해주는 책임을 사회복지사가 맡는 것을 말한다. 물론 사회복지사는 이러한 연결만을 하는 것이 아니라 직접적으로 서비스를 제공하기도 한다.

필요한 경우 사회복지사는 서비스 제공자들이 함께 일할 수 있도록 하기 위하여 이들이 서로 의사소통을 하거나 전체의 목적에 서로가 기여한 바를 인정하고 존중할 수 있도록 도와야 한다. 실제 조정을 방해하는 요인 중 하나가 전문가들이 서로에 대한 이해를 달리 하는 것이다. 각 서비스 제공자가 서로 전공이 다른 전문가들이라면 그들이 클라이언트를 사정하는 방법과 그에 따른 문제접근 방식도 다를 것이다.

예를 들어 장애노인에 대한 개입과정에서 의사는 노인의 건강상태와 골절을 가장 심각한 문제로 보고 요양원으로 보낼 것을 강력히 주장하는 반면, 노인회관의 서비스 제공자는 노인의 고독을 제일 큰 문제로 보고 노인회관 프로그램에 클라이언트를 참여시키려 할 수 있다. 또한 사회복지사는 노인에게 지지체계를 확보시키는 것이 가장 중요하다고 생각하여 지지체계 개발을 위해 노력할 수도 있다. 이처럼 전문가들의 문제분석과 접근방법이 상이할 때는 서로에 대한 이해가 필요하다. 그리고 이러한 이해가 전제될 때에만 조정이 가능하다.

3. 프로그램 개발

클라이언트의 욕구와 문제를 해결하기 위한 서비스가 지역사회 내에 없을 경우 사회복지사는 클라이언트의 욕구를 만족시킬 수 있는 프로그램 및 자원을 개발해야 한다. 지역사회 내에서 프로그램을 개발하기 위해서는 지역의 지지가 필요하므로 사회복지사는 지역 내에 영향력을 가진 사람들이 문제를 인식하도록 정보와 자문을 제공하고 지역 주민을 대상으로 욕구조사를 실시함으로써 해당 문제의 심각성과 프로그램 개발의 필요성을 설득할 수 있다.

때로는 특정 집단에서 문제를 인식하여 사회복지사에게 해당 문제를 대상으로 한 프로그램 개발을 요청할 수도 있다. 예를 들어 최근 심각해진 학교폭력 문제를 학부모회에서 인식하고 교내에 학생폭력 예방 및 피해학생 보호를 위한 프로그램을 개발하고자 할 수 있다. 이러한 경우에 사회복지사는 학교폭력과 관련된 정보를 제공하고 적절한 서비스 프로그램을 제안하며, 필요하면 프로그램 수행인력과 교육 등을 제공할 수 있다.

이창호·최일섭(1998:108~111)은 프로그램을 개발하는 단계를 학생비행의 문제를 예로 들어 다음과 같이 설명하였다.

제 1단계, 문제의 확인: 문제의 규모와 심각도를 조사한다. 즉, 학생비행의 문제가 규모와 내용면에서 생각 이상으로 심각하다는 것, 그 원인이 상당 부분 그들을 돌봐줄 학교 내 또는 사회적 메커니즘이 없기 때문이고, 특히 저소득층 청소년의 경우에는 경제적 문제 때문에 비행행동이 심각하다는 것을 파악한다.

제 2단계, 욕구의 파악: 부모, 교사 등 여러 관계집단을 대상으로 문제해결의 욕구를 파악한 결과, 문제학생 치료를 통한 재범의 방지가 가장 시급하고, 이어 예방에 대한 욕구가 많음을 파악한다.

제 3단계, 목적 및 하위목적의 설정과 우선순위 결정: 학생비행방지 프로그램의 목적을 그들의 사회적 재활이나 사회통합으로 하고 그 하위목적으로 문제학생 치료, 우범학생의 문제행동 예방, 저소득층 학생의 경제적 지원을 설정한 후 하위목적 간 우선순위를 정한다.

제4단계, 성취목표의 구체화: 각 하위목적 달성을 위한 대안의 선택에 앞서서 해당 하위목적의 달성여부를 측정할 수 있도록 목표를 구체화한다. 즉, 비행학생의 재범률 10% 감소, 우범단체 탈퇴율 20% 증가, 100명에게 학비지급 등을 목표로 정한다.

제5단계, 제공서비스: 각 목표별로 이를 달성할 수 있는 여러 대안을 가지고 비용-효과 분석을 시작한다. 각 서비스의 비용과 효과를 예측한다.

제6단계, 대안의 선택: 각 대안별로 총비용(예산)을 계산하여 각 대안이 가져올 사회적 편익, 효과를 계산한 뒤 하위목적별로 비용-효과 분석, 비용-편익 분석을 실시함으로써 최소의 비용으로 최대의 효과를 낼 수 있는 대안을 택한다.

제7단계, 세부프로그램 설계: 선택된 각 대안의 구체적 설계작업으로, 예를 들어 학교사회복지사를 채용할 경우에는 채용시기, 배치, 그들의 전문역할, 지위, 조직과 각 프로그램의 실시 일정, 내용 등을 정한다.

제8단계, 예산배분: 이렇게 구성된 사업계획은 전부 취합되어 프로그램 우선순위에 따라 예산이 배분된다.

제9단계, 집행: 세부계획과 예산이 확보된 프로그램들을 적당한 조직체계 속에서 일정기간 집행한다.

제10단계, 평가: 각 하위프로그램들이 각각의 하위목적을 달성하였는지 그리고 각각의 하위목적들이 모여 전체목적을 달성하였는지를 평가하게 된다.

제 11단계, 피드백: 문제 정의, 욕구, 목표설정, 대안선택 등의 전 과정이 다시 피드백되어 사업의 확대, 조정을 결정한다.

4. 클라이언트 집단을 위한 옹호활동

클라이언트 옹호(*advocacy*)는 클라이언트의 권리와 권한, 자원, 서비스 및 혜택을 보호하고 강화하며 보장하려는 철학을 바탕으로 한다(Miley et al., 2016:319). 전미사회복지사협회(NASW)의 윤리강령(1999)에 따르면 사회복지사는 모든 사람의 자원과 기회에 대한 접근을 보장하기 위한 하나의 수단으로써 사회적, 정치적 행동을 사용할 것이 기대된다고 명시되었다(Miley et al., 2016:372).

사회복지사는 부적절한 혹은 불평등한 사회적, 법률적, 제도적 기능 및 사회복지기관의 기능으로 인해 욕구를 충족할 수 없는 클라이언트 개인이나 집단을 위해 옹호활동을 하게 된다. 여기에는 개인에 대한 옹호와 집단에 대한 옹호가 있다. 개인에 대한 옹호는 특정 개인에게 서비스와 사회복지 혜택이 제공되도록 노력하거나 이미 제공되고 있는 서비스가 클라이언트의 존엄성을 인정하도록 영향을 미치는 것이고, 집단옹호는 특정 불이익 집단을 위해 제도적, 법률적 체계를 변화시키도록 노력하는 것이다.

실천현장에서 일하는 사회복지사들은 권익증진과 환경변화, 지역사회 조직화 등의 활동에 대한 필요성을 많이 느낀다. 그러나 이들의 실제 업무에서는 일반적 행정업무의 비중이 상대적으로 더 높은 것으로 나타난다. 특히 사회적 약자를 위한 옹호행위는 그 중요성에 비해 사회복지사가 적절한 성과를 내지 못해온 영역으로 평가되기도 한다(임정기 외, 2017).

사회복지사가 옹호활동을 하기 위해서는 불이익을 당하는 개인이나 집단의 참여가 절대적으로 필요할 뿐 아니라 이러한 문제를 인식하고 있는 전문가들의 참여 또한 중요하다. 주로 옹호활동을 하게 되는 상황은 다음과 같다(Hepworth & Larsen, 1986:570).

① 사회복지기관이나 직원이 수급자격이 있는 클라이언트에게 서비스나 혜택을 제공하지 않을 때
② 비인도적인 방식으로 서비스가 전달될 때
③ 인종, 종교, 신념 때문에 클라이언트가 차별을 받을 때
④ 서비스와 급여 사이의 틈(gap)으로 인한 어려움이 생기거나 역기능이 발생할 때
⑤ 정부나 기관의 정책이 자원과 급여를 필요로 하는 사람들에게 부정적인 영향을 미칠 때
⑥ 클라이언트가 스스로에게 유리하도록 행동하지 못할 때
⑦ 유용한 자원이 없어 많은 이들의 공통된 욕구가 해결되지 못할 때
⑧ 위기상황으로 인해 클라이언트가 서비스와 급여에 대한 절박한 욕구를 가지고 있을 때
⑨ 클라이언트가 시민의 혹은 법적인 권리를 거부당했을 때
⑩ 조직의 절차, 시설, 제도가 클라이언트에게 부정적 영향을 미칠 때

존슨(Johnson, 1989:373)은 옹호의 접근방식으로 정치적 과정에 영향력을 행사하는 것과 사회행동(social action)이 있다고 했다. 정치적 과정에 영향력을 행사하는 것은 정치과정에 영향력을 행사하여 정책결정 과정이 클라이언트 집단의 욕구에 적절히 반응하도록 노력하는 것이다. 대부분의 공공정책이 입법행동의 결과로 나타나고 입법행동은 정치영역에서 이뤄지기 때문이다. 한편 사회행동은 기본적인 제도변화를 위해 권력 구조, 제도, 정치적 구조에 압력을 행사하는 것을 의미한다.

1) 정치적 과정에 영향력 행사

최일섭 · 류진석(2003:252~253)은 정치적 과정에 영향력을 행사하기 위해서는 정책형성의 모든 단계에 압력을 가해야 한다고 하였다. 첫 번째 단계는 이슈를 논의의 대상으로 삼는 단계로 정치인들이 이슈에 관심을 갖고 그 중요성을 깨닫도록 하는 것이다. 두 번째 단계는 문제에 대한 가능한 해결방안들을 제시하는 것이다. 즉, 어떤 문제와 관련하여 법안이 제출되기 전에 자신들의 견해를 정치인들이나 정부의 관료들에게 알리는 것이 필요하다. 세 번째 단계는 법이나 규정이 통과되도록 압력을 넣는 단계이다. 이 단계에는 전통적 로비활동으로서 의원들과의 접촉, 편지나 전화 또는 위원회 등에서의 증언 등 활동이 포함된다. 네 번째 단계는 법이나 규정을 실천하도록 영향력을 행사하는 단계이다. 즉, 어떤 법이 더욱 강력하게 또는 평등하게 집행되도록 하거나, 유명무실하지 않고 실제로 집행될 수 있도록 압력을 행사하는 것이다.

2) 사회행동

사회행동은 의식화, 조직화, 권리요구, 직접적 대치 등의 좀더 적극적인 방법을 사용하여 불평등 문제 및 기회제한 문제 등을 개선시키는 활동이다. 이를 통해 지역사회에서 정의가 실현될 수 있는 기초를 닦고, 동시에 불의에 의해 차별받던 이들을 임파워링함으로써 이들이 스스로 자신의 권리를 찾아나갈 수 있게 만든다(강철희·정무성, 2013:154).

마일리 등(Miley et al., 2016:373~374)은 성공적인 사회정의 옹호를 위한 사회행동의 방법을 다음과 같이 제시한다.

- 사회정의나 인권 이슈를 둘러싸고 공통된 이해관계에 있는 당사자 및 지지하는 주민들과 관계를 형성한다.
- 욕구나 문제를 해결하는 최적의 해결책에 대해 합의에 도달한다.
- 지역사회 안에서 더 광범위하게 지지기반을 넓힌다.
- 적대자와의 의견 차이를 조정하여 수용가능한 협상결과에 도달하도록 한다.
- 광범위한 지지 및 참여를 위해 웹기반(web-based) 기술 및 소셜 네트워킹 기술들을 활용한다.
- 시민 참여와 공동작업, 파트너십, 연합 형성, 사회옹호 등에 있어 임파워먼트 원칙을 적용한다.

사회행동의 자원으로서 클라이언트의 잠재력과 힘을 간과하는 사회복지사는 소중한 자원을 외면하고 사회복지실천의 진행과정에서 중요한 정보를 제공할 최적의 위치에 있는 사람들을 소외시킬 위험이 있다. 옹호활동에서 클라이언트를 참여시키기 위해 사회복지사는 클라이언트에게 적절한 정보를 제공하고, 그들의 상황과 관련된 사회정치적, 경제적 시스템의 영향을 이해하도록 클라이언트를 대상으로 한 의식함양(*consciousness-raising*) 전략을 사용할 필요가 있다. 또한 기존의 기관 서비스 및 자격에 있어 클라이언트의 접근권한을 보장하고, 클라이언트의 사용권한과 새로운 서비스가 더욱 확대되도록 의사결정권자와 투쟁할 필요도 있다.

가족치료연구모임 역(1993), 《해결중심적 단기가족치료》, 하나의학사.

강만길(1986), 《한국근대사》, 고려서림.

감정기·최원규·진재문(2002), 《사회복지의 역사》, 나남출판.

강철희·정무성(2013), 《지역사회복지실천론》, 나남출판.

곽효문(2001), "조선조 자휼전칙의 복지행정사적 의의", 〈행정논총〉 39(3), pp. 57~59.

권진숙·전석균 역(1999), 《사례관리》, 하나의학사.

권중돈·김동배(2005), 《인간행동과 사회환경》, 학지사.

공계순·박현선·오승환·이상균·이현주(2003), 《아동복지론》, 학지사.

김규수(1999), 《의료사회사업실천론》, 형설출판사.

김혜란·홍선미·공계순(2001), 《사회복지실천기술론》, 나남출판.

김계현(1999), "카운슬링의 인간변화", 정원식 등 편저, 《카운슬링의 원리》, 교육과학사.

김기덕(2002), 《사회복지윤리학》, 나눔의집.

김기석 역(1972), 《상담과 심리치료》, 중앙적성연구소.

_____ 역(1978), 《정신분석치료의 이론과 실제》, 고려대학교 출판부.

김기태(1993), 《위기개입론》, 대왕사.

김기태·박병현·최송식(2002), 《사회복지의 이해》, 박영사.

김기환(1996), "학생복지를 위한 학교사회사업의 필요성", 《한국아동복지학》 제 4호.

_____(1997), "학교사회사업의 도입과 활성화 방안: 건강한 교육환경 조성을 위한 학교사회사업 도입방안", 〈학교사회사업 대토론회 자료집〉, pp. 16~43.

김동배 · 권중돈(2005), 《인간행동과 사회복지실천》, 학지사.

김만두 역(1977), 《케이스워크》, 강남대학교 출판부.

_____ 역(1980), 《위기개입론》, 강남대학교 출판부.

_____ 역(1982), 《케이스워크 관계론》, 강남사회복지학교 출판부.

_____ 역(1985), 《위기개입론》, 홍익제.

_____ 역(1993), 《사례관리실천론》, 홍익제.

김만두 · 한혜경(2001), 《현대사회복지개론》, 홍익제.

김미옥(1998), "발달지체 아동에 대한 장애인복지관에서의 사례관리", 《사회
복지실천사례관리》, 지샘.

김상균 외(2011), 《사회복지개론》, 나남출판.

김상균 · 오정수 · 유채영(2002), 《사회복지윤리와 철학》, 나남출판.

김성경(1992), "Perlman과 Compton-Galaway의 문제해결 모델의 비교와
적용가능성에 관한 연구", 이화여자대학교 석사학위논문.

김성천(1997), "빈곤문제해결을 위한 사회사업실천방법에 관한 연구", 〈한국
사회복지학〉 33, pp. 29~54.

김연옥 · 최해경 역(1994), 《사회사업면접의 이론과 실제》, 한울아카데미.

김유숙(1998), 《가족치료: 이론과 실제》, 학지사.

김유숙 · 이영분 역(1992), 《가족분석가계도》, 홍익제.

김융일 · 조흥식 · 김연옥(1995), 《사회사업실천론》, 나남출판.

김융일 · 양옥경(2002), 《사회복지 수퍼비전론》, 양서원.

김인수(1992), 《가족치료: 해결중심접근법》, 중앙적성출판사.

김인자(1997), 《현실요법과 선택이론》, 한국심리상담연구소.

_____ 역(1991), 《당신의 삶은 누가 통제하는가》, 한국심리상담연구소.

_____ 역(1991), 《현실요법의 적용》, 한국심리상담연구소.

김재엽 · 양혜원 · 이근영(1999), "아내구타 피해여성의 우울증 개선을 위한
통합적 프로그램의 효과", 〈한국사회복지학〉 38, pp. 68~99.

김정규 역(1991), 《인간행동의 심리》, 성원사.

김정자(2004), "제 3장 사회복지실천에서 윤리의 문제", 양옥경 외, 《사회복
지윤리와 철학》, 나눔의집출판사, pp. 55~79.

김정진(2004), 《사회복지실습론》, 서현사.

_____ (2017), 《사회복지실천기술론》, 학지사.

김정희 · 이장호(1985), "스트레스 대처방식의 구성요인 및 우울과의 관계", 고려대학교 석사학위논문.

_____ 공역(1992), 《현대심리치료》, 중앙적성출판사.

김종옥 · 권중돈(1993), 《집단사회사업방법론》, 홍익제.

김종찬(1994), "조선저의 구민제도에 관한 연구", 〈한국행정사학지〉제 3호, pp. 109~131.

김태성 외(2000), 《복지국가론》, 나남출판.

김통원 · 김용득(1998), 《사회복지실천 사례관리》, 지샘.

김향구(1987), "내외통제성과 실패경험후의 방어성", 연세대학교 석사학위논문.

김혜란 · 홍선미 · 공계순(2001), 《사회복지실천기술론》, 나남출판.

김혜림(1995), "가출부랑아의 초기적응을 위한 과제중심모델 적용 사례연구", 이화여자대학교 석사학위논문.

남경현(1976), "사회복지관의 역사적 배경과 유형", 《사회복지관개요》, 한국사회복지관연합회, pp. 11~14.

남경희(2004), "제 2장 윤리이론과 사회복지", 양옥경 외, 《사회복지윤리와 철학》, 나눔의집출판사, pp. 33~53.

남세진 · 조홍식(2000), 《한국사회복지론》, 나남출판.

남찬섭 역(1994), 《이데올로기와 사회복지》, 한울.

노명래 역(1992), 《스트레스 뿌리뽑기》, 희성사.

대한신경정신의학회 역(1997), 《정신장애의 진단 및 통계편람: DSM-IV》, 하나의학사.

류상렬 외 역(1997), 《지역복지론》, 한일지역복지비교연구회.

문성학(2007), 《칸트윤리학과 형식주의》, 경북대학교출판부.

문인숙 외 역(1985), 《임상사회복지학》, 집문당.

문인숙 외(1994), 《사회사업방법론: 통합적 접근》, 보진제.

민소영(2015), "한국의 사례관리 전개 과정과 쟁점 고찰", 〈한국사회복지행정학〉통권 46호, pp. 213~239.

박경일 외(2001), 《사회복지학강의》, 양서원.

박미은(1996), "학대받은 아내의 심리사회적 대응과정과 사회사업적 임파워먼트", 《정신보건과 사회사업》제 3집, pp. 53~79.

박병현(2005), 《복지국가의 비교》, 공동체.

박영희 외 역(1996), 《부부 및 가족치료 기법》, 신한출판사.

박지원(1985), "사회적 지지척도 개발을 위한 연구", 연세대학교 박사학위논문.

박태수·고기홍(2003), 《개인상담의 실제》, 학지사.

박태영·김종우·이재모(1999), "사회복지 생활시설과 사회복지사", 《복지
사회 2000》, 한국사회복지사협회.

반포종합사회복지관 외(2003), 《사회복지척도집》.

배민진(1995), "만성질환자를 위한 사례관리 연구", 이화여자대학교 사회사
업학과 석사학위논문.

변화순·조은희(2003), 〈다양한 가족출현에 따른 쟁점과 가족관련법의 방향
정립에 관한 연구〉, 한국여성개발원.

보건복지가족부(2009a), 《2008 보건복지가족백서》.

_____(2009b), 《2009년도 사회복지관 운영관련 업무처리 요령안내》.

보건복지부(2004a), 《보건복지통계연보》.

_____(2004b), 《2004년도 모·부자복지사업안내》.

_____(2004c), 《2003 보건복지백서》.

_____(2005a), 《아동복지시설일람표》.

_____(2005b), 《2005년도 노인복지시설현황》.

_____(2005c), 《2004년 하반기 장애인 지역사회재활시설운영현황》.

_____(2010), 《2009 보건복지백서》.

_____(2011), 《2011년도 사회복지관 운영지침》.

_____(2017), 《읍면동 맞춤형복지업무 매뉴얼》.

서미경(1999), "정신장애인 가족의 대처에 관한 연구", 〈한국사회복지학〉
37, pp. 217~239.

서미경·김영란·박미은 역(2000), 《사회복지실천윤리》, 양서원.

서상철(2004), 《노인복지론》, 홍익제.

서울대 사회복지실천연구회 역(1998), 《사회복지실천 기법과 지침》, 나남출판.

서울특별시립 동부아동상담소 역(1999), 《단기치료와 과제중심접근의 새로운
관점》, 서울특별시립 동부아동상담소.

성민선·송준 역(1988), 《가족의사소통의 새로운 기법: 사람 만들기의 가정
공학》, 홍익제.

송성자(1997), "한국문화와 가족치료: 해결중심 가족치료 적용", 〈한국사회

복지학〉 32, pp. 160~180.

송성자(1987), 《가족관계와 가족치료》, 홍익제.

양옥경(1996), "사회복지전문자격제도", 《사회복지》여름, 사회복지협의회.

_____(1996), 《지역사회정신건강》, 나남출판.

_____(2006), 《정신보건과 사회복지》, 나남출판.

_____(2014), "구한말 민간 빈민구제시설 진민소(賑民所)에 관한 연구", 〈한국사회복지학〉 66(4), pp. 261~268.

_____(2017), 《사회복지윤리와 인권》, 공동체.

양옥경(2017a), "제 1장 총설", 서울역사편찬원 편. 《서울사회복지사》, 서울역사편찬원.

양옥경·김미옥(1999), "사회복지실천에서의 권한부여모델에 대한 고찰", 《사회복지》겨울호, 사회복지협의회.

양옥경 외(1995), 《사회복지실천과 윤리》, 한울아카데미.

양옥경 외(2004), 《사회복지윤리와 철학》, 나눔의집출판사.

엄명용·김성천·오혜경·윤혜미(2000), 《사회복지실천의 이해》, 학지사.

오세근(2003), "前자본제 사회에서 동양과 서양의 복지 사상 특성에 관한 고찰 – 한국과 영국의 구빈 정책을 중심으로", 〈동양사회사상〉 제 7집, pp. 65~96.

오혜경(1997), 《장애인복지학입문》, 아시아미디어리서치.

우애령(1994), "현실요법을 적용한 집단사회사업 프로그램 개발", 연세대학교 박사학위논문.

유길준 저·허경진 역(2004), 《서유견문》, 서해문집.

유명이(2017), 〈사례관리과정별 기록〉, 한국사례관리학회 춘계학술대회 워크숍 자료집.

유수현(2000), "인간관계훈련", 《정신보건전문요원수련교재》, 양서원.

윤석범(1991), "한국 빈곤의 역사적 편모-한 시론으로서의 개관", 〈경제논집〉 30(4), pp. 639~640.

윤현숙·김기환·김성천·이영분·이은주·최현미·홍금자(2002), 《사회복지실천기술론》, 동인.

윤현숙·김연옥·황숙연(2001), 《의료사회사업론》, 나남출판.

이관용·이장호 공역(1982), 《카운슬링과 심리치료의 이론과 실제》, (주) 대학교과서.

이근후 역(1992), 《정신치료 어떻게 하는 것인가》, 하나의학사.

이덕주(1993), 《태화기독교사회복지관의 역사》, 태화기독교사회복지관.

이명흥 역(1985), 《케이스워크: 문제해결과정》, 양서각.

_____(1986), 《케이스워크에 나타난 문제와 논점》, 양서각.

이문국 외 역(1998), 《사회복지대백과사전》, 나눔의집.

이방원(2009), "사회복지역사박물관: 타당성과 콘텐츠 개발", 사회복지역사
    박물관 연구위원회 심포지엄, 〈사회복지, 역사, 그 체험의 장〉, 한국
    사회복지협의회, pp. 9~36.

이샤이, 미셸린(2008), 《세계인권사상사》, 조효제 역, 도서출판 길.

이석주·임봉순·석수룡(1984), "Rational-Emotive Therapy에 대한 이론적
    고찰", 〈학생생활연구〉 제 3권 1호, 경남대학생생활연구소.

이순형 외 공저(2003), 《아동복지 — 이론과 실천》, 학지사.

이영철·박미은·윤동성·엄기욱·이용교·정민숙(2003), 《사회복지학》,
    양서원.

이영호(2000), 《사회복지실천기술론》, 공동체.

이윤로·홍영수(2001), 《의료사회사업론》, 학지사.

이인정·최해경(1998), 《인간행동과 사회환경》, 나남출판.

이장호·이관용 역(1982), 《카운셀링과 심리치료의 이론과 실제》, 대한교과
    서주식회사.

이재규(1995), "로저스 인간중심 상담에서의 존중의 의미", 서울대학교 석사
    학위논문.

이창호·최일섭(1993), 《사회계획론》, 나남출판.

이팔환 외 역(2000), 《사회복지실천이론의 토대》, 나눔의집.

이현선(2017), 〈사례관리기록의 현실과 과제〉, 한국사례관리학회 춘계학술
    대회 워크숍 자료집.

이형득 외(1984), 《상담의 이론적 접근》, 형설출판사.

_____(1990), 《가치명료화를 위한 집단상담 프로그램》, 한양대학교 학생
    생활연구소.

_____ 편저(1992), 《상담이론》, 교육과학사.

이희(1995), 《정신요법》, 일조각.

임재홍(2006), "제1장 근대 인권의 확립", 《인권법》, 인권법교재발간위원회 편, pp. 15~33.

임정기·김교성·이현주(2017), "사회복지사는 무슨 일을 하는가?: 사회복 지사의 과업과 역할에 대한 지향과 현실", 〈한국사회복지행정학〉 19(2), pp. 209~242.

장인협·김융일·정진영·이정숙·조홍식 역(1986), 《인간행동과 사회환경》, 집문당.

장인협(1989), 《사회사업실천방법론》, 서울대학교 출판부.

_____(1994), 《사회사업실천방법론(上): 기초이론》, 서울대학교 출판부.

_____(1998), 《사회사업실천방법론(下): 응용이론》, 서울대학교 출판부.

_____(1999), 《사회복지실천론(中): 제너럴리스트 접근(통합편)》, 서울대 학교 출판부.

장현갑·강성군(1996), 《스트레스와 정신건강》, 학지사.

전석균(1994), "정신분열증 환자의 재활을 위한 사회기술훈련 프로그램의 효과성에 관한 연구", 숭실대학교 박사학위논문.

전재일(1981), "사회사업실제의 통합적 접근방법에 관한 연구", 〈사회복지 연구〉 10, pp. 141~237.

전재일·김상규(1996), 《개별사회사업》, 형설출판사.

전재일·이준상(1998), 《사례관리의 기초》, 사회복지개발연구원.

정원식·박성수·김창대(1999), 《카운슬링의 원리》, 교육과학사.

정진영·황성철 외 역(1998), 《현대집단사회사업》, 학문사.

조현춘·조현재 공역(1996), 《심리상담과 치료의 이론과 실제》, 시그마프레스.

조효제(2007), 《인권의 문법》, 후마니타스.

조휘일·이윤로(1999), 《사회복지실천론》, 학지사.

최경석·김양희·김성천·김진희·박정윤(2003), 《한국 가족복지의 이해》, 인간과 복지.

최민숙(2000), "장애영유아 가족지원을 위한 가족의 자원과 요구진단", 〈한 국유아특수교육학회 발표자료〉, pp. 175~186.

최민숙·김정진(2004), "지역사회중심의 장애영유아 가족지원 실행을 위한 가족의 요구와 자원실태분석: 천안-아산 지역을 중심으로", 〈특수교 육연구〉 38(2), pp. 85~112.

최성연(1997), "정신질환자를 위한 사례관리 업무개발에 관한 연구", 서울여
　　　자대학교 석사학위논문.

최순남(1993), 《인간행동과 사회환경》, 한신대학교 출판부.

최영희 역(1998), 《인지치료의 이론과 실제》, 하나의학사.

최옥채(2006), 《교정복지론》 제4판, 학지사.

최옥채·박미은·서미경·전석균(2004), 《인간행동과 사회환경》, 양서원.

최일섭·류진석(1997), 《지역사회복지론》, 서울대학교 출판부.

최창무(1992), "조선왕조후기의 구빈제도에 관한 연구", 〈복지행정논총〉 제
　　　2권, pp. 85~114.

한국사회복지관협회(2004), 《사회복지프로그램 매뉴얼 개발 연구: 가족복지
　　　실천방법》, 서울복지재단.

한국복지연구회(1997), 《현대사회의 자원봉사론》, 유풍출판사.

한국사회복지협의회·이화여대산학협력단(2009), 《사회복지역사박물관 건립
　　　의 타당성 분석 및 기본계획 수립을 위한 기초연구》.

한국여성개발원(1990), 《여성복지법제에 관한 연구》, 한국여성개발원.

한국임상사회사업학회 편저(2004), 《노인복지론》, 양서원.

한글학회(1992), 《우리말큰사전》, 어문각.

한영우(2014), 《미래와 만나는 한국의 선비문화》, 세창출판사.

한인영·최현미(2000), 《의료사회사업론》, 학문사.

허남순(1998), "과제중심모델의 적용에 관한 연구: 재가노인을 위한 사례관
　　　리", 〈한국사회복지학〉 통권 35호, pp. 399~426.

허남순 외 역(2004), 《사회복지 실천이론과 기술》, 나눔의집.

현명호·유제민 역(2004), 《상담 및 심리치료의 통합적 접근》, 시그마프레스.

홍경자 역(1984), 《생활지도와 정신치료에 있어서의 현실요법》, 중앙적성출
　　　판부.

　　　＿＿ 역(1994), 《이성을 통한 자기성장》, 탐구당.

홍경자·김선남 편역(1995), 《화가 날 때 읽는 책》, 학지사.

홍금자(2000), "근대 사회사업의 성립과 발달사적 구분에 관한 연구", 〈한국
　　　사회복지학〉 40, pp. 226~269.

홍순혜·한인영 역(1997), 《사회사업기록》, 학문사.

황성철(1995), "사례관리실천을 위한 모형개발과 한국적 적용에 관한 연구",

〈한국사회복지학〉 통권 27호, pp. 275~304.

UN Center for Human Rights 저 · 이혜원 역, 《인권과 사회복지실천》, (2005), 학지사.

Abramson, L. Y., M. E. P. Seligman & J. D. Teasdale(1978), "Learned Helplessness In Humans: Critique and Reformulation", *Journal of Abnormal Psychology*, 87(1), pp. 49~74.

Addams, J. (1998), *Twenty Years at Hull-House*, Penguin Books.

Adler, A. (1931), *What Life should Mean to You*, New York: Blue Ribbon Books.

_____(1964), *Superiority and Social Interest*, Northwestern Univ. Press.

Aguilera, D. C. & J. M. Messick(1982), *Crisis Intervention: Theory and Practice*, Saint Louis: Mosby.

Alan, K. (1998), *Abuse in the Family*, CA: Brooks/Cole.

Alexander, C. (1977), "Social Work Practice: A Unitary Conception", *Social Work*, Sep., pp. 407~414.

Anderson, R. E. & Carter, I. E. (1984), *Human Behavior in the Social Environment: A Social Systems Approach*, Chicago: Aldine.

Anderson, S. C. & Mandell, D. L. (1989), "The Use of Self-disclosure by Professional Social Workers", *Social Case Work: The Journal of Contemporary Social Work*, May, pp. 259~267.

Applegate, G. (1980), "If only My Spouse Would Change", in N. Glasser(ed.), *What Are You Doing?* NY: Harper & Row.

Ashley, A. (1988), "Case Management: The Need to Define Goals", *Hospital & Community Psychiatry*, Vol. 39, pp. 499~500.

Atkinson, G. & D. A. Coia(1995), *Families Coping With Schizophrenia: A Practitioner's Guide to Family Groups*, NY: John Wiley & Sons.

Baer, B. L. & R. C. Federico(1978), *Educating the Baccalaureate Social Worker*, Cambridge: Ballinger.

Bandura, A. (1977), *Social Learning Theory*, Englewood Cliffs, NJ:

Prentice-Hall.

_____(1977), "Self-efficiency: Toward a Unifying Theory of Behavioral Change", *Psychological Review*, Vol. 84, pp. 191~215.

Banmen, J. (1982), "Reality Therapy Research Review", *Journal of Reality Therapy*, 2(1), pp. 28~32.

Barber, J. G. (1991), *Beyond Casework*, London: Macmillan.

Barker, R. L. (1987), *The Social Work Dictionary*, Silver Spring: NASW.

Bartlett, H. M. (1970), *The Common Base of Social Work Practice*, Washington, D. C.: National Association of Social Workers Inc.

Beck, A. T. (1985), *Anxiety Disorders and Phobias: A Cognitive Perspective*, NY: Basic Books.

_____, A. J. Rush, B. F. Shaw & G. Emery (1979), *Cognitive Therapy of Depression*, NY: Guilford.

Belkin, G. S. (1981), *Practical Counseling in the Schools*, (2nd ed.), Brown.

Bertalanffy, Ludwig von (1981), *A Systems View of Man*, edited by Paul A. LaViolette, Boulder: Westview Press.

Biestek, F. P. (1957), *The Casework Relationship*, Illinois: Loyola Univ. Press.

Boehm, W. W. (1958), "The Nature of Social Work", *Social Work*, 3(2), pp. 10~19.

_____(1959), *Objectives of the Social Work Curriculum of the Future*, NY: CSWE.

Bookman, A. & S. Morgen (1988), *Women & the Politics of Empowerment*, Philadelphia: Temple University Press.

Brandell, J. R. (1997), *Theory and Practice in Clinical Social Work*, NY: Free Press.

Brieland, D. (1977), "Historical Overview", *Social Work*, Sep., pp. 341~346.

Bronfenbrenner, U. (1979), *The Ecology of Human Development*, MA: Harvard Univ. Press.

Brown, L. & J. Levitt (1979), "A Methodology for Problem: System

Identification", *Social Casework*, Vol. 60, pp. 408~415.

Browne, C. V. (1995), "Empowerment in Social Work Practice with Older Women", *Social Work*, 40(3), pp. 358~364.

Bruce, A. T. & P. Fedric (1997), "Behavioral and Cognitive Theories", in *Theory and Practice in Clinical Case Studies*, Harper & Row.

Burl, E. G. (1997), *Crisis Intervention Strategies*, CA: Brooks/Cole.

Coates, D., G. Renzaglia & M. C. Embree (1983), "When helping backfires: Help and helplessness", *New Directions in Helping*, NY: Academic Press.

Cohen, N. E. (1958), *Social Work in the American Tradition*, NY: Dryden.

Compton, B. R. (1983), "Traditional Fields of Practice", *Handbook of Clinical Social Work*, San Francisco: Jossey-Bass, pp. 983~1023.

Compton, B. R. & B. Galaway (1994), *Social Work Processes (5th ed.)*, Belmont: Wadsworth.

Corey, G. (1977), *Theory and Practice of Counseling and Psychotherapy*, Brooks-Cole.

Cormier, W. H. & C. Sherilyn (1990), *Interviewing Strategies for Helpers*, CA: Brooks/Cole.

CSWE (1994), *Handbook of Accreditation Standards and Procedures*, Alexandria, Va.: Author.

CSWE (2008), "Educational Policy and Accreditation Standards".

Darvil, G. & B. Munday (1984), *Volunteers in the Personal Social Services*, NY: Tavistock.

Dean, W. R. Jr. (1977), "Back to Activitism", *Social Work*, Sep., pp. 369~373.

DeGennaro, M. R. (1987), *Developing Case Management as a Practice Model*, Social Casework.

Dolgoff, R., D. Feildstein & L. Skolnik (1997), *Understand Social Welfare*, NY: Longman.

Dolgoff, R., D. Harrington & F. Loewenberg (2012), *Ethical Decisions for Social Work Practice*(9th ed.), Brooks/Cole.

Donald, K. G. (1997), "Cognitive-Behavioral Therapy with Adults", in J. Brandell(ed.), *Theory and Practice in Clinical Social Work*, NY: Free Press.

Donnelly, J. (2013), *Universal Human Rights: In Theory and Practice*(3rd ed.), Ithaca: Cornell University Press.

Dunst, C. J., & C. M. Trivette(1989), "An Enablement and Empowerment Perspective of Case Management", *Topics in Early Childhood Special Education*, 8(4), pp. 87~102.

Dunst, C. J., C. M. Trivette, A. L. Starnes, D. W Hamby & N. J. Gordon(1993), *Building and Evaluating Family Support Initiatives: A National Study of Programs for Persons with Developmental Disabilities*, Baltimore MD: Paul H. Brookes.

Dunst, C. J, C. M. Triviette, M. Davis, & J. Cornwell(1994) "Characteristics of Effective Help Giving Practices", *Chidren's Health Care*, 17(2), pp. 71~81.

D'Zillar, T. J. (1988), "Problem Solving Therapy", in K. S. Dolson (ed.), *Handbook of Cognitive Behavioral Therapies*, NY: Guilford.

Ellis, A. (1962), *Reason and Emotion in Psychotherapy*, NY: Lyle Stuart.

_____(1973), *Humanistic Psychotherapy: The Rational-Emotive Approach*, NY: Crown Publishers and McGraw-Hill Paperbacks.

_____(1979), "The Rational-Emotive Approach to Counseling", in H. M. Burks & B. Steffire(eds.), *Theories of Counseling*, NY: McGraw-Hill.

_____(1982), *Rational-Emotive Theory and Cognitive Behavior Therapy*, NY: Springer.

Epstein, L. (1992), *Brief Treatment and a New Look at the Task-Centered Approach*, Macmillian Publish Company.

Fischer, J. (1973), *Interpersonal Helping: Emerging Approaches for Social Work Practice*, C. C. Thomas.

Flanzer, J. P. (1973), "Conintegration: The Concurrent Integration of

Treatment Modelities in Social Work Practice", *Doctoral Dissertation*, Univ. of Southern California.

Flexner, A. (1915), "Is Social Work a Profession?", *In Proceedings of the National Conference of Charities and Correction*, NY: National Conference of Charities and Correction, pp. 576~590.

Freeman, A. & F. Dattilio(1992), *Comprehensive Casebook of Cognitive Therapy*, NY: Plenum.

Friedlander, W. A. (1962), *Individualism and Social Welfare*, Glencoe: Free Press.

_____(1976), "Introduction: Generic Principles of Social Work", in W. Friedlander (ed.), *Concepts and Methods of Social Work(2nd ed.)*, Englewood Cliffs: Prentice-Hall.

_____(ed.) (1976), *Concepts and Methods of Social Work(2nd ed.)*, Englewood Cliffs: Prentice-Hall.

Friedlander, W. A. & Apte, R. Z. (1980), *Introduction to Social Welfare (5th ed.)*, Englewood Cliffs: Prentice Hall.

Fromm, E. (1956), *The Art of Loving*, NY: Harper & Row.

Gambrill, E. D. (1976), *It's up to You: Developing Assertive Social Skills*, CA: Les Femmes.

Gambrill, E. (1992), *Critical Thinking in Clinical Practice*, San Francisco: Jossey-Bass.

Gerhart, U. C. (1990), *Caring for the Chronic Mentally Ⅲ*, Itasca, IL: F. E. Peacock.

Germain, C. B. (1976), "An Ecological Variable in Social Work Practice", *Social Casework*, 57(7), pp. 419~429.

_____(1979), *Social Work Practice: People & Environmental*, NY: Columbia Univ. Press.

_____(1983), "Technological Advances", A. Rosenblatt & D. Waldfogel (eds.), *Handbook of Clinical Social Work*, San Francisco: Jossey-Bass, pp. 26~57.

_____(1983), "Using Social & Physical Environment", in A. Rosenbeltt

& D. Waldfogel (ed.), *Handbook of Clinical Social Work*, San Francisco: Jossy-Bass, pp. 110~133.

_____ (1987), "Ecological perspectives", in A. Minahan et al. (eds.), *Encyclopedia of Social Work*, MD: National Association of Social Workers.

_____ (1995), *The Life Model of Social Work Practice*, NY: Columbia Univ. Press.

Germain, C. B. & A. Gitterman (1980), *The Life Model of Social Work Practice*, NY: Columbia Univ. Press.

Gilliland, B. & R. James (1997), *Crisis Intervention Strategies*, Brooks/Cole.

Gitterman, A. (1996), "The Life Model of Social Work Practice", in F. Turner (ed.), *Social Work Treatment*, NY: Free Press.

Glasser, N. E. (1989), *Control Therapy in the Practice of Reality Therapy: Case Studies*, NY: Harper & Row.

Glasser, W. (1961), *Mental Health or Mental Illness?: Psychiatry for Practical Action*, NY: Harper & Row.

_____ (1965), *Reality therapy: A New Approach to Psychiatry*, With a forward by O. H. Mowrer, NY: Harper & Row.

_____ (1985), *Control Theory*, NY: Harper & Row.

Glendon, M. A. (2001), *A World Made New: Eleanor Roosevelt and the Universal Declaration of Human Rights*, NY: Random House.

Golan, N. (1977), "Work With Young Adults in Israel", in W. J. Reid & L. Epstein (eds.), *Task Centered Practice*, NY: Columbia Univ. Press, pp. 270~284.

_____ (1987), "Crisis Theory", in Turner (ed.), *Social Work Treatment*, NY: Free Press.

Goldenberg, I. & H. Goldenberg (1985), *Family Therapy: An Overview*, CA: Brooks/Cole.

Goldstein, H. (1973), *Social Work Practice: A Unitary Approach*, Columbia: Univ. of South Carolina Press.

Gordon, W. E. & M. L. Schutz (1977), "A Natural Basis for Social Work Specializations", *Social Work*, Sep., pp. 422~426.

Gottleb, B. (1985), "Assessing & Strengthening the Impact of Social Support in Mental Health", *Social Work*, 30(4), pp. 293~300.

Greenwood, E. (1957), "Attributes of a Profession", *Social Work*, Jan., pp. 44~55.

Gummer, B. (1983), "Consumerism & Clients Rights", in A. Rosenblatt, & D. Waldfogel (ed.), *Handbook of Clinical Social Work*, San Francisco: Jossey-Bass, pp. 920~938.

Gutierrez, L. (1990), "Working with Women of Color", *Social Work*, Vol. 35, pp. 149~154.

Haley, J. (1980), *Leaving home: The Theory of Disturbed Young People*, NY: McGraw-Hill Books.

Haney, P. (1988), "Providing Empowerment to the Person with AIDS", *Social Work*, Vol. 33, pp. 251~253.

Hansenfeld Y. & J. Handler (1987) *Reform Work, Reform Welfare*, Twentieth Century Fund.

Hare, I. (1994), "School Social Work in Transition", *Social Work in Education*, 16(1), 64~68.

Hari, V. (1975), "Instituting Short Term Casework in a Long Term Agency", in W. J. Reid & L. Epstein (eds.), *Task Centered Practice*, NY: Columbia Univ. Press, pp. 89~99.

Hegar, R. L. & J. M. Hunzeker (1988), "Moving toward Empowerment-Based Practice in Public Child Welfare", *Social Work*, Vol. 33, pp. 499~503.

Hepworth, D. H. & J. A. Larsen (1986), *Direct Social Work Practice: Theory and Skills*, Chicago: Dorsey.

_____ (1997), *Direct Social Work Practice: Theory and Skills (6th ed.)*, Pacific Grove: Brooks/Cole.

Hepworth, D. H., R. H. Rooney, G. D. Rooney, K. Strom-Gottfried & J. A. Larsen (2009), *Direct Social Work Practice: Theory and Skills*

(*8th ed.*), Cengage Learning.

_____ (2016), *Direct Social Work Practice: Theory and Skills*(*10th ed.*), Cengage Learning.

Hollis, F. (1972), *Casework: A Psychosocial Therapy*(*2nd ed.*), NY: Random House.

Holloway, F. (1991), "Case Management for the Mentally Ill: Looking at the Evidence", *The International Journal of Social Psychiatry*, Vol. 37, pp. 2~13.

Hulse, W. C. (1955), "Transference, Catharsis, Insight & Reality Test ing During Concomitant Individual & Group Psychotherapy", *International Journal of Group Psychotherapy*, 5(1), pp. 45~53.

Hunt, L. (1978), "Social Work and Ideology", in N. Timms & D. Watson(eds.), *Philosophy in Social Work*, London: Routledge and Kegan Paul, pp. 7~25.

Hurvitz, N. (1975), "Interactions Hypothesis in Marriage Counseling", in A. Gurman & D. Rice(eds.), *Couples in Conflict*, NY: Jason Aronson, pp. 225~240.

Ife, Jim, 2001, *Human Rights and Social Work: Towards Rights-Based Practice*, Cambridge: Cambridge University Press.

Jayaratne, S. (1978), "A Study of Clinical Eclecticism", *Social Service Review*, Vol. 52, pp. 621~631.

Jerrold, R. B. & T. Fredrick(1997), "Psychoanalytic Theory", in J. Bran dell (ed.), *Theory and Practice in Clinical Social Work*, NY: Free Press.

Johnson, L. C. (1989), *Social Work Practice*(*3rd ed.*), Massachusetts: Allyn and Bacon.

_____ (1995), *Social Work Practice: A Generalist Approach*(*5th ed.*), Boston: Allyn and Bacon.

Johnson, L. C. & S. J. Yanca(2004), *Social Work Practice: A Generalist Approach*(*8th ed.*), Pearson Education.

Jonson, P. & A. Rubin(1983), "A Case Management in Mental Health:

A Social Work Domain?" *Social Work*, Jan. ~Feb., pp. 49~54.

Kadushin, A. (1972), *The Social Work Interview*, NY: Brunner/Mazel.

Kahn, A. J. (1973), *Social Policy and Social Services*, NY: Random House.

Kanter, J. (1989), "Clinical Case Management: Definition, Principles, Components", *Hospital & Community Psychiatry*, Vol. 40, pp. 361 ~368.

Katz, A. H. & E. I. Bender (1976), *The Strength in US: Self-Help Group in the Modern World*, NY: Franklin-Watls.

Keith-Lucas, A. (1972), *Giving and Taking Help*, Chapel Hill: Univ. of North Carolina Press.

Kirst-Ashman, K. (2009), *Introduction to Social Work and Social Welfare*, Thomson Brooks/Cole.

Kirst-Ashman, K. & G. Hull (1993), *Understanding Generalist Practice*, Chicago: Nelson-Hal.

Lamb, H. R. (1987), "Board-and-care Home Wanderers", *Archives of General Psychiatry*, Vol. 37, pp. 135~137.

Lauber, M. (1992), "A Taxonomy of Case Management Tasks in Community Mental Health Facilities", *Social Work Research & Abstracts*, Sep., pp. 3~10.

Lee, P. R. (1937), *Social Work as Cause and Function*, NY: Columbia Univ. Press.

Levinson, H. (1977), "Termination of Psychotherapy: Some Salient Issues", *Social Casework*, Vol. 58, pp. 480~489.

Levy, C. (1973), "The Value Base of Social Work", *Journal of Education for Social Work*, Jan., pp. 34~42.

_____ (1976), *Social Work and Ethics*, Human Science Press.

Lowenberg, F. & R. Dolgoff (1988), *Ethical Decisions for Social Work Practice*, Itasca: F. E. Peacock.

Lowenberg, Frank M., Ralph Dolgoff, & Donna Harrington (2000), *Ethical Decisions for Social Work Practice (6th ed.)*, Ithaca: F. E. Peacock Publishers.

Malekoff, A. (1997), *Group Work with Adolescents (1st ed.)*, Guilford Press.

McBroom, E. (1976), "Socialization through Small Groups", in W. R. Robert (eds.), *Theories of Social Work with Groups*, NY: Columbia Univ. Press.

McDermott, C. J. (1989), "Empowering Elderly Nursing Home Residents: The Resident's Rights Campaign", *Social Work*, Vol. 34, pp. 155~157.

Maluccio, A. N. (1981), *Competence-oriented Social Work Pactice: An Ecological Approach*, NY: Free Press.

Mandell, B. & B. Schram (1985), *Human Services: Instruction & Intervention*, NY: John Wiley & Sons.

Martin, P. Y. & O'connor, G. G. (1989), *The Social Environment: Open Systems Approach*, White Plains. NY: Longman Inc.

Meichenbaum, D. (1985), *Stress Inoculation Training*, NY: Pergamon.

Meyer, C. H. (1983), "Direct Services in New & Old Contexts", in Kahn (ed.), *Shaping the New Social Work*, NY: Columbia Univ. Press, pp. 26~54.

_____ (1985), "Social Support and Social Workers: Collaboration or Conflict?" *Social Work*, Vol. 30, p. 291.

Miley, K. K., M. O' Melia & B. L. DuBois (1995), *Generalist Social Work Practice: An Empowering Approach*, Boston: Allyn and Bacon.

_____ (2014), *Generalist Social Work Practice: An Empowering Approach (7ed.)*, London: Pearson.

_____ (2016), *Generalist Social Work Practice: An Empowering Approach (8ed.)*, London: Pearson.

Miller, W. R., & M. E. Seligman (1975), "Depression and Learned Helplessness in Man", *Journal of Abnormal Psychology*, 84 (3), pp. 228~238.

Minahan, A. (1981), "Introduction to Special Issues: Purposes and Objectives of Social Work Revisited", *Social Work*, Jan., pp. 5~6.

Minahan, A. & A. Pincus (1977), "Conceptual Framework for Social Work Practice", *Social Work*, Sep., pp. 347~352.

Minuchinm S. (1974), *Families and family therapy*, Cambridge: Harvard Univ. Press.

Moore, S. T. (1992), "Case Management & the Integration of Services: How Service Delivery Systems Shape Case Management", *Social Work*, Vol. 31, pp. 290~299.

Morris, R. (1977), "Caring for vs. Caring About People", *Social Work*, Sep., pp. 353~359.

Moxley, D. P. (1989), *The Practice of Case Management*, Sage Publications: The International Professional Publishers.

Naleppa, M. J. (1995), "Task Centered Case Management for the Elderly: Developing a Practice Model", Ph. D. Dissertation, State Univ. of New York at Albany.

NASW (1958), "Working Definition of Social Work Practice", reprinted in Donald Brieland, "Historical Overview", *Social Work*, Sep., p. 344.

_____ (1974), "Social Casework: Generic and Specific", (A Report of the Milford Conference of 1929), reprinted in National Association of Social Workers Classics Series, Washington, D. C.: NASW.

_____ (1993), *National Association of Social Workers Codes of Ethics*, Washington, D. C.: Author.

_____ (1994), *National Association of Social Workers Code of Ethics*, Washington, D. C.: Author.

_____ (1995), *Encyclopedia of Social Work*, Maryland: NASW.

Neale, N. K. (1983), "Private Practice", in A. Rosenblatt & D. Waldfogel (eds.), *Handbook of Clinical Social Work*, San Francisco: Jossey-Bass.

Netting, F. E. (1992), "Case Management: Service or Symptom", *Social Work*, Mar., pp. 160~164.

Netting, F. E. & G. W. Frank (1990), "Case Manager-Physician Collab-

oration: Implications for Professional Identity, Roles, & Rela-
tionships", *Health & Social Work*, Vol. 3, pp. 106~118.

Northen, H. (1969), *Social Work with Groups*, NY: Columbia Univ.
Press.

O' Connor, G. C. (1988), "Case Management: System & Practice", *Social Casework*, Vol. 69, pp. 97~106.

O' melia, M. (1991), "Generalist Perspective in Case Coordination",
Workshop Presentation at The Association for Retarded Citizens of Rock Island County, Rock Island, IL.

Payne, M. S. (1991), *Modern Social Work Theory: A Critical Introduction*,
London: Macmillan.

Reichert, Elisabeth, 2003, *Social Work and Human Rights: A Foundation for Policy and Practice*, NY: Columbia University Press.

Perlman, H. H. (1957), *Social Casework: A Problem-Solving Process*,
Chicago: The Univ. of Chicago Press.

_____(1972), "The Problem-solving Model in Social Casework", in
R. W. Roberts & R. H. Nee (eds.), *Theories of Social Casework*,
Chicago and London: The Univ. of Chicago Press.

_____(1978), *Relationship: The Heart of Helping People*, Chicago: Univ.
of Chicago Press.

Pincus, A. & A. Minahan (1973), *Social Work Practice: Model and Method*,
Ithaca: F. E. Peacock.

Popple, P. R. (1992), "Social Work: Social Function and Moral Purpose",
in P. N. Reid & P. R. Popple (eds.), *The Moral Purposes of Social Work: The Character and Intentions of a Profession*, Chicago:
Melson-Hall, pp. 141~154.

Rappaport, J. (1985), "The Power of Empowerment Language", *Social Policy*, Vol. 17, pp. 15~21.

Rapp, C. A. & R. Chamberain (1985), "Case Management Services for
the Chronically Mentally Ⅲ", *Social Work*. Vol. 4, pp. 29~38.

Reamer, F. G. (1979), "Fundamental Ethical Issues in Social Work",

Social Service Review, 53(1), pp. 229~243.

_____ (1992), "Social Work and the Public Good: Calling or Career?" in P. N. Reid & P. R. Popple(eds.), *The Moral Purposes of Social Work: The Character and Intentions of a Profession*, Chicago: Melson-Hall, pp. 11~33.

_____ (1992), *Ethical Dilemmas in Social Service(2th ed.)*, NY: Columbia University Press.

_____ (1999), *Social Work Value and Ethics(2th ed.).*, NY: Columbia Univ. Press.

_____ (2013), *Ethical Dilemmas in Social Service(4th ed.)*, New York: Columbia Univ. Press.

Reichert, E. (2003), *Social Work and Human Rights: A Foundation for Policy and Practice*, NY: Columbia University Press.

Reid, P. N. (1992), "The Social Function and Social Morality of Social Work: A Utilitarian Perspective", in P. N. Reid & P. R. Popple (eds.), *The Moral Purposes of Social Work: The Character and Intentions of a Profession*, Chicago: Melson-Hall, pp. 34~50.

Reid, P. N. & P. R. Popple(eds.) (1992), *The Moral Purposes of Social Work: The Character and Intentions of a Profession*, Chicago: Melson-Hall.

Reid, W. J. (1977), *Task Centered Practice*, NY: Columbia Univ. Press.

_____ (1978), *The Task Centered System*, NY: Columbia Univ. Press.

_____ (1992), *Task Strategies: An Empirical Approach to Clinical Social Work*, NY: Columbia Univ. Press.

_____ (1996), "Task-Centered Social Work", in Turner(ed.), *Social Work Treatment*, 4th ed., NY: Free Press.

Reid, W. J. & A. Shyne(1969), *Brief and Extended Casework*, NY: Columbia Univ. Press.

Reid, W. J. & C. Bailey-Dempsy(1995), "The Effects of Monitory Incentives on School Performance", *Family in Society*, 76, pp. 331 ~340.

Reid, W. J. & L. Epstein (1972), *Task-Centered Casework*, NY: Columbia Univ. Press.

Rein, M. (1970), "Social Work in Search of a Radical Profession", *Social Work*, Apr, pp. 13~28.

Richmon, L. M., L. B. Rosenfeld & G. L. Bowen (1998), "Social Support for Adolescent of School Failure", *Social Work*, 43 (4), pp. 309~324.

_____(1951), *Clien-Centered Therapy*, Boston: Houghton Mifflin.

_____(1959), "A Theory of Therapy, Personality and Interpersonal Relationship, as Developed in the Client-Centered Framework" *in Psychology: A Study of a Science*, ed. Koch, S., Vol. 3, New York: McGraw-Hill

_____(1961), *On Becoming a Person*, Boston: Houghton Mifflin

_____(1961) "The Process Equation of Psychotherapy", *American Journal of Psychotherapy* 15 (January), pp. 27~45.

Rooney, R. (1977), "Adolescent Groups in Public Schools", in W. J. Reid & L. Epstein (eds.), *Task Centered Practice*, NY: Columbia Univ. Press, pp. 168~182.

Rothman, J. (1991), "A Model of Case Management: Toward Empirically Based Practice", *Social Work*, Vol. 36, pp. 520~525.

Rubin, A. (1987), "Case Management", *Encyclopedia of Social Work*, Vol. 1, Silver Spring, MD: NASW, pp. 212~222.

Ryan, W. (1971), *Blaming the Victim*, NewYork: Random House.

Saleebey, D. (1992), "Introduction: Power in The People", in D. Saleebey (ed.), *The Strength Perspectives in Social Work Practice*, New York: Longman Press.

_____(1996), "The Strength Perspective in Social Work Practice: Extensions & Cautions", *Social Work*, Vol. 41, pp. 296~305.

_____(2002), *The Strength Perspectives in Social Work Practice*, Boston: Allyn and Bacon.

Scanzoni, J. (2001), "From the Normal Family to Alternate Families to the Quest for Diversity with Interdependence", *Journal of Family*

Issues, 22(6), pp. 688~710.

Schatz, M. S., L. E. Jenkins & B. W. Sheafor(1990), "Milford Redefined: A Model of Generalist and Advanced Generalist Social Work", *Journal of Social Work Education*, 26(3), pp. 217~230.

Schwartz, W. (1974), "Private Trobles and Public Issues: One Social Work Job or Two?" in P. Weinberger(ed.), *Perspectives on Social Welfare*, NY: Macmillan, pp. 346~362.

Sheafor, B., C. Horejsi & G. Horejsi(1988), *Techniques and Guidelines for Social Work Practice*, Boston: Allyn & Bacon.

Sheafor, B. & C. Horejsi(1991), *Social Work Practice*, Boston: Allyn & Bacon.

Sheafor, B. & G. A. Horejsi(1991), *Technique and Guidelines for Social Work Practice(2nd ed.)*, Boston: Allyn and Bacon.

Simon, B. L. (1994), *The Empowerment Tradition in American Social Work: A History*, Columbia University Press.

Siporin, M. (1975), *Introduction to Social Work Practice*, NY: Macmillan.

_____ (1980), "Ecological System Theory in Social Work", *Journal of Sociology & Social Welfare*, Vol. 7, pp. 507~532.

_____ (1992), "Strengthening the Moral Mission of Social Work", in P. N. Reid & P. R. Popple(eds.), *The Moral Purposes of Social Work: The Character and Intentions of a Profession*, Chicago: Melson-Hall, pp. 71~99.

Slaikeu, K. A. (1990), *Crisis Intervention: A Handbook for Practice and Research*, Boston: Allyn & Bacon.

Smith, M. L. & G. V. Glass(1997), "Meta Analysis of Psychotherapy Outcome Studies", *American Psychologist Social Work*, NY: Free Press.

Solomon, B. B. (1976), *Black Empowerment: Social Work in Oppressed Communities*, NY: Columbia Univ. Press.

Specht, H. & A. Vickery(1977), *Integrating Social Work Methods*, London: George Allen & Unwin.

Spergel, I. (1962), "A Multi-Dimensional Model for Social Work Practice", *Social Service Review*, 36(1), pp. 62~71.

Stumph, J. (1970), "Teaching an Integrated Approach to Social Work Practice", in L. Ripple (ed.), *Innovations in Teaching Social Work Practice*, NY: Council on Social Work Education.

Sullivan, W. P. (1992), "Reclaiming he Community: The Strengths Perspective & Deinstitutionalization", *Social Work*, Vol. 37, pp. 204~209.

Sunley, R. (1970), "Family Advocacy: From Case to Cause", *Social Casework*, 51(6), pp. 3~11.

Thrasher, S. P. & Mowbray, C. T. (1995), "A Strengths Perspective: An Ethnographic of Homeless Women with Children", *Health & Social Work*, Vol. 20, pp. 93~101.

Tolson, E. (1977), "Alleviating Marital Communication Problems", in W. J. Reid & L. Epstein (eds.), *Task Centered Practice*, NY: Columbia Univ. Press.

Toseland, R. W. & L. Hacker (1982), "Self Help Groups and Professional Involvement", *Social Work*, Vol. 27, pp. 341~347.

Toseland, R. W. & R. Rivas (1995), *An Introduction to Group Work Practice*, Boston: Allyn and Bacon.

Tower, K. D. (1994), "Consumer-Centered Social Work Practice: Restoring Client Self Determination", *Social Work*, 39(2), pp. 191~196.

Turner, F. J. (1991), *Social Work Treatment: Interlocking Theoretical Approaches*, NY: Free Press.

Vaux, A. J., L. Phillips, B. Holly, D. W. Thompson & D. Stewart (1986), "The Social Support Appraisal (SS-A) Scale: Studies of Reliability and Validity", *American Journal of Community Psychology*, Vol. 14, pp. 195~219.

Vourlekis, B. S. & R. R. Green (1992), *Social Case Management*, Walter de Gruyter.

Waring, M. L. (1983), "Emerging Domains of Practice", *in Handbook of Clinical Social Work*, San Francisco: Jossey-Bass.

Weick, A. (1992), "Building a Strength Perspective for Social Work", in D. Saleebey(ed.), *The Strengths Perspective in Social Work Practice*, NY: Longman Press. pp. 18~26.

Weissbourd, B. & S. L. Kagan(1989). "Family Support Programs: Catalysts for change", *American Journal of Orthopsychiatry*, Vol. 59, 20~30.

Whitaker, W. H. & R. C. Federico(1997), *Social Welfare in Today's World*, NY: McGraw-Hill.

Wise, F. (1975), "Conjoining Marital Therapy", in W. J. Reid & L. Epstein(eds.), *Task Centered Practice*, NY: Columbia Univ. Press, pp. 78~88.

Wubbolding, R. E. (1985), "Paradoxical Techniques in Reality Therapy", *Journal of Reality Therapy*, 4(2). pp. 3~7.

_____(1988), *Using Reality Therapy*, NY: Harper & Row.

_____(1990), *Understanding Reality Therapy*, NY: Harper Collins.

Yalom, I. D. (1975), *The Theory and Practice of Group Psychotherapy*, NY: Basic Books.

Zastrow, C. (1987), *Social Work with Groups*, Chicago: Nelson-Hall.

_____(1989), *The Practice of Social Work*, Chicago: The Dorsey Press, pp. 399~410.

_____(1995), *The Practice of Social Work*(5th ed.), Pacific Grove: Brooks/Cole.

_____(1998), *The Practice of Social Work*(6th ed.), Pacific Grove: Brooks/Cole.

_____(2007). *The Practice of Social Work: A Comprehensive Work text* (8th ed.), Thomson: Brooks/Cole.

Zingle, H. W. & M. Mallett(1976), *A Bibliography of R-E-T Materials and Theses from the University of Alberta*, Canada: Univ. of Alberta.

국립정신보건교육연구센터 nimh. snmh. go. kr
대한의료사회복지사협회 www. kamsw. or. kr
보건복지가족부 www. mw. go. kr
여성부 www. moge. go. kr
중앙보육정보센터 www. educare. or. kr
한국청소년상담원 www. 1388. or. kr
한국사회복지사협회 www. welfare. net
한국장애인복지시설협회 www. kawid. or. kr
한국장애인직업재활시설협회 www. kavrd. or. kr

1. 사회복지사업법
2. 사회복지사선서
3. 사회복지사 윤리강령
4. 사회복지실천양식

사회복지사업법
[일부개정 2009.6.9 법률 제 9766호]

제 1장 총칙

제 1조(목적) 이 법은 사회복지사업에 관한 기본적 사항을 규정하여 사
회복지를 필요로 하는 사람의 인간다운 생활을 할 권리를 보장하고
사회복지의 전문성을 높이며, 사회복지사업의 공정·투명·적정을
기하고, 지역사회복지의 체계를 구축함으로써 사회복지의 증진에
이바지함을 목적으로 한다. 〈개정 2003. 7. 30〉

제 2조 (정의) 이 법에서 사용하는 용어의 정의는 다음과 같다. 〈개정
2004. 1. 29, 2004. 3. 22, 2006. 3. 24, 2007. 10. 17, 2007. 12. 14,
2009. 6. 9〉
1. "사회복지사업"이라 함은 다음 각목의 법률에 의한 보호·선도 또는
복지에 관한 사업과 사회복지상담·부랑인 및 노숙인보호·직업보
도·무료숙박·지역사회복지·의료복지·재가복지·사회복지관
운영·정신질환자 및 한센병력자 사회복귀에 관한 사업 등 각종 복

지사업과 이와 관련된 자원봉사활동 및 복지시설의 운영 또는 지원을 목적으로 하는 사업을 말한다.

가. 국민기초생활보장법

나. 아동복지법

다. 노인복지법

라. 장애인복지법

마. 한부모가족지원법

바. 영유아보육법

사. 성매매방지및피해자보호등에관한법률

아. 정신보건법

자. 성폭력범죄의처벌및피해자보호등에관한법률

차. 입양촉진및절차에관한특례법

카. 일제하일본군위안부피해자에대한생활안정지원및기념사업등에
　　관한법률

타. 사회복지공동모금회법

파. 장애인·노인·임산부등의편의증진보장에관한법률

하. 가정폭력방지및피해자보호등에관한법률

거. 농어촌주민의보건복지증진을위한특별법

너. 식품기부활성화에관한법률

더. 의료급여법

러. 기초노령연금법

머. 긴급복지지원법

버. 다문화가족지원법

1의 2. "지역사회복지"란 주민의 복지증진과 삶의 질 향상을 위하여 지역사회 차원에서 전개하는 사회복지를 말한다.

2. "사회복지법인"이라 함은 사회복지사업을 행할 목적으로 설립된 법인을 말한다.

3. "사회복지시설"이라 함은 사회복지사업을 행할 목적으로 설치된 시설을 말한다.

3의 2. "사회복지관"이란 지역사회를 기반으로 일정한 시설과 전문인력을 갖추고 지역주민의 참여와 협력을 통해 지역사회복지문제를 예방하고 해결하기 위하여 종합적인 복지서비스를 제공하는 시설을 말한다.

4. "사회복지서비스"라 함은 국가·지방자치단체 및 민간부문의 도움을 필요로 하는 모든 국민에게 상담·재활·직업소개 및 지도, 사회복지시설의 이용 등을 제공하여 정상적인 사회생활이 가능하도록 제도적으로 지원하는 것을 말한다.

5. "보건의료서비스"라 함은 국민의 건강을 보호·증진하기 위하여 보건의료인이 행하는 모든 활동을 말한다.

〔전문개정 2003. 7. 30〕

제3조 (다른 법률과의 관계) ① 사회복지사업의 내용, 절차 등에 관하여 제2조 제1호 각목의 법률에 특별한 규정이 있는 경우를 제외하고는 이 법이 정하는 바에 의한다. 〈개정 2003. 7. 30〉

② 제2조 제1호 각목의 법률을 개정하는 경우에 이 법에 부합하도록 하여야 한다. 〈개정 2003. 7. 30〉

제4조 (복지증진의 책임) ① 국가와 지방자치단체는 사회복지를 증진할
　　책임을 진다.

② 국가와 지방자치단체는 사회복지서비스와 보건의료서비스를 함께
　　필요로 하는 사람에게 이들 서비스가 연계되어 제공되도록 노력하
　　여야 한다. 〈신설 2003. 7. 30〉

③ 국가·지방자치단체 기타 사회복지사업을 행하는 자는 사회복지를
　　필요로 하는 자에 대하여 그 사업과 관련한 상담·작업치료·직업
　　훈련 등을 실시하고 필요한 경우에는 주민의 복지욕구를 조사할 수
　　있다.

④ 국가 및 지방자치단체는 도움을 필요로 하는 국민이 본인의 선호와
　　필요에 따라 적절한 사회복지서비스를 제공받을 수 있도록 사회복
　　지서비스 수요자 등을 고려하여 사회복지시설이 균형 있게 설치되
　　도록 노력하여야 한다. 〈신설 2007. 12. 14, 2009. 6. 9〉

⑤ 국가 및 지방자치단체는 민간부문의 사회복지증진활동이 활성화되
　　고 국가 및 지방자치단체의 사회복지사업과 민간부문의 사회복지증
　　진활동이 원활하게 연계될 수 있도록 노력하여야 한다. 〈신설
　　2007. 12. 14, 2009. 6. 9〉

제5조 (최대봉사의 원칙) 이 법에 의하여 복지업무에 종사하는 사람은
　　그 업무를 행함에 있어서 사회복지를 필요로 하는 사람을 위하여 차
　　별없이 최대로 봉사하여야 한다.

제6조 (시설설치방해금지) ① 누구든지 정당한 이유없이 사회복지시설

의 설치를 방해하여서는 아니된다.

② 시장·군수·구청장(자치구의 구청장을 말한다. 이하 같다)은 정당한 이유없이 사회복지시설의 설치를 지연시키거나 제한하는 조치를 하여서는 아니된다.

제6조의 2 (사회복지업무의 전자화) ① 국가 및 지방자치단체는 사회복지업무를 전자적으로 처리할 수 있도록 필요한 시책을 강구하여야 한다.

② 보건복지가족부장관은 사회복지업무에 필요한 각종 자료 또는 정보의 효율적 처리와 기록·관리 업무의 전자화를 위하여 정보시스템을 구축·운영할 수 있다. 〈신설 2009. 6. 9〉

③ 보건복지가족부장관은 제2항에 따른 정보시스템을 구축·운영하는 데 필요한 자료로서 다음 각 호의 어느 하나에 해당하는 자료를 수집·관리·보유할 수 있으며 관련기관 및 단체에 필요한 자료의 제공을 요청할 수 있다. 이 경우 요청을 받은 기관 및 단체는 정당한 사유가 없는 한 이에 응하여야 한다. 〈신설 2009. 6. 9〉

1. 제33조의 2에 따라 사회복지서비스를 신청할 때 신청자가 제출하는 자료

2. 제33조의 3에 따라 조사하는 자료

3. 제33조의 4에 따라 결정하는 보호의 실시여부 및 유형에 관한 자료

4. 제33조의 5에 따라 수립하는 보호계획 및 평가에 관한 자료

5. 제33조의 6 및 제33조의 7에 따라 실시하는 보호에 관한 자료

6. 그밖에 이 법에 따른 사회복지사업을 실시하는 데 필요한 자료로서 보건복지가족부령으로 정하는 자료

④ 지방자치단체의 장은 사회복지사업을 수행함에 있어 관할 복지행정 시스템과 제 2항에 따른 정보시스템을 전자적으로 연계하여 활용하여야 한다. 〈신설 2009. 6. 9〉

⑤ 사회복지법인의 대표이사 및 사회복지시설의 장은 국가 및 지방자치단체가 실시하는 사회복지업무의 전자화 시책에 협력하여야 한다. 〈개정 2009. 6. 9〉

〔본조신설 2007. 12. 14〕

제 6조의 3 (정보시스템 운영 전담기구 설립) ① 보건복지가족부장관은 제 6조의 2 제 2항에 따른 정보시스템의 효율적 운영을 위하여 그 운영에 관한 업무를 수행하는 전담기구를 설립할 수 있다.

② 제 1항에 따른 전담기구는 법인으로 한다.

③ 보건복지가족부장관은 제 1항에 따른 전담기구의 설립 · 운영에 필요한 비용을 지원할 수 있다.

④ 제 1항에 따른 전담기구에 관하여 이 법에서 규정한 것 외에는 '민법' 중 재단법인에 관한 규정을 준용한다.

⑤ 제 1항에 따른 전담기구의 설립 및 운영 등에 필요한 사항은 대통령령으로 정한다.

〔본조신설 2009. 6. 9〕

제 7조 (사회복지위원회) ① 사회복지사업에 관한 중요사항과 제 15조의 3 제 2항의 규정에 의한 지역사회복지계획을 심의 또는 건의하기 위하여 특별시 · 광역시 · 도(이하 "시 · 도"라 한다)에 사회복지위원회를 둔다. 〈개정 2003. 7. 30〉

② 사회복지위원회의 위원은 다음 각호의 1에 해당하는 자 중에서 특별시장·광역시장·도지사(이하 "시·도지사"라 한다)가 임명 또는 위촉한다. 〈개정 2003. 7. 30〉

1. 사회복지 또는 보건의료에 관한 학식과 경험이 풍부한 자

2. 사회복지법인의 대표자

3. 사회복지사업을 행하는 비영리법인 또는 단체의 대표자

4. 사회복지를 필요로 하는 사람의 이익 등을 대표하는 자

5. 제7조의 2의 규정에 의한 지역사회복지협의체의 대표자

6. 공익단체(비영리민간단체지원법 제2조의 규정에 의한 비영리 민간단체를 말한다. 이하 같다)에서 추천한 자

7. 사회복지공동모금회법 제14조의 규정에 의한 사회복지공동모금지회에서 추천한 자

③ 다음 각호의 1에 해당하는 자는 사회복지위원회의 위원이 될 수 없다. 〈개정 1999. 4. 30, 2003. 7. 30, 2005. 3. 31, 2007. 12. 14〉

1. 미성년자

2. 금치산자 또는 한정치산자

3. 파산선고를 받은 자로서 복권되지 아니한 자

4. 법원의 판결 또는 다른 법률에 의하여 자격이 상실 또는 정지된 자

5. 금고 이상의 실형의 선고를 받고 그 집행이 종료(집행이 종료된 것으로 보는 경우를 포함한다)되거나 집행이 면제된 날부터 3년이 경과되지 아니한 자

6. 금고 이상의 형의 집행유예선고를 받고 그 유예기간 중에 있는 자

7. 제5호 및 제6호의 규정에 불구하고 사회복지사업 또는 그 직무

와 관련하여 아동복지법 제 40조 또는 제 41조, 보조금의예산및
관리에관한법률 제 40조 내지 제 42조 또는 형법 제 28장·제 40
장(제 360조를 제외한다)의 죄를 범하거나 이 법에 위반하여 100
만 원 이상의 벌금형의 선고를 받고 그 형이 확정된 후 5년 또는
형의 집행유예의 선고를 받고 그 형이 확정된 후 7년이 경과하지
아니하거나 징역형의 선고를 받고 그 집행이 종료(집행이 종료된
것으로 보는 경우를 포함한다)되거나 집행이 면제된 날부터 7년이
경과되지 아니한 자

④ 사회복지위원회의 조직·운영에 관하여 필요한 사항은 보건복지가
족부령이 정하는 바에 따라 당해 시·도의 조례로 정한다. 〈개정
2003. 7. 30, 2008. 2. 29〉

제 7조의 2 (지역사회복지협의체) ① 관할지역 안의 사회복지사업에 관
한 중요사항과 제 15조의 3 제 1항의 규정에 의한 지역사회복지계획
을 심의 또는 건의하고, 사회복지·보건의료 관련 기관·단체가 제
공하는 사회복지서비스 및 보건의료서비스의 연계·협력을 강화하
기 위하여 시·군·구(자치구를 말한다. 이하 같다)에 지역사회복지
협의체를 둔다.

② 지역사회복지협의체의 위원은 다음 각호의 1에 해당하는 자 중에서
시장·군수·구청장이 임명 또는 위촉한다.

1. 사회복지 또는 보건의료에 관한 학식과 경험이 풍부한 자

2. 사회복지사업을 행하는 기관·단체의 대표자

3. 보건의료사업을 행하는 기관·단체의 대표자

4. 공익단체에서 추천한 자

5. 사회복지업무 또는 보건의료업무를 담당하는 공무원

③ 지역사회복지협의체의 업무를 효율적으로 수행하기 위하여 지역사회복지협의체에 실무협의체를 둔다. 〈개정 2007. 12. 14〉

④ 지역사회복지협의체 및 실무협의체의 조직·운영에 관하여 필요한 사항은 보건복지가족부령이 정하는 바에 따라 시·군·구의 조례로 정한다. 〈개정 2008. 2. 29〉

⑤ 제7조 제3항의 규정은 지역사회복지협의체의 위원에 대하여 이를 준용한다. 이 경우 "사회복지위원회"는 "지역사회복지협의체"로 본다.

〔본조신설 2003. 7. 30〕

제8조 (복지위원) ① 시장·군수·구청장은 읍·면·동의 사회복지사업을 원활하게 수행하도록 하기 위하여 읍·면·동단위에 복지위원을 위촉하여야 한다. 〈개정 2007. 12. 14〉

② 복지위원은 명예직으로 하되, 예산의 범위 안에서 수당을 지급할 수 있다.

③ 복지위원의 자격·직무·위촉절차 등에 관하여 필요한 사항은 보건복지가족부령으로 정한다. 〈개정 2008. 2. 29〉

제9조 (사회복지 자원봉사활동의 지원·육성) ① 국가 및 지방자치단체는 사회복지 자원봉사활동을 지원·육성하기 위하여 다음 각호의 사항을 실시하여야 한다.

1. 자원봉사활동의 홍보 및 교육
2. 자원봉사활동프로그램의 개발·보급

3. 자원봉사활동중의 재해에 대비한 시책의 개발

4. 기타 자원봉사활동의 지원에 필요한 사항

② 국가 및 지방자치단체는 제1항 각호의 사항을 효율적으로 수행하기 위하여 사회복지법인 기타 비영리법인·단체에 이를 위탁할 수 있다.

제10조 (지도훈련) ① 보건복지가족부장관은 이 법 기타 사회복지관련 법률의 시행에 관한 사무에 종사하는 공무원과 사회복지사업에 종사하는 자의 자질향상을 위하여 필요한 지도와 훈련을 행할 수 있다. 〈개정 1999. 4. 30, 2008. 2. 29〉

② 제1항의 훈련에 관하여 필요한 사항은 보건복지가족부령으로 정한다. 〈개정 2008. 2. 29〉

제11조 (사회복지사자격증의 교부 등) ① 보건복지가족부장관은 사회복지에 관한 전문지식과 기술을 가진 자에게 사회복지사의 자격증을 교부할 수 있다. 〈개정 2005. 7. 13, 2008. 2. 29〉

② 제1항의 규정에 의한 사회복지사의 등급은 1·2·3급으로 하고 등급별 자격기준 및 자격증의 교부절차 등은 대통령령으로 정한다.

③ 사회복지사 1급의 자격증을 교부받고자 하는 자는 국가시험에 합격하여야 한다.

④ 보건복지가족부장관은 제2항의 규정에 의한 사회복지사의 자격증을 교부 또는 재교부 받고자 하는 자에게 보건복지가족부령이 정하는 바에 의하여 수수료를 납부하게 할 수 있다. 〈개정 1999. 4. 30,

2008. 2. 29〉

제11조의 2 (사회복지사의 결격사유) 다음 각 호의 어느 하나에 해당하는 자는 사회복지사가 될 수 없다. 〈개정 2007. 12. 14〉

1. 금치산자 또는 한정치산자
2. 삭제 〈2007. 12. 14〉
3. 금고 이상의 형의 선고를 받고 그 집행이 종료되지 아니하였거나 그 집행을 받지 아니하기로 확정되지 아니한 자
4. 법률 또는 법원의 판결에 의하여 자격이 상실 또는 정지된 자
5. 마약·대마 또는 향정신성의약품의 중독자

〔본조신설 2005. 7. 13〕

제12조 (국가시험) ① 제11조 제3항의 규정에 의한 국가시험은 보건복지가족부장관이 시행하되, 시험의 관리는 대통령령이 정하는 바에 의하여 시험관리능력이 있다고 인정되는 관계전문기관에 위탁할 수 있다. 〈개정 2008. 2. 29〉

② 보건복지가족부장관은 제1항의 규정에 의하여 국가시험의 관리를 위탁한 때에는 그에 소요되는 비용을 예산의 범위 안에서 보조할 수 있다. 〈개정 2008. 2. 29〉

③ 제1항의 규정에 의하여 시험의 관리를 위탁받은 기관은 보건복지가족부장관의 승인을 받아 정한 금액을 응시수수료로 받을 수 있다. 〈개정 2007. 12. 14, 2008. 2. 29〉

④ 시험의 과목·응시자격등 시험 실시에 관하여 필요한 사항은 대통령령으로 정한다.

제 13조 (사회복지사의 채용 및 교육 등 〈개정 2007. 12. 14〉) ① 사회복지법인 및 사회복지시설을 설치·운영하는 자는 대통령령이 정하는 바에 의하여 사회복지사를 그 종사자로 채용하여야 한다. 다만, 대통령령이 정하는 사회복지시설은 그러하지 아니하다. 〈개정 2007. 12. 14〉

② 보건복지부장관은 사회복지사의 자질향상을 위하여 필요하다고 인정하는 경우 사회복지사에 대하여 교육받을 것을 명할 수 있다. 다만, 사회복지법인 또는 사회복지시설에 종사하는 사회복지사는 정기적으로 보수교육을 받아야 한다. 〈신설 2007. 12. 14〉

③ 사회복지법인 또는 사회복지시설을 운영하는 자는 그 법인 또는 시설에 종사하는 사회복지사에 대하여 제2항 단서에 따른 교육을 이유로 불이익한 처분을 하여서는 아니된다. 〈신설 2007. 12. 14〉

④ 보건복지부장관은 제2항에 따른 교육을 보건복지부령으로 정하는 기관 또는 단체에 위탁할 수 있다. 〈신설 2007. 12. 14〉

⑤ 제2항에 따른 교육의 기간·방법 및 내용과 제4항에 따른 위탁 등에 관하여 필요한 사항은 보건복지부령으로 정한다. 〈신설 2007. 12. 14〉

제 14조 (사회복지전담공무원) ① 사회복지사업에 관한 업무를 담당하게 하기 위하여 시·도, 시·군·구 및 읍·면·동 또는 제15조의 규정에 의한 복지사무전담기구에 사회복지전담공무원(이하 "복지전담공무원"이라 한다)을 둘 수 있다. 〈개정 1999. 4. 30〉

② 복지전담공무원은 사회복지사의 자격을 가진 자로 하며, 그 임용등

기타 필요한 사항은 대통령령으로 정한다. 〈개정 1999. 4. 30〉

③ 복지전담공무원은 그 관할지역 안의 사회복지를 필요로 하는 사람 등에 대하여 항상 그 생활실태 및 가정환경 등을 파악하고, 사회복지에 관하여 필요한 상담과 지도를 행한다.

④ 관계행정기관 및 사회복지시설을 설치·운영하는 자는 복지전담공무원의 업무수행에 협조하여야 한다.

⑤ 국가는 복지전담공무원의 보수 등에 소요되는 비용의 전부 또는 일부를 보조할 수 있다. 〈신설 1999. 4. 30〉

제15조 (복지사무전담기구의 설치) ① 사회복지사업에 관한 업무를 효율적으로 운영하기 위하여 필요한 경우 시·군·구 또는 읍·면·동에 복지사무를 전담하는 기구를 따로 설치할 수 있다.

② 제1항의 규정에 의한 복지사무전담기구의 사무의 범위·조직 기타 필요한 사항은 당해 시·군·구의 조례로 정한다.

제15조의 2 (사회복지의 날) ① 국가는 국민의 사회복지에 대한 이해를 증진하고 사회복지사업 종사자의 활동을 장려하기 위하여 매년 9월 7일을 사회복지의 날로 하고 사회복지의 날부터 1주간을 사회복지주간으로 한다.

② 국가와 지방자치단체는 사회복지의 날 취지에 적합한 행사 등 사업을 실시하도록 노력하여야 한다.

〔본조신설 2000. 1. 12〕

제 1 장의 2 지역사회복지계획의 수립 · 시행 〈신설 2003.7.30〉

제 15조의 3 (지역사회복지계획의 수립) ① 시장 · 군수 · 구청장은 지역
　　주민 등 이해관계인의 의견을 들은 후 지역사회복지협의체의 심의
　　를 거쳐 당해 시 · 군 · 구의 지역사회복지계획을 수립하고 이를 시
　　· 도지사에게 제출하여야 한다. 이 경우 '지역보건법' 제 3조 제 1항
　　에 따른 지역보건의료계획 및 '사회보장기본법' 제 20조에 따른 사회
　　보장 증진을 위한 장기발전방향과 연계되도록 하여야 한다. 〈개정
　　2009. 6. 9〉

② 시 · 도지사는 제 1항의 규정에 의하여 제출받은 시 · 군 · 구의 지역
　　사회복지계획을 종합 · 조정하여 사회복지위원회의 심의를 거쳐 시
　　· 도의 지역사회복지계획을 수립하고 이를 보건복지가족부장관에
　　게 제출하여야 한다. 이 경우 '지역보건법' 제 3조 제 2항에 따른 지
　　역보건의료계획 및 '사회보장기본법' 제 20조에 따른 사회보장 증진
　　을 위한 장기발전방향과 연계되도록 하여야 한다. 〈개정 2008.
　　2. 29, 2009. 6. 9〉

③ 시 · 도지사 또는 시장 · 군수 · 구청장은 제 1항 또는 제 2항의 규정
　　에 의한 지역사회복지계획 (이하 "지역복지계획"이라 한다) 을 수립함에
　　있어서 필요하다고 인정하는 경우에는 사회복지관련 기관 · 단체 등
　　에 대하여 자료제공 및 협력을 요청할 수 있다.

④ 보건복지가족부장관 또는 시 · 도지사는 지역복지계획의 내용에 관
　　하여 필요하다고 인정하는 경우에는 시 · 도지사 또는 시장 · 군수 ·
　　구청장에 대하여 보건복지가족부령이 정하는 바에 의하여 그 조정

을 권고할 수 있다. 〈개정 2008. 2. 29〉

⑤ 지역복지계획의 수립방법 및 수립시기 등에 관하여 필요한 사항은 대통령령으로 정한다.

[본조신설 2003. 7. 30]

제15조의 4 (지역복지계획의 내용) 지역복지계획에는 다음 각호의 사항이 포함되어야 한다. 〈개정 2007. 12. 14〉

1. 복지수요의 측정 및 전망에 관한 사항

2. 사회복지시설 및 재가복지에 대한 장·단기 공급대책에 관한 사항

3. 인력·조직 및 재정 등 복지자원의 조달 및 관리에 관한 사항

4. 사회복지전달체계에 관한 사항

5. 사회복지서비스 및 보건의료서비스의 연계제공방안에 관한 사항

6. 지역사회복지에 관련된 통계의 수집 및 정리에 관한 사항

6의 2. 사회복지시설에 종사하는 자의 처우개선에 관한 사항

7. 그 밖에 대통령령이 정하는 사항

[본조신설 2003. 7. 30]

제15조의 5 (지역복지계획의 시행) ① 시·도지사 또는 시장·군수·구청장은 보건복지가족부령이 정하는 바에 의하여 지역복지계획을 시행하여야 한다. 〈개정 2008. 2. 29〉

② 시·도지사 또는 시장·군수·구청장은 지역복지계획을 시행함에 있어서 필요하다고 인정하는 경우에는 민간 사회복지관련 단체 등에 대하여 인력·기술 및 재정 지원을 할 수 있다.

[본조신설 2003. 7. 30]

제15조의 6 (지역복지계획 시행결과의 평가) ① 보건복지가족부장관 또

는 시·도지사는 대통령령이 정하는 바에 의하여 시·도 또는 시·군·구의 지역복지계획의 시행결과를 평가할 수 있다. 〈개정 2008. 2. 29〉

② 보건복지가족부장관 또는 시·도지사는 필요한 경우 제1항의 규정에 의한 평가결과를 제42조의 규정에 의한 비용의 보조에 반영할 수 있다. 〈개정 2008. 2. 29〉

〔본조신설 2003. 7. 30〕

제 2 장 사회복지법인

제16조 (법인의 설립허가) ① 사회복지법인(이하 이 장에서 "법인"이라 한다)을 설립하고자 하는 자는 대통령령이 정하는 바에 의하여 보건복지가족부장관의 허가를 받아야 한다. 〈개정 1999. 4. 30, 2008. 2. 29〉

② 제1항의 규정에 의하여 설립된 법인은 주된 사무소의 소재지에서 설립등기를 하여야한다.

제17조 (정관) ① 법인의 정관에는 다음 각호의 사항을 기재하여야 한다. 〈개정 1999. 4. 30〉

1. 목적
2. 명칭
3. 주된 사무소의 소재지

4. 사업의 종류

5. 자산 및 회계에 관한 사항

6. 임원의 임면 등에 관한 사항

7. 회의에 관한 사항

8. 수익을 목적으로 하는 사업이 있는 경우 그에 관한 사항

9. 정관의 변경에 관한 사항

10. 존립시기와 해산사유를 정한 때에는 그 시기와 사유 및 잔여재산
    의 처리방법

11. 공고 및 그 방법에 관한 사항

② 법인이 정관을 변경하고자 할 때에는 보건복지가족부장관의 인가를
받아야 한다. 다만, 보건복지가족부령으로 정하는 경미한 사항의
경우에는 그러하지 아니하다. 〈개정 1999. 4. 30, 2008. 2. 29〉

제18조 (임원) ① 법인은 대표이사를 포함한 이사 5인 이상과 감사 2인
이상을 두어야 한다.

② 이사회의 구성에 있어서 대통령령이 정하는 특별한 관계에 있는 자
가 이사현원의 5분의 1을 초과할 수 없다. 〈개정 2003. 7. 30〉

③ 이사의 임기는 3년으로 하고 감사의 임기는 2년으로 하되, 각각 연
임할 수 있다. 〈개정 1999. 4. 30〉

④ 외국인인 이사는 이사현원의 2분의 1 미만이어야 한다.

⑤ 법인은 임원을 임면하는 경우에는 보건복지가족부령이 정하는 바에
의하여 지체없이 이를 보건복지가족부장관에게 보고하여야 한다.
〈개정 1999. 4. 30, 2008. 2. 29〉

⑥ 감사는 이사와 제2항의 규정에 의한 특별한 관계에 있는 자가 아니어야 하며, 그중 1인은 대통령령이 정하는 바에 의하여 법률과 회계에 관한 지식과 경험이 있는 자중에서 보건복지가족부장관이 추천할 수 있다. 〈개정 1999. 4. 30, 2008. 2. 29〉

제19조 (임원의 결격사유) ① 다음 각호의 1에 해당하는 자는 임원이 될 수 없다. 〈개정 1999. 4. 30〉
1. 제7조 제3항 각호의 1에 해당하는 자
2. 제22조의 규정에 의한 해임명령에 따라 해임된 날부터 5년이 경과되지 아니한 자
② 임원이 제1항 각호에 해당하게 된 때에는 그 자격을 상실한다.

제20조 (임원의 보충) ① 이사 또는 감사 중에 결원이 생긴 때에는 2월 이내에 이를 보충하여야 한다.
② 법인이 제1항의 규정에 의한 기간 내에 결원보충을 하지 아니하는 경우에는 보건복지가족부장관은 지체없이 이해관계인의 청구 또는 직권으로 임시이사를 선임하여야 한다. 〈개정 1999. 4. 30, 2008. 2. 29〉
③ 제2항의 규정에 의한 임시이사의 선임에 관하여 필요한 사항은 보건복지가족부령으로 정한다. 〈개정 2008. 2. 29〉

제21조 (임원의 겸직금지) ① 이사는 법인이 설치한 사회복지시설의 장을 제외한 당해 시설의 직원을 겸할 수 없다.

② 감사는 법인의 이사, 법인이 설치한 사회복지시설의 장 또는 그 직원을 겸할 수 없다.

제22조 (임원의 해임명. 〈개정 1999. 4. 30〉) 보건복지가족부장관은 임원이 다음 각호의 1에 해당한 때에는 법인에 대하여 그 임원의 해임을 명할 수 있다. 〈개정 1999. 4. 30, 2008. 2. 29〉
1. 보건복지가족부장관의 명령을 정당한 이유없이 이행하지 아니한 때
2. 회계부정이나 현저한 불법행위 기타 부당행위 등이 발견되었을 때
3. 법인의 업무에 관하여 보건복지가족부장관에게 보고할 사항에 대하여 고의로 보고를 지연하거나 허위보고를 한 때
4. 기타 이 법 또는 이 법에 의한 명령을 위반한 때

제23조 (재산 등) ① 법인은 사회복지사업의 운영에 필요한 재산을 소유하여야 한다.
② 법인의 재산은 보건복지가족부령이 정하는 바에 의하여 기본재산과 보통재산으로 구분하며, 기본재산은 그 목록과 가액을 정관에 기재하여야 한다. 〈개정 2008. 2. 29〉
③ 법인은 기본재산에 관하여 다음 각호의 1에 해당하는 경우에는 보건복지가족부장관의 허가를 받아야 한다. 다만, 보건복지가족부령으로 정하는 사항에 대하여는 그러하지 아니하다. 〈개정 1999. 4. 30, 2008. 2. 29〉
1. 매도·증여·교환·임대·담보제공 또는 용도변경하고자 할 때
2. 보건복지가족부령이 정하는 금액 이상을 1년 이상 장기차입하고

자 할 때

④ 제1항의 규정에 의한 재산과 그 회계에 관하여 필요한 사항은 보건
복지가족부령으로 정한다. 〈개정 2008. 2. 29〉

제24조 (재산취득보고) 법인이 매수·기부채납, 후원 등의 방법으로 재
산을 취득한 때에는 지체없이 이를 법인의 재산으로 편입조치하여
야 한다. 이 경우 법인은 그 취득사유, 취득재산의 종류·수량 및 가
액을 매년 보건복지가족부장관에게 보고하여야 한다. 〈개정 1999.
4. 30, 2008. 2. 29〉

제25조 삭제. 〈1999. 4. 30〉

제26조 (설립허가 취소 등) ① 보건복지가족부장관은 법인이 다음 각호
의 1에 해당할 때에는 기간을 정하여 시정명령을 하거나 설립허가
를 취소할 수 있다. 다만, 제1호에 해당하는 때에는 설립허가를 취
소하여야 한다. 〈개정 1999. 4. 30, 2008. 2. 29〉

1. 사위 기타 부정한 방법으로 설립허가를 받은 때

2. 설립허가 조건에 위반한 때

3. 목적달성이 불가능하게 된 때

4. 목적사업 외의 사업을 한 때

5. 삭제. 〈2007. 12. 14〉

6. 정당한 사유없이 설립허가를 받은 날부터 6월 이내에 목적사업
을 개시하지 아니하거나 1년 이상 사업실적이 없을 때

7. 기타 이 법 또는 이 법에 의한 명령이나 정관에 위반한 때

② 법인이 제1항 제2호 내지 제7호에 해당하여 설립허가를 취소하는
   경우는 다른 방법으로 감독목적을 달성할 수 없거나 시정을 명한 후
   6월 이내에 법인이 이를 이행하지 아니한 경우에 한한다.

제27조 (잔여재산의 처리) ① 해산한 법인의 잔여재산은 정관이 정하는
   바에 의하여 국가 또는 지방자치단체에 귀속된다. 〈개정 2003.
   7.30〉

② 제1항의 규정에 의하여 국가 또는 지방자치단체에 귀속된 재산은
   사회복지사업에 사용하거나 유사한 목적을 가진 법인에게 무상으로
   대부하거나 무상으로 사용·수익하게 할 수 있다. 다만, 해산한 법
   인의 이사 본인 및 그와 대통령령이 정하는 특별한 관계에 있는 자
   가 이사로 있는 법인에 대하여는 그러하지 아니하다. 〈개정 2003.
   7.30〉

제28조 (수익사업) ① 법인은 목적사업의 경비에 충당하기 위하여 필요
   한 때에는 법인의 설립목적 수행에 지장이 없는 범위 안에서 수익사
   업을 할 수 있다.

② 법인은 제1항의 규정에 의한 수익사업으로부터 생긴 수익을 법인
   또는 그가 설치한 사회복지시설의 운영외의 목적에 사용할 수 없다.
   〈개정 1999.4.30〉

③ 제1항의 규정에 의한 수익사업에 관한 회계는 법인의 다른 회계와
   구분하여 계리하여야 한다.

제 29조 삭제. 〈1999. 4. 30〉

제 30조 (합병) ① 법인은 보건복지가족부장관의 허가를 받아 이 법에
　　의한 다른 법인과 합병할 수 있다. 〈개정 1999. 4. 30, 2008. 2. 29〉
② 제 1항의 규정에 의하여 법인이 합병하는 경우 합병 후 존속하는 법
　　인 또는 합병에 의하여 설립된 법인은 합병에 의하여 소멸된 법인의
　　지위를 승계한다. 〈신설 1999. 4. 30〉

제 31조 (동일명칭 사용금지. 〈개정 1999. 4. 30〉) 이 법에 의한 사회복지
　　법인이 아닌 자는 사회복지법인이라는 용어를 사용하지 못한다.
　　〈개정 1999. 4. 30〉

제 32조 (다른 법률의 준용) 법인에 관하여 이 법에 규정된 것을 제외하
　　고는 민법과 공익법인의설립·운영에관한법률을 준용한다.

제 33조 (사회복지협의회) ① 사회복지에 관한 조사·연구와 각종 복지
　　사업을 조성하기 위하여 전국단위의 한국사회복지협의회(이하 "중앙
　　협의회"라 한다)와 시·도단위의 시·도사회복지협의회(이하 "시·도
　　협의회"라 한다)를 두며, 필요한 경우에는 시·군·구 단위의 시·군
　　·구사회복지협의회(이하 "시·군·구협의회"라 한다)를 둘 수 있다.
　　〈개정 2003. 7. 30〉
② 제 1항의 규정에 의한 중앙협의회, 시·도협의회 및 시·군·구협
　　의회는 이 법에 의한 사회복지법인으로 하되, 제 23조 제 1항의 규

정은 이를 적용하지 아니한다. 〈개정 2003. 7. 30〉

③ 중앙협의회, 시·도협의회 및 시·군·구협의회의 조직과 운영 등에 관하여 필요한 사항은 대통령령으로 정한다. 〈개정 2003. 7. 30〉

제 2장의 2 사회복지서비스의 실시 〈신설 2003.7.30〉

제 33조의 2 (사회복지서비스의 신청) ① 사회복지서비스를 필요로 하는 자(이하 "보호대상자"라 한다)와 그 친족 그 밖의 관계인은 관할 시장·군수·구청장에게 보호대상자에 대한 사회복지서비스의 제공(이하 "보호"라 한다)을 신청할 수 있다.

② 시·군·구 복지담당공무원은 이 법에 의한 보호대상자가 누락되지 아니하도록 하기 위하여 관할지역 안에 거주하는 보호대상자의 보호를 직권으로 신청할 수 있다. 이 경우 보호대상자의 동의를 받아야 하며, 동의를 받은 경우에는 보호대상자가 신청한 것으로 본다. 〈개정 2009. 6. 9〉

③ 시장·군수·구청장은 제 1항에 따른 보호를 신청하거나 제 2항에 따른 직권신청의 동의를 받을 때 보호대상자에게 제 33조의 3 제 1항 및 제 4항에 따라 조사하거나 제공받는 자료 또는 정보에 관하여 다음 각 호의 사항을 고지하여야 한다. 〈신설 2009. 6. 9〉

1. 법적 근거, 이용 목적 및 범위
2. 이용방법
3. 보유기간 및 파기 방법

④ 제1항부터 제3항까지의 규정에 따른 보호의 신청 및 고지 방법 등에 관하여 필요한 사항은 보건복지가족부령으로 정한다. 〈개정 2009. 6. 9〉

〔본조신설 2003. 7. 30〕

제33조의3 (복지요구의 조사) ① 시장·군수·구청장은 제33조의2의 규정에 의한 보호신청이 있는 경우 복지담당공무원에게 다음 각호의 사항을 조사하게 한다. 다만, 상담, 그 밖에 보건복지가족부령으로 정하는 사유에 해당하는 경우에는 그러하지 아니하다. 〈개정 2007. 12. 14, 2009. 6. 9〉

1. 신청인의 복지요구와 관련된 사항이나 그밖에 신청인에게 필요하다고 인정되는 사회복지서비스 및 보건의료서비스에 관한 사항

2. 보호대상자 및 그 부양의무자(국민기초생활보장법에 의한 부양의무자를 말한다. 이하 같다)의 소득·재산·근로능력 및 취업상태에 관한 사항

3. 보호대상자 및 그 부양의무자에 대한 제2조 제1호 각 목의 법률에 따라 실시되는 급여, 사회복지서비스 및 보건의료서비스 중 보건복지가족부령으로 정하는 수혜 이력에 관한 사항

4. 그밖에 보호실시 여부를 결정하기 위하여 필요하다고 인정하는 사항

② 시장·군수·구청장은 제1항의 규정에 의한 조사의 목적으로 자료를 확보하기 위하여 신청인 또는 보호대상자와 그 부양의무자에게 필요한 자료의 제출을 요구할 수 있다.

③ 제1항에 따른 조사 및 정보의 제공에 필요한 사항은 '국민기초생활

보장법' 제22조 제3항·제5항부터 제8항까지 및 제23조를 준용

한다. 〈신설 2009. 6. 9〉

④ 보건복지가족부장관 또는 지방자치단체의 장이 제1항에 따른 조사

를 실시하기 위하여 금융·국세·지방세·토지·건물·건강보험

·국민연금·고용보험·산재보험·출입국·병무·보훈급여·교

정·가족관계증명 등 대통령령으로 정하는 관련 전산망 또는 자료

를 이용하고자 할 경우에는 관계 기관의 장에게 협조를 요청할 수

있다. 이 경우 관계 기관의 장은 정당한 사유가 없는 한 이에 응하여

야 한다. 〈신설 2009. 6. 9〉

〔본조신설 2003. 7. 30〕

제33조의 4 (보호의 결정) ① 시장·군수·구청장은 제33조의 3의 규

정에 의한 조사를 한 때에는 보호의 실시여부와 그 유형을 결정하여

야 한다.

② 시장·군수·구청장은 제1항의 규정에 의한 보호의 실시여부와 그

유형을 결정하고자 하는 때에는 보호대상자 및 그 친족, 복지담당

공무원 및 지역안의 사회복지·보건의료사업관련 기관·단체의 의

견을 들을 수 있다.

③ 시장·군수·구청장은 제1항의 규정에 의하여 보호의 실시여부와

그 유형을 결정한 때에는 이를 서면 또는 전자문서로 신청인에게 통

지하여야 한다. 〈개정 2007. 12. 14〉

〔본조신설 2003. 7. 30〕

제33조의 5 (보호대상자별 보호계획의 수립 등) ① 시장·군수·구청장

은 보호대상자에 대하여 보호의 실시를 결정한 때에는 필요한 경우

지역사회복지협의체의 의견을 들어 다음 각호의 사항이 포함된 보
호대상자별 보호계획을 작성하여야 한다. 이 경우 보호대상자 또는
그 친족의 의견을 참작하여야 한다. 〈개정 2007. 12. 14〉

1. 사회복지서비스 및 보건의료서비스의 유형·방법·수량 및 제
   공기간
2. 제1호에 따른 서비스를 제공할 기관 또는 단체
3. 같은 보호대상자에 대하여 제1호에 따른 서비스를 제공하여야
   할 기관 또는 단체가 2 이상인 경우는 기관 또는 단체 간의 연계
   방법

② 시장·군수·구청장은 보호대상자의 사회복지서비스의 실시결과
를 정기적으로 평가하고 필요한 경우 보호대상자별 보호계획을 변
경할 수 있다.

③ 제1항의 규정에 의한 보호대상자별 보호계획의 작성 등에 관하여
필요한 사항은 보건복지가족부령으로 정한다. 〈개정 2008. 2. 29〉

〔본조신설 2003. 7. 30〕

제33조의 6 (보호의 실시) ① 시장·군수·구청장은 제33조의 5의 규
정에 의하여 작성된 보호대상자별 보호계획에 따라 보호를 실시하
여야 한다.

② 시장·군수·구청장은 보호의 실시가 긴급을 요하는 등 보건복지가
족부장관이 인정하는 경우 이 장의 규정에 의한 절차의 일부를 생략
할 수 있다. 〈개정 2008. 2. 29〉

〔본조신설 2003. 7. 30〕

제33조의 7 (보호의 방법) ① 보호대상자에 대한 보호는 현물로 제공함

을 원칙으로 한다.

② 시장·군수·구청장은 국가 또는 지방자치단체외의 자로 하여금 제1항의 보호를 실시하게 하는 경우에는 보호대상자에게 사회복지서비스이용권(이하 "이용권"이라 한다)을 지급하여 국가 또는 지방자치단체외의 자로부터 그 이용권으로 보호를 받게 할 수 있다.

③ 제2항의 규정에 의한 이용권의 지급대상, 사회복지서비스의 유형 및 이용권의 지급방법 등에 관하여 필요한 사항은 보건복지가족부령으로 정한다. 〈개정 2008. 2. 29〉

〔본조신설 2003. 7. 30〕

제33조의 8 (정보의 파기) 보건복지가족부장관 및 시장·군수·구청장은 제33조의 3 제2항부터 제4항까지의 규정에 따라 조사하거나 제공받은 정보 중 보호대상자가 아닌 사람의 정보는 5년을 초과하여 보유할 수 없다. 이 경우 정보의 보유기한이 경과되면 지체없이 이를 파기하여야 한다.

〔본조신설 2009. 6. 9〕

제 3장 사회복지시설

제34조 (시설의 설치) ① 국가 또는 지방자치단체는 사회복지시설(이하 "시설"이라 한다)을 설치·운영할 수 있다.

② 국가 또는 지방자치단체외의 자가 시설을 설치·운영하고자 하는 때에는 보건복지가족부령이 정하는 바에 의하여 시장·군수·구청

장에게 신고하여야 한다. 다만, 제40조의 규정에 의하여 폐쇄명령
을 받고 1년이 경과되지 아니한 자는 시설의 설치·운영 신고를 할
수 없다. 〈개정 1999. 4. 30, 2008. 2. 29〉

③ 삭제. 〈1999. 4. 30〉

④ 제2항의 규정에 의한 시설중 사회복지관, 부랑인 및 노숙인보호를
위한 시설의 설치·운영에 관한 사항과 부랑인 및 노숙인보호를 위
한 시설의 입·퇴소의 기준·절차 및 직업보도 등에 관하여 필요한
사항은 보건복지가족부령으로 정한다. 〈개정 1999. 4. 30, 2003. 7.
30, 2008. 2. 29〉

⑤ 제1항의 규정에 의하여 국가 또는 지방자치단체가 설치한 시설은
필요한 경우 사회복지법인 또는 비영리법인에게 위탁하여 운영하게
할 수 있다. 〈개정 2003. 7. 30〉

⑥ 제5항의 규정에 의한 위탁운영의 기준·기간 및 방법 등에 관하여
필요한 사항은 보건복지가족부령으로 정한다. 〈신설 2003. 7. 30,
2008. 2. 29〉

제34조의 2 (보험가입의무) ① 시설의 운영자는 화재로 인한 손해배상
책임의 이행을 위하여 손해보험회사가 영위하는 책임보험에 가입하
여야 한다.

② 국가 또는 지방자치단체는 예산의 범위 안에서 제1항의 규정에 의
한 책임보험에 소요되는 비용의 전부 또는 일부를 보조할 수 있다.

③ 제1항의 규정에 의하여 손해책임보험에 가입하여야 할 시설의 범
위는 대통령령으로 정한다.

〔본조신설 2000. 1. 12〕

제 34조의 3 (시설의 안전점검 등) ① 시설의 장은 시설에 대하여 정기 및 수시안전점검을 실시하여야 한다.

② 시설의 장은 제1항의 규정에 의하여 정기 또는 수시안전점검을 한 후 그 결과를 시장·군수·구청장에게 제출하여야 한다.

③ 시장·군수·구청장은 제2항의 규정에 의한 결과를 제출받은 후 필요한 경우 시설의 운영자로 하여금 시설의 보완 또는 개·보수를 요구할 수 있으며 이 경우 시설의 운영자는 이에 응하여야 한다.

④ 국가 또는 지방자치단체는 예산의 범위 안에서 제1항 내지 제3항의 규정에 의한 안전점검, 시설의 보완 및 시설의 개·보수에 소요되는 비용의 전부 또는 일부를 보조할 수 있다.

⑤ 제1항 내지 제4항의 규정에 의한 정기 또는 수시안전점검을 받아야 하는 시설의 범위 및 시기, 안전점검기관과 그 절차는 대통령령으로 정한다.

〔본조신설 2000. 1. 12〕

제 35조 (시설의 장) ① 시설의 장은 상근하여야 한다.

② 제7조 제3항 각호의 1에 해당하는 자는 시설의 장이 될 수 없다.

제 36조 (운영위원회) ① 시설의 운영에 관한 다음 각호의 사항을 심의하기 위하여 운영위원회를 둔다. 〈개정 2003. 7. 30〉

1. 시설운영계획의 수립·평가에 관한 사항

2. 사회복지프로그램의 개발·평가에 관한 사항

3. 시설종사자의 근무환경 개선에 관한 사항

4. 시설거주자의 생활환경 개선 및 고충처리 등에 관한 사항

5. 시설과 지역사회와의 협력에 관한 사항

6. 그 밖에 시설의 장이 부의하는 사항

② 운영위원회의 조직 및 운영에 관한 사항은 보건복지가족부령으로 정한다. 〈개정 2008. 2. 29〉

제37조 (시설의 서류비치) 시설의 장은 후원금품대장등 보건복지가족부령이 정하는 서류를 시설 내에 비치하여야 한다. 〈개정 2008. 2. 29〉

제38조 (시설의 휴지·재개·폐지신고. 〈개정 1999. 4. 30〉) ① 제34조 제2항의 규정에 의한 신고를 한 자는 지체없이 시설의 운영을 개시하여야 한다.

② 시설의 운영자는 그 운영을 휴지하거나 재개 또는 시설을 폐지하고자 하는 때에는 보건복지가족부령이 정하는 바에 의하여 시장·군수·구청장에게 신고를 하여야 한다. 〈개정 1999. 4. 30, 2008. 2. 29〉

③ 시장·군수·구청장은 제2항의 규정에 의한 시설운영의 휴지 및 폐지의 경우 보건복지가족부령이 정하는 바에 의하여 시설거주자를 다른 시설로 보내는 등 시설거주자의 권익을 보호하기 위한 조치를 취하여야 한다. 〈개정 1999. 4. 30, 2008. 2. 29〉

④ 삭제. 〈1999. 4. 30〉

제39조 삭제. 〈1999. 4. 30〉

제40조 (시설의 개선, 사업의 정지, 폐쇄 등) ① 보건복지가족부장관, 시
·도지사 또는 시장·군수·구청장은 시설이 다음 각호의 1에 해당
할 때에는 그 시설의 개선, 사업의 정지, 시설의 장의 교체를 명하
거나, 시설의 폐쇄를 명할 수 있다. 〈개정 1999. 4. 30, 2007. 12.
14, 2008. 2. 29〉

1. 시설이 설치기준에 미달하게 된 때
2. 사회복지법인 또는 비영리법인이 설치·운영하는 시설의 경우
   그 사회복지법인 또는 비영리법인의 설립허가가 취소된 때
3. 설치목적의 달성 기타의 사유로 계속하여 운영될 필요가 없다고
   인정할 때
3의2. 회계부정이나 불법행위 기타 부당행위 등이 발견된 때
4. 제34조 제2항에 따른 신고를 하지 아니하고 시설을 설치·운영
   한 때
5. 제36조 제1항에 따른 운영위원회를 설치 또는 운영하지 아니
   한 때
6. 정당한 이유없이 제51조 제1항에 따른 보고 또는 자료제출을
   하지 아니하거나 거짓으로 한때
7. 정당한 이유없이 제51조 제1항에 따른 검사·질문을 거부·방
   해하거나 기피한 때.

② 제38조 제3항의 규정은 제1항의 규정에 의한 사업의 정지 및 시설
   의 폐쇄명령을 받은 경우에 이를 준용한다. 〈신설 1999. 4. 30〉
③ 제1항의 규정에 의한 행정처분의 세부적인 기준은 그 위반행위의
   유형과 위반의 정도 등을 참작하여 보건복지가족부령으로 정한다.

〈신설 2003. 7. 30, 2008. 2. 29〉

제 41조 (시설수용인원의 제한) 각각의 시설은 그 수용인원이 300인을 초과할 수 없다. 다만, 대통령령으로 정하는 경우에는 그러하지 아니하다.

제 3장의 2 재가복지 〈신설 2003.7.30〉

제 41조의 2 (재가복지서비스) ① 국가 또는 지방자치단체는 보호대상자가 다음 각호의 1에 해당하는 재가복지서비스를 제공받도록 할 수 있다.

1. 가정봉사서비스: 가사 및 개인활동을 지원하거나 정서활동을 지원하는 서비스
2. 주간·단기보호서비스: 주간·단기보호시설에서 급식 및 치료 등 일상생활의 편의를 낮동안 또는 단기간동안 제공하거나 가족에 대한 교육 및 상담을 지원하는 서비스

② 시장·군수·구청장은 제 33조의 5의 규정에 의한 보호대상자별 보호계획에 따라 보호대상자에게 사회복지서비스를 제공하는 경우 시설에의 입소에 우선하여 제 1항 각호의 재가복지서비스를 제공하도록 하여야 한다.

［본조신설 2003. 7. 30］

제 41조의 3 (보호대상자의 보호자에 대한 지원) 국가 또는 지방자치단체

는 제33조의 4의 규정에 의하여 보호가 결정된 보호대상자를 자신
의 가정에서 돌보는 자에게 보건복지가족부령이 정하는 바에 의하
여 그 보호자의 부담을 경감하기 위한 상담을 실시하거나 금전적 지
원 등을 할 수 있다. 〈개정 2008. 2. 29〉

〔본조신설 2003. 7. 30〕

제41조의 4 (가정봉사원의 양성) 국가 또는 지방자치단체는 재가복지서
비스를 필요로 하는 가정 또는 시설에서 보호대상자가 일상생활을
영위하기 위하여 필요한 각종 편의를 제공하는 가정봉사원을 양성
하도록 노력하여야 한다.

〔본조신설 2003. 7. 30〕

제4장 보칙

제42조 (보조금 등) ① 국가 또는 지방자치단체는 사회복지사업을 수행
하는 자 중 대통령령이 정하는 자에 대하여 필요한 비용의 전부 또
는 일부를 보조할 수 있다. 〈개정 1999. 4. 30〉

② 제1항의 규정에 의한 보조금은 그 목적 외의 용도에 사용할 수 없다.

③ 국가 또는 지방자치단체는 제1항의 규정에 의하여 보조금을 받은
자가 다음 각호의 1에 해당할 때에는 이미 교부한 보조금의 전부 또
는 일부의 반환을 명할 수 있다.

1. 사위 기타 부정한 방법으로 보조금의 교부를 받은 때

2. 사업목적외의 용도에 보조금을 사용한 때

3. 이 법 또는 이 법에 의한 명령에 위반한 때

제 42조의 2 (국·공유재산의 우선매각) 국가 또는 지방자치단체는 사회
　복지사업과 관련한 시설을 설치하거나 사업을 육성하기 위하여 필
　요하다고 인정하는 경우에는 '국유재산법'과 '공유재산 및 물품 관리
　법'에도 불구하고 사회복지법인 또는 사회복지시설에 국·공유재산
　을 우선매각하거나 임대할 수 있다.

〔본조신설 2007. 12. 14〕

제 42조의 3 (지방자치단체에 대한 지원금) ① 보건복지가족부장관은 시
　·도지사 및 시장·군수·구청장에게 사회복지사업의 수행에 필요
　한 비용을 지원할 수 있다. 〈개정 2008. 2. 29〉

② 보건복지가족부장관은 제 15조의 6에 따른 평가결과를 반영하여 제
　1항에 따른 지원을 할 수 있다. 〈개정 2008. 2. 29〉

③ 제 1항에 따른 지원금의 지급기준·지급방법 등에 관하여 필요한
　사항은 보건복지가족부령으로 정한다. 〈개정 2008. 2. 29〉

〔본조신설 2007. 12. 14〕

제 43조 (시설의 평가) ① 보건복지가족부장관 및 시·도지사는 보건복
　지가족부령이 정하는 바에 따라 시설을 정기적으로 평가하며, 이를
　시설의 감독, 지원 등에 반영하거나 시설거주자를 다른 시설로 보내
　는 등의 조치를 할 수 있다. 〈개정 1999. 4. 30, 2003. 7. 30, 2008.
　2. 29〉

② 보건복지가족부장관 또는 시·도지사는 제 1항의 평가결과에 따라
　시설거주자를 다른 시설로 보내는 경우에는 제 38조 제 3항의 조치

를 하여야 한다. 〈신설 1999. 4. 30, 2008. 2. 29〉

제44조 (비용의 징수) ① 이 법에 의한 복지조치에 필요한 비용을 부담한 지방자치단체의 장 기타 시설을 운영하는 자는 그 혜택을 받은 본인 또는 그 부양의무자로부터 대통령령이 정하는 바에 의하여 그가 부담한 비용의 전부 또는 일부를 징수할 수 있다. 〈개정 2003. 7. 30〉
② 삭제. 〈1999. 4. 30〉

제45조 (후원금의 관리) ① 사회복지법인의 대표이사와 시설의 장은 아무런 대가없이 무상으로 받은 금품 기타의 자산(이하 "후원금"이라 한다)의 수입·지출 내용과 관리에 명확성이 확보되도록 하여야 한다.
② 제1항의 규정에 의한 후원금에 관한 영수증교부, 수입 및 사용결과 보고등 기타 후원금관리에 필요한 사항은 보건복지가족부령으로 정한다. 〈개정 2008. 2. 29〉

제46조 (한국사회복지사협회) ① 사회복지사는 사회복지에 관한 전문지식과 기술을 개발·보급하고 사회복지사의 자질향상을 위한 교육훈련 및 사회복지사의 복지증진을 도모하기 위하여 한국사회복지사협회(이하 "협회"라 한다)를 설립한다. 〈개정 2000. 1. 12〉
② 제1항의 규정에 의한 협회는 법인으로 하되, 협회의 조직과 운영 등에 관하여 필요한 사항은 대통령령으로 정한다.
③ 협회에 관하여 이 법에 규정된 것을 제외하고는 민법 중 사단법인에

관한 규정을 준용한다.

제 47조 (비밀누설의 금지) 사회복지사업 또는 사회복지업무에 종사하였
거나 종사하고 있는 자는 그 업무수행의 과정에서 알게 된 다른 사
람의 비밀을 누설하여서는 아니된다.

제 48조 (압류금지) 이 법 및 제 2조 제 1호 각목의 법률에 의하여 지급
된 금품과 이를 받을 권리는 압류하지 못한다. 〈개정 2003. 7. 30〉

제 49조 (청문) 보건복지가족부장관, 시·도지사 또는 시장·군수·구
청장이 제 26조 또는 제 40조의 규정에 의한 허가의 취소 또는 시설
의 폐쇄를 하고자 할 때에는 청문을 하여야 한다. 〈개정 1999. 4.
30, 2008. 2. 29〉

제 50조 (포상) 정부는 사회복지사업에 관하여 공로가 현저하거나 모범
이 되는 자에 대하여 포상을 할 수 있다.

제 51조 (지도·감독 등) ① 보건복지가족부장관, 시·도지사 또는 시장
·군수·구청장은 사회복지사업을 운영하는 자에 대한 소관업무에
관하여 지도·감독을 하며, 필요한 경우 그 업무에 관하여 보고 또
는 관계서류의 제출을 명하거나, 소속공무원으로 하여금 법인의 사
무소 또는 시설에 출입하여 검사 또는 질문하게 할 수 있다. 〈개정
2008. 2. 29〉

② 법인의 주된 사무소의 소재지와 시설의 소재지가 동일한 시·도 또는 시·군·구에 있지 아니한 경우 당해 시설의 업무에 관하여는 시설소재지의 시·도지사 또는 시장·군수·구청장이 지도·감독 등을 행한다. 이 경우 지도·감독 등을 위하여 필요한 때에는 법인의 업무에 대하여 법인의 주된 사무소 소재지의 시·도지사 또는 시장·군수·구청장에 대하여 협조를 요청할 수 있다. 〈신설 1999. 4. 30, 2007. 12. 14〉

③ 제2항에 따른 지도·감독 등에 관하여 따로 지방자치단체 간에 협약을 체결한 경우에는 제2항에도 불구하고 협약에서 정한 시·도지사 또는 시장·군수·구청장이 지도·감독 등의 업무를 수행한다. 〈신설 2007. 12. 14〉

④ 제1항의 규정에 의하여 검사 또는 질문을 하는 관계공무원은 그 권한을 표시하는 증표를 지니고 이를 관계인에게 내보여야 한다. 〈개정 2007. 12. 14〉

제52조 (권한의 위임 또는 위탁) ① 이 법에 의한 보건복지가족부장관 또는 시·도지사의 권한은 그 일부를 대통령령이 정하는 바에 의하여 시·도지사 또는 시장·군수·구청장에게 위임할 수 있다. 〈개정 2008. 2. 29〉

② 보건복지가족부장관은 이 법에 의한 업무의 일부를 대통령령이 정하는 바에 따라 사회복지 관련기관이나 단체에 위탁할 수 있다. 〈개정 2008. 2. 29〉

제5장 벌칙

제53조 (벌칙) 다음 각호의 1에 해당하는 자는 5년 이하의 징역 또는 1,500만 원 이하의 벌금에 처한다.

1. 제23조 제3항의 규정에 위반한 자
2. 제42조 제2항의 규정에 위반한 자

제53조의 2 (벌칙) ① 제33조의 3에 따라 조사하거나 제공받은 금융정보('국민기초생활 보장법' 제21조 제3항 제1호의 금융정보를 말한다. 이하 같다)를 다른 사람에게 제공하거나 누설한 자는 5년 이하의 징역 또는 3천만 원 이하의 벌금에 처한다.

② 제33조의 3에 따라 조사하거나 제공받은 신용정보 또는 보험정보('국민기초생활 보장법' 제21조 제3항 제2호·제3호의 신용정보·보험정보를 말한다. 이하 같다)를 다른 사람에게 제공하거나 누설한 자는 3년 이하의 징역 또는 2천만 원 이하의 벌금에 처한다.

③ 제33조의 3에 따라 조사하거나 제공받은 정보(금융정보·신용정보 및 보험정보를 제외한다)를 다른 사람에게 유출하거나 누설한 자는 3년 이하의 징역 또는 1천만 원 이하의 벌금에 처한다.

〔본조신설 2009. 6. 9〕

제53조의 3 (벌칙) 정당한 접근권한 없이 또는 허용된 접근권한을 넘어 제6조의 2 제2항에 따른 정보시스템의 정보를 훼손·멸실·변경·위조하거나 검색·복제한 자는 3년 이하의 징역 또는 3천만 원 이하의 벌금에 처한다.

〔본조신설 2009. 6. 9〕

제54조 (벌칙) 다음 각호의 1에 해당하는 자는 1년 이하의 징역 또는 300만 원 이하의 벌금에 처한다. 〈개정 1999. 4. 30〉

1. 제6조 제1항의 규정에 위반한 자
2. 제28조 제2항의 규정에 위반한 자
3. 제34조 제2항의 규정에 의한 신고를 하지 아니하고 시설을 설치 · 운영한 자
4. 정당한 이유없이 제38조 제3항(제40조 제2항에서 준용하는 경우를 포함한다)의 규정에 의한 시설거주자 권익 보호조치를 기피 또는 거부한 자
5. 정당한 이유없이 제40조 제1항의 규정에 의한 명령을 이행하지 아니한 자
6. 제47조의 규정에 위반한 자
7. 정당한 이유없이 제51조 제1항의 규정에 의한 보고를 하지 아니하거나 허위의 보고를 한 자, 자료를 제출하지 아니하거나 허위의 자료를 제출한 자, 검사 · 질문을 거부 · 방해 또는 기피한 자

제55조 (벌칙) 제13조의 규정에 위반한 자는 300만 원 이하의 벌금에 처한다. 〈개정 1999. 4. 30〉

제56조 (양벌규정) 법인의 대표자 또는 법인이나 개인의 대리인 · 사용인 기타 종업원이 그 법인 또는 개인의 업무에 관하여 제53조 내지 제55조의 위반행위를 한 때에는 행위자를 벌하는 외에 그 법인 또는 개인에 대하여도 각 해당 조의 벌금형을 과한다.

제57조 (벌칙적용에 있어서의 공무원 의제) 제12조 제1항 또는 제52조 제2항의 규정에 의하여 위탁받은 업무를 수행하는 사회복지 관련 기관·단체의 임·직원은 형법 제129조 내지 제132조의 적용에 있어서는 이를 공무원으로 본다.

제58조 (과태료) ① 제13조 제2항 단서·제3항, 제18조 제5항, 제24조, 제31조, 제34조의2, 제34조의3, 제37조, 제38조 제1항·제2항 또는 제45조의 규정에 위반한 자는 300만 원 이하의 과태료에 처한다. 〈개정 1999. 4. 30, 2000. 1. 12, 2007. 12. 14〉

② 제33조의3 제1항 각 호에 따른 서류, 그 밖에 소득·재산 등에 관한 자료를 정당한 사유없이 제출하지 아니하거나 거짓 자료를 제출한 자 또는 조사·질문을 기피·거부·방해하거나 거짓 답변을 한 자에게는 20만 원 이하의 과태료를 부과한다. 〈신설 2009. 6. 9〉

③ 제1항 또는 제2항에 따른 과태료는 대통령령으로 정하는 바에 따라 보건복지가족부장관, 시·도지사 또는 시장·군수·구청장이 부과·징수한다. 〈개정 2009. 6. 9〉

④ 삭제. 〈2009. 6. 9〉

⑤ 삭제. 〈2009. 6. 9〉

⑥ 삭제. 〈2009. 6. 9〉

부칙 〈제 5358호, 1997.8.22〉

제 1조 (시행일) 이 법은 1998년 7월 1일부터 시행한다. 다만, 제 11조 제 3항 및 제 12조의 개정규정은 2003년 1월 1일부터 시행한다.

제 2조 (사회복지사에 대한 경과조치) ① 이 법 시행당시 종전의 규정에 의하여 사회복지사 자격증을 교부받은 자는 이 법에 의하여 자격증을 교부받은 자로 본다.

② 제 11조 제 3항의 개정규정에 불구하고 다음 각호의 1에 해당되는 자는 종전의 규정에 의하여 사회복지사 1급 자격증을 교부받을 수 있다.

  1. 이 법 시행당시 종전의 규정에 의하여 사회복지사 2급, 3급의 자격증을 교부받은 자

  2. 이 법 시행당시 종전의 규정에 의하여 사회복지사 1급 자격기준에 해당되는 학교에 재학중인 자

  3. 2003년 1월 1일 현재 종전의 규정에 의하여 사회복지사 1급 자격기준에 해당하는 석사 또는 박사학위를 취득한 자

제 3조 (법인, 시설에 관한 경과조치) 이 법 시행당시 종전의 규정에 의하여 설립 또는 설치된 사회복지법인과 시설은 이 법에 의하여 설립 또는 설치된 것으로 본다.

제 4조 (임원에 관한 경과조치) 이 법 시행 전에 종전의 규정에 의하여 선임된 사회복지법인의 임원이 제 19조 내지 제 21조의 개정규정에 적합하지 아니한 경우에는 종전의 규정에 의한다.

제5조 (한국사회복지협의회에 대한 경과조치) 중앙협의회는 제33조의 개정규정에 따라 정관을 변경하여 이 법 시행일부터 6월 이내에 보건복지부장관의 인가를 받아야 한다.

제6조 (시·도협의회의 설립준비) ① 이 법 시행당시 종전의 사회복지사업관계법령에 의한 지방사회복지협의회는 이 법 시행일부터 6월 이내에 5인 이내의 준비위원을 위촉하여 이 법에 의한 시·도협의회의 설립준비업무를 처리하게 하여야 한다.

② 제1항의 규정에 의한 지방사회복지협의회는 시·도협의회의 정관을 작성하고 관할 시·도지사의 사회복지법인 설립허가를 받아야 한다.

③ 시·도지사는 이 법에 의한 시·도협의회의 설립에 필요한 협조요청을 받은 때에는 특별한 사유가 없는 한 이에 응하여야 한다.

④ 제1항의 규정에 의한 준비위원은 제2항의 규정에 의한 사회복지법인설립허가를 받은 때에는 해촉된 것으로 본다.

제7조 (한국사회복지사협회에 관한 경과조치) ① 이 법 시행당시 사단법인 한국사회복지사협회는 이 법에 의하여 설립된 한국사회복지사협회로 본다.

② 한국사회복지사협회는 이 법 시행일부터 6월 이내에 이 법에 의한 정관을 작성하여 보건복지부장관의 인가를 받아야 한다.

제8조 (시설수용인원의 제한에 관한 경과조치) 이 법 시행당시의 시설과 시설의 설치를 위한 허가를 신청한 시설에 대하여는 제41조의 개정규정을 적용하지 아니한다.

제9조 (다른 법률의 개정 등) ① 아동복지법 중 다음과 같이 개정한다.

제 20조 제 2항 중 "도지사의 인가를 받아"를 "도지사에게 신고하고"로 한다.

제 26조의 제목 중 "인가취소와"를 삭제하고, 동조 제 1항 제 4호 중 "인가 또는"을 삭제하며, 동조 제 1항 제 5호 중 "(제 20조 제 3항의 규정에 의하여 신고된 시설에 한한다)"를 삭제한다.

제 35조 제 2호 중 "인가를 받지 아니하거나"를 삭제하고, 동조 제 4호 중 "인가의 취소"를 삭제한다.

② 장애인복지법 중 다음과 같이 개정한다.

제 38조 제 2항 중 "시·도지사의 허가를 받아"를 "시·도지사에게 신고하고"로 하고, 동조 제 3항 중 "설치허가에"를 "설치신고에"로 한다.

제 42조의 제목 "(허가취소 등)"을 "(시설폐쇄 등)"으로 하고, 동조 본문 중 "제 38조 제 2항의 규정에 의한 허가를 취소할 수 있다"를 "시설을 폐쇄할 수 있다"로 한다.

제 56조 제 1호 중 "허가를 받지"를 "신고를 하지"로 한다.

③ 모자복지법 중 다음과 같이 개정한다.

제 20조 제 2항 중 "시·도지사의 허가를 받아"를 "시·도지사에게 신고하고"로 하고, 동조 제 3항 중 "설치허가에"를 "설치신고에"로 한다.

제 24조의 제목 "(인가의 취소 등)"을 "(시설폐쇄 등)"으로 하고, 동조 본문 중 "제 20조 제 2항의 규정에 의한 허가를 취소할 수 있다"를 "시설을 폐쇄할 수 있다"로 한다.

제 29조 제 1항 제 1호 중 "허가를 받지"를 "신고를 하지"로 한다.

④ 영유아보육법 중 다음과 같이 개정한다.

　　제7조 제2항 중 "시장·군수의 인가를 받아"를 "시장·군수에게 신고를 하고"로 하고, 동조 제3항 중 "시장·군수의 인가를 받아"를 "시장·군수에게 신고를 하고"로 하며, 동조 제5항 중 "설치인가 및"을 삭제한다. 제12조의 제목 "(인가의 취소 등)"을 "(시설의 폐쇄 등)"으로 하고 동조 본문 중 "제7조 제2항 및 제3항에 의한 인가를 취소할 수 있다."를 "시설을 폐쇄할 수 있다."로 한다.

　　제31조 제1호 중 "인가를 받지"를 "신고를 하지"로 하고, 동조 제3호 중 "인가의 취소"를 "시설의 폐쇄"로 한다.

⑤ 윤락행위등방지법 중 다음과 같이 개정한다.

　　제12조 제2항 중 "구청장(자치구의 구청장에 한한다. 이하 같다)의 허가를 받아"를 "구청장(자치구의 구청장에 한한다. 이하 같다)에게 신고하고"로 하며, 동조 제3항 중 "허가"를 "신고"로 한다.

　　제18조의 제목 "(허가의 취소 등)"을 "(시설의 폐쇄 등)"으로 하고, 동조 제1항 본문 중 "허가를 취소할 수 있다"를 "시설을 폐쇄할 수 있다"로 한다.

　　제26조 제1항 제1호 중 "허가를 받지"를 "신고를 하지"로 한다.

⑥ 정신보건법 중 다음과 같이 개정한다.

　　제15조 제2항 중 "시·도지사의 허가를 받아"를 "시·도지사에게 개설신고를 하고"로 한다.

　　제19조의 제목 "(설치허가의 취소 등)"을 "(시설설치의 폐쇄 등)"으로 하고, 동조 제1항 중 "시설설치를 취소하거나"를 "시설을 폐쇄하거나"로 하고, 동조 제3항 중 "허가를"을 "시설의 폐쇄 및 허가

를"로 한다. 제 58조 제 1호 중 "허가를 받지"를 "신고를 하지"로
한다.

법률 제 5133호 정신보건법 부칙 제 3조 제 1항 중 "정신요양병원 또
는 사회복귀시설의 허가를 받아야 한다"를 "정신요양병원의 허가
를 받거나 사회복귀시설의 개설신고를 하여야 한다"로 하고, 동
조 제 3항 중 "정신요양병원 또는 사회복귀시설의 허가를 받은"
을 "정신요양병원의 허가를 받거나 사회복귀시설의 개설신고를
한"으로 하며, 동조 제 4항 중 "정신요양병원 또는 사회복귀시설
의 허가를 받기"를 "정신요양병원의 허가 또는 사회복귀시설의
개설신고를 하기"로 한다.

⑦ 성폭력범죄의처벌및피해자보호등에관한법률 중 다음과 같이 개정
한다.

제 25조 제 2항 중 "시·도지사의 허가를 받아"를 "시·도지사에게
신고하고"로 하고, 동조 제 3항 중 "허가"를 "신고"로 한다.

제 29조의 제목 "(허가의 취소 등)"을 "(시설의 폐쇄 등)"으로 하고, 동
조 본문 중 "허가를 취소할 수 있다"를 "시설을 폐쇄할 수 있다"로
한다.

제 35조 제 2호 중 "허가의 취소"를 "시설의 폐쇄"로 한다.

⑧ 이 법 시행당시 다른 법령에서 사회복지사업법의 규정을 인용하고
있는 경우 이 법 중 그에 관한 규정이 있는 때에는 이 법의 해당 규정
을 인용한 것으로 본다.

부칙 〈제5979호, 1999.4.30〉

제1조 (시행일) 이 법은 공포 후 6월이 경과한 날부터 시행한다. 다만 제2조 제1항 제14호의 개정규정은 공포한 날부터 시행한다.

제2조 (일반적 경과조치) ① 이 법 시행 전에 종전의 규정에 의하여 시·도지사가 행한 허가·인가·취소는 이 법에 의하여 보건복지부장관이 행한 것으로 본다.

② 이 법 시행 전에 종전의 규정에 의하여 시·도지사에 대하여 행한 허가 및 인가신청에 관하여는 이 법의 개정규정에 불구하고 종전의 규정에 의한다.

제3조 (보궐임원의 임기에 관한 경과조치) 이 법 시행당시 종전의 규정에 의하여 취임한 보궐임원의 임기는 제18조 제3항 단서의 개정규정에 불구하고 종전의 규정에 의한 보궐임원의 임기만료일까지로 한다.

제4조 (임원의 취임승인 신청에 관한 경과조치) 이 법 시행당시 종전의 규정에 의하여 임원의 취임승인을 신청한 경우에는 제18조 제5항의 개정규정에 의하여 임원의 선임을 보고한 것으로 본다.

제5조 (임원의 결격사유에 관한 경과조치) 이 법 시행당시 임원의 취임승인이 취소된 날부터 5년이 경과되지 아니한 자는 제19조 제1항 제2호의 개정규정에 불구하고 종전의 규정에 의한다.

제6조 (벌칙 등에 관한 경과조치) 이 법 시행 전의 행위에 대한 벌칙 및 과태료의 적용에 있어서는 종전의 규정에 의한다.

부칙 〈제 6160호, 2000.1.12〉

이 법은 공포 후 6월이 경과한 날부터 시행한다. 다만, 제 34조의 2의 개정규정은 공포 후 3년이 경과한 날부터 시행한다.

부칙 〈제 6771호, 2002.12.11〉

(일제하일본군위안부피해자에대한생활안정지원및기념사업등에관한법률)

① (시행일) 이 법은 공포 후 6월이 경과한 날부터 시행한다.

② 생략

③ (다른 법률의 개정) 사회복지사업법 중 다음과 같이 개정한다.

　　제 2조 제 1항 제 11호를 다음과 같이 한다.

　　11. 일제하일본군위안부피해자생활안정및기념사업등에관한법률

부칙 〈제 6801호, 2002.12.18〉

(모 · 부자복지법)

제 1조 (시행일) 이 법은 공포 후 6월이 경과한 날부터 시행한다.

제 2조 내지 제 6조 생략

제 7조 (다른 법률의 개정) ① 및 ② 생략

③ 사회복지사업법 중 다음과 같이 개정한다.

　　제 2조 제 1항 제 5호를 다음과 같이 한다.

　　5. 모 · 부자복지법

④ 내지 ⑥ 생략

부칙 〈제 6960호, 2003.7.30〉

① (시행일) 이 법은 공포 후 1년이 경과한 날부터 시행한다. 다만, 제
7조, 제 7조의 2, 제 15조의 3 내지 제 15조의 6, 제 33조의 5의 개
정규정은 2년이 경과한 날부터 시행한다.
② (임원의 임기에 관한 경과조치) 이 법 시행 당시 종전의 규정에 의하여
선임된 임원은 제 18조 제 2항의 개정규정에 불구하고 그 임원의 임
기만료일까지 재임할 수 있다.

부칙 〈제 7151호, 2004.1.29〉
(농어촌주민의보건복지증진을위한특별법)

① (시행일) 이 법은 공포 후 3월이 경과한 날부터 시행한다.
② (다른 법률의 개정) 사회복지사업법 중 다음과 같이 개정한다.
제 2조 제 1호에 거목을 다음과 같이 신설한다.
거. 농어촌주민의보건복지증진을위한특별법

부칙 〈제 7212호, 2004.3.22〉
(성매매방지및피해자보호등에관한법률)

제 1조 (시행일) 이 법은 공포 후 6월이 경과한 날부터 시행한다.
제 2조 및 제 3조 생략
제 4조 (다른 법률의 개정 등) ① 사회복지사업법 중 다음과 같이 개정한다.

제 2조 제 1호 사목를 다음과 같이 한다.

　　사.　성매매방지및피해자보호등에관한법률

② 내지 ④ 생략

부칙 〈제 7428호, 2005.3.31〉
(채무자 회생 및 파산에 관한 법률)

제 1조 (시행일)　이 법은 공포 후 1년이 경과한 날부터 시행한다.

제 2조 내지 제 4조 생략

제 5조 (다른 법률의 개정)　① 내지 〈52〉 생략

〈53〉 사회복지사업법 일부를 다음과 같이 개정한다.

　　제 7조 제 3항 제 3호 중 "파산자"를 "파산선고를 받은 자"로 한다.

〈54〉 내지 〈145〉 생략

제 6조 생략

부칙 〈제 7587호, 2005.7.13〉

이 법은 공포 후 1월이 경과한 날부터 시행한다.

부칙 〈제 7918호, 2006.3.24〉
(식품기부 활성화에 관한 법률)

① (시행일)　이 법은 공포 후 6개월이 경과한 날부터 시행한다.

② 생략

③ (다른 법률의 개정) 사회복지사업법 일부를 다음과 같이 개정한다.

제2조 제1호에 너목을 다음과 같이 신설한다.

너. 식품기부 활성화에 관한 법률

부칙 〈제8655호, 2007.10.17〉

(한부모가족지원법)

제1조 (시행일) 이 법은 공포 후 3개월이 경과한 날부터 시행한다. 〈단서 생략〉

제2조부터 제5조까지 생략

제6조 (다른 법률의 개정) ① 부터 ④ 까지 생략

⑤ 사회복지사업법 일부를 다음과 같이 개정한다.

제2조 제1호 마목을 다음과 같이 한다.

마. 한부모가족지원법

⑥부터 ⑬까지 생략

제7조 생략

부칙 〈제8691호, 2007.12.14〉

제1조 (시행일) 이 법은 공포한 날부터 시행한다. 다만, 제42조의 3의 개정규정은 2008년 1월 1일부터 시행하고, 제13조 및 제58조 제1항의 개정규정은 2009년 1월 1일부터 시행한다.

제2조 (국가시험 응시수수료에 관한 적용례) 제12조 제3항의 개정규정

은 이 법 시행 후 최초로 실시되는 국가시험부터 적용한다.

제3조 (실무협의체에 관한 경과조치) 이 법 시행 당시 제7조의 2 제3항
　　에 따른 실무협의체를 두지 아니한 시·군·구는 이 법 시행일부터
　　3개월 이내에 실무협의체를 두어야 한다.

제4조 (복지위원에 관한 경과조치) 이 법 시행 당시 제8조에 따른 복지
　　위원을 위촉하지 아니한 시장·군수·구청장은 이 법 시행일부터 3
　　개월 이내에 복지위원을 위촉하여야 한다.

제5조 (사회복지시설 업무의 지도·감독 협약에 관한 경과조치) 이 법 시행
　　전에 사회복지시설의 업무에 대한 지도·감독 등을 행하기 위하여
　　지방자치단체 간에 체결한 협약은 제51조 제3항의 개정규정에 따
　　라 체결한 것으로 본다.

부칙 〈제8852호, 2008.2.29〉
(정부조직법)

제1조 (시행일) 이 법은 공포한 날부터 시행한다. 다만, … 〈생략〉 …,
　　부칙 제6조에 따라 개정되는 법률 중 이 법의 시행 전에 공포되었으
　　나 시행일이 도래하지 아니한 법률을 개정한 부분은 각각 해당 법률
　　의 시행일부터 시행한다.

제2조부터 제5조까지 생략

제6조 (다른 법률의 개정) ①부터 〈467〉까지 생략

〈468〉 사회복지사업법 일부를 다음과 같이 개정한다.

　　제7조 제4항, 제7조의 2 제4항, 제15조의 3 제4항, 제15조의 5

제 1항, 제 33조의 2 제 3항, 제 33조의 5 제 3항, 제 33조의 7 제 3항, 제 34조 제 6항, 제 40조 제 3항, 제 41조의 3 및 제 42조의 3 제 3항 중 "보건복지부령"을 각각 "보건복지가족부령"으로 한다.

제 8조 제 3항, 제 10조 제 2항, 제 11조 제 4항, 제 17조 제 2항 단서, 제 18조 제 5항, 제 20조 제 3항, 제 23조 제 2항·제 3항 각 호 외의 부분 단서·제 2호 및 제 4항, 제 34조 제 2항 본문 및 제 4항, 제 36조 제 2항, 제 37조, 제 38조 제 2항 및 제 3항, 제 43조 제 1항 및 제 45조 제 2항 중 "보건복지부령"을 각각 "보건복지가족부령"으로 한다.

제 10조 제 1항, 제 11조 제 4항, 제 12조 제 1항 및 제 2항, 제 16조 제 1항, 제 17조 제 2항 본문, 제 18조 제 5항 및 제 6항, 제 20조 제 2항, 제 22조 각 호 외의 부분, 제 1호 및 제 3호, 제 23조 제 3항 각 호 외의 부분 본문, 제 24조 후단, 제 26조 제 1항 각 호 외의 부분 본문, 제 30조 제 1항, 제 40조 제 1항 각 호 외의 부분, 제 43조 제 1항 및 제 2항, 제 49조, 제 51조 제 1항, 제 52조 제 1항 및 제 2항, 제 58조 제 2항부터 제 4항까지 중 "보건복지부장관"을 각각 "보건복지가족부장관"으로 한다.

제 11조 제 1항, 제 12조 제 3항, 제 15조의 3 제 2항 전단 및 제 4항, 제 15조의 6 제 1항 및 제 2항, 제 33조의 6 제 2항, 제 42조의 3 제 1항 및 제 2항 중 "보건복지부장관"을 각각 "보건복지가족부장관"으로 한다.

〈469〉 부터. 〈760〉 까지 생략

제 7조 생략

부칙 〈제 9766호, 2009.6.9〉

① (시행일) 이 법은 2009년 12월 1일부터 시행한다.

② (법 시행을 위한 준비행위) 보건복지가족부장관은 이 법 시행 전에 제
6조의 2 제 3항의 개정규정에 따라 정보시스템을 구축·운영하는
데 필요한 자료를 수집·관리하고 관련기관 및 단체에 대하여 그 제
공을 요청할 수 있다. 이 경우 요청을 받은 기관 및 단체는 정당한
사유가 없는 한 이에 응하여야 한다.

③ (보호대상자에 대한 고지의 준용) 이 법 시행 전에 제 33조의 4에 따라
이미 보호를 실시 중인 자에 대하여는 제 33조의 2 제 3항 및 제 4항
의 개정규정에 따른 고지규정을 준용한다.

사회복지사 선서

나는 모든 사람들이 인간다운 삶을 누릴 수 있도록,

인간존엄성과 사회정의의 신념을 바탕으로,

개인 · 가족 · 집단 · 조직 · 지역사회 · 전체사회와 함께한다.

나는 언제나 소외되고 고통 받는 사람들의 편에 서서,

저들의 인권과 권익을 지키며, 사회의 불의와 부정을 거부하고,

개인이익보다 공공이익을 앞세운다.

나는 사회복지사 윤리강령을 준수함으로써,

도덕성과 책임성을 갖춘 사회복지사로 헌신한다.

나는 나의 자유의지에 따라 명예를 걸고 이를 엄숙하게 선서합니다.

한국사회사업가 윤리강령 (초안)

1982년 1월 15일 제정

전문

모든 인간은 다함께 인간으로서의 고유한 가치와 불변의 존엄성을 지닌다.

사회사업은 개인이 갖는 이러한 가치와 존엄성의 실현, 그리고 그가 속해있는 집단의 사회적 발전을 돕기 위해 그 개인 및 집단과 지역사회의 유효한 자원을 효과적으로 결합시키려는 전문적인 노력을 의미한다.

그러므로 사회사업의 기본적인 목적은 사회사업가의 도움을 필요로 하는 모든 개인 및 집단의 성공적인 자기실현이며, 이는 인도주의적 이상과 민주주의적 철학에 그 바탕을 둔다.

따라서 우리들 사회사업가는 개인 및 집단을 가져야 될 자아실현의 목표를 개발하고, 이용 가능한 사회적 자원 및 과학적인 지식을 통합함으로써 복지사회, 정의로운 사회의 건설을 위해 헌신하는 것을 우리의 기본적인 직업윤리로 한다.

1. 우리는 우리 자신을 가장 중요한 사회사업 자원으로 확신한다. 따라서 우리는 우리 자신의 자원적인 능력을 계속적으로 확대 개발해 나가야 한다.

2. 우리는 피조자(클라이언트)의 개별적인 목적과 능력을 존중한다. 따라서 우리는 피조자(클라이언트)의 개인적인 목적을 사회적으로 승화시키며, 그들의 자기 능력을 계속적으로 강화시켜 나간다.

3. 우리는 우리의 사업목적 및 실천에 대하여 우리의 기관과 더불어 공동의 책임을 진다. 따라서 우리는 우리가 속해있는 기관의 정책을 사회사업의 기본적인 목적에 부응시킨다.

4. 우리는 사회사업의 사회성을 확인한다. 따라서 우리는 우리의 사업 목표를 지역사회의 필요에 부응시킴으로서 필요한 자원을 사회로부터 제공받으며, 사업의 성과 역시 지역사회의 공헌으로 환원한다.

5. 우리는 사회사업의 전문성을 지지한다. 따라서 우리는 기존하는 사회사업의 학문적 공적을 옹호하며, 새로운 이론과 그 방법론의 개발을 계속적으로 추구한다.

6. 우리는 사회사업 각 기관과 조직의 협력관계를 옹호한다. 따라서 우리는 우리의 강령에 합치하는 사회사업기관 및 조직의 활동에 대하여 필요한 협조를 제공한다.

7. 우리는 사회사업 동료 및 유사 인접분야 전문가들의 업무적 의견과 기능을 존중한다. 따라서 우리는 그들의 기존하는 실적을 옹호하며, 새로운 연구나 실천의 향상을 위해 필요로 하는 협조를 제공한다.

8. 우리는 지역주민의 자원봉사정신을 존경한다. 따라서 우리는 지역

사회의 안보정신을 발양하기 위하여 자원봉사자의 개발과 확대 및 조직화에 노력한다.

9. 우리는 사회사업의 공공성을 주장한다. 따라서 우리의 연구 및 사업실천에 대하여 정부 및 공공기관의 협력관계를 확대시켜나감에 있어서 공동의 보조를 취한다.

10. 우리는 한국사회사업가 협회 및 국제사회사업과 연맹의 일원이다. 따라서 우리는 본 협회와 동연맹이 정하는 제반규약과 강령 및 결정들을 적극적으로 지지한다.

사회복지사 윤리강령

1988년 3월 26일 개정, 4월 14일 공포

사회복지사업은 인도주의와 민주주의 이념을 기반으로 하고 있으므로 모든 사회복지사는 인간의 존엄성과 가치 및 그 잠재능력을 확신하고 인류복지의 향상 발전을 위하여 최선의 노력을 경주한다. 사회복지사는 사회정의를 실현할 의무를 맡고 있는 만큼 성실, 친절, 봉사 및 진정한 이해와 사랑으로서 클라이언트를 대해야 하며 또한 항상 정의, 공평, 평화를 수호하는 선도적 위치에 서야 한다. 특히 사회복지사는 보다 적극적으로 인간의 고귀한 생명과 건강을 보전하는 구체적인 방향을 탐구하고, 실천함으로써 국민생활을 더욱 향상 시킬 수 있도록 끊임없이 노력해야 한다.

위와 같은 사명을 다하기 위하여, 사회복지사는 다음의 윤리강령을 준수하며, 아울러 스스로 훌륭한 사회복지사가 되도록 쉼 없이 연구, 정진하고 자기 품성을 도야할 것을 이에 맹세한다.

1. 사회복지사는 개인과 가족, 그리고 지역사회의 복지와 사회여건을

개선하기 위한 봉사적 사회운동에 참여하는 것을 기본적 사명으로 삼는다.

2. 사회복지사는 인종, 국적, 성별, 사상, 종교, 지위 및 빈부 등의 차이를 초월한 위치에서 공정 평등하게 클라이언트를 대우한다.

3. 사회복지사는 공사를 명확히 구분하여 공을 앞세우고 클라이언트의 사회적, 경제적 지위나 권리를 이용하여 자기 개인의 이익을 도모하지 않는다.

4. 사회복지사는 클라이언트로 하여금 고상한 인격과 자립정신을 가지고 국가 사회에 이바지하는 시민이 되도록 돕는다.

5. 사회복지사는 사회사업 실천에 있어 개인적 영리행위나 자기선전 또는 광고를 하지 않는다.

6. 사회복지사는 전문적 지식과 기술을 존중하며, 이를 습득, 개발, 전달하는 데 온갖 노력을 다한다.

7. 사회복지사는 사회복지사업을 모독하거나 동료 사회복지사의 지위나 인격을 손상하는 언사와 행동을 삼가고, 사회복지사의 자치활동에 적극적으로 참여하여 각자의 직능발전과 권익옹호에 힘쓴다.

8. 사회복지사는 자기기관 및 타 관계기관 직원들과 협동하여 원만한 상호관계를 유지하는데 힘쓴다.

사회복지사 윤리강령

1992년 10월 22일 개정, 공포

사회복지이념은 사회의 안정과 번영을 위하여 정의, 평등, 자유, 민주주의 가치를 바탕으로 모든 사회성원들이 인간의 존엄성을 유지하면서 자기실현을 할 수 있도록 사회 전체가 공동으로 책임을 진다는 철학을 기본으로 한다. 위의 이념을 구현하기 위하여 사회복지사는 개인, 가족, 집단, 조직, 지역과 같은 복지대상과 직접 일하거나 사회제도적 개선과 관련된 제반 활동에 적극 개입한다. 위의 사명을 다하기 위하여 사회복지사는 다음의 윤리강령을 준수한다.

1. 사회복지사는 전문가로서의 품위와 자질을 유지하고, 관장하는 업무에 대하여 책임을 진다.
2. 사회복지사는 전문직의 가치를 견지하면서 관련 지식과 기술을 습득, 개발, 전달하는 데 최선의 노력을 기울인다.
3. 사회복지사는 업무수행과정에서 어떠한 압력에도 타협하지 않으며, 전문적 관계를 이용하여 부당한 영리 취하지 않는다.
4. 사회복지사는 복지대상자의 권익을 최우선으로 삼는다.

5. 사회복지사는 복지대상자가 자기결정권을 최대한 행사할 수 있도록 돕는다.

6. 사회복지사는 복지대상자의 사상, 종교, 인종, 성별, 연령, 지위, 계층에 따른 차별을 하지 않는다.

7. 사회복지사는 복지대상자의 사생활을 존중하고, 직무상 취득한 정보를 전문적 업무 이외에는 공개하지 않는다.

8. 사회복지사는 동료 간의 존중과 신뢰로써 대하며, 동려간의 전문적 지위의 인격을 훼손하는 언행을 하지 않는다.

9. 사회복지사는 동료나 사회복지기관 또는 단체의 비윤리적 행위에 대하여 공식적인 절차를 통하여 대처한다.

10. 사회복지사는 소속기관과 전문단체 활동에 적극 참여하여 성장발전과 권익옹호에 힘쓰며 기타 유관기관과는 협조관계를 유지한다.

사회복지사 윤리강령

2001년 12월 15일 개정

전문

사회복지사는 인본주의·평등주의 사상에 기초하여, 모든 인간의 존엄
성과 가치를 존중하고 천부의 자유권과 생존권의 보장활동에 헌신한
다. 특히 사회적·경제적 약자들의 편에 서서 사회정의와 평등·자유
와 민주주의 가치를 실현하는 데 앞장선다. 또한 도움을 필요로 하는
사람들의 사회적 지위와 기능을 향상시키기 위해 저들과 함께 일하며,
사회제도 개선과 관련된 제반 활동에 주도적으로 참여한다. 사회복지
사는 개인의 주체성과 자기결정권을 보장하는 데 최선을 다하고, 어떠
한 여건에서도 개인이 부당하게 희생되는 일이 없도록 한다. 이러한 사
명을 실천하기 위하여 전문적 지식과 기술을 개발하고, 사회적 가치를
실현하는 전문가로서의 능력과 품위를 유지하기 위해 노력한다.

이에 우리는 클라이언트·동료·기관 그리고, 지역사회 및 전체사회
와 관련된 사회복지사의 행위와 활동을 판단·평가하며 인도하는 윤리
기준을 다음과 같이 선언하고 이를 준수할 것을 다짐한다.

윤리기준

1. 사회복지사의 기본적 윤리기준

   1) 전문가로서의 자세

      ① 사회복지사는 전문가로서의 품위와 자질을 유지하고, 자신이 맡고 있는 업무에 대해 책임을 진다.

      ② 사회복지사는 클라이언트의 종교·인종·성·연령·국적·결혼상태·성 취향·경제적 지위·정치적 신념·정신, 신체적 장애·기타 개인적 선호, 특징, 조건, 지위를 이유로 차별대우를 하지 않는다.

      ③ 사회복지사는 전문가로서 성실하고 공정하게 업무를 수행하며, 이 과정에서 어떠한 부당한 압력에도 타협하지 않는다.

      ④ 사회복지사는 사회정의 실현과 클라이언트의 복지 증진에 헌신하며, 이를 위한 환경조성을 국가와 사회에 요구해야 한다.

      ⑤ 사회복지사는 전문적 가치와 판단에 따라 업무를 수행함에 기관 내외로부터 부당한 간섭이나 압력을 받지 않는다.

      ⑥ 사회복지사는 자신의 이익을 위해 사회복지 전문직의 가치와 권위를 훼손해서는 안 된다.

      ⑦ 사회복지사는 한국사회복지사협회 등 전문가단체 활동에 적극 참여하여, 사회정의 실현과 사회복지사의 권익옹호를 위해 노력해야 한다.

   2) 전문성 개발을 위한 노력

      ① 사회복지사는 클라이언트에게 최상의 서비스를 제공하기 위해, 지식과 기술을 개발하는 데 최선을 다하며 이를 활용하고

전파할 책임이 있다.

② 클라이언트를 대상으로 연구하는 사회복지사는 저들의 권리를 보장하기 위해, 자발적이고 고지된 동의를 얻어야 한다.

③ 연구과정에서 얻은 정보는 비밀보장의 원칙에서 다루어져야 하고, 이 과정에서 클라이언트는 신체적, 정신적 불편이나 위험·위해 등으로부터 보호되어야 한다.

④ 사회복지사는 전문성을 개발하기 위해 노력하되, 이를 이유로 서비스의 제공을 소홀히 해서는 안 된다.

⑤ 사회복지사는 한국사회복지사협회 등이 실시하는 제반교육에 적극 참여하여야 한다.

3) 경제적 이득에 대한 태도

① 사회복지사는 클라이언트의 지불능력에 상관없이 서비스를 제공해야 하며, 이를 이유로 차별대우를 해서는 안 된다.

② 사회복지사는 필요한 경우에 제공된 서비스에 대해, 공정하고 합리적으로 이용료를 책정해야 한다.

③ 사회복지사는 업무와 관련하여 정당하지 않은 방법으로 경제적 이득을 취하여서는 안 된다.

2. 사회복지사의 클라이언트에 대한 윤리기준

1) 클라이언트와의 관계

① 사회복지사는 클라이언트의 권익옹호를 최우선의 가치로 삼고 행동한다.

② 사회복지사는 클라이언트에 대하여 인간으로서의 존엄성을 존

중해야 하며, 전문적 기술과 능력을 최대한 발휘한다.

③ 사회복지사는 클라이언트가 자기결정권을 최대한 행사할 수 있도록 도와야 하며, 저들의 이익을 최대한 대변해야 한다.

④ 사회복지사는 클라이언트의 사생활을 존중하고 보호하며, 직무 수행과정에서 얻은 정보에 대해 철저하게 비밀을 유지해야 한다.

⑤ 사회복지사는 클라이언트가 받는 서비스의 범위와 내용에 대해, 정확하고 충분한 정보를 제공함으로써 알 권리를 인정하고 존중해야 한다.

⑥ 사회복지사는 문서·사진·컴퓨터 파일 등의 형태로 된 클라이언트의 정보에 대해 비밀보장의 한계·정보를 얻어야 하는 목적 및 활용에 대해 구체적으로 알려야 하며, 정보 공개시 동의를 얻어야 한다.

⑦ 사회복지사는 개인적 이익을 위해 클라이언트와의 전문적 관계를 이용하여서는 안 된다.

⑧ 사회복지사는 어떠한 상황에서도 클라이언트와 부적절한 성적 관계를 가져서는 안 된다.

⑨ 사회복지사는 사회복지 증진을 위한 환경조성에 클라이언트를 동반자로 인정하고 함께 일해야 한다.

2) 동료의 클라이언트와의 관계

① 사회복지사는 적법하고도 적절한 논의없이 동료 혹은, 다른 기관의 클라이언트와 전문적 관계를 맺어서는 안 된다.

② 사회복지사는 긴급한 사정으로 인해 동료의 클라이언트를 맡게

된 경우, 자신의 의뢰인처럼 관심을 갖고 서비스를 제공한다.

3. 사회복지사의 동료에 대한 윤리기준
　1) 동료
　　① 사회복지사는 존중과 신뢰로서 동료를 대하며, 전문가로서의 지위와 인격을 훼손하는 언행을 하지 않는다.
　　② 사회복지사는 사회복지 전문직의 이익과 권익을 증진시키기 위해 동료와 협력해야 한다.
　　③ 사회복지사는 동료의 윤리적이고 전문적인 행위를 촉진시켜야 하며, 이에 반하는 경우에는 제반 법률규정이나 윤리기준에 따라 대처해야 한다.
　　④ 사회복지사가 전문적인 판단과 실천이 미흡하여 문제를 야기 했을 때에는, 적절한 조치를 취해 클라이언트의 이익을 보호 해야 한다.
　　⑤ 사회복지사는 전문직 내 다른 구성원이 행한 비윤리적 행위에 대해, 제반 법률규정이나 윤리기준에 따라 조치를 취해야 한다.
　　⑥ 사회복지사는 동료 및 타 전문직 동료의 직무 가치와 내용을 인정·이해하며, 상호간에 민주적인 직무관계를 이루도록 노 력해야 한다.
　2) 슈퍼바이저
　　① 슈퍼바이저는 개인적인 이익의 추구를 위해 자신의 지위를 이 용해서는 안 된다.
　　② 슈퍼바이저는 전문적 기준에 의해 공정히 책임을 수행하며,

사회복지사·수련생 및 실습생에 대한 평가는 저들과 공유해야 한다.

③ 사회복지사는 슈퍼바이저의 전문적 지도와 조언을 존중해야 하며, 슈퍼바이저는 사회복지사의 전문적 업무수행을 도와야 한다.

④ 슈퍼바이저는 사회복지사·수련생 및 실습생에 대해 인격적·성적으로 수치심을 주는 행위를 해서는 안 된다.

4. 사회복지사의 사회에 대한 윤리기준

1) 사회복지사는 인권존중과 인간평등을 위해 헌신해야 하며, 사회적 약자를 옹호하고 대변하는 일을 주도해야 한다.

2) 사회복지사는 필요한 사회서비스를 개발하기 위한 사회정책의 수립·발전·입법·집행에 적극적으로 참여하고 지원해야 한다.

3) 사회복지사는 사회환경을 개선하고 사회정의를 증진시키기 위한 사회정책의 수립·발전·입법·집행을 요구하고 옹호해야 한다.

4) 사회복지사는 자신이 일하는 지역사회의 문제를 이해하고, 그것을 해결하는 일에 적극적으로 참여해야 한다.

5. 사회복지사의 기관에 대한 윤리기준

1) 사회복지사는 기관의 정책과 사업 목표의 달성·서비스의 효율성과 효과성의 증진을 위해 노력함으로써, 클라이언트에게 이익이 되도록 해야 한다.

2) 사회복지사는 기관의 부당한 정책이나 요구에 대하여, 전문직의

가치와 지식을 근거로 이에 대응하고 즉시 사회복지윤리위원회에
보고해야 한다.

3) 사회복지사는 소속기관 활동에 적극 참여함으로써, 기관의 성장
발전을 위해 노력해야 한다.

6. 사회복지윤리위원회의 구성과 운영

1) 한국사회복지사협회는 사회복지윤리위원회를 구성하여, 사회복
지윤리실천의 질적인 향상을 도모하여야 한다.

2) 사회복지윤리위원회는 윤리강령을 위배하거나 침해하는 행위를
접수받아, 공식적 절차를 통해 대처하여야 한다.

3) 사회복지사는 한국사회복사협회의 윤리적 권고와 결정을 존중하
여야 한다.

상담신청서

접수일:　　년　월　일　　　　　　　　접수번호:

성　명		남/여		년　　월　　일생(만　세)			
현주소				전화번호			
직　업		병역	필 · 면제 · 의병제대	직장전화			
결혼상태	기혼 · 미혼 · 이혼 · 사별 · 별거			최종학력			
성장지	광역시 · 소도시 · 농촌 · 어촌 · 산촌 · 광촌			종교			
찾아온 경위	신문광고 · 방송광고 · 친구친척소개 · 간판광고 · 기타(　　　　　)						
상담경험	없다 · 있다 ; 있다면, 언제(　　　　) 어디서(　　　　　)						

		성명	관계	연령	직업	학력	종교	동거여부
가족관계	1							
	2							
	3							
	4							
	5							

주거상황	자택 · 전세 · 월세 · 친척집 · 하숙 · 자취 · 기숙사 · 기타(　　　　)
생활정도	월수입:　50만 원 이하(　)　　　51~100만 원(　)　　101~150만 원(　) 　　　　　　151~200만 원(　)　　201~250만 원(　)　　251~300만 원(　) 　　　　　　301~350만 원(　)　　351~400만 원(　)　　401~450만 원(　) 　　　　　　451~500만 원(　)　　501만 원 이상(　)
원하는 상담내용	가족문제 · 부부갈등 · 부모자녀문제 · 자녀양육문제 · 성격문제 · 대인관계 종교문제 · 이성교제 · 진로문제 · 가족문제 · 학업문제 · 경제문제 기타(　　　　　　　　　　　　　　)
현재 본인이 느끼는 어려움	
상담비	
비고	

* 상담비는 생활정도에 따라 책정됩니다.　　　　　사회복지사:＿＿＿＿＿＿＿

사회복지실천 양식 2

초기면접지

면접일:　　년　월　일　　　　　　　　　접수번호:

성명			성별	남/여	생년월일	음/양		(만　)
주소					전화번호			
최종학력		직업			직책		종교	
결혼여부		가정내위치			주거상태			

의뢰인		의뢰인소속	
의뢰이유			

정보제공자		의미있는 타자	
상담을 요청한 주된 문제(기관에 오게 된 동기 / 의뢰 이유)			
이전에 사회복지서비스를 받은 경험			

성장과정: 유아기, 유년기, 청소년기, 장년기, 노년기별 특기사항 정리	
유아기	
유년기	
청소년기	
장년기	
노년기	

가계도

생태도

사회복지사 견해

사회복지사: _____

사회복지실천 양식 3

동의서

날짜: _____ 년   월   일

본인은 귀 기관을 통해서 받는 상담내용이
본인의 문제해결목적을 달성하기 위한 것임을 알며,
이를 위한 전문가의 정보교환에 동의하고
전문가의 훈련 및 학문적 목적을 위해서 사용되는 것을
허락하고 동의합니다.

클라이언트 이름: _____
서명: _____

본 사회복지사는
사회복지사 윤리강령에 입각하여 실천할 것이며
본인 및 본 기관에서는 위의 목적 이외의 어디에든
개인의 신상을 노출하지 않을 것을 서약합니다.

사회복지사 이름: _____
서명: _____

사회복지실천 양식 4

접촉일지

클라이언트 이름: _____   접수번호: _____

일자	내용	소견

사회복지사: _____

사회복지실천 양식 5

사회력조사지

클라이언트 이름: _____   날짜: _____

■ 개인력

1. 학교 다닐 때, 출석률은 어떠했습니까?
   ① 매우 좋았고 개근하였다.   ② 매우 드물게 결석하였다.
   ③ 결석을 조금 하였다.   ④ 결석을 많이 하였다.
2. 학교 때 성적은   ① 상위권   ② 중간권   ③ 하위권
3. 청소년기에   ① 많은 친구가 있었다.   ② 몇몇 친구가 있었다.
                  ③ 친구가 전혀 없었다.
4. 현재는   ① 많은 친구가 있다.   ② 몇몇 친구가 있다.
              ③ 친구가 전혀 없다.
5. 친구관계를 어떻게 설명하시겠습니까?
   ① 매우 가깝고 별다른 문제가 없다.
   ② 가까우나 약간의 문제가 있다.
   ③ 별로 가깝지 않다.
   ④ 매우 불안정하고 많은 문제가 있다. (부연설명을 하시오)
   _____

6. 10대에 청소년 감호소와 관련된 적이 있습니까?
   ① 아니오
   ② 예(어떤 관련이 있었는지 설명하시오)
   _____

7. 지금까지 법적문제에 연루된 경험이 있습니까?
   ① 아니오
   ② 예(부연설명을 하시오) _____
8. 아동기의 신체적 학대
   ① 없다.
   ② 있다. (당시 나이, 가해자, 내용에 대해 간단히 서술하시오)
   _____

9. 아동기의 성적 학대
   ① 없다.
   ② 있다. (당시 나이, 가해자, 내용에 대해 간단히 서술하시오)
   _____

10. 아동기의 정서적 학대
    ① 없다.
    ② 있다. (당시 나이, 가해자, 내용에 대해 간단히 서술하시오)
    _____

■ 병력

1. 당신의 신체건강을 어떻게 생각하십니까?
   ① 우수   ② 보통   ③ 불량(설명하시오) _____
2. 건강문제로 입원한 적이 있습니까?
   ① 아니오
   ② 예(설명하시오) _____
3. 당신의 정신건강을 어떻게 생각하십니까?
   ① 우수   ② 보통   ③ 불량(설명하시오) _____
4. 정신건강문제로 입원한 적이 있습니까?
   ① 아니오
   ② 예(설명하시오) _____
5. 현재 복용하는 약이 있습니까?
   ① 아니오
   ② 예(설명하시오) _____
6. 술을 드십니까?
   ① 아니오
   ② 예(얼마나 자주 마시는지 설명하시오) _____
7. 어떤 종류의 술을 드시는지 표시하시오.
   ① 맥주 ② 소주 ③ 양주 ④ 포도주 ⑤ 기타 _____
8. 우울증(감)을 경험해 본 적이 있습니까?
   ① 아니오   ② 예
9. 자살을 생각해 본 적이 있습니까?
   ① 아니오   ② 예(설명하시오) _____

_____

■ 취업력

1. 현재 직업이 있습니까?
   ① 아니오
   ② 예(무슨 일인지, 얼마나 해왔는지 설명하시오)

   _____
2. 현재 직업이 없다면, 취업하실 의사가 있습니까?
   ① 아니오   ② 예 (분야:_____)
3. 현재 직업을 바꾸고 싶은 의사가 있습니까?
   ① 아니오   ② 예 (무엇으로:_____)
4. 취업에 도움이 될 만한 자격증이 있습니까?

   _____
5. 과거 취업경험은 무엇입니까?

   _____

■ 가족력

1. 부의 직업 (직업의 종류) _____
   모의 직업 (직업의 종류) _____
2. 가족의 경제상태
   ① 상   ② 중상   ③ 중   ④ 중하   ⑤ 하
3. 경제적 문제를 경험한 적 있습니까?
   ① 아니오   ② 예(설명하세요) _____
4. 가족을 어떻게 설명하시겠습니까?
   ① 매우 가깝고 별 큰 문제가 없다.
   ② 가까우나 약간의 문제가 있다.
   ③ 별로 가깝지 않다.
   ④ 매우 불안정하고 많은 문제가 있다. (부연설명을 하시오)
   _____
5. 가족 중 누구와 가장 가까웠다고 말할 수 있습니까? (   )
   그 이유는 _____
6. 가족 간에 술이 문제가 된 적이 있습니까?
   ① 아니오
   ② 예(설명하시오) _____
7. 가족원이 약물을 사용한 적이 있습니까?
   ① 아니오
   ② 예(설명하시오) _____
8. 가족간에 폭력이 있었습니까?
   ① 아니오
   ② 예(누가 폭력적이었고, 누가 폭력의 희생자였는지 서술하시오)
   _____
9. 가족원 중 신체건강문제로 입원한 적이 있습니까?
   ① 아니오
   ② 예(설명하시오) _____
10. 가족원 중 정신건강문제로 입원한 적이 있습니까?
    ① 아니오
    ② 예(설명하시오) _____

■ 기타

생애사에서 가장 중요한 경험은 무엇입니까?
1. _____
2. _____
3. _____

■ 사회복지사 견해

사회복지사: _____

사회복지실천 양식 6

사정질문지

클라이언트 이름: 날짜:

주요문제:

1. 누가 문제에 관여되어 있는가? (부모, 언니, 친구, 애인, 선배, 상사, 동료)

2. 어떻게 관여되어 있는가? (역사적으로, 행동으로, 정서적으로)

3. 클라이언트가 문제에 어떤 의미를 부여하는가? (문제에 대한 클라이언트의 시각인지)

4. 언제, 또 어떤 상황에서 문제행동이 일어나는가? (예: 오전·후, 목욕 중, 식사 중)

5. 어느 장소에서 문제행동이 일어나는가? (예: 집, 학교, 친구와 있을 때)

6. 얼마나 자주 문제행동이 일어나는가? (하루 한 번, 항상, 한 달에 한 번)

7. 언제부터 문제행동이 있었는가? (초교 때, 중·고·대학 들어와서, 이번 학기)

8. 문제에 대한 클라이언트의 정서적 반응은 어떠한가?

9. 클라이언트는 그동안 문제에 어떻게 대처해 왔는가?

10. 그동안 해온 문제대처방식의 문제는 무엇인가?

11. 문제를 해결하는 데는 어떤 기술이 필요한가?

12. 클라이언트는 어떤 강점과 약점을 갖고 있는가?

13. 클라이언트는 어떤 기술을 갖고 있는가?

14. 클라이언트가 갖고 있는 내·외적 자원은 무엇인가?

15. ① 문제와 관련하여 충족되지 않는 욕구는 무엇인가?

    ② 어떤 요인이 이 욕구충족을 방해하는가?

    ③ 이 욕구충족을 위해 어떤 자원이 필요한가?

                             사회복지사:

사회복지실천 양식 7

자원조사지

클라이언트 이름: _____   날짜: _____
주요문제:

1. 개인 기본자원

<table>
<tr><td rowspan="8">신체
자원</td><td rowspan="2">건강</td><td>매우 건강</td><td>건강</td><td>보통</td><td>불건강</td><td>매우 불건강</td></tr>
<tr><td colspan="5">내용:</td></tr>
<tr><td rowspan="2">에너지 수준</td><td>매우 높음</td><td>높음</td><td>보통</td><td>낮음</td><td>매우 낮음</td></tr>
<tr><td colspan="5">내용 :</td></tr>
<tr><td rowspan="2">식습관</td><td>매우 좋음</td><td>좋음</td><td>보통</td><td>나쁨</td><td>매우 나쁨</td></tr>
<tr><td colspan="5">내용 :</td></tr>
<tr><td rowspan="2">기타</td><td>매우 좋음</td><td>좋음</td><td>보통</td><td>나쁨</td><td>매우 나쁨</td></tr>
<tr><td colspan="5">내용:</td></tr>
<tr><td rowspan="10">지적/
인지
능력</td><td rowspan="2">돕는 과정(기관활동)에
대한 확신</td><td>매우 높음</td><td>높음</td><td>보통</td><td>낮음</td><td>매우 낮음</td></tr>
<tr><td colspan="5">내용:</td></tr>
<tr><td rowspan="2">결과를 명확하게
예상할 수 있는 능력</td><td>매우 우수</td><td>우수</td><td>보통</td><td>미약</td><td>매우 미약</td></tr>
<tr><td colspan="5">내용:</td></tr>
<tr><td rowspan="2">행동원칙에 대한 이해</td><td>매우 높음</td><td>높음</td><td>보통</td><td>낮음</td><td>매우 낮음</td></tr>
<tr><td colspan="5">내용:</td></tr>
<tr><td rowspan="2">합리적 기대 수준</td><td>매우 높음</td><td>높음</td><td>보통</td><td>낮음</td><td>매우 낮음</td></tr>
<tr><td colspan="5">내용:</td></tr>
<tr><td rowspan="2">기타</td><td>매우 우수</td><td>우수</td><td>보통</td><td>미약</td><td>매우 미약</td></tr>
<tr><td colspan="5">내용:</td></tr>
<tr><td rowspan="4">물질</td><td rowspan="2">현재</td><td>매우 많음</td><td>많음</td><td>보통</td><td>적음</td><td>아주 적음</td></tr>
<tr><td colspan="5">내용:</td></tr>
<tr><td rowspan="2">잠재적인 자원</td><td>매우 많음</td><td>많음</td><td>보통</td><td>적음</td><td>아주 적음</td></tr>
<tr><td colspan="5">내용:</td></tr>
<tr><td rowspan="4">동기</td><td rowspan="2">문제해결 동기</td><td>매우 높음</td><td>높음</td><td>보통</td><td>낮음</td><td>매우 낮음</td></tr>
<tr><td colspan="5">내용:</td></tr>
<tr><td rowspan="2">문제해결욕구</td><td>매우 높음</td><td>높음</td><td>보통</td><td>낮음</td><td>매우 낮음</td></tr>
<tr><td colspan="5">내용:</td></tr>
</table>

2. 개인기술관련 자원

		매우 우수	우수	보통	미약	매우 미약
사회 생활 기술	자기 강화기술	매우 우수	우수	보통	미약	매우 미약
		내용:				
	스트레스대처기술	매우 우수	우수	보통	미약	매우 미약
		내용:				
	문제해결기술	매우 우수	우수	보통	미약	매우 미약
		내용:				
	자료수집기술	매우 우수	우수	보통	미약	매우 미약
		내용:				
	기타	매우 우수	우수	보통	미약	매우 미약
		내용:				
대인 관계 기술	친구 만들기	매우 우수	우수	보통	미약	매우 미약
		내용:				
	친숙한 관계형성 기술	매우 우수	우수	보통	미약	매우 미약
		내용:				
	갈등해결기술	매우 우수	우수	보통	미약	매우 미약
		내용:				
	불필요한 갈등대처기술	매우 우수	우수	보통	미약	매우 미약
		내용:				
	필요한 지지 획득기술	매우 우수	우수	보통	미약	매우 미약
		내용:				
	정보획득기술	매우 우수	우수	보통	미약	매우 미약
		내용:				
	전문인에게 도움을 청하는 기술	매우 우수	우수	보통	미약	매우 미약
		내용:				
	서비스 제공자와의 교류기술	매우 우수	우수	보통	미약	매우 미약
		내용:				
	기타	매우 우수	우수	보통	미약	매우 미약
		내용:				
여가 기술	혼자서	매우 우수	우수	보통	미약	매우 미약
		내용:				
	다른 사람들과	매우 우수	우수	보통	미약	매우 미약
		내용:				
	가족들과	매우 우수	우수	보통	미약	매우 미약
		내용:				

3. 개인직업관련 자원

직업 관련 기술	직업력	매우 우수	우수	보통	미약	매우 미약
		내용:				
	현재의 직업기술	매우 우수	우수	보통	미약	매우 미약
		내용:				
	일에 대한 욕구	매우 높음	높음	보통	낮음	매우 낮음
		내용:				
	일을 갖고자 하는 욕구	매우 높음	높음	보통	낮음	매우 낮음
		내용:				
	기타	매우 우수	우수	보통	미약	매우 미약
		내용:				

4. 가족자원

	관계	이름	자원내용	활용가능성		
				높음	보통	낮음
가족 성원 및 친척						
	관계	이름	자원내용	높음	보통	낮음
개발 가능 가족 자원						

5. 지역사회 자원

내용	활용가능성		
	높음	보통	낮음
공식 자원			

내용	높음	보통	낮음
비공식 자원			

내용	높음	보통	낮음
개발 가능한 자원			

사회복지사 견해:

사회복지사: _____

552

사회복지실천 양식 8

사정 및 개입계획서

클라이언트 이름: 날짜:

---

1. 문제설명(클라이언트가 말하는 문제)

   ① 클라이언트가 말하는 문제

   ② 의미 있는 타자가 말하는 문제

---

2. 문제사정

   ① 사회복지사가 생기는 문제

   ② 클라이언트의 문제해결 양상

   ③ 이 문제 해결을 위해 클라이언트가 갖고 있는 장점

   ④ 이 문제해결을 하는 데 방해가 되는 요소

---

3. 개입목표

   ①

   ②

---

4. 개입계획

   ①

   ②

   ③

   ④

---

5. 사회복지사 견해

사회복지사: _____

사회복지실천 양식 9-1

가 계 도

클라이언트 이름: _____   날짜: _____

주요문제:

50 남자, 50세	46 여자, 46세	
35 여자, 35세 (사망)	동거가족경계	
50─○ 결혼	△ 태아	
□⟋○ 이혼	○⌒○ 쌍둥이	
□⫽○ 별거		

사회복지사 견해

사회복지사: _____

554

생 태 도

클라이언트 이름: _____   날짜: _____
주요문제:

직업(일)   교회   외가친척들

사회복지관

병원/보건소

여가
활동

친가족/
친척

학교   동사무소
(사회복지전문요원)

─────────	강하고 건강한 관계
··················	보통의 관계
////////	스트레스가 있는 갈등관계
→ → →	에너지 흐름의 방향

사회복지사 견해

사회복지사: _____

사례관리 지역사회자원망

클라이언트 이름: _____   날짜: _____

주요문제:

지역사회

가족

클라이언트/
사례관리자

직장/학교

친구

사회복지사 견해

사회복지사: _____

목표설정 및 계약 기록지

클라이언트 이름: _____ 날짜: _____

주요문제:

1. 목표:

2. 세부목표:

세부목표 1	
세부목표 2	
세부목표 3	

3. 클라이언트 과업

과업 1	
과업 2	
과업 3	
과업 4	
과업 5	

4. 사회복지사 역할 및 과업

역할		과업	
역할 1		과업 1	
역할 2		과업 2	
역할 3		과업 3	

5. 사회복지사 견해

클라이언트: _____
사회복지사: _____

면담과정기록지

클라이언트 이름: _____   날짜: _____

주요문제:

1. 면담목표: _____

2. 면담내용

면담내용	면담내용 분석
사회복지사: 클라이언트:	

3. 면담총평
4. 면담목표 달성평가
5. 다음 면담 계획

사회복지사: _____

사회복지실천 양식 9-6

요약기록지

클라이언트 이름: _____   날짜: _____

주요문제:

면담과정 요약

사회복지사 견해

사회복지사: _____

문제중심기록지

클라이언트 이름: _____   날짜: _____

주요문제:

구분	내용
S: Subjective (주관적 내용)	
O: Objective (객관적 내용)	
A: Assessment (사정)	
P: Plan (계획)	

사회복지사: _____

사회복지실천 양식 10

종결보고서

클라이언트 이름: _____ 날짜: _____

---

1. 주요문제

---

2. 상담과정 요약

---

3. 문제해결

  1) 해결된 문제

  2) 남아있는 문제

---

4. 사후관리계획

  1) 문제해결 유지를 위한 클라이언트 및 가족의 이용 가능한 자원

  2) 남아있는 문제를 위한 사후대비계획

---

5. 사회복지사 견해

사회복지사: _____

사회복지실천 양식 11

집단프로그램 진행기록지

프로그램명:	진행자:
날짜:	장 소:
참석자 이름:	

프로그램 목표

프로그램 진행과정

평가

1) 클라이언트 개별평가

2) 전체평가

3) 사회복지사의 개입에 대한 평가

4) 배운점

다음목표 및 진행계획

사회복지사: ＿＿＿＿＿＿

사회복지실천 양식 12

가족상담기록지

상담일:　　년　월　일　　　　　　　접수번호:

이름		남·여	년　　월　　일생 (만　　세)
전화번호		현재 주소지	

1. 의뢰과정

2. 문제 상황에 대한 가족의 정의

3. 가계도

4. 가족생태도: 가족의 하위 체계간 관계 등 기록

5. 가족생활주기

6. 사정 및 개입계획
　1) 가족사정

　2) 개입목표
　　(1)
　　(2)
　　(3)

　3) 개입계획
　　(1)
　　(2)
　　(3)

7. 사회복지사 견해

사회복지사: ＿＿＿＿＿＿＿＿

사회복지실천 양식 13

지역사회분석기록지

분석대상지역: 조사날짜:

---

1. 분석대상지역의 주요사회지표 제시

2. 분석대상지역의 인구사회학적 특성

3. 분석대상지역의 사회경제학적 특성

4. 분석대상지역의 사회복지기관 및 사회복귀 자원탐색

5. 필요하거나 보완되어야 할 사회복지서비스 제안

6. 사회복지사 견해

사회복지사: ＿＿＿＿＿＿＿＿

ㄱ

가계도 261
가능케 하는 자 274
가정방문 247
가정폭력 392
가족신화 393
가족력 248
가치 45, 46
간접서비스 159
간접적 실천 165
감정의 정화 360
강점 관점 131
개방집단 421
개별사회사업 102, 355
개별화 208
개인력 248
개인적 가치 46
개인주의 42
거시적 실천 165
거시체계 128
거주정착운동 92
결과 290

결과우선 가치 47
결과평가 279
경청 360
경청기술 302
계약 272
계획된 종결 284
공감 299
공식적 지지체계 427
과업집단 413
과정평가 282
관계 205
관계의 변화 369
관계형성 241
관여 211
관찰기술 301
교육자 275
교육집단 415
구빈법 88
권익옹호 178
기능적 가족 389, 394, 400
기능주의 궤도 94
기능주의학파 102
기본정보 243

ㄴ ~ ㅂ

나-전달법 371
내부장애물 185
너-전달법 372
논박 364
뉴욕자선학교 97
다양한 수준의 개입 278
다양화 43
다중 잠재력 131
대변자 276
대인서비스 37
대칭적 관계 391
대화 146
도덕규범 69
도전모델 133
라포 241, 295
레크리에이션집단 419
리더중심 407
만남집단 415
면담 293
목적 267
목표 267
문제 126
문제정의 253
문제해결과정 145
문제형성 259
문제확인 240
물질남용 393
미국의 사회복지교육협의회 31
미시체계 128

민주주의 41
밀착된 가족 391
밀포드회의 100
바람직한 믿음 363
반영 360
발견 146
발달 146
발전권·환경권·평화권 79
병리 관점 132
보완적 관계 391
부모자녀체계 389
부부체계 389
부수 정보 246
불가양성·불가분성 76
비밀보장 73, 218
비심판적 태도 214
비언어적 행동 247
비자발적인 클라이언트 239

ㅅ

사람우선 가치 47
사례관리 159, 430
사전, 사후 비교방법 280
사정 249
사정면담 297
사회권 세대 78
사회복지사 선서 63, 85
사회복지사 윤리강령 59
사회복지사의 이익 75

사회복지실천　25, 26, 27
사회복지실천의 목적　30
사회복지전문대학원　112
사회적 가치　46
사회적 기술훈련집단　419
사회적 목표모델　412
사회적 지지　424
사회적 지지체계　424
사회진화론　40
사회체계　128
사회체계이론　170
사회치료　101
사회통제　40
사회통제역학　408
사회행동　436
사회화집단　419
사후세션　290
상위체계　389
상충되는 의무와 기대　74
상호교류　125
상호작용　407
상호작용모델　412
생태도　265
생태체계　130
생태체계이론　165
생태체계적 관점　170
생태학이론　168
서비스 연결　430
선천적인 무능력　185
성장집단　415
세계인권선언　80

세계화　43
소비자 권리운동　142
소비자주의　143
소시오그램　266
속죄양　392
손상모델　133
수단우선 가치　47
수신기술　371
수용　212
시간제한적 종결　285
실무자 평가　283
실천가치의 지침　47
실천윤리의 강령　47
실험집단　281
심리검사　246
심리극　419

ㅇ

역기능적 가족　389, 394, 400
역량　124
역할　273
역할극　419
연결　178
연구자　276
연합　266
온화함　299
옹호　383
옹호자　274
옹호활동　434

외부장애물 184

외적체계 128

욕구 260

욕구충족 260

용어

우애방문자 90

원인론적 궤도 94

위장 390

유리된 가족 391

유사상호작용 393

윤리 53

윤리강령 55

윤리적 상대주의 66

윤리적 절대주의 68

의도적 감정표현 209

의뢰 242, 291, 430

의료사회복지사 97

이중구속 390

익명금주동맹 414

인권의 3세대 77

인권적 실천 83

인도주의 39

인보관운동 92

인지수정 361

인지적 과제 365

인테이크 사회복지사 238

일반사회복지 접근 101

일반사회복지사 160

일방적 종결 286

임파워먼트 123

임파워먼트과정 135

ㅈ

자기결정 216

자기결정권 142

자기직면(self-confrontation) 309

자기효율성 375

자료수집 244, 248

자산조사 89

자선조직협회 91

자연적 지지체계 425

자원봉사자 428

자유권 세대 77

자유방임주의 42

자조집단 414, 428

자치집단 419

잘못된 믿음 363

재보증 287

전문가협회 99

전문적 관계 유지 75

전문적 동료관계 75

전문직 96

전체체계 32

전통적 방법론 165

점검 178

접수 237

접수면담 239

정보수집 면담 297

정서적 반응 362

제도적 서비스 37

제시한 문제 252

제한된 자원의 공정한 분배 74

조정 429
조정자 276
종결 284
중간체계 128
중개자 274
중재자 275
지역사회중심의 구호 87
지지집단 413
직면 309
직접 서비스 159
직접적 실천 165
진단 249
진단주의학파 102
진실성 고수와 알 권리 74
진심 299
질문기술 303
집단개입 405
집단문화 408
집단사회사업 405
집단역동 406
집단의 결속력 407
집단의 크기 421
집단중심 407
집단촉진자 276

ㅊ ~ ㅎ

창시자 276
천부권 76
체계이론 389

초기면접지 243
초점체계 130
취약성 136
치료모델 412
치료적 면담 298, 357
치료집단 413, 417
클라이언트 중심 철학 164
클라이언트의 이익 75
클라이언트의 자기결정권 72
탄력성 124
탈시설화 정책 160
통제된 정서적 관여 211
통제집단 281
통합적 방법 166
파트너쉽 140
평가 279
평등(equality) 41
폐쇄집단 422
표현기술 371
표현촉진기술 305
프로그램 개발 431
필요 260
하위집단 266
하위체계 389
해결중심 접근 124
해석 307
해석기술 308
행동연습 367
행동의 기능적 유형 367
행동의 역기능적 유형 367
협력 140

협상가 275
형제체계 389
환경속의 인간 126
환경적 개입 381
활동가 275

기타

2궤도 접근 94

양옥경

이화여대 영어영문학과 졸업. 미국 위스콘신대 사회사업학 석사 및 사회복지학 박사. 이화여대 사회복지(전문) 대학원장 역임. 현재 이화여대 사회복지학과 교수. 저서로 《사회복지윤리와 인권》, 《정신보건과 사회복지》, 《지역사회정신건강》, 《가족과 사회복지》, 《다문화 사회, 한국》(공저), 《사회복지지도감독론》(공저) 등.

김정진

이화여대 사회사업학과 및 동 대학원 졸업. 이화여대 대학원 사회복지학 박사. 태화샘솟는집 관장 역임. 현재 나사렛대 사회복지학과 교수, 천안시 중독관리통합지원센터장. 저서로 《사회복지실천기술론》, 《정신건강사회복지론》(공저), 《사회복지개론》(공저), 《사회복지 현장실습 길라잡이》 등.

서미경

가톨릭대 영어영문학과 및 동 대학원 사회복지학과 졸업. 이화여대 대학원 사회복지학 박사. 순천향대학병원 정신보건사회복지사 역임. 현재 경상대 사회과학대학 사회복지학과 교수. 저서로 《정신장애와 가족》, 논문으로 "정신장애인 가족의 대처에 관한 연구", "성인 정신장애인의 평생계획에 관한 연구" 등.

김미옥

이화여대 사회사업학과 및 동 대학원 졸업. 이화여대 대학원 사회복지학 박사. 서부
장애인종합복지관 임상복지과장, 이화여대 사회복지학과 대우전임강사 역임. 현재
전북대 사회복지학과 교수. 저서로《장애인복지실천론》,《사회복지실습》,《인권
과 사회복지》,《발달장애인론》(공저),《장애와 사회복지》(공저),《가족과 레질리
언스》(공역), "장애인의 임파워먼트과정에 관한 연구", "한국 사회복지학 연구방법
에 대한 분석과 고찰" 등.

김소희

이화여대 사회사업학과 및 동 대학원 졸업. 이화여대 대학원 사회복지학 박사. 한국
사회복지관협회 사회복지사 역임. 현재 대진대 사회복지학과 교수. 논문으로 "사회
복지 서비스 욕구에 관한 서비스 제공자와 수혜노인의 인지비교연구", "기업의 고령
자 고용유도 방안에 대한 한일 비교연구", "노년기 주거 구성요소에 대한 중요도 -
성취도 분석연구" 등.

나남사회복지학총서

나남의 책은 쉽게 팔리지 않고 오래 팔립니다.

인간행동과 사회환경 개정3판

이인정(덕성여대)·최해경(충남대)

인간과 환경의 원리를 다룬 사회복지학 필독서

초판 발행 이후 20여 년간 사회복지학을 넘어 인접 학문 분야에서도 큰 사랑을 받아
온《인간행동과 사회환경》의 새로운 개정판. 지금-여기의 인간과 환경의 원리를 읽을
수 있도록 대표적 사회이론들과 사이버환경 내용을 추가했다. '환경 속의 인간'이라는
사회복지실천의 주요 관점을 확립하는 데 지침이 되어 줄 책이다.

신국판 | 680면 | 27,000원

사회복지실천 기법과 지침 개정3판

브래드퍼드 셰퍼·찰스 호레이시 지음 | 남기철(동덕여대)·정선욱(덕성여대) 옮김

성공적인 사회복지실천을 위한 고전으로 자리 잡은 가이드북, 셰퍼와 호레이시의《사
회복지실천 기법과 지침》제10판의 번역서. 높은 전문성을 요구하는 시대의 흐름에
따라 현장의 변화를 반영하여 새로운 내용을 추가하고 낡은 내용을 덜어내 사회복지
실천의 본질을 명료하게 짚었다. 보편적 원칙과 실천적 지침을 균형 있게 제시하여 전
공생과 현업인에게 유용한 안내서가 될 것이다. 4×6배판 | 668면 | 38,000원

사회복지실천론 개정5판

양옥경(이화여대) 외

사회복지실천의 이념과 철학, 윤리를 비롯해 발달과정과 개념을 다뤘으며, 사회복지
실천과정에서 꼭 알아야 할 관계론, 면담론, 과정론을 중심으로 소개하고 있다. 사회
복지실천의 본질부터 직접적 기술까지 사회복지실천의 A to Z를 담았다.

신국판 | 580면 | 26,000원

사회복지법제론 개정7판

윤찬영(전주대)

사회복지가 단순히 자선의 산물이 아니라 헌법 또는 법적인 권리로서 존재하고 작용
해야 한다는 것을, 또 실제로 그렇게 작용할 수 있다는 점을 강조하는 이 책은 법이 사
회복지실천의 중요한 수단이라는 점을 확인시켜 준다. 신국판 | 856면 | 34,000원

산업복지론 개정판

조흥식(서울대) · **김진수**(연세대) · **홍경준**(성균관대)

이 책은 산업복지의 필요성과 형성배경, 발달과정은 물론 산업복지의 구체적 내용과 접근방법을 제시한다. 또한 산업복지의 제도화 내용과 산업소셜워크의 산업현장에서 활용할 수 있는 다양한 프로그램 등을 폭넓게 다뤘다. 신국판 | 392면 | 28,000원

사회복지실천론

김혜란(서울대) · **공계순**(호서대) · **박현선**(세종대)

'사회복지실천론'은 '사회복지실천기술론'의 선수과목으로 일반적으로 학생들은 이 두 과목을 이수하고 실천현장으로 실습을 나가게 된다. 이 책은 사회복지실천의 이론과 현장, 사회복지사와 클라이언트의 관계, 사례관리, 국내 현황 등 사회복지실천에 대해 필수적으로 알아야 하는 내용을 다뤘다. 신국판 | 372면 | 18,000원

사회복지실천기술론 개정 2판

김혜란(서울대) · **홍선미**(한신대) · **공계순**(호서대)

제1장에서는 사회복지사의 전문성에 관한 내용을, 제4장에서는 사례관리 내용을 추가하였고, 제7장에서는 지역사회를 대상으로 하는 사회복지실천기술에 관한 내용을 새로 포함하였다. 신국판 | 350면 | 18,000원

사회복지행정론 개정 3판

최성재(서울대) · **남기민**(청주대)

사회복지행정은 사회문제의 해결을 통한 사회구성원의 삶의 질 향상이라는 목적을 위하여 조정과 협력을 통해 조직의 목표를 정의하고 성취해가는 과정으로, 사회복지행정의 영향은 사회복지조직의 모든 구성원과 그 이해관계자에게 미친다. 이 책을 통해 사회복지조직의 모든 이해관계자들의 사회복지행정에 대한 이해가 한 단계 높아질 수 있을 것이다. 신국판 | 612면 | 24,000원

사회복지개론 개정 4판

조흥식 · 김상균 · 최일섭 · 최성재 · 김혜란 · 이봉주 · 구인회 · 홍백의 · 강상경 · 안상훈

사회복지학의 입문자를 위한 개론서. 사회복지와 사회복지학의 개념, 동기, 구성요소부터 사회복지와 빈곤 및 불평등, 인권, 복지국가 등의 관계에 관한 응용지식까지 살펴본다. 4판에서는 고령사회 추세를 반영해 "사회복지와 노후 소득보장" 부분을 추가했다. 크라운판 | 560면 | 24,000원

사회보장론 개정 3판

이인재·류진석·권문일·김진구

이 책은 사회복지학의 저변확대와 사회보장제도에 대한 이론적, 실천적 지식을 넓히는 데 일조하려는 동기로 쓰였다. 우리나라의 제도보다는 사회보장의 이론적 논의들과 쟁점들을 중점적으로 소개하고 있다. 신국판 | 490면 | 25,000원

인간행동과 사회환경 개정판

강상경(서울대)

이 책은 사회복지학의 기초과목인 '인간행동과 사회환경'의 교재로 '인간행동'을 행동주의, 인지이론 등을 통해 탐구하고, '사회환경'을 갈등론, 기능론, 다원주의 이론 등을 통해 탐구하며, 인간과 사회의 상호작용을 '생태체계론'을 통해 고찰하여 궁극적으로 효과적인 사회복지 개입을 실천하는 것을 목적으로 한다. 신국판 | 564면 | 26,000원

지역사회복지론 이론 · 기술 · 현장 개정 2판

백종만(전북대)·감정기(경남대)·김찬우(가톨릭대)

2009년 출간된 개정판을 제도의 변화에 맞게 다시 한 차례 개정했다. 지역사회복지의 개념과 역사, 지역사회복지실천 관련 관점과 이론 전반적 틀을 유지하면서 세부적 내용을 손질했다. 제도적 환경이 크게 바뀐 상황을 반영하여 변경된 사항을 보완했다.
신국판 | 472면 | 24,000원

사회복지정책론

구인회(서울대)·손병돈(평택대)·안상훈(서울대)

현실사회에서 작동하고 있는 사회복지정책을 이해하는 데에 중요한 이론들을 정리하였고, 사회복지제도의 분석틀을 제시하여 사회보험과 공공부조, 노동시장과 가족 등의 각 분야의 정책들을 검토하고 평가하는 내용을 담았다. 신국판 | 528면 | 20,000원

한국수화회화 첫걸음

이준우·김연신·송재순·한기열·홍유미

이 책은 기존의 수화학습서와는 달리 독자가 수화를 처음 배울 때부터 농인들이 실제로 많이 사용하고 있는 어휘와 관용적인 표현을 학습할 수 있도록 구성되었다. 인사하기, 길 묻기, 약속하기 등 실생활에서 사용하는 대화와 수화 사진을 싣고, 수화 특유의 독특한 표현방식과 수화문법을 소개하여 누구나 쉽게 수화로 대화할 수 있도록 꾸몄다. 4×6배판 | 296면 | 18,000원